Maria
Treben

# Aus meiner Haus-apotheke

Maria
Treben

# Aus meiner Haus-
# apotheke

Wilhelm Heyne Verlag
München

Best.-Nr. 40/36


Printed in Germany 1988
Illustrationen: Marlene Gemke, München
Einbandgestaltung: Adolf Bachmann, Reischach
Satz: Schaber, Wels
Druck und Bindung: May + Co., Darmstadt

ISBN 3-453-02481-8

# INHALT

# Vorwort

Liebe Leser,

vor Ihnen liegt mein jüngstes und vorerst letztes Buch. Eine für mich sehr wichtige Arbeit, für Sie hoffentlich ebenso nützlich wie meine bisherigen Arbeiten. Den Titel »Aus meiner Hausapotheke« habe ich ganz bewußt gewählt, als kleine Anerkennung an die unzähligen Großmütter in meiner Umgebung, die mir ihr Wissen um die Heilkräuter anvertraut haben und mir von den alten und bewährten Hausmitteln erzählten. Denn all diese sonst vielleicht in Vergessenheit geratenen Rezepte habe ich in diesem Buch zusammengestellt und zu den Hinweisen und Empfehlungen mit den Heilkräutern dazugestellt. So ist das Buch zu einem echten Schatzkästlein geworden, mit dessen Hilfe das Erbe aus all den bewährten Hausapotheken nicht mehr untergehen kann.

Aus praktischen Überlegungen steht das Nachschlage-Kapitel mit seiner praktischen alphabetischen Ordnung am Ende dieses Buches.

Sicher werden Sie überrascht sein, so völlig neue Gedanken von mir in diesem Buch zu finden. Doch jeder ernsthaft nachdenkende Mensch wird wissen, daß eine gesunde Lebensführung, die Pflege des Körpers, eine vernünftige Ernährung und eine gesunde Einstellung zum Leben viel gesundheitsförderlicher sind als irgend etwas anderes. Und da ich nahezu tagtäglich mitansehen muß, wie unvernünftig manche Menschen Raubbau mit Ihrer Gesundheit treiben, habe ich meine Gedanken rund um Gesundheit und Wohlbefinden des Menschen einmal zu Papier gebracht.

Und wenn der eine oder andere von Ihnen gelegentlich eine Anregung für sich selbst herauslesen kann, dann hat sich die Arbeit für mich schon gelohnt.

Denn mein schönster Lohn für diese Mühe ist jeder Kranke, Trost- und Ratsuchende, der durch meine Arbeit eine Antwort auf seine Fragen und Probleme erhält. Und meinem Herrgott möchte ich an dieser Stelle danken, daß er mir die Kraft und Zeit für dieses Werk geschenkt hat.

Grieskirchen, im Frühjahr 1988

## Fußspuren im Sand

*Ich träumte eines Nachts,*
*ich ging am Meer entlang mit meinem Herrn.*
*Und es entstand vor meinen Augen,*
*Streiflichtern gleich,*
*mein Leben.*

*Für jeden Abschnitt, wie mir schien,*
*entdeckte ich je zwei Paar Schritte im Sand;*
*die einen gehörten mir,*
*die andern meinem Herrn.*

*Als dann das letzte Bild*
*an uns vorbeigeglitten war,*
*sah ich zurück und stellte fest,*
*daß viele Male nur* ein *Paar Schritte*
*in dem Sand zu sehen war.*
*Sie zeichneten die Phasen meines Lebens,*
*die mir am schwersten waren.*

*Das machte mich verwirrt,*
*und fragend wandte ich mich an den Herrn:*
*»Als ich dir damals alles, was ich hatte,*
*übergab, um dir zu folgen,*
*da sagtest du,*
*du würdest immer bei mir sein.*
*Doch in den tiefsten Nöten meines Lebens*
*seh' ich nur* ein *Paar Spuren hier im Sand.*
*Warum verließest du mich denn gerade dann,*
*als ich dich so verzweifelt brauchte?«*

*Der Herr nahm meine Hand und sagte:*
*»Geliebtes Kind, nie ließ ich dich allein,*
*schon gar nicht in den Zeiten,*
*da du littest und angefochten warst.*
*Wo du nur* ein *Paar Spuren hier im Sand erkennst,*
*da trug ich dich auf meinen Schultern.«*

(Verfasser unbekannt)

*»Der Arzt hilft, aber die Natur heilt«*

HIPPOKRATES

I.

# So halte ich mich gesund

## So halte ich mich gesund

Es ist oft abenteuerlich, was die Menschen für eine Fantasie entwickeln. Meine Vitalität und Energie, trotz meines hohen Alters, macht sie nachdenklich. Viele scheinen sich zu sagen, das geht nicht mit rechten Dingen zu. Und da keiner etwas Genaues weiß, fangen sie an zu spekulieren und lassen ihre Vermutungen ins Kraut schießen. Manche halten mich für eine überzeugte Rohkostlerin, die nur von Körnern und frischem Gemüse lebt. Andere unterstellen mir, ich sei Vegetarier, anders könne man sich das nicht erklären. Wieder andere machen mich zur Heiligen, nur weil ich meine Gläubigkeit frei heraus bekenne, und nicht wenige halten mich schlichtweg für verrückt, weil ich so entschlossen für die Heilkräuter eintrete. Alles falsch. Ich bin eine ganz normale Hausfrau, mit einer ganz normalen Familie, und was die Menschen so irritiert ist wohl der Umstand, daß ich Bücher schreibe und Vorträge halte.

In Gesprächen werde ich immer wieder gefragt: »Wie machen Sie das?« Und ich muß immer mit der Gegenfrage antworten, was meinen Sie eigentlich? Natürlich weiß ich inzwischen, daß alle hinter das »Geheimnis« kommen wollen, warum ich mich so gut gehalten habe, warum man mir mein hohes Alter nicht ansieht, warum ich noch so viel Energie aufbringe für meine Arbeit und woher ich die Kraft nehme, die damit verbundenen Strapazen auszuhalten. In einem Satz heißt meine Antwort: »Alles mit Maßen, dann kann einem nichts schaden.« Doch das befriedigt die wenigsten Frager.

Was mich immer wieder erstaunt, Dinge, die für mich selbstverständlich sind, wirken auf andere oft überraschend. Man möchte es kaum glauben, aber viele Menschen haben sich offensichtlich nie Gedanken gemacht, welchen Einfluß die Elemente Licht, Luft und Wasser auf unser Wohlbefinden haben. Da kann man sich schon wundern.

## Das Licht

Ich bin eine begeisterte Sonnenanbeterin. Manchmal wünschte ich mir, irgendwo im Süden zu leben. Allein wegen der vielen Sonnentage mehr im Jahr. Ich fühle mich im Sommer einfach wohler als zu jeder anderen Jahreszeit. Ich muß allerdings dazu sagen, daß ich die Sonne auch ganz ausgezeichnet vertrage und schnell und problemlos braun werde.

Wie wichtig die Sonne für uns ist, merken wir immer erst dann, wenn sich dunkles, trübes Wetter auf unser Allgemeinbefinden auswirkt. Niedergeschlagenheit, Unlust und eine ganz bestimmte Traurigkeit befällt uns, wenn der Sonnenschein nicht durch die geschlossene Wolkendecke dringen kann. Umspielen uns statt dessen die wärmenden Strahlen der Sonne, blühen wir auf, werden aktiv, unternehmungslustig, fröhlich und ausgeglichener. Und so belebend die Sonne auf unsere Seele wirkt, so nützlich ist sie auch für unseren Organismus. Natürlich gilt auch hier wie anderswo Maß halten. Nicht jeder Mensch verträgt intensivste Sonnenbestrahlung gleich gut und gleich lang. Man weiß ja auch, daß Menschen vom helleren Typ vorsichtiger sein müssen, weil ihre Haut empfindlicher reagiert als beim dunklen Typus. Und, unabhängig davon, wer es übertreibt, handelt sich unweigerlich einen lästigen Sonnenstich ein oder einen schmerzhaften Sonnenbrand. Es ist in jedem Fall klug, wenn man sich zu Beginn der wärmeren Jahreszeit langsam an das Bad in der Sonne gewöhnt. Völlig unsinnig und gesundheitsschädlich ist es, wenn jemand, nach der langen Winterszeit aller schützenden Kleidung entledigt, stundenlang in der Sonne brät.

Das natürliche Sonnenlicht wirkt belebend auf unser Nervensystem, fördert die Durchblutung der Haut, wirkt desinfizierend gegen Hautbakterien (aber nur wenn man sich nicht dick mit einer Sonnenschutzcreme einreibt), regt den Kreislauf an, stärkt unsere Widerstandskraft und erhöht Lebensfreude und Schaffenskraft. Es kommt nicht von ungefähr, daß die meisten Menschen im Frühjahr besonders anfällig für alle möglichen Infektionskrankheiten sind. Nach der langen, sonnenarmen Winterzeit sind unsere körpereigenen Abwehrkräfte einfach geschwächt. Wir haben uns hinter dem warmen Ofen verkrochen, im Freien unseren Körper fest vermummt bis unter die Nasenspitze, kein Wunder, daß einem in leichterer Kleidung ein frischer Wind den schönsten Schnupfen bescheren kann. Denn durch die ständige Wärme, durch Kleidung und Heizung, hat unsere Haut keine Reizung mehr erfahren. Hat es, wenn man es einfach ausdrücken will, verlernt, auf unterschiedliche Temperaturen zu reagieren.

Das ist ein typisches Übel unserer Zeit. Der Körper ist nicht mehr abgehärtet, dadurch natürlich anfälliger geworden. Wer sich allerdings viel in der Sonne und an der frischen Luft bewegt, ist robuster, widerstandsfähiger, schaut, wie wir spontan sagen, gesünder aus.

## Die Luft

Die frische Luft ist für uns Menschen mehr, als nur der Stoff, den wir zum Atmen brauchen. Ich würde Zustände bekommen, müßte ich in einem dieser vollklimatisierten Büros arbeiten, in denen man noch nicht einmal ein Fenster öffnen kann. Ja, ich muß sogar bei frostiger Kälte ab und zu die Balkontür aufmachen, um frische Luft hereinzulassen, sonst bekäme ich regelrecht Beklemmungen. Und kein Wetter kann so schlecht sein, daß ich nicht wenigstens einen kurzen Spaziergang unternehme. Wenn Sie so wollen, bin ich eine Sonnenanbeterin und ein Frischluftfanatiker. Mit den ersten Frühlingsstrahlen zieht es mich hinaus in die Natur. Und sobald es die Witterung erlaubt, verlege ich alle Arbeiten hinaus ins Freie. Ganz gleich, ob ich Kartoffeln schäle, Obst und Gemüse putze, ob ich meine Schreibmaschine mit in den Garten nehme oder mein Nähzeug, gleich macht die Arbeit mehr Spaß und geht mir flinker von der Hand. Dazu kommt dann die Gartenarbeit, manchmal schon eine Last, aber die Bewegung an der frischen Luft tut dem Körper einfach gut. Solches »Luft-Tanken« hat eine vielfältige Wirkung auf unseren Organismus. Zum einen werden unsere Lungen richtig durchgepustet. Die Bewegung an der frischen Luft fördert die Durchblutung der Haut, regt den Stoffwechsel an, fördert den Appetit und härtet den Körper gegen Erkältungskrankheiten ab. Und wer einen eigenen Garten besitzt, wird mir recht geben: Was gibt es Schöneres, als im Sommer am Abend unter dem Sternenhimmel zu sitzen, ein Windlicht auf dem Gartentisch und sich mit Freunden zu unterhalten? Kein Fernsehprogramm könnte mich von dieser Idylle weglocken.

## Das Wasser

Schon von klein auf übte Wasser auf mich eine sehr große Anziehung aus. Man könnte mich, auch heute noch, als Wasserratte bezeichnen. In meiner Jugend nutzte ich jede freie Minute, um schwimmen zu gehen. Gelernt habe ich es mit zehn Jahren. Später, als ich als junge Frau in Böhmerwaldnähe lebte, floß hinter unserem Haus die Maltsch. Man lief durch den Garten, überquerte einen ruhigen Fahrweg, die Wiese und stand schon am Ufer. Wenn man mich suchte, ahnte man gleich, wo ich steckte.

Doch der schönste Teil der Maltsch lag im Wald. Einen Fußmarsch von unserem Haus entfernt. Wir hatten die Steine herausgetragen, um in dem klaren, reinen Bett des Flusses schwimmen zu können. Und dann waren da ja auch noch diese herrlichen, kristallklaren Seen tiefer im Böhmerwald. Schade, daß heute unsere Seen und Flüsse so schrecklich verunreinigt sind. Doch auch heute kann man noch klare Gebirgsbäche finden, und dann gibt es für mich kein Halten mehr. Schuhe und Strümpfe ausziehen, den Rock hochraffen und im Wasser waten. Zu Hause, im Sommer, gibt es für mich nichts Schöneres, als sich immer wieder mit dem Gartenschlauch naß abzuspritzen. Die Möglichkeiten zum Schwimmen sind leider sehr begrenzt. Denn im Trubel eines vollen Frei- oder Hallenbades fühle ich mich nicht wohl.

Das Wasser hat eine vielfache Heilwirkung auf den menschlichen Körper. Bleiben wir zunächst beim Schwimmen. Neben dem Radfahren gilt es als die beste Ausdauersportart. Die gesamte Muskulatur des Körpers wird beansprucht und gekräftigt, die Wirbelsäule wird durch den Auftrieb des Körpers im Wasser entlastet, und beim Gleiten durchs Wasser wird die Haut massiert.

Wasser ist ein idealer Stoff zum Abhärten. Ich wasche mich täglich nur mit kaltem Wasser, auch im Winter. Das regt die Hautdurchblutung an, und bei gründlichem Abfrottieren ist der Körper schnell wieder aufgewärmt. Man fühlt sich viel frischer und munterer als nach einer Dusche mit heißem Wasser. Wenn man sich erst einmal daran gewöhnt hat, kann man ohne das kalte Wasser am Morgen gar nicht mehr auskommen.

Ganz ausgezeichnet ist auch Wassertreten oder Laufen im taunassen Gras. Wie und wann man es macht, finden Sie an anderer Stelle unter den Stichworten des Kapitels »Die Hausapotheke aus dem Garten Gottes«.

## Bewegung

»Sich regen bringt Segen«, sagt ein altes Sprichwort, das alle kennen und doch nur wenige befolgen. Und dann gibt es noch die, die alles übertreiben müssen und sich mehr schaden, als daß sie sich nutzen. Unter Bewegung will ich nicht auf den Sport eingehen, der natürlich — in Maßen betrieben — dem Körper viel Gutes tut. Ich meine damit Spaziergänge, die Schwammerlsuche und die Kräuterwanderung. Alles natürliche Bewegungsabläufe in der freien Natur, ideale Möglichkeiten, frische Luft und Sonne zu tanken. Das klingt jetzt vielleicht sehr schlicht und einfach. Ich will Ihnen ein Beispiel erzählen.

Eine Bekannte von mir litt unter schwerem Asthma. Sie rannte von Arzt zu Arzt, doch keiner konnte wirksam helfen. Da riet ihr eine ältere Frau aus der Nachbarschaft, sie solle einen Schwarzkiefernwald aufsuchen, tief die Kiefernwaldluft einatmen und sich dabei nach Kiefernzapfen bücken und sie einsammeln. Mit der Zeit würde sie die Asthma-Beschwerden verlieren. Na, man kann sich vorstellen, was meine Bekannte zunächst dachte. Irgendwann aber folgte sie dem Rat. Und nach vielen, vielen Spaziergängen im Schwarzkiefernwald, bei denen sie auch Kiefernzapfen sammelte, verlor sie tatsächlich das ihr wirklich schwer zusetzende Asthma.

Nun muß man aber nicht erst krank sein, um den Weg in die Natur zu finden. Denn Bewegung gehört einfach zu einer vernünftigen Lebensführung, ist ein vortreffliches Abhärtungsmittel und ein gutes Training für den ganzen Körper. Denn bei einem Spaziergang bekommt man auch den Kopf frei, von all den kleinen und großen Ärgernissen des Alltags. Für mich sind viele Spaziergänge im Wald mit besonderen Erlebnissen verbunden. Eine Begegnung mit einer Maus muß ich ganz kurz erzählen.

Als junge Frau habe ich viele Besorgungen zu Fuß erledigt, selbst kilometerlange Wege nicht gescheut. Auf einem Bauernhof wurde Brot in einem Holzkohlenofen gebacken, und weil das so gut schmeckte, bin ich einmal in der Woche dieses Brot holen gegangen. Bei einer Rast aß ich mein mitgenommenes Butterbrot, als plötzlich eine Maus vor mir auftauchte und die Brotkrumen von der Erde aufnahm. Sie hatte keine Scheu vor mir, ich sprach mit ihr, gab ihr etwas mehr von meinem Brot ab und verabschiedete mich, als alles aufgegessen war. In der nächsten Woche machte ich an der gleichen Stelle Rast und, siehe da, kaum hatte ich Platz genommen, war meine Maus auch schon da. Wir wurden regelrechte Freunde. Einmal kam sie mit ihrer ganzen Kinderschar. Ließ die Jungen einmal an mir vorbeimarschieren, führte sie dann schnell zurück in ihre Wochenstube und kam alleine wieder, so als wollte sie mir sagen, sieh her, ich hab jetzt für so viele hungrige Mäuler zu sorgen, könntest du mir vielleicht ein bißchen mehr von deinem Vesperbrot abgeben? Natürlich konnte ich ihr die Bitte nicht abschlagen und habe bei meinem nächsten Besuch immer ein Extrastück Käse für die Kleinen mitgebracht. Meine Maus hat sich darüber immer sehr gefreut.

Für viel Bewegung sorgt ganz ausgezeichnet die Kräuter- und Schwammerlsuche. Dank der unterschiedlichen Erntezeiten ist es eine fast ganzjährige Beschäftigung an der frischen Luft. Am Anfang sollte man nur auf Erkundung gehen, die geeigneten Plätze der Pflanzen aufspüren und Sicherheit bei der Bestimmung gewinnen. Erst dann kann man seinen eigenen, maßvollen Vorrat pflükken.

Kräuter- und Pilzwanderungen, wie sie fast überall von Volkshochschulen oder Wandervereinen angeboten werden, sind für den Laien eine sehr gute Einrichtung. Unter fachmännischer Anleitung lernt man, die richtigen Pflanzen herauszufinden, denn oft gibt es ähnlich aussehende

Kräuter, die aber völlig wirkungslos sind. Daneben erfährt man, welche Pflanzen unter Naturschutz stehen und nicht gepflückt werden dürfen, wie man Pilze richtig erntet, trifft Gleichgesinnte, Menschen, die die Liebe zur Natur verbindet.

## Der gesunde Schlaf

Der gesunde Schlaf ist für den Menschen so notwendig wie das Atmen. Im Schlaf muß sich unser Körper erholen und Kräfte für den nächsten Tag sammeln. Der Schlaf vor Mitternacht gilt als der wertvollste. Eine Erfahrung, die ich teilen kann. Wenn man früh zu Bett geht, benötigt man weniger Stunden Schlaf und das frühe Aufstehen fällt einem leicht.

Mein normaler Rhythmus beginnt morgens um sechs, und um zehn Uhr abends gehe ich schlafen. Nach dem Aufstehen und vor dem Schlafengehen wasche ich mich mit kaltem Wasser ab. Morgens, um den Kreislauf anzuregen, abends um leichter einschlafen zu können (siehe auch Hinweise unter dem Stichwort: Schlafstörungen).

Unser Schlafzimmer ist immer angenehm kühl; solange es das Wetter erlaubt, schlafen wir stets bei geöffnetem Fenster. Bei großer Kälte wird nur ganz leicht geheizt. Wer unter Schlafstörungen leidet, sollte zunächst einmal überprüfen, ob er nicht in einem überheizten Raum schläft, womöglich auch noch mit abgestandener, verbrauchter Luft. Da hilft dann meist schon ein Herunterdrehen der Heizung und kräftiges Lüften. Neben einem schlechten Schlaf führt ein überheiztes Schlafzimmer auch zu trockener Haut und übermäßigem Nachtschweiß.

Ich habe unsere Bettstelle auspendeln lassen, um sicherzugehen, daß wir nicht über einem geopathischen Feld ruhen. Denn auch immer mehr Wissenschaftler teilen die Ansicht, daß es einen Zusammenhang zwischen negativen Strahlungen in der Erde und bestimmten Krankheiten gibt. Ich würde jedem raten, Wohnung und Arbeitsplatz von einem Pendler oder Rutengänger dahingehend untersuchen zu lassen.

An anstrengenden Tagen, wenn mich irgend etwas besonders beschäftigt hat, trinke ich vorsorglich vor dem Schlafengehen eine Tasse von meinem Mischtee gegen Schlaflosigkeit. Wichtig für einen gesunden Schlaf sind auch die Eßgewohnheiten. Wir essen niemals warm am Abend und wenn, höchstens ab und zu etwas Suppe. Ansonsten gibt es eine kalte Brotzeit, Tee, Kartoffeln mit Quark — angerichtet mit frischem Schnittlauch. Wer sich statt dessen am Abend den Bauch mit kräftigen, schwer verdaulichen Mahlzeiten vollschlägt, braucht sich über einen schlechten, unruhigen Schlaf nicht zu wundern.

## Alles mit Maß

Ich habe in meinem Leben immer auf meine Gesundheit geachtet, ohne das nun wirklich zu übertreiben. Ich habe nie asketisch gelebt, und bestimmte Dinge nicht zu tun ist mir nie schwer gefallen. Ich habe mich beispielsweise nicht quälen müssen, um von Bohnenkaffee auf coffeinfreien umzusteigen. Ich wußte, daß diese Entscheidung angesichts meines hohen Blutdrucks richtig und wichtig war, und dann habe ich es einfach getan. So einfach. Meinem Mann rede ich aber deshalb nicht drein, wenn er sich im Kaffeehaus einen »Großen Braunen« bestellt.

Ich habe nie geraucht. Darauf braucht sich niemand etwas einbilden. Ich bin nur froh, daß mich diese Sucht nie gereizt hat. Dabei bin ich Rauchern gegenüber immer tolerant geblieben, auch wenn ich es mir oft nicht verkneifen kann, auf die Gesundheitsschädlichkeit ihres »Lasters« hinzuweisen. Aber wenn sich mein Mann ab und zu eine Zigarette ansteckt, so gönne ich ihm den Genuß. Nur wenn man mir mein Wohnzimmer vollqualmt, bin ich so frei, die Balkontür aufzureißen, damit ich nicht im blauen Dunst ersticke.

Ich trinke ganz gerne mal ein Glas Bier zum Essen, Wein ganz selten, und in geselliger Runde laß ich mir schon mal ein Gläschen Likör schmecken. Doch immer meinem Grundsatz treu bleibend: »Alles mit Maß, dann kann einem nichts schaden.«

Ich nasche manchmal gerne, backe mit Begeisterung Weihnachtsplätzchen, die auch mir gut schmecken, kann aber auf alles Süße auch ohne Mühe verzichten. Was ich damit sagen will: Man muß im Interesse seiner Gesundheit nicht auf alle Genußmittel verzichten. Dann wäre das Leben ja auch langweilig. Man sollte nur aufpassen, daß der Genuß nicht zur Gewohnheit wird und sich über dieses Stadium womöglich zu Sucht und Abhängigkeit steigert.

## Mein Tagesplan

Menschen, die im Berufsleben stehen, müssen sich einem bestimmten Zeitplan unterwerfen. Viele empfinden das zwar als Last, merken aber an den Wochenenden und im Urlaub, wie sehr sie sich daran gewöhnt haben. Und diese Gewohnheit wird für viele zum Problem. In ihrer Freizeit wissen sie nichts Rechtes mit sich anzufangen, und die Stunden verrinnen ungenutzt. Besonders schwierig wird das für Menschen, die in den wohlverdienten Ruhestand treten. Sie haben plötzlich das Gefühl, nicht mehr gebraucht zu werden, es scheint ihnen, als habe ihr Leben keinen Sinn mehr, und das kann zu großen seelischen Verwirrungen führen. Ein Patentrezept gibt es für diese Situation nicht. Ich kann nur beschreiben, wie ich mir meinen Tag einteile.

Am wertvollsten sind für mich die frühen Morgenstunden. Wenn die Sonne aufgeht, die Vögel im Garten zwitschern und unsere kleine Siedlung noch nicht aufgewacht ist, sitze ich meist an meiner Schreibmaschine. Schon beim Aufstehen habe ich mir Gedanken gemacht, welches Pensum ich heute schaffen will und das geht mir dann auch schnell von der Hand. Gegen acht Uhr frühstücke ich mit meinem Mann und setze mich noch einmal in mein Arbeitszimmer bis gegen zehn Uhr. Dann wird es Zeit, sich um das Kochen zu kümmern. Das Mittagessen ist unsere Hauptmahlzeit, auf die ich immer viel Sorgfalt verwende. Nach dem Abwasch lese ich — wenn es das Wetter erlaubt, im Garten — meine Zeitungen und die Post. Gegen drei Uhr nachmittags setze ich mich wieder an die Maschine, bis gegen sechs Uhr abends, dann richte ich das Nachtmahl. In den verbleibenden Stunden bis zum Schlafengehen lesen wir, schauen gelegentlich auch einmal in den Fernseher oder sitzen mit den Kindern beisammen. Ich mache mir vor dem Schlafengehen auch stets einen Plan für den nächsten Tag, bleibe aber dabei beweglich, ihn auch über den Haufen zu stoßen, wenn sich beispielsweise das schöne Wetter zum Kräutersammeln anbietet. Das ist doch nichts Besonderes, werden einige sagen, warum schreibt sie das in diesem Buch? Wenn man genauer hinschaut, kommt man von alleine darauf. Nur die Hälfte des Tages arbeite ich im Haushalt, die restliche Zeit gilt meiner Arbeit mit den Kräutern. Ich habe eine Aufgabe, die mich interessiert und beschäftigt. Und das ist ein ganz wichtiger Grund dafür, daß ich mich keineswegs so alt fühle, wie es meine Lebensjahre vermuten lassen könnten. Die geistige Arbeit hat viel dazu beigetragen, mir meine Vitalität und Energie zu erhalten. Ich kann deshalb älteren Menschen nur raten, sich nach einer sinnvollen und interessanten Beschäftigung umzusehen. Sie sollten sich ein Hobby suchen, das sie ausfüllt. Die Angebote sind vielfältig, reichen von allen möglichen Kursen an der Volkshochschule bis hin zu Vereinen und Verbänden, in denen sich Gleichgesinnte zusammengeschlossen haben. Denn ältere Menschen sollten sich auch nicht von ihrer Umwelt abkapseln, sondern aktiv am Leben teilnehmen. Wir wissen doch auch, daß der Umgang mit jungen Menschen jung erhält, daß das Alleinsein dagegen den Alterungsprozeß fördert, ja beschleunigt.

Jeder Mensch muß seinem Leben einen Sinn geben, ein Ziel vor Augen haben, auch im Alter. Aktive Menschen, die mit beiden Beinen im Leben stehen, sind auch viel weniger anfällig für alle möglichen Krankheiten. Wer dagegen diese innere Leere verspürt, macht oft eine Krankheit zu seinem ganzen Lebensinhalt, läßt sich so von ihr gefangennehmen, daß selbst eine harmlose Erkrankung lebensbedrohend werden kann. So weit darf man es gar nicht erst kommen lassen. In dem alten Sprichwort: »Wer rastet, der rostet«, steckt sehr viel Wahrheit. Und noch ein Hinweis: Stellen Sie sich wohlwollend zur Jugend ein. Sie muß in einer anderen Lebensatmosphäre leben als wir seinerzeit. Die Beschaulichkeit, in der wir älteren Menschen aufwuchsen, gibt es in der heutigen Zeit mit all ihren Reizen und der Hektik nicht mehr.

Stunden ziehen lassen und dann die Milch schluckweise trinken.

Setzt man die grünen Blätter in Alkohol an, nimmt man täglich 10 bis 12 Tropfen in etwas Wasser oder Tee. Die gewaschenen, geschnittenen und abgetropften Blätter füllt man in eine Flasche bis zum Hals, gibt 38- bis 40%igen Kornbranntwein darüber, so daß er die Blätter überdeckt und läßt das Ganze mindestens zwei Wochen in der Wärme stehen. Die Tropfen verhelfen zu einem ausgezeichneten Gedächtnis und beugen einer Arterienverkalkung vor.

Gleichzeitig mit dem Bärlauch hole ich mir die ersten *Löwenzahn*-Pflanzen für das vegetarische Nachtmahl. Ich steche die Rosette mit einem Messer bis zur Wurzel aus. Dabei unterscheide ich zweierlei Löwenzahn-Pflanzen; Blätter mit hellgelblich-grünem oder grasig-grünem Ansatz. Letztere sind hart und weniger wohlschmeckend, daher suche ich mir die mit dem gelblich-grünen Blattansatz. Den Unterschied findet man bald heraus.

In leichter Ackerkrume stecken die gelblich-grünen Blattansätze oft sehr tief im Erdreich. Sie gleichen unseren schmackhaften Endiviensalaten. Ich putze mir die Löwenzahn-Pflanzen draußen auf Wiese und Feld und befreie sie von bräunlichen Blättern und fleckigen Blattspitzen. Beim Nachhausekommen gebe ich sie ins kalte Wasser, wässere sie eine Viertelstunde, um sie anschließend einige Male gut zu waschen. Das letzte Wasser wird etwas gesalzen, nach dem Waschen werden die Pflanzen nochmals fünf Minuten gewässert. Jetzt sind die Blätter garantiert einwandfrei sauber. Während sie in einem Sieb abtropfen, koche ich harte Eier dazu, pro Person ein Ei, das in zwei Hälften geteilt wird. Zur geschmacklichen Verfeinerung und Abrundung schneide ich Speck auf. Wer Diät halten muß, ersetzt den Speck durch Öl. Im zerlassenen Speck kocht man kurz etwas Apfel-Essig auf, den ich nur sparsam verwende. Der Essig wird heiß über den gezuckerten, gesalzenen und kleingeschnittenen Löwenzahn gegossen, der sich mit den halbierten Eiern sehr delikat anbietet und sicherlich auch mit bestem Appetit gegessen wird. Man kann auch warme, kleingeschnittene Kartoffeln daruntermischen. Löwenzahn ist übrigens stuhlgangfördernd.

Ein einziger schneefreier Tag mit Sonnenbestrahlung genügt, um die ersten gelben Blütenkelche vom *Huflattich* hervorzulocken. Sie stehen um diese Zeit blattlos da. Erst im Mai kommen die unterseitig silberweißen, filzigen Blätter nach. Der Platz meiner Huflattich-Blüten ist eine aufgelassene Schottergrube weitab von Straße und Siedlung, eingesäumt von Wald, Wiesen und Äckern. Schwarzkiefern und helle Birken haben sich durch Samenflug breitgemacht und, soweit das Auge reicht, gibt es Weidenkätzchen in allen Schattierungen. Es ist alljährlich unser erster Ausflug, um für den Jahres-Mischtee das erste Heilkraut heimzutragen. Der zart aromatische, melissenhafte Geruch des Huflattichs, von dem längere Zeit die Hände noch duften, ist die Grundlage für den berühmten Mischtee à la Maria Treben. Ich sammle jedoch nur für den Bedarf der Familie, halte mich an das Gebot des maßvollen Pflückens. Mit frohem Herzen sind mein Mann und ich dabei, inmitten eines mächtigen Bienengesumms die gelben Blütenköpfe abzustreifen. Die Halde ist groß. Wir lassen den fleißigen Immen mehr als die Hälfte stehen. Und schon morgen öffnen sich für die Bienen die heute noch geschlossenen Knospen. Wir wundern uns, woher sie kommen, denn um uns herrscht ein behagliches und vielstimmiges Gesumme, aber weit und breit keine Spur von ihrem Zuhause. Auch scheinen mir die Bienen viel zu dunkel, fast schwarz und kleiner als Hausbienen. Wahrscheinlich sind es wilde Wald- oder Erdbienen. Später, als wir die Halde durchstreifen, klärt sich das Geheimnis: ein weithin ständiges Summen über einem lockeren, großmächtigen Erdhaufen. Nur rasch aus ihrer Nähe, denn Waldbienen können tüchtig stechen.

Aber nicht nur das beruhigende Summen der Bienen begleitete uns beim Pflücken der Huflattich-Blüten, da war noch einer, dem unsere Anwesenheit nicht recht paßte. Ganz in unserer Nähe ein kollernder Ruf. Die abgelegene Schottergrube mit all ihrer Ruhe war das Revier eines bunten Fasans. Wir hörten in kurzen Abständen sein Balzen, bis er schließlich in seinem prächtigen Federschmuck selbst auftauchte. Etwas später spazierte klein und unscheinbar seine Henne über den Weg, ruhig ohne Hast und Angst vor uns Eindringlingen. Begebenheiten, die einfach zur Natur und zum Kräutersuchen gehören!

Die seit Jahren durchgeführte vierwöchige *Brennessel*-Kur wollen wir gleichzeitig beginnen. Wie jedes Jahr beim Huflattich-Ernten, haben wir Handschuh und Schere dabei, um die ersten Brennesseln zu schneiden. Man soll dies im Frühjahr so zeitig wie möglich tun. Als wenn sie unterm Schnee gewachsen wären, so stattlich sehen die Pflänzchen schon aus.

Für die Kur schneide ich sie zweimal wöchentlich, um sie so frisch wie möglich zu haben. Außerdem wird neben dem Tee zwischendurch daraus ab und zu Spinat oder aber eine cremige Brennesselsuppe bereitet. Ein wenig Buttereinbrenne mit Suppe aufgegossen, ein Eßlöffel sauren und süßen Rahm oder Milch dazu, eine Messerspitze Honig, Salz, Petersilie und, wenn möglich, aus dem Garten ein oder zwei feingehackte, kleinere Salbeiblätter dazu. Die feingehackten, frischen Brennesseln kommen knapp vor dem Anrichten in die fertige Suppe und dürfen nicht aufgekocht werden.

Eine vierwöchige Brennesselkur von der größten Heilpflanze, die wir besitzen, muß man schon deshalb wärmstens empfehlen, weil sie blutbildend, blutreinigend, stuhlgangfördernd und eisenhaltig ist.

Während wir abends bei unserer ersten Tasse Brennesseltee sitzen, beraten wir für den nächsten Tag die Bestellung des *Käsepappel*-Samens am Komposthaufen. Die letzte Abteilung der dreiteilig angelegten Komposterde soll noch ein Jahr lagern, bevor die Erde im Herbst für den Garten ausgetragen wird. Ein Sack Torfmull wird über den Kompost gebreitet. Der Samen der Käsepappel, im Herbst von den Pflanzen gewonnen, wird drei Zentimeter tief in die Erde gelegt und mit ihr zugedeckt. Nach wenigen Tagen strecken die Pflanzen ihre ersten Blättchen heraus. Ich warte mit Freuden auf die ersten Käsepappel-Pflanzen, die sich in der Sonne, im lockeren Erdreich und in der Komposterde zu stattlichen Pflanzen mit langen Wedeln entwickeln, an denen viele rosa Blütchen angesetzt sind. Später setzen sie kleine Käselaibchen an. Wenn es soweit ist, beginne ich das erstemal zu ernten und schneide sämtliche Triebe bis knapp zum Wurzelbeginn ab. Ein paar einzelne Blätter lasse ich am Wurzelstock stehen, und so entwickelt sich die Pflanze sehr rasch zur zweiten Ernte. Man lockert die Erde um den Wurzelstock leicht auf. Drei- bis viermal ernte ich das Beet am Komposthaufen ab. Die abgeschnittenen Triebe werden gewaschen, zum Trocknen ausgebreitet, Stengel, Blätter und Blüten kleingeschnitten und am Dachboden zum endgültigen Trocknen ausgelegt. Welche Wohltat, im Haus eine solche Arznei zu besitzen! Jede kleinste Schwellung, Entzündung oder Wunde wird damit gewaschen und gepflegt. Der Schleimstoff, den die Pflanze in sich trägt, wird durch den Kalt-Wasser-Ansatz über 12 Stunden herausgezogen. Für eine Tasse Wasser rechnet man einen gehäuften Teelöffel Käsepappel. Der lauwarme Tee hilft bei Darm- oder Magenschleimhaut-Entzündung, bei speichelloser Mundhöhle oder Nase und be-

## Suppengrün aus Frühlingskräutern

Für uns Kinder bedeutete das erste Grün auf der Suppe jedes Jahr Unbehagen und helle Abneigung. Eine dichte Schicht feingehackter, grüner Frühlingskräuter bedeckte die Suppe. Sofort stießen wir drei Mädchen lautstarke Protestschreie aus. Aber unsere Mutter blieb hart: Wer keine Suppe ißt, bekommt nichts anderes. Dabei duftete es ganz herrlich aus dem Backrohr. Ein leckerer Quark-Kaiserschmarren brutzelte an seinen letzten braunen Rändern. Oder es gab Liwanzen (Hefepfannkuchen aus dem Sudetenland), an denen wir Kinder uns bucklig essen konnten. So setzte unsere kluge Mutter ihre Frühlingskräuter-Suppe mit hohem Vitamingehalt bei uns Kindern durch. Heute bekommt man die Frühlingskräuter für den Suppenaufputz auf Märkten zu kaufen, man braucht sich nicht einmal zu bücken, um sie selbst zu pflücken. Zu den Frühjahrskräutern gehören: Brennessel, Löwenzahn, Schafgarbe, Frauenmantel, Gundelrebe, Gänseblümchen-, Schlüsselblumen-, Veilchenblüten- und -blätter, die Blattspitzen vom Ehrenpreis, Spitz- und Breitwegerich, die überwinterten Petersilienblätter und Schnittlauchspitzen aus dem Garten, von jedem etwas, feingehackt auf die Frühlingssuppe oder über die angerichteten Kartoffeln, Knödel oder Salate. Sie werden merken, welche Kraft in diesen ersten Frühlingsboten stecken, ein regelrechter Vitaminstoß! Sie werden öfters und damit jedes Jahr nach diesem Gesundbrunnen greifen.

sonders beispiellos bei Schwellungen bei jeder Art von Knochenbrüchen, die sonst einfach nicht zurückgehen wollen. Wie groß ist doch die Güte Gottes, daß er uns solche Heilkräuter zu Füßen legt. Dafür müssen wir täglich danken!

Da ich mich in der Nähe meines Komposthaufens aufhalte, hole ich die Stichschaufel aus dem Keller und grabe mir einige frische *Kren-* oder *Meerrettich*-Wurzeln aus. Im Frühjahr ist er geschmacklich am kräftigsten, und da soll mir diese Wohltat des Himmels für morgen den Mittagstisch decken. Falls Sie noch nie auf den Gedanken kamen, eine Meerrettich-Sauce auf den Tisch zu stellen, sollten Sie dieses Versäumnis bald nachholen. Die Butter-Einbrenne wird mit einer selbstzubereiteten guten Rindsbrühe aufgegossen, gesalzen und etwas gezuckert, mit ein bißchen Milch so verlängert, daß eine cremige Sauce entsteht. Vor dem Anrichten gibt man den geriebenen Meerrettich hinzu, der nicht mehr aufkochen darf. Dazu serviert man in Scheiben geschnittenes, gekochtes Rindfleisch, Semmelknödel, ebenfalls in Scheiben geschnitten, und rote Bete als Salat. Ich bin mir ganz sicher, Sie werden über die Güte einer Meerrettich-Sauce überrascht sein.

Um diese Zeit hole ich mir auch den im Herbst gesäten *Rapunzel-Salat* aus dem Garten, um ein selbstgezogenes Grün auf den Tisch zu stellen. Rapunzelsalat, mit gekochten, warmen Kartoffeln vermengt und mit hartgekochten Eiern garniert, ergibt ein gutes vegetarisches Nachtmahl.

Die ersten, wenigen schneefreien Tage haben im Handumdrehen frische *Spitzwegerich-, Schöllkraut-Blätter* und *Labkraut* hervorgezaubert, die alle frisch Verwendung finden. Die gewaschenen und feucht zerriebenen Blätter des Spitzwegerich auf eine im Winter gebildete Hauterhebung aufgelegt, zersetzt sie und baut sie schließlich ganz ab.

*Nach langen Wintertagen sehnt man sich nach der ersten Frühlingswärme. Und es zieht einen hinaus in Erwartung der ersten frischen Heilkräuter.*

*Bilder aus meinem Garten. Hier finde ich Entspannung und Erholung und sammle neue Kraft.*

Nach langen Wintertagen sehnt sich das Auge nach dem frischen Saft des *Schöllkrauts.* Nachdem ich mir selbst des öfteren mit dem frischen Schöllkrautsaft die Augen belebe, kann ich diesen Hinweis mit bestem Gewissen weitergeben. Ich nehme ein Schöllkraut-*Blatt*, wasche es und wasche gleichzeitig meine Hände. Mit dem feuchten Daumen und Zeigefinger zerreibe ich den feuchten, mürben Stengel des Schöllkrautblattes, streiche die wenige Flüssigkeit vom Zeigefinger über das Augenlid, erst rechts, dann links bis zum Augenwinkel. Augenblicklich stellt sich das gute Gefühl ein, wenn die verwässerte Feuchtigkeit die Sehkraft belebt. Man kann aber auch über Nacht zwei bis drei gut gewaschene Schöllkrautblätter über die Augen legen und mit einem Tuch abbinden. Man merkt sofort die wohltuende Stärkung beider Augen.

Das frische *Labkraut* wird zum Gurgeln gegen Kropfleiden und Schilddrüsen-Erkrankungen eingesetzt. Handelt es sich bei der Schilddrüsenerkrankung um einen Druck, der von der Leber herrührt, hilft Labkraut in einem solchen Fall nicht. Im Frühjahr verwendet man die frischen Triebe und Blattspitzen zum Gurgeln gegen Heiserkeit und alle Arten von Halsleiden, die sich im Winter gebildet haben, mit bestem Erfolg.

Für uns ist das *Mistel*-Pflücken jedes Jahr ein fröhlicher Familienausflug. Alles und jeder ist dabei, selbst Dackel Waldi darf mit. Mit Teleskopstangen und einer kleinen Leiter ausgerüstet, geht es in den Frühlingstag hinein. Wir haben einen Jäger als Wegweiser durch sein Revier mit und fahren durch ein Tal mit hochansteigenden Waldhängen, aus dem plötzlich ein bergwärtsführender Weg steil ansteigt. Der führt uns in eine liebliche Landschaft mit Wiesen und hübsch verstreut liegenden Bauernhäusern. Und jetzt beginnen unsere Herzen froh zu schlagen. Die bergwärts liegenden Wiesen sind traumhaft mit Schlüsselblumen übersät, die erkennen lassen, daß sich unsere Bauern wieder biologisch einstellen. Jahre sah man solche Wiesen nicht mehr. Zauberhafte Stellen mit dunkelgelben, hochstämmigen Schlüsselblumen und Lungenkraut, das blau-rot blühende Hänsel und Gretel, wie es im Volksmund heißt. Von weitem grüßt uns eine Reihe Obstbäume, über und über bestückt mit Misteln. Zuerst fragen wir den Besitzer der Bäume, ob er gegen ein Pflücken auf seinen Bäumen etwas einzuwenden hat. Auch das ist beim Mistelpflücken wichtig. Man könnte ja auch an den Unrechten geraten und plötzlich in barschem Ton vertrieben werden.

Die kleine Leiter wird an den Baum gelehnt, die Teleskopstangen werden zusammengesteckt, die männliche Jugend besteigt den Baum und wirft uns die leicht brechbaren Mistelzweige zu. Wir sind nun dabei, die herunterfallenden Mistelzweige aufzulesen und in die mitgebrachten Säcke zu tun. Dabei hören wir das erstemal im Jahr den Kuckucksruf, den wir voll Freude aufnehmen. Binnen einer Stunde ist der Mistel-Segen unter Dach und Fach. Wir fahren nochmals durch die herrlich blühenden Wiesen, und am liebsten hätte ich auch noch Schlüsselblumen und Lungenkraut gepflückt. Aber das müssen wir auf einen der nächsten Tage verschieben.

Zu Hause angekommen, wird die gesamte Beute im Garten ausgeleert und werden mit vereinten Kräften die kleinen Stengel samt Blättern kleingeschnitten. Es ist Mitte April, und die Mistelzweige haben bereits hellgelbe, zart duftende Blüten angesetzt, aus denen sich im Herbst die Beeren entwickeln. Die dickeren Stengel werden nicht geschnitten. Alles Kleingeschnittene wird am Dachboden auf Papieren zum Trocknen ausgebreitet. Ein Teil der Mistel-Ausbeute wird, von den dickeren Stengeln befreit, ebenfalls zum Trocknen ausgelegt, um später zu einigen guten Bädern aufbereitet zu werden, die wohltuend auf Herz und Kreislauf wirken. Es war ein schöner, unbeschwerter Tag, und wir danken Gott, ihn in beschwingter Harmonie erleben zu dürfen.

Die Mistel wurde von den Kelten als heilige Pflanze verehrt. Man kann sie aber auch wirklich als Wunderpflanze bezeichnen, da sie sowohl den hohen Blutdruck senkt als auch den niedrigen hebt. Sie ist, mit einem Satz, ein altbewährtes Mittel für Herz und Kreislauf.

Die Mistel ist von Anfang Oktober bis Anfang Dezember und in den Monaten März bis April heilkräftig. Wir verlegen das Mistelpflücken aus zweierlei Gründen auf den April. Zum einen sind die Mistelbeeren für die bei uns durchziehenden Zugvögel ein begehrtes Winterfutter, das wir ihnen nicht wegnehmen wollen. Zum anderen ersparen wir uns das mühsame Abklauben der sehr klebrigen Beeren. Die Mistel ist eine Schmarotzerpflanze und wächst auf Obst- und Nadelbäumen, auf Eichen und Pappeln. Am heilkräftigsten sind die auf den beiden letzteren Bäumen vorkommenden Mistelzweige. Doch um von diesen hohen Bäumen Misteln abzubekommen, müßte man zufällig dem Fällen eines Baumes beiwohnen. Wir pflücken die Mistel seit Jahren von Apfelbäumen. Sie hat uns ihre Hilfe vielfach unter Beweis gestellt. Sollten im Winter Mistelzweige gepflückt werden, dürfen die klebrigen Beeren nicht mit in die Teemischung hineingenommen werden.

Die Beeren versprechen, äußerlich angewendet, bei Erfrierungsschäden, insbesondere bei dunkelroten Gesichtsflecken an den Wangen und bei blauroter Nase Heilung. In einer kleinen Porzellanschüssel wird etwas Schweinefett leicht angewärmt und mit den frischen Mistelbeeren verrührt. Auf ein Leinentuch gestrichen und über Nacht auf die betreffenden Stellen aufgelegt, gehen die sehr unangenehmen Beschwerden mühelos weg.

Für den Tee wird die Mistel zwölf Stunden in kaltem

Wasser eingeweicht, also nicht gekocht, ¼ Liter Wasser, ein gehäufter Teelöffel kleingeschnittene Mistel, danach *leicht* anwärmen, dann erst abseihen und schluckweise trinken.

Ein heller, sonniger Morgen lockt uns wenige Tage später in unser *Veilchen*-Gebiet. Es ist jedesmal ein bezaubernder Anblick, der uns immer wieder aufs neue entzückt. Durch die chemische Düngung und Spritzung sind die blauen, echten Veilchen in der Natur eine Rarität geworden. Aber wir haben auf unseren Wanderungen durch Flur und Au einen Landwirt getroffen, der sich bei seinem Gehöft, bei seinen Waldrändern, unter seinen Obstbäumen in den Wiesen immer noch tiefblauer, wohlriechender Veilchen erfreut. Was für ein Glück, denn die Veilchen gehören nun einmal in meinen Mischtee. In meinem Garten selbst blühen üppige Polster mit langstieligen Veilchen, die ich zur Hälfte für den Mischtee pflükke. Die andere Hälfte lasse ich zu Samen reifen und nehme einen Teil der Samen vom Vorjahr mit auf unsere Wanderungen. Denn auf den Veilchenplätzen in Wald und Wiese wäre bestimmt nicht mehr so viel da, wenn ich nicht jedes Jahr wieder neuen Samen aussäen würde. Und beim Veilchenpflücken finde ich noch mancherlei, was ich für meinen Jahrestee brauche: frische Blattspitzen des Labkrauts (die Blüten kommen im Spätsommer dazu), blau-rotes Lungenkraut, Gänseblümchen und Schlüsselblumen. Überall ist neue bunte Pracht wieder zu entdecken. Denn bei uns in Oberösterreich gibt es gottlob wieder eine Menge Landwirte, die sich bei ihren Wiesen auf ein »Weg von der Chemie« und wieder »Hin zum biologischen Wiesenbau« einstellen. Das erkennt man in den letzten Jahren an der Belebung der Wiesen, denn wo Chemie eingesetzt wird, da wächst keine einzige Blume! Ein paar Jahre haben wir das beobachten müssen. Aber jetzt zeigen uns blumenreiche Wiesen und

## Ostereier

Meine braunen Zwiebelschalen sammle ich das ganze Jahr über. In der Vorosterzeit, wenn es zum Eierfärben kommt, benutze ich nur diese braunen Zwiebelschalen zum Einfärben. Die Zwiebelschalen legt man in eine breite Kasserolle, darauf legt man rohe Eier nebeneinander, ohne daß sie sich berühren. Vorsichtig kaltes Wasser zugießen, bis es fingerbreit die Eier überdeckt. Man deckt die Eier kalt zu und läßt sie drei Minuten kochen. Anschließend werden die gekochten Eier mit kaltem Wasser abgeschreckt, auf ein trockenes Tuch gelegt und mit einer Speckschwarte eingerieben. So behandelt, werden die Eierschalen schön braun und glänzend.

Waldränder, daß wir in eine bessere Zukunft gehen. »Die Pflanzen, wie Frauenmantel, Schafgarbe etc., die unsere Rinder brauchen, waren bereits verschwunden. Aber jetzt ist wieder alles da«, sagen vernünftige Bauern, die sich von der Chemie distanzieren. Die hellen Stimmen unserer Vögel begleiten den Tag.

Aber ein Schreck muß wohl auch dabei sein! Bei einem Waldstück bellt ein starker Bock, die Jäger sagen, er schreckt. Als wir ein Wiesenstück überqueren, ist er ganz in unserer Nähe, denn weithin hört man den Flüchtenden bellen. Etwas später steht er bei einer Mulde am anderen Grabenende, und sein Bellen klingt sehr nah. Da verlassen wir den Platz an dem Waldstück und geben dem aufgescheuchten Bock seine Ruhe wieder.

Veilchen, rot-blaues Lungenkraut, gelbe Schlüsselblumen, weiße Gänseblümchen, weißblühender Sauerklee und Labkraut-Spitzen tragen wir frohgemut heim, wissen aber, daß wir aus der Überfülle der Böschungen, Bachränder und Wiesen nur einen kleinen Teil mitgenommen haben. Etwas beunruhigt uns: die Kondensstreifen am Himmel zeigen uns, wie viele Flugzeuge diese ruhige und beschauliche Wald- und Wiesengegend täglich überfliegen. Von dieser Form der Umweltverschmutzung spricht niemand, sie wird totgeschwiegen. Wir aber sind überzeugt, daß durch sie in abseits gelegenen Waldstükken der Wald zu sterben beginnt. Das macht mich traurig. Bevor ich es vergesse: Gänseblümchen, Schlüsselblumen und Veilchen wirken großartig bei Herz- und Nervenschwäche.

Inzwischen überschneiden sich die Ereignisse, so daß ich wirklich zusehen muß, für Sie, verehrter Leser, alles der Reihe nach aufzuzeichnen.

Zuerst einmal habe ich einen Teil Sand aus dem Keller geholt, in dem ich das ganze Jahr über mein Gemüse einkellerte. Es hält sich wunderbar, wenn es von Zeit zu Zeit etwas befeuchtet wird. Ein Steinmaurer hat mir zur Auffrischung dieses Keller-Sandes einen porösen Granitsand versprochen, der auch prompt eingetroffen ist. Einen Teil des alten Sandes gebe ich zur Auflockerung den Beeten im Gemüsegarten zu. Wie froh bin ich jedesmal, wenn meinem *Kartoffel*-Beet entlang der Mauer, vor dem Setzen der Kartoffeln, Sand untergemischt wird, denn Kartoffeln lieben sandigen Boden. Je lockerer die Erde, desto schönere Kartoffeln kommen im Herbst beim Graben zum Vorschein. Auch das *Spargel*-Beet, das ich mit neuen Pflanzen aus der Frankfurter Gegend frisch angelegt habe, braucht Sand.

An dieser Stelle sei erwähnt, daß Spargel ein großartiges Diätgemüse für Diabetiker ist, da urintreibend und damit nieren- und blasenreinigend. Spargel ist ein sehr leicht verdauliches Gemüse.

Für Majoran-, Basilikum- und Porreesamen habe ich kleinere, sehr lockere Vierecke gerichtet, für Dillsamen hingegen größere Flächen. Alles wird mit dem Sand lokker aufgearbeitet. Den Möhren- und Petersiliensamen mische ich etwas mit Erde, damit sie nicht zu dicht nebeneinander wachsen. Was nicht jedem bekannt ist: Die Möhren wachsen am liebsten neben Zwiebeln. Sie haben füreinander eine große Vorliebe, gedeihen nebeneinander großartig, und bei der Ernte gibt es schöne, kräftige Möhren und große Zwiebelköpfe. Ich beginne, am Beet eine Reihe Schalotten (kleine Einlegzwieberln) zu setzen, eine Reihe Möhren zu säen, und dies in dreifacher Ausfertigung. Dann stecke ich zwei Reihen Steckzwiebeln, säe eine Reihe Möhren und fasse sie mit zwei Reihen Zwiebeln ein. Anschließend säe ich dreireihig Petersilie. Der freigelassene Platz gehört nach den Eisheiligen dem Sellerie. Etwas Ärger gab es sofort mit dem Zwiebelbeet, da mir die Spatzen trotz Gitterdrahtabdeckung täglich immer wieder die kleinen Zwieberln aus der Erde zogen und durcheinanderbrachten. Erst als sie sich mit Wurzeln festigten und grüne Blattspitzen ansetzten, hörte der üble Spaß auf.

Nach den Eisheiligen, Mitte Mai, könnte man auch Bohnen in einem Kistchen aussetzen, und im Schatten der Bohnenpflanzen gedeihen sicher auch ein paar Heilpflanzen wie: Schöllkraut, Kleinblütiges Weidenröschen, Labkraut und Frauenmantel. Wer keinen eigenen Garten besitzt, kann sich auf diese Art und Weise einen kleinen Kräutergarten auf dem Balkon anlegen. Neben einer ausreichenden Bewässerung benötigt man nicht viel mehr als ein bißchen Samen und lockere, sandige Erde.

Freunde verständigen uns, daß ihre biologisch gehaltene Wiese, fernab von Straße und Staub, auf uns wartet.

Da gibt es ein buntes Gemisch schönster Frühlingskräuter, vor allem prächtig entwickelte Spitzwegerichblätter, die ich dringend für ein Familienmitglied mit verschlepptem Husten brauche.

*Bei Erkrankungen der Luftwege hilft Spitzwegerich im Verein mit Thymian.*

Eine Tasse kaltes Wasser, einen Teelöffel braunen Kandiszucker, eine Scheibe ungespritzte Zitrone, wird drei- bis viermal aufgekocht, vom Herd gezogen, einen gehäuften Teelöffel Spitzwegerich mit Thymian gemischt hineingegeben, eine halbe Minute ziehen lassen, abseihen, sehr heiß schluckweise trinken. Bei ganz schwerer verschleppter Bronchialverschleimung, bei Bronchialasthma und bei Keuchhusten soll der Tee anfangs jede Stunde frisch bereitet und getrunken werden.

Ich kann mir von diesem paradiesischen Wiesenstück, das mit vielen niedrigen Kleeblättern durchzogen ist, Gänseblümchen und dreierlei kleine Frühlings-Ehrenpreis-Pflanzen für meinen Mischtee mit nach Hause nehmen. *Ehrenpreis* ist im Frühling in verschiedenen Arten auf Wiesen zu finden. Es sind kleine ährenförmige Rispen mit hell- und dunkelblauen Blüten. Jedes einzelne Pflänzchen kommt, aus der Nähe betrachtet, einem Wunder gleich. Sie wachsen und blühen in kleinen Kolonien, sie stehen wie kleine Krücken zusammengeschart in guter Gemeinschaft. Acht Arten Ehrenpreis gehören zu ihrer Großfamilie, alle in blauer Farbe, nur hoch oben im Gebirge färbt er sich lilablau.

Da fällt mein Auge auf einen frisch aufgeworfenen Komposthügel, auf dem sich bereits blühendes *Hirtentäschel* angesiedelt hat. Hirtentäschel ist sehr bald im Frühling da, verschwindet in den Sommermonaten und kommt erst wieder in den Herbsttagen zum Vorschein. Aber um diese Zeit ist es von schwerer Pilzkrankheit befallen, da pflückt man es selbstverständlich nicht mehr.

Ich schneide mir frohgemut einen Armvoll dieses wertvollen Krautes ab, das bei jeder Blutung augenblicklich als Tee hilft. Gleichzeitig ist Hirtentäschel sowohl blutdrucksenkend als auch -hebend, und vor allem hilft es bei jeder Muskelerkrankung, Muskelentzündung, aber auch bei dem als unheilbar geltenden Muskelschwund. Unter Muskelschwund fallen auch altersbedingte Muskelschwächen.

Das gepflückte Hirtentäschel stammt aus einer vollkommen sauberen Umgebung, es braucht also nicht gewaschen zu werden. Mein Mann begann, es von den unteren Stengeln bis hinauf in die kleinen Blüten kleinzuschneiden und in eine größere Flasche bis zum Hals einzufüllen. Er schüttete bis über die Kräuter 38%igen Alkohol, genauer, einen Obstler. Er stellte die Flasche an ein sonniges Westfenster. Die äußerliche Einreibung ist bei jeder Muskelerkrankung wichtig. Nach 12 bis 14 Tagen kann man die Hirtentäschel-Essenz bereits benützen. Wir stellen sie nach dieser Zeit in den Keller, füllen dann später ein Fläschchen für die Hausapotheke und lassen den übrigen Teil im kühlen Keller stehen. Mit Alkohol angesetzte Kräuter halten bei kühler Lagerung jahrelang.

Als Abschluß nehme ich mir *Löwenzahnblüten* mit nach Hause, die ich mit sechs Liter kochendem Wasser abbrühe und über Nacht zugedeckt stehenlasse. Am nächsten Tag seihe ich sie durch das Nudelsieb, presse die Blüten durch die Kartoffelpresse, gebe sechs Kilo Rohzucker und drei in Scheiben geschnittene, ungespritzte Zitronen hinein (Zitronenkerne herausnehmen) und teile die Masse in zwei Kasserollen, die ich auf dem Herd bei kleinster Flamme verdunsten lasse. Es wird dank seinem wundervollen Geschmack ein ausgezeichneter Honig, auf den wir uns schon sehr freuen, eine Delikatesse auf Brötchen oder Butterbrot. Der Honig soll nicht kochen, auf kleinster Flamme nur verdunsten.

## Das Löwenzahn-Honig-Rezept

Zwei gehäufte Doppelhände in Sonne gepflückter Löwenzahn-Blüten-Köpfe (Stengel werden nicht genommen) werden mit einem Liter kochendem Wasser gebrüht, zugedeckt und über Nacht kaltgestellt. Am nächsten Tag abseihen und auspressen. Mit 1000 g Rohzucker und einer halben in Scheiben geschnittenen, ungespritzten Zitrone (Kerne herausnehmen) wird der Saft auf kleinster Flamme auf dem Herd so lange zum Verdunsten gebracht, bis sich ein dicklicher »Honig« bildet. Er darf nicht zu dick werden (sonst kandiert er) und nicht zu dünn sein (sonst säuert oder schimmelt er). Man sollte ihn zwei- bis dreimal erkalten lassen und dabei die Probe machen, damit sich die richtige Konsistenz bildet. Dieser Honig findet begeisterte Liebhaber.

Ich war intensiv mit dem Löwenzahnhonig beschäftigt und zwei Tage nicht im Garten. In dieser kurzen Zeit hat sich auf unserem Johannisbeerbeet ein Wunder vollzogen. Auf dem ganzen langgezogenen Beet bildete sich eine lichtblaue Decke, übersät mit Tausenden und Abertausenden kleinen blauen Blütensternen, die aus niedrigen *Ehrenpreis*pflänzchen bestanden: der niedrige Felsoder Gartenehrenpreis. Sein Anblick überrascht und erstaunt mich, denn ich habe ihn die Jahre vorher niemals im Garten gesehen. Das erinnert mich an eine andere Begebenheit, die ich vor einigen Jahren erlebte.

Oberhalb unserer Siedlung steht eine Dreifaltigkeitskapelle inmitten von Wiesen und Feldern. Eines Tages hieß es, diese Felder hätte eine Wohnbaugesellschaft erworben, und sie würden nicht mehr bewirtschaftet. Im Juni des gleichen Jahres durchwanderten wir den gegenüberliegenden Waldweg. Es schimmerte von der Gegenseite der brachliegenden Felder ein gleichmäßig heller Lichtschein zu uns herüber. Mein Mann und ich blieben stehen und rätselten über diesen Schein. Es schien, als käme der Schimmer von angebauter Gerste, die vor der Reife steht. Das ließ uns keine Ruhe. Ein paar Tage später konnten wir den geheimnisvollen Schimmer enträtseln. Vor uns lagen die unbebauten Felder von ca. 5000 qm als wogende Kamillenpracht, ein Meer von Kamillenköpfen, duftend und wiegend von Sonne und Wind. Wo aber kamen sie her? Wir mußten uns alljährlich unsere *Kamille* an Rainen sehr spärlich zusammensuchen, jetzt aber sahen wir unübersehbare wogende Kamillenfelder. Wer streut hier die Samen für diese unendliche Pracht? Sind es tatsächlich göttliche Wesen, die dem Menschen Hilfe bringen? Engel, von Gott geschickt? Der heutige Mensch will solche Dinge nicht wahrhaben, nicht einmal unsere Schutzengel gelten lassen! Ich aber will an solche Wunder glauben, denn es geschehen oft Dinge zwischen Himmel und Erde, die uns Menschen unverständlich sind. Ich holte mir einige Male Kamille von diesem göttlichen Segen, einige wenige andere taten dies auch, doch hier wäre für viele der Tisch gedeckt gewesen. Die Kamille samte sich aus und verging. Kann man das glauben, in einer Zeit, wo sonst so viel chemisch gedüngt wird? Und hier verkommt eine Gottesgabe höchster biologischer Gnade, weil so viele Menschen einer sicherlich gesunden körperlichen Bewegung aus dem Wege gehen. Im nächsten Jahr waren die brachliegenden Felder mit Unkraut überwuchert. Obwohl die Unmenge Kamille sich aussamen könnte, waren nur vereinzelte Flecken davon bedeckt. Das nächste Jahr war von Kamille nichts mehr zu sehen, dafür bemächtigte sich das Kleinblütige Weidenröschen dieser Flächen. Es hatte das Unkraut beiseite geschoben und sich voll behauptet. Eine Drogerie sandte ihre Pflücker, die in Viererreihen ernteten und doch die riesige Menge nicht bezwangen. So samte das Kleinblütige Weidenröschen eine gewaltige Menge aus, trotzdem aber war im darauffolgenden Jahr außer ein paar bescheidenen Pflänzchen nichts mehr von dem göttlichen Segen zu sehen. Wie oft hänge ich diesen Gedanken nach, und doch komme ich zu keinem Ende. Hier zeigt uns die göttliche Allmacht ihre Geheimnisse und Wunder.

Genauso bleibt mir das Wunder am Johannisbeerbeet mit dem lichtblau blühenden Ehrenpreis als zusammenhängendes Blütenpolster ein Geheimnis.

Das *Schöllkraut* im Garten steht über Nacht in voller Blüte. Ich hole die Schere, schneide die gelben Blüten und Knospen samt der kleinen Blätter, die ringsum wie ein Kranz um die Blüten stehen, ab. Getrocknet kommen sie nach und nach in kleinen Mengen in unseren Morgentee. Sie sind eine wunderbare Belebung für Leber und Galle. Abgeschnitten tropft der orangegelbe Saft aus den allerersten Blütenstengeln. Ich schaue nach irgendwelchen braunen Hautflecken, die ich damit betupfe.

Wehe aber, wenn man die Blüten mit dem ausfallenden Samen an den Schöllkrautstöcken übersieht, im Nu gäbe es eine kaum mehr zu bewältigende Wildnis. Ein Journalist aus Frankfurt erzählte mir einmal angesichts meiner gebändigten Schöllkrautstelle im Garten, sein Garten wäre ein einziges Schöllkrautdurcheinander.

# Schöllkraut

***Giftig oder heilsam?***

Am 9. Dezember 1986 berief die österreichische Apotheker-Kammer Wien eine Pressekonferenz ein, um gegen mein neues Buch »Heilkräuter aus dem Garten Gottes« zu Felde zu ziehen. Vor allen Dingen wurde das Schöllkraut angeprangert. Es sei schwergiftig. Weiter wurde erklärt, daß meine Hinweise bei schweren Gallenleiden so hoch dosiert seien, daß sie ein Pferd umwerfen würden, und darüber hinaus sei das ganze Buch kriminell, verbrecherisch und leite zum Selbstmord an. Interessanterweise hat sich ab diesem Zeitpunkt Verschiedenes in den Zeitungen abgespielt. Im »ORF-Magazin für die Frau«, Radio Kärnten, nachgedruckt in der Nachlese 12/1986, erklärte Dr. Ulf Böhmig: »Der wirksame, blutzuckersenkende Stoff Glukokinin ist in Fisolenschalen, Heidelbeerblättern, dem goldgelben Fingerhut und unter anderem auch im Schöllkraut enthalten.« Wenn das Schöllkraut tatsächlich so giftig sein sollte, würde es sich wohl erübrigen, seinen blutzuckersenkenden Inhaltsstoff auch nur zu erwähnen. Im Januar 1987 wird in der »Wochenpresse« ein Wissenschaftler vorgestellt, ein ukrainischer Arzt namens Wassil Nowicky, der seit 12 Jahren an einem Krebspräparat arbeitet, das aus der Heilpflanze Schöllkraut gewonnen wird. Die »Wochenpresse« bemerkt unter anderem weiter: »Obwohl in Österreich täglich 53 Menschen an Krebs sterben, wurde es hier in Österreich nicht einmal für nötig gehalten, das Präparat einem Test zuzuführen.«

Am 24. Februar 1987 bringt das »Neue Volksblatt«, Linz, von Dr. Hillmann einen ausführlichen Artikel über Chelidonium majus, also Schöllkraut. Hier weist Dr. Hillmann auf den berühmten Arzt Christoph Wilhelm Hufeland hin, der das Schöllkraut sehr schätzte und es besonders bei Leber- und Gallenfunktionsstörungen empfahl und einsetzte. Dr. Hillmann bezieht die Vorstellung, Schöllkraut wäre giftig, wahrscheinlich auf den aus der frischen Pflanze reichlich fließenden orangegelben Saft.

Aber nicht nur Hufeland hat das Schöllkraut als Volksheilpflanze apostrophiert, sondern auch der große Naturarzt Tabernämontanus widmet dem Schöllkraut in seinem 1731 erschienenen umfangreichen Kräuterbuch fünfeinhalb Seiten in Großformat. Ebenso der österreichische Biologe Richard Willfort, der der Pflanze sechs Seiten widmete. In einem Gespräch mit Willfort vertrat er mir gegenüber die Meinung, daß Schöllkraut bei Magenkrebs beste Hilfe leiste. In einem Gespräch mit Frau Gisela Friebel-Röhring, Münster — die das Buch »Ich habe Krebs, na und« geschrieben hat, herausgegeben im Hebel-Verlag —, erzählte sie mir, daß sie in einer Apotheke Schöllkraut kaufen wollte, und zwar 15 g für das Rezept Leukämie aus meinem Buch »Heilkräuter aus dem Garten Gottes«. Man hat ihr das Schöllkraut verweigert, weil es sehr giftig ist. Sie hat sich nicht abspeisen lassen und verlangt, man möge das Schöllkraut auf seine Giftigkeit prüfen. Und so hat sich herausgestellt, daß man 20 g Schöllkraut täglich als Tee unbedenklich einnehmen kann. Ich selbst benütze den Schöllkraut-Saft ab Frühjahr zweimal wöchentlich für die Augen. Und zwar nehme ich ein Schöllkrautblatt, wasche es, wasche die Hände und zerreibe mit feuchtem Zeigefinger und Daumen den mürben Stengel des Blattes, und streiche mir diese geringe Flüssigkeit in die Augenwinkel und über die Lider. Ich wurde von einem hiesigen Optiker beim Brillenkauf, der natürlich mein Alter kannte, verwundert gefragt, wieso meine Augen so flecken- und schleierlos klar seien.

Der bekannte Krebsforscher Dr. Dr. Seeger, Berlin, schreibt in seiner wissenschaftlichen Arbeit — »Die Wunderheilungen der Maria Treben — Irrglauben oder Wahrheit?«, erschienen im Verlag »Mehr Wissen«, Düsseldorf —, über das Schöllkraut: »Die Antikrebswirkung des Schöllkrauts dürfte vor allem seiner spezifischen Eigenschaft als Anregungs- und Ausscheidungsmittel der Lebergifte und als Gallenmittel zuzuschreiben sein.« Abschließend schreibt er:

»Diese Erkenntnisse wurden heute durch exakte biochemische Untersuchungen als absolut richtig erwiesen. Die von Maria Treben inaugurierte biologische Therapie mit Antikrebspflanzen ist deshalb kein Irrglauben, sondern biochemisch erhärtet und bewiesen und kann als die nackte Wahrheit hingestellt werden.«

Meine Kritiker machen es sich zu leicht, wenn sie das Wissen unserer Vorfahren einfach als Quacksalberei abtun. Das Schöllkraut, diese große Heilpflanze, heißt im Volksmund Herrgottsblatt, Herrgottsgnade und Gottesgabe. Als einzige Pflanze hat es so großartige Prädikate bekommen. Und das ist doch sicherlich ein Zeichen dafür, daß es wirklich eine wertvolle Volksheilpflanze ist.

**Mir hat das Schöllkraut mein Leben gerettet.**

**Es ist schon so lange her.**

**Im Januar 1947 war ich in einer Hautklinik, weil ich am Rücken eine juckende Stelle bekam und meine Mutter Angst hatte, daß es eine Pilzerkrankung werden könnte. Am Rückweg, es war in Weißenburg bei Nürnberg, wir waren auf der Wülzburg, einem römischen Kastell, als Flüchtlinge, konnte ich kaum mehr gehen. Es war ein Weg von einer Stunde, und der war für mich zuviel. Abends bekam ich hohes Fieber und mußte auf die Sanitätsabteilung gelegt werden. Morgens wurde ich aufgerufen, ich hätte in ein Dorf verlegt werden sollen. Doch ich war nicht transportfähig. Was hätte ich darum gegeben, aus diesem Lager, diesem entsetzlichen Käfig herauszukommen! Ich hatte einige Zeit hohes Fieber, und es ging mir sehr schlecht. Ich konnte nichts essen, mußte sehr viel erbrechen und jeder Laut hat meinem Kopf weh getan, denn ich hatte Kopfschmerzen, wie ich sie noch nie in meinem Leben hatte. Bis dahin kannte ich überhaupt keine Kopfschmerzen. Aber jetzt waren sie so**

*Das Kräutertrocknen verlangt viel Sorgfalt und Zeit — doch die Mühe lohnt sich.*

**Schöllkraut**

*Chelidonium majus*

entsetzlich, daß man jedes kleine Geräusch hundertfach im Kopf spürte. So lag ich vielleicht drei Wochen in dieser Sanitätsabteilung. Es ging mir jeden Tag schlechter. Plötzlich sagte mir jemand, daß ich ganz gelb im Gesicht wäre, und ein paar Tage später kam ein Arzt aus unserer sudetendeutschen Heimat, der von den anderen erfahren hatte, daß ich schwer krank wäre. Ich war kaum mehr ansprechbar. Er untersuchte mich und meinte zum Lagerarzt, diese Frau muß sofort ins Krankenhaus. Der Arzt verweigerte den Krankenhausaufenthalt. In meinem Dämmerzustand habe ich noch gehört, wie er sagte: ›Wenn Sie diese Frau nicht ins Krankenhaus geben, zeige ich Sie an. Diese Frau hat Bauchtyphus im letzten Stadium.‹ Ich bin dann doch ins Krankenhaus gekommen, war aber kaum mehr bei Besinnung. Ich habe auch nicht mehr mitbekommen, daß ich nach unserer Vertreibung zum ersten Mal wieder in einem weiß überzogenen Bett lag. Damals gab es für die Krankenhäuser keine Medikamente mehr. Später erzählte mir die Schwester, daß der Chefarzt Dr. Schneider zu den Schwestern meinte, diese Frau wird uns unter den Händen wegsterben. Es gäbe zwar ein Mittel, den Saft des Schöllkrauts, aber woher man das bekommen solle, wisse er nicht. Doch die Schwestern wußten sich zu helfen, haben in der Natur Schöllkrautblätter gesammelt, den Saft gepreßt und noch am Tag meiner Einlieferung, zur Mittagszeit, bekam ich eine Vierteltasse. Abends trank ich die zweite Menge. Am nächsten Tag war ich bereits ansprechbar und es ging mit mir ziemlich rasch aufwärts. Ich war zwar dann noch sechs Monate im Krankenhaus, aber das hohe Fieber fiel, und diese Gallenanschwellung und die Gelbsucht gingen zurück.

# Epilog

**Wer von Ihnen, liebe Leser, schon einmal für längere Zeit im Krankenhaus war, weiß, wie dankbar man für die Hilfe von Ärzten und Schwestern auf der einen Seite ist und wie langweilig einem die Zeit im Krankenstand wird. Als ich von den Schwestern erfuhr, daß der Chefarzt am nächsten Tag Geburtstag hat, schrieb ich mit einem Fettstift auf die Steinplatte meines Nachtkastens ein Gedicht. Als die Nachtschwester das las, trieb sie in Windeseile ein Stück Papier und einen Bleistift auf — damals war ja wirklich alles knapp — und ich übertrug das Gedicht.**

**Chefarzt Dr. Schneider hat sich über den Reim sehr gefreut. Deshalb will ich Ihnen das kleine Gedicht nicht vorenthalten.**

***Herrn Chefarzt Dr. Schneider***
***zum 65. Geburtstag***

*Es stand auf einem Berge*
*im schönen Bayernland,*
*ein Schloß aus Stein gefüget.*
*Wülzburg ward es genannt.*

*Die Burg, sie sah sehr finster*
*von drauß und drinnen aus,*
*und alle, die hier wohnten,*
*sie sehnten sich hinaus.*

*Einst zog nach diesen Landen*
*ein Heimatlosen-Heer,*
*sie kamen auf die Wülzburg —*
*die Herzen waren schwer ...*

*Da spielt den armen Menschen*
*das Schicksal einen Streich,*
*denn einige von ihnen,*
*die wurden krank und bleich,*

*bekamen hohes Fieber,*
*Kopfweh, Erbrechen auch*
*und Durchfall. Denn die Krankheit*
*saß in Gedärm und Bauch.*

*Doch wie oft hartes Schicksal*
*gleicht himmlische Hände aus:*
*die Kranken kommen alle*
*ins Städt'sche Krankenhaus*

*nach Weißenburg gefahren*
*wo Dr. Schneider wirkt.*
*Für eine rasche Heilung*
*sein guter Name bürgt.*

*Er schreitet an die Betten,*
*erkennt mit sicherm Blick*
*die Krankheit. Und er wendet*
*sie ab mit viel Geschick.*

*Er treibt mit kundigen Händen*
*die Schmerzen aus dem Bauch.*
*Es steht ihm treu zur Seite*
*Herr Doktor Riemann auch.*

*Und auch die liebe Schwester,*
*Margret heißt sie mit Nam',*
*so hilfreich, gütig, fleißig,*
*hilft ihm, wo sie nur kann.*

*Wer sollte da nicht rühmen*
*des Arztes Tüchtigkeit,*
*wer sollte da nicht singen*
*sein Loblied weit und breit?*

*Daß Gott in SEINER Güte*
*für Menschen jung und alt*
*den lieben Doktor Schneider*
*am Leben lang erhalt,*

*daß er mit seinem Wissen*
*als gütiger Mensch zugleich*
*in diesem Hause wirke*
*so hilf- und segensreich:*

*das wünschen wir vom Herzen,*
*die krank zur Zeit hier sind*
*und bei ihm Hilfe finden*
*so rasch und so geschwind!*

Maria Treben
als Sudetendeutsche Vertriebene

Weißenburg in Bayern,
11. Feber 1947

Und weil das erste Gedicht so viel Freude bereitet hat, fing ich an, meine Beobachtungen in Versform zu Papier zu bringen. Mein erstes »Opfer« war meine Zimmernachbarin.

### *Selbsthilfe*

*Eines Tages zur Visite*
*kommt Herr Doktor Riemann her.*
*»Machen Sie den Mund auf, bitte.*
*Zeigen Sie die Zunge her!«*

*Doch Frau Laudon sieht voll Schrecken*
*ganz entsetzt den Doktor an,*
*seit den letzten Calcium-Spritzen*
*hat sie Angst vor jedermann.*

*»Das ist typisch für den Typhus«,*
*sagt der Arzt, beklopfet dann*
*Oberkiefer, Unterkiefer,*
*unten rechts den Augenzahn.*

*»'s ist mein letzter«, haucht Frau Laudon,*
*»alle wurden wurzelkrank.« —*
*»Morgen bringe ich die Zange!« —*
*Ach, es wird ihr angst und bang!!*

*Seit der Stunde hat Frau Laudon*
*keine Rast und keine Ruh,*
*einmal öffnet sie die Augen,*
*bald schließt sie die Augen zu.*

*»'s ist entsetzlich! Mit der Zange (!)*
*will der Doktor mir im Mund*
*unten rechts den Zahn 'rausziehen,*
*und dabei ist er gesund!«*

*In der Nacht befällt sie Kühnheit,*
*mutig faßt sie ihn jetzt an*
*und am Morgen liegt am Nachttisch*
*dann Frau Laudons Augenzahn!*

Weißenburg, 14. Feber 1947 Maria Treben

Natürlich durften die Schwestern auch nicht vernachlässigt werden, hatten sie sich doch so aufopfernd um uns Patienten bemüht.

***Der guten Küchenschwester Sophie aus Dankbarkeit***

*Hoch klingt das Lied der Menschlichkeit!*
*Horch, laßt das Lied erklingen!*
*Ich will in einer schweren Zeit*
*euch dieses Liedlein singen.*

*In Weißenburg im Krankenhaus*
*da blüht dies selten Kraut*
*und hat mich hier an jedem Tag*
*wohltuend angeschaut.*

*Ich war an Leib und Seele krank,*
*denn Gott hat es gewollt,*
*daß ich als heimatloser Mensch*
*zu fremden Menschen sollt.*

*Wie lieblos war die Welt für mich,*
*wie dunkel sah sie aus!*
*Der Lichtstrahl, der zuerst mich trifft,*
*war hier im Krankenhaus.*

*O Menschlichkeit, Dich fand ich hier,*
*o Seele wund und krank,*
*Du bist gesundet und geheilt,*
*dem Himmel Lob und Dank!*

*Und Dir, der mit mein Dank gebührt,*
*wie soll ich preisen Dich?*
*Du hast die Wochen mich umsorgt*
*so gut und mütterlich.*

*Du hast in Deiner schlichten Art*
*für andere nur gedacht,*
*Du warst die erste morgens wach,*
*die letzte vor der Nacht.*

*Und alle Kranken kanntest Du*
*beim Namen, und es war*
*die Bindung deshalb zwischen Haus*
*und Küche wunderbar.*

*So nimm von mir und meinem Kind,*
*Du emsige Sophie,*
*von ganzem Herzen unsern Dank*
*für alle Plag und Müh'.*

*O mög' zum Heile aller hier*
*Dich und Dein selbstlos Walten,*
*der liebe Vater über uns*
*lange gesund erhalten!*

Maria Treben

Weißenburg in Bayern,
Städtisches Krankenhaus, im März 1947

Eine gemeinsam erlittene Tortur inspirierte mich zu den nachfolgenden Zeilen, die bei all meinen Leidgenossen große Heiterkeit auslösten und das Unangenehme schnell vergessen ließen.

***Das Lied von den Schlauchschluckern***

*Ach, was muß man oft im Leben*
*hint' — und vornerum erleben!*
*Überall zu allen Zeiten*
*sieht man nichts als Schwierigkeiten,*
*überall an allen Ecken,*
*kann nur Übles man entdecken.*
*Schöpft man Mut und denkt aufs neu,*
*›nun ist alles gut vorbei‹ —*
*merkt man alsogleich verwirrt,*
*daß man sich gehörig irrt,*
*daß des Lebens Überkraft*
*wieder Schwierigkeiten schafft*
*und das Böse im Geschick*
*festsitzt hinten im Genick.*

*Sehet her und hört mit Bangen,*
*wie es allen uns ergangen.*

*Bei dem Städt'schen Krankenhaus*
*sieht man rechts vom Garten aus,*
*ganz im Grünen voll Vergnügen*
*sauber die Baracke liegen.*

*Schwester Julies Fraulichkeit*
*waltet hier mit Emsigkeit.*

*Von den Kranken sieht man nur*
*einzelweise eine Spur.*

*Öfters findet man vielmehr*
*gänzlich die Baracke leer,*
*weil die Kranken, alle neun,*
*sich im Sonnenschein erfreu'n*
*und im Hofe oder Garten*
*der Visit' entgegenwarten.*
*Alle fühlen sich befreit*
*von der alten Kränklichkeit,*
*meinen, daß der Bazillus*
*endlich Reißaus nehmen muß,*
*daß der Typhus, wie es Brauch,*
*verschwindet endlich aus dem Bauch*
*und somit des Wurzels Übel*
*hat ein End mit Stumpf und Stiebel.*

*Ich betone: der Mensch denkt,*
*Erlangen hingegen lenkt!*

*Als man leise wagt zu hoffen,*
*»negativ« sei eingetroffen,*
*sagt Herr Doktor Riemann: »Nein,*
*›positiv‹ sind alle neun.*
*Unser Chefarzt, Doktor Schneider,*
*will nun, daß Sie alle — leider —*
*zur Erforschung jeder Mucken*
*diesen langen Schlauch verschlucken!«*
*Damit zeigte er ein Ding,*
*das zwei Meter ›obi‹-hing.*

*Allen neunen blieb vor Schrecken*
*jedes Wort im Halse stecken.*

*»Nun«, sagt Doktor Riemann dann,*
*»fangen wir gleich morgen an!*
*Fräulein Schütz beginnt den Reigen,*
*es den andern vorzuzeigen.«*

*Ach, was war das dazumal*
*für die Bärbel eine Qual!*
*Nase, Ohr und Augen tropfen,*
*erst das Auf-den-Rücken-Klopfen*
*bringt ihr Luft. Atem schöpfend durch den Mund*
*reißt den Schlauch sie aus dem Schlund.*

*Acht erschreckte Augenpaare,*
*rote Köpfe, wirre Haare,*
*schauen allseits durch die Lucken*
*sich das Schauspiel anzugucken.*

*Sehr bewölkt ist das Gesicht*
*Doktor Riemanns und er spricht:*
*»Sollten Sie nicht mäßig sein*
*führe durch die Nase ein*
*ich den Schlauch.« Folgsam druckt*
*Barbara und langsam schluckt,*
*bis der meterlange Schlauch*
*angelangt in ihrem Bauch.*

*Als zweites Opfer tritt sodann,*
*Herr Roland Zapf zum Schlucken an;*
*die Späher an der Wände Lucken*
*seh'n mutig ihn den Schlauch verschlucken;*
*damit die Wirkung rascher wär,*
*hüpft er auf einem Bein umher.*

*Frau Stürzl kam als nächste dran,*
*Frau Treben schloß sich ihr bald an.*
*Ein leerer Magen, wie ihr wißt,*
*zum größten Teile lästig ist,*
*und wie gesagt, weil Hunger schmerzt,*
*verschlangen sie den Schlauch beherzt.*

*Und als Frau Rauner schlucken muß,*
*bereitet es ihr Hochgenuß*
*und sagt, wenn's täglich müßte sein,*
*nimmt sie ihn gern zum Frühstück ein.*

*Dagegen fühlt sich, aber ach,*
*Herr Franz Fritsch noch viel zu schwach.*
*Und auch Frau Laudon seufzend spricht:*
*»Nein, nein, das überleb' ich nicht!«*
*»Und ich schie goor nich, wann mrsch sieht,*
*wie's den onnern goor su alend gieht.*
*Mei Harz hollt suwas nimmer aus!«*
*So stößt Frau Kugler klagend aus.*

*So sind die Meinungen hienieden*
*wie überall auch hier verschieden.*

*Nur einer ist's, der schließt sich aus,*
*läuft wie ein Sturmwind um das Haus,*
*hat eigne Ansicht übers Leben,*
*4 Jahre alt, Kurt Dieter Treben.*
*Er weiß nicht, was das Leben bringt,*
*nur fröhlich lacht und fröhlich springt. —*
*Ihm droht nur Übles dann und wann,*
*wenn er nicht hören, folgen kann.*

*So hat ein jeder seine Plage,*
*teils gute und teils schlechte Tage.*

*Doch seht, wir wollen ehrlich sein:*
*wie oft schluckt man in sich hinein*
*ein Ding, das diesem Schlauche gleicht*
*und doch zu Gutem uns gereicht!*

Maria Treben

Weißenburg, Bayern,
Städt. Krankenhaus im April 1947

Ein sonniger Frühlingsmorgen kündet uns einen ebenso sonnigen Tag an. Frohgemut treffen wir unsere Vorbereitungen für eine Fahrt zu den *Bärlapp*-Wäldern und warten nur noch auf Freunde, die sich daran beteiligen wollen. Wir fahren frühzeitig los. Eine Fahrt durch den Frühling, was für ein Erlebnis! Weite Flächen gelber Löwenzahnwiesen, duftige Birken, die Baumblüte über Nacht aufgebrochen, das Weiß und Rosa der Blüten als plastischer Kontrast zu den grünen Waldstücken, zu denen sich die blühenden Bäume zugehörig fühlen, oder einen auf einer Anhöhe liegenden Bauernhof umsäumen, oft aber auch allein inmitten einer Wiese stehen. Blühen, Treiben und Gottes Segen auf Ackerland, Wiesenrändern oder kleinem Gewässer, darüber als lichtes Wesen der Sonne helles Gefunkel. Man empfindet die Fahrt in den hellen Frühling hinein als Geschenk Gottes, das man ganz tief in sich aufnimmt. Gegen Mittag sind wir am Ziel. Ein tiefer Hochwald in ca. 700 m Seehöhe nimmt uns auf. Hohe Moospolster, in die man versinkt, die aber auch tückisch sein können, da Baumäste und anderes Holz, vom Moos überwuchert, darunter liegen. Jeder Schritt muß geprüft sein, sonst gibt es zerrissene Strümpfe und zerschundene Knie.

Es geht zu Fuß eine Forststraße entlang, bald glänzen uns die hellgrünen Bärlapptriebe im Hochwald entgegen. Ein Hochwald, wie ich ihn sonst nur noch in unserem Böhmerwald gesehen habe. Beim Pflücken sind wir sechs Personen. Wir haben unsere Scheren hervorgeholt, um die samtweichen Büschelchen von den Ranken zu schneiden. In einem Umkreis von etwa 30 Metern bleiben wir beieinander. Im Nu haben wir unser gestecktes Pensum erreicht. Wohin auch unser Auge reicht, überall nichts als Bärlapp, das zwischen wuchernden und blühenden Heidelbeeren seinen Platz behauptet. Als wir den Hochwald verlassen, kontrolliere ich unsere Stelle. Es ist rundherum kaum zu erkennen, daß sechs Personen Bärlapp geschnitten haben.

Ein Uhr mittags. Mitten auf sonniger Kreuzung zweier Waldwege schlagen wir in froher Runde einen Picknickplatz auf — dies zum Entzücken unserer Jüngsten, der achtjährigen Maria, die sich heute Essen und Trinken durch Bärlapppflücken redlich verdient hat. Zu Hause angelangt, nehme ich die vorbereiteten weißen Inlett-Säckchen und fülle sie der Reihe nach mit Bärlapp. Ich schneide ihn im Wald so ab, daß ich zu Hause nichts mehr aussortieren muß, kein Gras, keine Heidelbeerblätter oder kleines Astwerk, das unwillkürlich beim Pflükken in die Hände fällt. So bin ich mit dem Bärlappeinfüllen bald fertig. Jedes Familienmitglied bekommt eines zum Fußende fürs Bett. Man ist auf diese Art vor jeglichem Krampf gefeit. Ein ganzes Jahr bleibt der Bärlapp heilkräftig. Im nächsten Jahr, bei Neueinfüllung wird der vom Vorjahr als Badezusatz verwendet. In der Natur ist Bärlapp ab April bis Ende Oktober heilkräftig. Alle krampfartigen Zustände, sei es da oder dort, beseitigt das Bärlappkissen. Sie erhalten ihn in allen einschlägigen Kräutergeschäften. Nordische Länder, deren Hochwälder unheimliche Mengen von Bärlapp aufweisen, exportieren ihn in unsere westlichen Länder. Bärlapp ist bei Lebererkrankung, selbst bei Leberzirrhose oder -krebs mit bestem Erfolg einzusetzen.

Nun sind endlich die Drei Eisheiligen samt ihrer Kalten Sophie vorüber. Auf den vorbereiteten Gartenbeeten setze ich Paradeiser (Tomaten), Sellerie, Gurken (hier, wie immer, zwischen bereits angesetztem und gut entwickeltem Salat, der die Gurkenpflanze vor Unbill schützt, sozusagen ihre Kindertage umhegt, so geht mir selten eine Gurkenpflanze ein), Blumenkohl (Karfiol), Kohlrabi (weiß und rot) und stecke außerdem Bohnen und Erbsen. Zimmerpflanzen mit Amaryllis, Clivien,

Aloen, Agaven und Oleander bekommen im Garten ihren angestammten Sommerplatz, teils in der Sonne, teils im Halbschatten. Gleichzeitig lasse ich in das Brunnenbekken, einem ausgehöhlten Granit aus dem Jahre 1859, Wasser ein. Obwohl eine Vogeltränke zwischen unseren Birkenbäumen aufgestellt ist, lockt die Vögel das Plätschern des Wassers wie auf Kommando herbei. Sie lieben den Brunnen, sitzen an seinen Rändern und trinken daraus. Das Innere des Beckens wird alljährlich mit blauer Farbe gestrichen. Da spiegelt das blaue Wasser im hellen Sonnenschein, das scheinen die Vögel zu lieben. Die Vogeltränke nutzen sie einzig zu ihren Badefreuden. Bei wasserloser Tränke kommt es vor, daß sie sich, besonders die Amseln, lauthals melden. Sie baden schon, wenn das Wasser noch Minusgrade hat. Da helfen wir mit heißem Wasser nach, um ihnen ihr gewohntes Badevergnügen zu gewährleisten. Verstünden sie es, müßten sie meinen Mann zum Vogel-Bademeister ernennen. So danken sie es mit Zutraulichkeit.

## Ehrenpreis als himmelblaue Maienblume

Die Eisheiligen sind zwar schon vorbei, jedoch die Nächte sind nahe bei den Minusgraden, in den Bergen schneit es noch bis in tiefe Lagen, im Voralpenraum spüren wir die kalte Schneeluft.

Um so erstaunter nehme ich an einem sonnigen Nachmittag in meinem Garten den echten, tiefblau blühenden, traubenartigen Ehrenpreis wahr, der sich in vollster Pracht entfaltet hat. Die Sonne scheint wolkenlos vom Himmel, da habe ich den Eindruck, als ob an den traubenartigen Blüten jedes einzelne Blütchen sich so weit wie möglich öffnen würde, um der Sonne noch näher zu sein, um sich in blauer Gesamtgröße zu zeigen. Näher betrachtet, sieht man neben dem Tiefblau des kleinen Blütchens am Blütenrand eine weiße, runde Mitte, aus der drei winzige, weißgepuderte Staubgefäße sich zeigen.

Ich hole Korb und Schere und beginne, an der südlichen Gartenböschung den Ehrenpreis vom untersten Blatt an abzuschneiden. Es werden Stengel, Blätter und Blüten geerntet. Als ich nach drei Stunden für den heutigen Tag Schluß mache, erkenne ich, daß ich zum Einbringen der Ernte mindestens noch zwei sonnige Nachmittage benötige. Der Ehrenpreis hatte sich in verschiedenen Gartenecken polsterartig breitgemacht. Der Himmel ist immer noch wolkenlos, und ich hoffe am nächsten Tag auf Sonne, denn alles Blühende muß in Sonne gepflückt werden. Am nächsten Morgen höre ich beim Aufwachen schon das Plätschern des Regens, der von der Regentonne geräuschvoll aufgenommen wird. Dieses eintönige Rauschen hält leider drei Tage an, nichts als Regen und Kälte.

Mit geschlossenen Augen, Blüten und Blätter erdwärts gerichtet, steht mein Ehrenpreis in dichten Reihen beieinander, richtige Häufchen Unglück, während Regenbäche über sie hinwegfließen. Bei den ersten Sonnenstrahlen erwachen die Pflanzen wieder zum Leben, heben Blätter und Blüten empor, öffnen die blauen Augen der Blütentraube. Im Handumdrehen ist ihre Niedergeschlagenheit vergessen, ihre blauen Augen strahlen der Sonne entgegen.

Nun liegt der Ehrenpreis ausgebreitet am Dachboden, der viermal im Jahr gründlich mit Wasser gereinigt wird, um den Heilkräutern einen sauberen Aufenthalt zu gewährleisten.

Ehrenpreis ist in alten Kräuterbüchern unter »Heil aller Schäden« apostrophiert, man kann ihn nicht nur als Blutreinigungsmittel, sondern auch bei Nieren- und Blasen-

## Praktische Tips für den Gärtner

Beste biologische **Jauchedüngung:** Brennessel, Holunderblätter und Zinnkraut zu gleichen Teilen 24 Stunden in einem Eimer wässern.

**Schneckenplage:** Die Gartengrenze mit dem harzigen Absud von Fichten- und Tannenzapfen begießen.

**Ameisen** in Haus und Garten: Man steckt einen Kupferdraht im Garten in die Erde, wo sich Ameisen niederlassen, oder im Haus in die Ritzen der Ameisenstraße.

**Pflanzzeit:** Die Pflanzen von Wurzelgemüse, z.B. Möhren, Sellerie, Petersilie, Rettich oder Radieschen werden bei abnehmendem Mond gesät oder gesteckt. Bei zunehmendem Mond werden Tomaten, Blumenkohl, Kohlrüben, Kraut, Porree, Gurken und Bohnen gepflanzt oder gesteckt.

erkrankungen, bei Leber- und Milzschäden einsetzen. Insbesondere ist er eine großartige Gedächtnisstütze, vorbeugend müßte man ihn als Tee rechtzeitig einsetzen. Einer Arterienverkalkung beugt er gleichzeitig vor.

Ein kleiner Teil der gepflückten Kräuter kommt in den Mischtee, der andere Tee wird gesondert aufgehoben.

Um die gleiche Zeit wie Ehrenpreis blüht der *Frauenmantel.* Im Garten hat er sich eingewurzelt und ausgebreitet. Die Blütenstengel werden beim Ernten bis zum letzten Blattansatz zurückgeschnitten, später treibt er

**Ehrenpreis**

*Veronica officinalis*

**Frauenmantel**

*Alchemilla vulgaris*

Blätter. Diese, laufend geschnitten, erntet man bis in den Herbst.

Frauenmantel ist ein Allheilmittel bei allen Frauenkrankheiten, sei es, daß es sich um Erschlaffung des Unterleibs oder bei Neigung zu Fehlgeburten, bei Gebärmuttervorfall oder Leistenbrüchen, bei Myomen, Menstruationsstörungen oder Weißfluß handelt, immer wird der mild wirkende, entzündungswidrige Frauenmantel helfen, sei es durch Bäder oder angewendete Teekuren. Man kann bis zu vier Tassen täglich zu sich nehmen. Frauenmantel belebt außerdem innere Muskulaturstörungen, hilft bei beginnender Pubertät jungen Mädchen und wirkt wohltuend bei Unpäßlichkeiten in den Wechseljahren. Auch hier gebe ich einen kleinen Teil vom Frauenmantel zum Mischtee, während der größere Teil gesondert aufgehoben wird.

Im nordwestlichen Eck unseres Gartens, nahe unserer zartroten, unverwüstlichen Bauernrose, die uns Leben und Blühen vorlebt, hat sich im Vorjahr ein *Labkraut*-Pflänzchen bescheiden eingenistet. Beim Unkrautjäten ließ ich es gelten, die Pflanze fehlte mir sowieso noch in meiner Kräutergarten-Ecke. Heuer begrüße ich sie bereits als stämmige Pflanze, die sich kräftig behauptet hat. Ich schneide, diesmal für meinen Mischtee, nur die mit Knospen angesetzten dicken Stengel, überlege dabei, daß in kurzer Zeit die im Augenblick noch dünn und ohne Blütenansatz gewachsenen Stengel wahrscheinlich in wenigen Tagen ebenso kräftig sein werden. Ich bin im Laufe der Jahre darauf gekommen, daß der feine Geruch der Labkrautblüten Insekten anzieht, die ihre Eier dort ablegen, die sich aber leider später im getrockneten Zustand auf meinem Dachboden entwickeln. Aus den Papiertüten kriechen Maden, flattern winzige Falter, selbst oft noch aus meiner Teedose. Wie ich höre, spielt sich so etwas auch oft in Drogerien ab.

Hier wird mit chemischem Spray vorgegangen. So sollte Labkraut nicht blühen, sondern im Knospenansatz gepflückt werden, ein besonders aromatischer Teil für den Mischtee.

Der Labkrauttee reinigt Leber, Niere, Bauchspeicheldrüse und Milz, regt den Lymphdrüsenhaushalt an, und bei Schwierigkeiten damit sollte mindestens ein oder zwei Jahre der Tee getrunken werden. Bei plötzlich auftretendem Unbehagen in der Mundhöhle bringt Gurgeln mit Labkraut Hilfe, auch wenn es sich um bösartige Geschwüre handelt. Ebenfalls beseitigt Labkraut — durch Gurgeln — Kropfbildung oder Schilddrüsenerkrankungen. Bei Nierenschrumpfung wird außer Labkraut noch Goldrute und gelbe oder weiße Taubnessel zu gleichen Teilen eingesetzt. Bei der Gesichtshautpflege dürfen Labkrautwaschungen nicht fehlen.

Kaum habe ich das kleingeschnittene Labkraut zum Trocknen auf den Dachboden getragen, nochmals die gelben Schöllkrautblüten ausgepflückt, um das Aussamen der Pflanze einzudämmen, fällt mein Blick auf das im Gemüsegarten breit in einem Eck wachsende *Melissenkraut.* Ich schaue mir die Pflanze aus der Nähe an. Sie ist inzwischen hoch genug geworden, um sie das erste Mal abzuernten. Lasse ich sie noch etwas höher wachsen, setzt sie in Bodennähe schwarze Blätter an, die beim Abklauben vor dem Kleinschneiden eine Menge Arbeit bringen. Melisse schneidet man bis zum vorletzten Auge zurück, da hat man die Gewißheit, daß sie in kurzer Zeit wieder neue Triebe ansetzt. Man wäscht sie, weil Regen auf die Unterseite der Blätter Erde aufwirft, übertrocknet sie auf einem Tuch, dann erst wird sie für den Tee kleingeschnitten. Der feine Geruch der Melisse bestimmt die geschmackliche Qualität beim Mischtee. Er bestimmt das zarte Aroma, das keine andere Pflanze ihm gibt. Die Hälfte der kleingeschnittenen Melisse kommt in den

Mischtee, die andere Hälfte wird hauptsächlich für Bäder getrocknet. Kein anderes Kraut kann auf den aufgeregten Organismus beruhigender einwirken als ein herrlich duftendes Melissenbad.

Heuer habe ich ein bißchen allzu lange auf das Rhabarberschneiden gewartet. Ich wollte mir gleichzeitig Kompott für den Winter einkochen. So bin ich nun daran gegangen, alle dicken, größeren Stengel aus den Rhabarberstöcken herauszuschneiden, sie zu waschen und kleinzuschneiden. Während ich damit meine Arbeit in den Garten verlege, setze ich einen Topf Wasser zum Erhitzen auf den Herd. Rhabarber gehört unbedingt mit kochendem Wasser übergossen, um Oxalsäure, die der Niere nicht zuträglich ist, herauszuschwemmen. Man kocht ihn, je nach Geschmack, mit Rohzucker und Schalen ungespritzter Zitronen und Orangen ein (dieser Geschmack darf den Geschmack des Rhabarbers nicht überdecken). Für den Wintervorrat wecke ich einen Teil des Rhabarbers im Elektroherd ein.

## Schneckenplage

Wir Gartenbesitzer stöhnen unter einer neuen Plage: Seit drei Jahren sind die Gärten voll mit kleinen Häusel- und großen, gelben, nackten Schnecken. Wir alle sind entsetzt! Ja, woher kommen denn diese Plagegeister, die überall besonders frisch gesetzten Pflänzchen den Garaus machen? Da ich im Sommer normalerweise um fünf Uhr morgens aufstehe, schon der Gartenarbeit wegen, die ich frühmorgens vor dem Frühstück vornehme, bleibt nichts anderes übrig, als in der Sommer- und Herbstzeit täglich, auch sonntags, schon um vier Uhr aufzustehen und mit einem alten Gefäß und mit einem ebensolchen Löffel auf Schneckenjagd zu gehen. Ich ziehe also morgens knapp nach vier Uhr los, eine Stunde dauert der Rundgang, um alle Ecken durchzukämmen, abends jedoch wird rascher geklaubt, und es ist mit einer halben Stunde abgetan. Ein Gartenbesitzer erzählt mir, daß er täglich bis zu tausend dicke, nackte Schnecken findet! Entsetzlich, da bin ich doch etwas glücklicher und dem Schöpfer dankbar, daß es bei mir morgens ca. 90 bis 110 und abends nur um die 50 gibt. Aber man muß bedenken, welche Zeit man opfert, und an manchen Tagen bin ich müde bis zum Umfallen.

Des Rätsels Lösung ist bald gefunden. Die chemische Spritzerei, neben dem Kunstdünger im Feld- und Wiesenbereich, hat allmählich die natürlichen Feinde der Schnecken, unter anderem die großen schillernden Laufkäfer als größte Schneckenvertilger, ausgerottet. Seit zwei Jahren habe ich nicht einen einzigen dieser Laufkäfer gesehen, und das heißt schon etwas, da ich mich sehr viel in der Natur aufhalte. Aus dieser Kleinigkeit allein sieht man, wie unser biologischer Haushalt völlig durcheinander ist. Ich nehme an, daß die Schneckenplage nicht das alleinige Übel ist, das uns die Chemie beschert. Da gibt es Leute, die düngen ihren Garten nicht nur chemisch, sondern legen auch noch Schneckentod aus, um unsere letzten Singvögel in den Gärten zu vernichten. Sie folgen den Aufschriften der Schneckentodpackung, auf der es heißt, daß einzig und allein Schnecken den Tod finden, daß aber unsere Singvögel und Igel als einmalige Schneckenvertilger vernichtet werden, daran denken die klugen Leute nicht. Wie bin ich glücklich, eine Igelfamilie im Garten zu haben! Man sieht sie ab und zu an der Vogeltränke. Im Herbst werfe ich für sie Laubabfälle hinter den Komposthaufen oder unter die vier großen Tannen, um ihnen einen warmen Winterschlafplatz zu gewährleisten. Die Häufchen ihrer Ausscheidungen auf den Gartensteinen, die sie besonders gerne dort ablegen, nehme ich dabei sogar mit Freuden in Kauf. Wer mit Schneckentod statt Schneckenklauberei arbeitet, gehört auch zu den Umweltzerstörern! Manche Leute raten einem, Bier in einer Schale aufzustellen, es soll die Schnecken anziehen. Sooft ich aber auch Bier über Nacht aufgestellt habe, es haben sich leider keine Schnecken gefangen. Vielleicht schmeckt das Bier den Igeln? Während ich früh morgens den Gang ins Schneckenrevier antrete, stelle ich einen Topf mit Wasser zum Kochen auf die Herdplatte. Mit dem alten Löffel werfe ich die Schnecken in das Gefäß. Es ist ein Litergefäß, oft wird es randvoll. Das Schlimmste kommt noch, die armen Schnecken werden mit kochendem Wasser übergossen, aber Gott sei Dank ist es ein rascher Tod. Zum Schluß kommen sie als Tote auf den Komposthaufen, wo sollte man sie sonst hinkippen.

Man möchte nicht glauben, daß auch Schnecken einen gewissen Grad von Intelligenz besitzen. Im südlichen Teil unseres Gartens zur Straße zu haben wir hinter dem Gartengitter eine Reihe von Forsythien gepflanzt. Unter den Sträuchern grünt eine geschlossene Fläche Immergrün. Im Frühjahr ist es unbeschreiblich schön, den blauen Immergrün unter den gelben Forsythiensträuchern blühen zu sehen. In diesem Gartenstück unter dem dichten Blätterwerk des Immergrüns haben sich schöngezeichnete Häuselschnecken angesiedelt, die nach einem Regen den Rasen daneben dicht bedecken. So bin ich frühmorgens nach oder bei einem Regen dort hingezogen und habe sie vom Rasen abgeklaubt. Es kam eine ganz schöne Menge zusammen. Dies tat ich nach jedem Regen. Eines Morgens, trotz großer Nässe, kein einziges Schneckenkind! Da entdeckte ich sie an den Forsythienzweigen kleben, ein bißchen versteckt unter dem Blattwerk. Aber gottlob habe ich scharfe Augen, auch hier wurden sie gefunden und in das Schneckengefäß getan. Das ging so

## Vier Birken stehen in unserem Garten

Anfänglich standen fünf Birken im südwestlichen Eck unseres Gartens. Es sind inzwischen stattliche Bäume geworden, die im Sommer prächtige Schatten liefern, im Herbst uns mit Birkenpilzen erfreuen. Beim Pilzesuchen nahm ich auch nicht mehr verwendbare Birkenpilze aus dem Wald mit heim und warf sie unter die Birken. So tue ich es auch mit Champignons, die ich auf den Komposthaufen werfe und mit etwas Pferdemist dünge. Über kurz oder lang kann ich auch diese Gattung ernten. Eines Tages stand die erste getrocknete Rotkappe unter einer Birke. Die Freude war unvorstellbar. Jetzt liefern uns die Birken bis zu acht Birkenpilze jährlich. Und Birkenreizker, die zwar sehr schön aus dem Moos hervorschauen, jedoch ungenießbar sind.

Eines Spätherbstnachmittags saßen wir mit den Kindern im kühlenden Schatten der Birken. Ich sprach das aus, was mir seit langen Jahren am Herzen lag: ein kleines Gartenhaus irgendwo aufzustellen, in dem ich bei Schlechtwetter und winters neben Gartentisch und Sessel alle Gartengeräte, auch unseren Rasenmäher und anderes mehr, unterstellen kann. Ich zerbrach mir schon lange über den Platz eines Gartenholzhauses den Kopf.

»Aber Mutti«, sagte mein Sohn Kurt, »wir sitzen an diesem Platz. Der Platz unter den Birken nimmt dir keinen anderen Gartenraum weg.« Nun wurde der Meister von Holzblockhäusern eingeschaltet, in genau sechs Wochen hatten wir es, das entzückende Gartenhäuschen. Eine Birke mußte leider abgeholzt werden. Da fiel der Satz: »Was wäre im Frühjahr für herrliches *Birkenhaarwasser* aus dieser Birke geflossen.« Birkenhaarwasser! Seit meinen Kinderjahren habe ich in Erinnerung, wie sich täglich meine Mutter ihr herrliches langes Haar mit Dralles Birkenhaarwasser massierte, so daß sie sich ihr dichtes Haar bis ins hohe Alter erhalten konnte.

Die Probe aufs Exempel wurde im Frühjahr gemacht. Ein Birkenast mußte dem Gartenhaus weichen. Wir banden einen Krug darunter, sägten den Ast ab und kamen aus dem Staunen nicht heraus, was aus einem solchen Birkenast für Birkenwasser floß. Zuerst mußte jeder aus der Familie sich mit dem Saft den Haarboden massieren, dann wurde der Birkensaft gemessen und, mit der gleichen Menge 40%igem Alkohol vermengt, und in ein Fläschchen gefüllt. Ich muß berichten, ich habe genau ein Vierteljahr mit dem Birkensaft täglich mein Haar massiert.

Von nun an wird das jedes Jahr gemacht. Vielleicht kommt daher der Glanz meines Haares, nach dessen Ursache ich sehr oft mitten in meinen Vorträgen von meinen Zuhörern gefragt werde.

Von anderer Seite höre ich, daß Birkenbesitzer ein kleines Loch in den Stamm bohren, mit flüssigem Baumwachs die Stelle wieder gut verstreichen. Wir tun das nicht. Bei vier großen Birken gibt es immer wieder einen Ast, der ausgeschnitten werden muß und herrlichen Birkensaft liefert. Trägt das volle Haar nicht auch zu einem gesunden Aussehen bei?

ein paar Wochen, dann waren die Zweige leer. Sie hatten sich zur Straßenseite unter dichtem Gezweig abgesetzt, Büsche, die ich in der Nässe von der Gartenseite nur schwer erreichen konnte. Diese Geschichte zeigt deutlich, daß auch kleinste Lebewesen unter Gottes freiem Himmel Intelligenzgrade besitzen.

Das Schneckensuchen in den frühen Morgenstunden hat aber auch seine schönen Seiten: Der Kuckucksruf begleitet mich, ab und zu höre ich das kollernde Geräusch eines männlichen Fasans, Amseln flöten, und viele andere Vögel zeigen sich mit ihren Liedern als Frühaufsteher. Wie schön ist ein anbrechender Morgen! Es ist ein ausgleichendes Erlebnis, das den Tag verschönt.

Noch etwas Gutes hat es: Ich kann lästiges Unkraut wie Disteln, Klee und anderes aus exponierten Gartenstellen mitnehmen, um so halbwegs im Garten und Haus allem gerecht zu werden.

Meine Heilpflanzen im Garten nehmen mich sehr in Anspruch. Wiederum beginne ich, reihum die nachgewachsenen Kräuter abzuschneiden: Frauenmantel, Labkraut, Käsepappel, die letzteren haben ihre hellrosa Tütchenblüten mit kleinen Käselaibchen angesetzt. Ich wasche und übertrockne sie, schneide sie klein und breite sie auf dem Dachboden aus. Gleichzeitig mußte ich nochmals die Schöllkrautblüten dezimieren, um den Garten vor dem überaus reichlichen Samen zu schützen. Schöllkraut wird wegen des orangegelben Saftes nicht gewaschen, ich lege Blüten und Blätter ungeschnitten auf den Dachboden. So stelle ich überrascht fest, daß bereits eine reiche Ernte ausgebreitet vor mir liegt.

Das *kleinblütige Weidenröschen* hat sich wie jedes Jahr in reichem Maße in allen Ecken entwickelt, besonders zwischen den Himbeeren wächst es üppig, verdrängt die heranwachsenden Sträucher. Da heißt es handeln. Die Stöcke vom Weidenröschen werden vor dem Blühen samt den Wurzeln aus der Erde gezogen, der Wurzelstock abgeschnitten, die Pflanzen gewaschen, etwas übertrocknet von den dicken Stengeln gestreift, geschnitten und am Dachboden aufgelegt. Kleinere Pflanzen, die sich im Garten noch nicht so breit machen, lasse ich bis zur Blüte stehen, beim ersten Blütenansatz werden sie jedoch samt Wurzeln gezogen, um die reichliche Aussamung zu verhindern. Trotz dieser Vorsichtsmaßnahme ist alljährlich der Garten voll mit kleinblütigem Weidenröschen. Im zeitigen Frühjahr setze ich alle Pflänzchen auf ein Gemüsebeet, das als letztes angebaut wird. Aber im Laufe der Wochen sieht man viele Pflänzchen im Gemüsegarten aufgehen, die ohne Pardon herausgenommen werden. Trotz allem kommen immer wieder kleinblütige Weidenröschen durch, die ich vor dem Blütenansatz herausnehme.

Da hatte ich einmal vor Jahren ein sehr lustiges Erlebnis. Ich war mit meiner Gartenhilfe dabei, alle Weidenröschenpflanzen herauszuziehen, um sie auf den Kompost zu werfen. Es war ein nasser Sommer, man wurde ihrer nicht mehr Herr. Ich ließ nur jene stehen, die auf einem geschlossenen Platz ihren Standort hatten und die regelmäßig zwei- bis dreimal im Jahr geerntet werden. Da erreichte mich um elf Uhr vormittags ein Anruf aus Stuttgart. »Wo bekomme ich frische Weidenröschenpflanzen?« — »Gerade sind wir dabei gewesen, den Garten von der Plage zu befreien, alles liegt am Komposthaufen!« — »Um Gottes willen, lassen Sie sie liegen, ich komme sofort!« In welchem Eiltempo der Telefonanrufer aus Stuttgart unterwegs war, läßt die Ankunft um 14 Uhr erkennen. Die Weidenröschen samt Wurzeln räumte er in mitgebrachte Behälter. Er habe überraschend ein Grundstück geerbt, das er mit Weidenröschen bepflanzen und bewirtschaften wolle. Ob ihm dies gelang? Das hätte ich allzu gerne gewußt, aber der Stuttgarter ließ nichts mehr von sich hören! Ja, der Streß! Bei seinem Weggang überreichte er mir eine bunt bemalte Nähkassette mit Einsatz und Fächern. Eine Eigenproduktion, über die ich mich freute. Meiner Enkelin Elisabeth, damals noch ein kleines Schulmädchen, heute eine große Maturantin, schenkte ich die Nähkassette, die sie voller Freude an sich drückte und auch heute noch mit Sorgfalt und peinlicher Genauigkeit in Ehren hält.

Das kleinblütige Weidenröschen ist bei jeder Blasen- und Nierenerkrankung einzusetzen. Da es vorwiegend bei Prostata genommen wird, stufen Frauen es als ausgesprochenes Männer-Heilkraut ein. Es hilft jedoch bei jeder Blasenschwäche, ob es sich um Frauen oder um Männer handelt.

Der Berliner Arzt Dr. Dirk Arntzen schrieb mir einmal: Vielen Dank der Wiederentdeckerin dieser bisher übersehenen Heilpflanze. Hier sei einmal darauf hingewiesen, daß das kleinblütige Weidenröschen hauptsächlich durch örtliche Pflücker hereingebracht wird. Der hohe Preis, auf den ich oftmals angesprochen werde, beruht auf der hohen Quantität. Zehn Kilogramm frische Weidenröschen ergeben ein Kilogramm getrocknete Ware, da die wäßrigen dicken Stengel nicht dazu genommen werden sollen.

Am Wege zu den Fichtenspitzen entdecke ich in einem Augebiet, durch das ein silbriges Bächlein murmelt, *gelbe Taubnessel.* Natürlich nehme ich sie mit nach Hause, denn ich weiß einen armen alten Mann mit Nierenschrumpfung, dem die gelbe Taubnessel Linderung in seinem Leiden bringt. Er besorgt sich in einem Kräuterladen nebenbei Labkraut und Goldrute und hat dann, gemeinsam mit der gelben Taubnessel, den richtigen Tee für seine Nierenschrumpfung. »O nein«, sagen viele, »ich darf nur die von meinem Urologen vorgeschriebene Flüs-

## Fichtenspitzenhonig

Eine empfehlenswerte Sache ist der Fichtenspitzenhonig. Man wartet, bis die Fichtenspitzen ca. 4 bis 5 cm lang geworden sind, und sucht sich eine Fichte mit weitausholenden, bis zum Boden reichenden Ästen. Kleine Bäumchen zu plündern wäre Waldfrevel. Die gewaschenen Fichtenspitzen drückt man noch in etwas feuchtem Zustand in ein Gurkenglas, eine Lage Fichtenspitzen, eine Lage Rohzucker, fest eindrücken, bis das Fünf-Liter-Glas bis zum Hals angefüllt ist. Mit Folie zugebunden, stellt man es auf ein sonniges Fenster oder direkt auf den Balkon. Am nächsten Tag ist die Masse etwas eingesunken. Man füllt etwa noch drei Tage nach. Das gefüllte Glas bleibt drei bis vier Wochen in der Sonne stehen, bis sich der flüssige Fichtensaft unten absetzt.

Die Masse seiht man in eine Kasserolle, die Fichtenspitzen werden mit etwas heißem Wasser übergossen, mit den Händen gedrückt und ausgepreßt. Es darf höchstens ein Viertelliter Flüssigkeit zu der Fichtenspitzenmasse dazugegeben werden. Sie wird, ähnlich wie der Löwenzahnhonig, auf kleinster Herdflamme zu dickflüssigem Honig langsam ungekocht verdunstet. Noch heiß in Halbliterflaschen füllen. Der Fichtenspitzenhonig, sollte er nicht im gleichen Jahr verbraucht werden, hält Jahre.

sigkeit trinken!« — »Natürlich«, sage ich, »aber diese Flüssigkeit kann aus dem angeführten Tee bestehen. Er hilft nun einmal bei Nierenschrumpfung. Die laufenden Untersuchungen beim Arzt stellen eine Besserung fest, der Arzt wird daraufhin die Flüssigkeit erhöhen, und so kommt der Patient allmählich in eine normale Menge hinein!«

Auf dem Heimweg finde ich nahe neben einem Bauernhaus noch den »Hansl am Weg«, den sogenannten *Vogelknöterich*. Da ich ihn gerne in meinen Mischtee aufnehme, wird er mitgenommen. Dabei bewundere ich die entzückenden, kleinen, hellbraunen und dunkelroten Blütchen, die wie Stecknadelköpfe an den Blattansätzen sitzen. Er ergibt einen großartigen Nierentee mit wohltuender Wirkung.

An einem Gartenzaun entlang kriecht *Gänsefingerkraut* oder Anserine. Die Blätter sind unterseits mit silbergrauen Härchen bedeckt, aus denen zwischendurch ein einzelstehendes, goldgelbes fünfblättriges Blütchen langgestielt hervorbricht. Der Geschmack der ganzen Pflanze ist etwas bitter, vor allem schleimig. Deshalb ist die Anserine bei einer starken Sommerverkühlung mit zähem Schleimauswurf sehr zu empfehlen. Ich nehme sie deshalb mit nach Hause, weil keinesfalls vorauszusehen ist, daß sich bei der hochsommerlichen Hitze in der Familie eine Erkältung einstellt. In einem solchen Fall wird ein Viertelliter Milch zum Kochen gebracht, ein gehäufter Teelöffel Gänsefingerkraut in die Milch eingebrüht. Das Getränk wird sehr heiß mit etwas Honig schluckweise genommen. Man staunt über die rasche Wirkung. Der dünne Fäden ziehende Husten ist in wenigen Tagen weg.

Man kann es einfach nicht fassen: Die Blüten vom *Holunder*strauch leuchten vom sonnigen Waldrand herüber, und ehe man sich's richtig versieht, setzen sie überall ihre zartgelben Dolden an. Da erst erkennt man, daß es gottlob noch eine Menge Holunderbüsche gibt, denn ein altes Sprichwort lehrt uns, man müßte vor einem Holunderstrauch neunmal seinen Hut ziehen, weil er mehr als ein Dutzend Krankheiten zu heilen vermag.

Als erstes hole ich mir zwei große Hollerblüten für das berühmte Sommergetränk aus dem Garten, den Hollersekt.

## Hollersekt

Da füllt man ein Gurkenglas mit fünf Liter Wasser, rührt 500 g Rohzucker hinein, gibt eine in Scheiben geschnittene halbe Zitrone mit zwei großen Holunderblüten dazu, bindet mit Pergament ab und stellt das Ganze an ein sonniges Fenster. In zwei bis drei Tagen steigen Perlen auf, die anzeigen, daß der Erfrischungssekt der Familie zur Verfügung steht.

Ich gehe in den Garten, hole mir einige Holunderblüten und bereite für den Mittagstisch aus drei Eiern einen leichten Pfannkuchenteig, in den ich die Hollerblüten tauche und sie goldgelb in einer Pfanne am Herd ausbacke. Bevor ich sie wende, schneide ich mit einer Schere die Stengel ab und lasse sie beiderseits backen. Mit Vanillezucker bestreut, munden sie besonders bei Apfel-, Birnen- oder Pflaumenkompott. Man ist jedes Jahr über den zarten Geschmack hell begeistert. Als wir in unserem Garten noch keinen Holunderstrauch hatten, holten wir uns Jahr für Jahr zur Beerenreife die Gesundheit ins Haus. Wer spürt bei Hollermus nicht die Kraft, die damit in den Körper kommt? Ganz abgesehen von der guten Verdauung!

Eines Tages zog mich ein glitzerndes Bacherl magnetisch in seinen Bann. Jeder Naturfreund weiß, welche Schätze sich an Bachrändern für ihn ausbreiten. Mein erster Blick fiel auf einen kleinen *Holunder*strauch, dessen hellgelbe Beeren — gleich gelben Johannisbeeren — im sinkenden Sonnenstrahl aufleuchteten. Mehr als drei Trauben trug das kleine Sträuchlein nicht, die ich mir für die Heimfahrt mitnahm. Die Beeren bestanden aus heller, glasiger Reife und mundeten köstlich. Ich beschloß, im nächsten Jahr abermals danach zu suchen. Als ich den Strauch wiederfand — er hatte diesmal fünf reife Trauben —, setzte ich einen Ableger zu unserem Komposthaufen. Im kommenden Jahr entwikkelte er sich zu einem ansehnlichen Strauch, der über und über blühte und im Herbst reiche Ernte abwarf. Weiße Holunderbeeren, was werden sie mir für einen großartigen Holunderwein bescheren!

Ich holte aus dem Keller ein Fünf-Liter-Gurkenglas, rebelte eineinhalb Liter weiße Holunderbeeren ab (das Rezept gilt auch für schwarze Holunderbeeren), kocht sie drei Minuten mit drei Liter Wasser und einem Kilo Rohzucker. Ausgekühlt bröselte ich 10 g Germ (Hefe) hinein, mit Folie abgedeckt stellte ich das Ganze in den Keller. Ab und zu rührte ich die Beeren um. Bis die Beeren zu Boden fallen, ist der Wein abzugreif. Ich seihte ab, ließ nach Rezept 500 g Rohzucker mit einem halben Liter Wasser kurz kochen und gab die Flüssigkeit ausgekühlt dazu. Nun kostete ich erwartungsvoll — und war entsetzt über den eigenartigen Geschmack. Ich füllte in Weinflaschen ab, verkorkte sie und legte sie auf das unterste Brett im Weinkeller.

Aus den dunklen Holunderbeeren machte ich Jahr um Jahr für meine Mutter Wein nach obigem Rezept, den sie das ganze Jahr vormittags in kleinen Mengen trank, der ihr herz- und blutdruckmäßig besonders gut bekam.

An den hellen Wein dachte ich gar nicht mehr, er lag sicherlich seine sechs, sieben Jahre unbeschaut im Keller. Die Amseln haben inzwischen die Güte der hellen Beeren erkannt und sie jedes Jahr abgeerntet. Eines Tages kam mein Sohn Kurt aus dem Keller. »Ein heller Hollerwein? Und man weiß davon nichts! Und schmeckt wie selten einer!« So hat sich im Laufe der jahrelangen Lagerung der eigenartige Geschmack in einen besonderen Tropfen verwandelt. Wenn ich meine hellen Beeren heuer vor den Amseln rette, werde ich sie als Wein ansetzen. Ich wünsche mir dabei selbst ein gutes Gelingen!

Zu gleicher Zeit mit der Holunderblüte ist auch die wertvolle *Kamille* anzutreffen. Den größten Heilwert besitzt die Kamille aus den Getreidefeldern. Durch die überhandnehmende Kunstdüngung und die chemische Unkrautbekämpfung wird die so wertvolle Getreidekamille mehr und mehr verdrängt. Eine Zeitlang setzte sie sich trotz chemischer Düngung durch, aber man sieht zusehends das Schwinden dieser wertvollen Heilpflanze. Vor einigen Jahren sah man sie noch an Getreidefeldern, in Rüben- und Kartoffelfeldern wachsen, aber leider wird dies immer seltener. Man sieht sie noch an Rändern stark benützter Straßen, wo man sie der starken Umweltverschmutzung wegen nicht pflücken darf.

Vor zwei Jahren beobachteten wir auf österreichischem Boden den Autobahnteilbau zum Anschluß an die Autobahn Passau. Die Arbeiten dafür sind abgeschlossen, das Teilstück wird aber erst in zwei Jahren in die fertige Trasse eingegliedert. Wir überlegten, ob nicht durch die Erdbewegung die Möglichkeit einer Kamillenernte bestand. Und so war es auch. Eine Fläche von mindestens 6000 Quadratmetern herrlichster Kamillenblüten lag vor uns. Und was uns besonders staunen ließ: zwischen den Kamillen Inseln von Kornblumen — blaue Kornblumen —, die durch die Kunstdüngung seit Jahren vom Erdboden verschwunden sind oder nur da und dort noch zaghaft auftreten, wo Landwirte biologisch zu düngen beginnen. Eine Erdbewegung ohne chemische Düngung kann solche Wunder auslösen.

Der Wettergott war uns günstig gesinnt, die zwei Stunden, die wir bei Sonne unsere Kamille pflückten, trübte zwar kein Wölkchen, aber ein leichtes kühles Lüftchen hat uns angenehm die Mittagsschwüle und wahrscheinlich auch die schlimmen stechenden Bremsen vertrieben. Noch ein zweites Mal fuhren wir pflücken; so haben wir unseren Wintervorrat glücklich unter Dach und Fach.

Mein *Gartensalbei* ist inzwischen ein stattlicher Strauch geworden; ich beginne zu schneiden und bekomme vier Eimer voll davon; die Hälfte der Familie wird damit versorgt. Man wässert ihn über Nacht kalt an und macht eines der herrlichsten Bäder des Jahres davon.

Salbeibäder wirken beruhigend; öfters genommen, heilen sie Ekzeme ab, beruhigen Krämpfe und Nervenzittern. Auch Gesichtsbäder sind zu empfehlen.

Salbei als Tee getrunken ist schweißregulierend, er wirkt sowohl schweißhemmend als auch schweißtreibend.

**Kamille**

*Matricaria chamomille*

**Salbei**

*Salvia officinalis*

Durch die moderne Medizin und ihre chemischen Mittel wurde unser über Jahrhunderte hoch geachteter Salbei stark verdrängt. Es wäre nur zu wünschen, daß Salbei wieder einen bevorzugten Platz in den Hausgärten bekommt. In einem alten Kräuterbuch um 1300 heißt es: »Warum soll der Mensch sterben, wo doch Salbei im Garten wächst?« Die hohe Meinung über Salbei hat sich Jahrhunderte lang erhalten, nur unsere Zeit hat einen Tiefgang in dieser Richtung angetreten.

## Neckische Sommerspiele

Es hat sich alles von selbst ergeben: Jedesmal, wenn ich nach dem Mittagstisch in dem Garten nach dem Rechten sehe, nehme ich den Gartenschlauch und bespritze die kleinen Pflänzchen, die sich zwischen den Ritzen der Granitsteine unserer Gartenmauer eingebürgert haben. Diese Mauer wurde aus Quadern von Böhmerwaldgranit aufgebaut. Sie ist der Mittelpunkt des Gartens geworden. Vor der Mauer liegt eine Fläche aus 50 Quadratmetern Rauriser-Platten, die auch die anderen Wege rund ums Haus säumen. Eine dreieinhalb Meter lange rustikale Längsbank aus Eichenholz zieht sich an unserer Lieblingsmauer entlang, ein Grill in der Mauer, an dem sich ein aus Eichenholzwurzeln geschnitzter Rübezahl lehnt, daneben der plätschernde Brunnen, eine Abflußrinne schließt die Fläche ab. Die Westseite des Hauses, an der ebenfalls eine rustikale Eichenholzbank steht, hält uns die kalten Ostwinde ab: mit einem Wort, der Lieblingsplatz der Familie. Fällt der kalte Wasserstrahl auf die warmen Steine, tummeln sich im Handumdrehen Bienen und schlanke Schlupfwespen, die nicht nur das kühle Naß in sich einwirken lassen, sondern sich genüßlich an die feuchten Steine schmiegen, mitunter in einer kleinen Unebenheit ein Bad genießen. Dies praktiziere ich seit Jahren, den schwirrenden, Wasser liebenden Insekten das feuchte Naß auf den warmen Steinen auszubreiten. Und so kann es mich nicht verwundern, daß bei schwülen Sommertagen allein beim Hinlangen zum Schlauch mich bereits ein kleines Völkchen aus Bienen und Schlupfwespen umschwirrt und allsogleich mit höchstem Genuß den nassen Steinen zufliegt. In all den Jahren hat mich weder eine Biene noch eine Schlupfwespe gestochen, sie spüren die Wohltat, die ihnen täglich bei heißer Sonne das kühlende Wasser bereitet, und ich spüre ihre Zuneigung.

Unter unseren Birken steht eine weitausladende *Wiesengeißbart*pflanze, die jedes Jahr reichen Blütenschmuck ansetzt. Wir konnten uns erst gar nicht erklären, auf welche Weise sie in unseren Garten kam. Bei einer Wanderung vor vielen Jahren brachten wir aus einem Augebiet beim Wolfgangsee eine Trollblume mit nach Hause, die rings von Wiesengeißbart umgeben war. Ein kleines Würzelchen davon müßte sich bei der Trollblume befunden haben, aber erst nach mehr als sechs Jahren stand der blühende Wiesengeißbart vor uns. Die Blüten am Strauch zeigten die Zeit an, aus der Natur zwei Hände voll davon heimzuholen, um sie kleingeschnitten dem Mischtee beizugeben. Aus alten Kräuterbüchern zieht man die Erfahrung, daß Wiesengeißbart zu den größten entgiftenden Heilpflanzen gehört. Wieviel Menschen, die ihr Leben lang kränkeln, könnten gesund sein, wenn sie öfter einmal nach Wiesengeißbart langten?

Noch ein wichtiger Bestandteil des berühmten Mischtees: *Rosenblätter!* Es kommen selbstverständlich nur Blätter biologisch gedüngter Rosen in Frage. Der Mischtee ist auf einer großen Dachbodenfläche ausgebreitet, laufend kommen die einzelnen Bestandteile hinzu, überstreut mit roten, gelben und rosa Rosenblättern. Beim fertigen Tee ergeben diese bunten Farbtupfen die Vollendung der Teemischung. Man genießt nicht nur das vielfältige Aroma, sondern auch die ansprechenden Farbtöne.

## Bohnen-Ranken und Tomaten-Stöcke auf dem Balkon

Es gibt zahllose Frauen, die sich in Ermangelung eines Gartens das Gemüse in kleinen Portionen auf dem Balkon ziehen und sich in dieser Richtung als wahre Künstlerinnen entpuppen. Sie haben nicht nur eine gute Hand für all die Blumen, die sie in blühender Pracht auf der Straßenseite freundlich ihren Mitmenschen darbieten, sondern sie züchten im stillen Balkonwinkel eine Menge für den Küchengebrauch. Das erste, das sie im Frühjahr vom

Gemüsemarkt heimtragen, ist Schnittlauch in Blumentöpfen oder Holzkistchen. Er kann noch so armselig ausgesehen haben, im Nu ist er ein prachtvoller grüner Stock. Dann wird die Petersilie gesät und gehegt; Selbstgezogenes gibt der Hausfrau das Gefühl, eine gute Balkon-Gärtnerin zu sein. Auch ein paar Möhren werden gesät, noch dazu genau nach der Pflanzzeit bei abnehmender Mondphase: Wurzelgemüse wie Petersilie, Möhren, später wenn die Sonne höher steigt, es wärmer wird, auch ein paar Radieschen. Knapp vor den Eisheiligen werden die Stangen- oder Rankenbohnen in Sägespänen vorgekeimt, die Tomaten-Pflanzen vom Gärtner geholt und zu richtiger Zeit bei zunehmender Mondphase in Holzkästchen gesteckt oder gepflanzt. Wie schön, wenn die weiße Balkonwand von den an Fäden sich windenden Bohnenranken zugedeckt wird und damit den ganzen Balkon heimelig macht. Jede Tomaten-Pflanze bekommt mit einem Stock aus hellem Rohr ihre Standfestigkeit. Wenn dann allmählich die Rankenbohnen und Tomaten Früchte ansetzen, die man gereift zum Nachtmahl genießt, z.B. beides als Salate anrichtet oder die Bohnen etwas einstaubt, mit Sahne eine Spur dicklich macht oder sie vielleicht mit brauner Butter und Semmelbrösel übergießt? Was sind das für leckere Gerichte aus eigenen Balkon-Plantagen? Gibt es eine allzu große Ernte, der man nicht mehr Herr wird, läßt man sie ausreifen, um auch für den Wintervorrat zu sorgen.

Sind es im Leben nicht stille kleine Freuden, die Kümmernisse überdecken?

Eine große Freude durchströmt meinen Mann und mich, als wir auf einer Wanderung eine sonnige Waldlichtung betreten und sich vor unseren Augen ein wogendes orangegelbes Blütenmeer auftut. Wie göttlich und unberührt liegt die Wiese in ihrer Reinheit! Über und über von Tausenden gelber Arnikasterne übersät — ein Meer von *Arnikablüten*. Der Wind spielt darin, und die Bienen summen rundum, ein unbeschreiblicher Duft umgibt uns. Auch unsere Hände beginnen zu duften, als wir uns Blüten für die Arnikatinktur pflücken. Dann sitzen wir noch eine Weile in all dieser Herrlichkeit, finden die Welt rein und licht, nicht entstellt und entseelt, wie draußen im Alltag. Gottes Atem streift uns, ausgelöst von SEINER duftenden Arnikawiese.

Die orangegelben Blüten der Arnika findet man noch in heilen Gebirgsgegenden auf Wald- und Bergwiesen, in Torfmooren und auf feuchten, moorigen Wiesen. Bei der Heumahd läßt der Landwirt die Stellen mit Arnika stehen, von den Weidetieren wird die Pflanze gemieden. In Gegenden, wo die Wiesen mit Kunstdünger behandelt werden, sterben die Pflanzen. Oberflächliche Pflanzenkenner verwechseln sie wegen der ähnlichen, dunkelgelben Blüten mit dem Wiesenbocksbart. Die Blüten der Arnika sind intensiv gelb, ihr Duft unvergleichbar aromatisch.

Die Arnika ist nur äußerlich anzuwenden, innerlich darf Arnika ohne ärztliche Empfehlung nicht genommen werden. Sie könnte schwersten Juckreiz, Allergien und blasenähnliche Hautausschläge auslösen. In schweren Fällen kann es zu Übelkeit, Krämpfen, Schweißausbrüchen, mitunter sogar zu Lähmungen kommen.

Äußerlich jedoch ist die Arnika bei Quetschungen, Verstauchungen, Muskelzerrung, auch Schleimbeutelentzündungen anzuwenden. Hier darf sie jedoch nur im 38—40%igen Alkoholansatz angewendet werden. Bei

Krallenhänden (Dupuytren — sprich Düpuiträn, nach einem französischen Arzt benannt, der sie 1832 als erster beschrieb) helfen die angesetzten Arnikablüten gemeinsam mit der Beinwurztinktur als Einreibung bei Verwachsungen und Verhärtungen der Handflächen. Es ist ein langsam schleichendes Übel, das durch chronische Entzündung zu Verkürzungen der Beugesehnen und zur Bildung einer sogenannten Krallenhand führt. Die Finger krümmen sich nach innen und können nicht mehr ganz gestreckt werden. Gleichzeitig bilden sich an den Sehnenflächen harte Knoten, die Schrumpfungen fördern und die Beweglichkeit unterbinden. Neben Arnika- und Beinwurztinkturen helfen Massagen mit Arnikaöl und Beinwurzsalbe.

Wir haben diese Wanderung auch genutzt, um uns von der Bergwiese duftenden *Wiesenthymian* mit nach Hause zu nehmen. Thymian ist nicht nur bei Erkrankung der Luftwege unübertroffen, er sollte auch für Bäder nach schwerer Erkrankung eingesetzt werden, pro Bad bis 120 g Thymian. Bei Erkrankung der Luftwege, schwerster Bronchialverschleimung und Bronchialasthma, ja selbst bei Keuchhusten ist Thymian zu gleichen Teilen mit Spitzwegerich ein altbewährtes Mittel. Man setzt eine Tasse kaltes Wasser mit einem Teelöffel braunen Kandiszucker und eine Scheibe Zitrone zu, läßt das Ganze vier-, fünfmal aufwallen, zieht es vom Herd und gibt einen gehäuften Teelöffel voll Thymian und Spitzwegerich, zu gleichen Teilen gemischt, hinzu. Eine halbe Minute ziehen lassen. Der Tee soll sehr heiß, bei schweren Fällen möglichst ein paarmal am Tag frisch zubereitet, getrunken werden.

# Thymian als Lebensretter

Mein damals sechsjähriger Sohn hatte seine schwere Typhuserkrankung von vor zwei Jahren noch nicht überwunden. Er hatte damals fünf Wochen lang täglich 40,8 Grad Fieber und war 6½ Monate im Krankenhaus. Als er im oberösterreichischen Mühlviertel die Schule begann, war er ein blasser, magerer Junge. Der Arzt, den ich konsultierte, war selbst typhuskrank gewesen. Er meinte, daß eine solche schwere Infektionskrankheit sieben Jahre im Körper bliebe. Er gab Verhaltensmaßregeln für die nächste Zeit, vor allem wegen der krankhaften Appetitlosigkeit. Zwischen seinen Mitschülern, lauter gesunden Bauernjungen, saß er blaß, oftmals weiß wie die Wand, so daß seine Lehrerin manchmal fragte, ob ihm etwas fehle, was er jedesmal verneinte. Da sein Schulweg durch ein einsames Waldstück führte, brachte ich ihn täglich zur Schule und holte ihn nachmittags zu Fuß wieder ab. Gerade in diesem Wald begegnete uns eine Frau, die vor uns stehen blieb und erschrocken zu mir sagte: »Was haben Sie da für ein armes Büble?« So habe ich ihr, obwohl ansonsten ungern, von der schweren Typhuserkrankung meines vierjährigen Kindes nach der Austreibung aus der sudetendeutschen Heimat erzählt. »Nur Kuddelkraut! In Kuddelkraut baden, das wird helfen!« Der gute Engel in Gestalt einer einfachen Landfrau meinte damit den Wiesenthymian, der zu eben dieser Zeit in allen Schattierungen von Hell- bis Dunkelrosa auf den Wiesenhängen und Böschungen blühte. Ich holte mir sofort beim Heimkommen einen Zehn-Liter-Eimer, den ich randvoll mit Thymian anfüllte. Meine Mutter gab mir den guten Rat, nach Pfarrer Kneipp die heimgebrachten Kräuter über Nacht kalt zu wässern, damit durch Kochen keine Heilkraft verlorengehe.

Als wir am nächsten Tag nachmittags aus der Schule nach Hause kamen, waren die angesetzten Kräuter angewärmt. Ich kniete mich mit dem Kind vor dem Herrgottswinkel nieder, wir baten um SEINE Hilfe. Dann hob ich ihn ins duftende Bad und ließ ihn nach Pfarrer Kneipp genau zwanzig Minuten darin. Genau nach zehn Minuten gab es rote Backen; als ich nach zwanzig Minuten mein Kind aus der Wanne hob, hatte ich das Gefühl, als öffne sich oben am Scheitel ein Knopf, der zwei Schalen rechts und links fallen ließ. Ein anderes, endlich gesundes Kind, lag in meinen Armen, ein Kind mit roten Backen. Hier erkannte ich deutlich Gottes Allmacht, SEINE Fügung durch SEINE Kräuter.

Nun will ich auch noch hinzufügen, daß der Appetit meines Kindes sich ganz von allein einstellte, es körperlich von Tag zu Tag bergauf ging.

Der Bädereinsatz mit Wiesenthymian ist für Schwerkranke, soweit sie noch ein Bad nehmen können, ein Sprung in die Gesundheit. Es werden 100 bis 120 g Thymian für ein Vollbad genommen. Das Herz muß außerhalb des Wassers sein.

Durch den vielen Regen des heurigen Sommers konnte ich bereits die *Melisse* ein zweites Mal schneiden und trocknen. Der *Majoran* setzte Blüten an, mußte geschnitten und zum Trocknen auf den Dachboden getragen werden. Der herrliche Duft rundet als Küchengewürz mit winzigen Beigaben manche meiner Speisen ab. Ich kann als Hausfrau ohne meinen selbstgezogenen Majoran nicht sein.

Vorsorglich werden einige Blattrispen klein geschnitten, in eine Flasche gefüllt, mit Olivenöl übergossen und 12 Tage an ein sonniges Fenster gestellt. In heutiger Zeit großer Umweltverschmutzung muß jeder auf alles gefaßt sein: Majoranöl bringt Knoten und Drüsenschwellungen, ob gut- oder bösartig, kreisförmig eingestrichen, zum Verschwinden. Bei schweren Verkühlungen und Grippe-Erkrankungen können plötzlich im Hals- und Ohrenbereich Drüsenschwellungen auftreten, die unbedingt mit Majoranöl eingestrichen werden müssen.

Die Schwester einer Bekannten wurde wegen plötzlichen Auftretens einiger Drüsenschwellungen im Gesicht ins Krankenhaus überwiesen. Es handelte sich um fünf bis sechs harte Knoten unterhalb vom linken Ohr zur Kieferpartie. Es war kurz vor dem Heiligen Abend. Im Krankenhaus bestellte man die Patientin zur Operation, unmittelbar nach den Feiertagen. Meine Bekannte hatte aus ihrem Garten Majoran in Olivenöl angesetzt. Die Knoten ihrer Schwester wurden täglich einige Male mit dem Majoranöl kreisrund eingestrichen. In vier Tagen waren sie verschwunden, im Krankenhaus fand man keine Schwellung mehr.

Jedes Jahr nehme ich die 40 bis 80 cm hohen Stengel und Blätter der *Wurzelsellerie* vom Wurzelstock vorsichtig ab, lasse nur die jungen Blatt- und Stengeltriebe stehen, um der Pflanze Gelegenheit zu geben, sich auf das Wachstum ihrer Knolle einzustellen. Die Stengel und

Blätter werden gewaschen und auf ein Tuch gebreitet. Fühlen sie sich nicht mehr feucht an, werden die Blätter sorgfältig von den Stengeln abgepflückt, daß nicht das leiseste, kleinste Stengelchen daranbleibt. Die Blätter werden vor allem am Dachboden getrocknet, dann jedoch nochmals ins Backrohr gesteckt, um resch und trokken zu werden. Über einem breiten Waitling (Arbeitsschüssel) zerreibe ich die getrockneten Blätter mit beiden Handflächen zu einer völlig zerriebenen Masse (hier darf wegen des Aromas nicht maschinell vorgegangen werden). Ich fülle sie in kleine Schraubgläser. Damit habe ich eine Würze für die Suppe im Winter (ich friere Sellerie- und Petersilienblätter prinzipiell nicht ein), für Knödel, Kartoffeln, jede Art von Gemüse, Pilze und fast alle Fleischarten. Das Brathuhn wird roh ebenso damit eingerieben wie ein anderer Braten, ein Steak oder Naturschnitzel. Es bringt für Fleisch und Gemüse einen effektvollen Beigeschmack, den man durch nichts ersetzen kann.

Die von den Blättern befreiten Stengel werden klein geschnitten, ebenfalls zuerst am Dachboden gedörrt, später im Backrohr nachgetrocknet und in größere Schraubgläser gefüllt. Diese kleingeschnittenen Sellerie-Stengel sind geschmacklich ein herrlicher Zusatz für geschälte Kartoffeln, denen ich dann noch etwas Salz, Kümmel und Dillsamen (letztere ebenfalls aus dem Garten geerntet) beisetze. Die Kartoffeln bekommen einen ganz wunderbaren Geschmack! Welch eine Gaumenfreude selbst geerntete, frische Kartoffeln, mit diesen Gewürzbeilagen gekocht, leicht mit brauner Butter übergossen und mit Salat als Nachtmahl kredenzt!

Die Sellerie-Pflanzen erholen sich bis zur Ernte Anfang November nochmals mit Stengel rundum dem Wurzelstock. So wiederhole ich das Ernten der Blätter und Stengel ein zweites Mal in späterer Jahreszeit.

Aber jetzt sind wir ja noch mitten im Sommer. Die heuer etwas verspätet gesäten *Ringelblumen* sind inzwischen blühende, wunderbar gewachsene Pflanzen geworden. Ich ernte je nach Wachstum zweimal in der Woche: bis zur nächsten Knospe werden die Blüten samt Stengel und Blätter gepflückt. Für die berühmte Ringelblumen-Salbe benötigt man zwei gehäufte Doppelhände Blüten, Blätter und Stengel (siehe Rezept im Buch »Heilkräuter aus dem Garten Gottes«, ebenfalls Wilhelm Heyne Verlag, München), ein Teil der geschnittenen Blüten, Blätter und Stengel kommt in den Mischtee, ein weiterer Teil wird gesondert für den Tee getrocknet.

Ringelblumentee ist besonders bei Colitis (Dickdarmentzündung) und bei Erkrankungen des Magen- und Darmkanals anzuwenden. Hervorragende Ärzte wie u.a. der große Kneipp-Arzt Dr. Bohn empfehlen Ringelblumentee gegen Krebsveranlagung, bösartigen Geschwüren, die Ringelblumensalbe bei bösartigen Brustgeschwüren. Zur Teebereitung wird ein Teelöffel voll getrocknete Blüten, Blätter und Stengel mit heißem Wasser überbrüht, ½ Minute ziehen gelassen, abgeseiht und tagsüber schluckweise getrunken. Man kann bis zu vier Tassen am Tag trinken.

Die Ringelblumentinktur eignet sich zu Umschlägen bei Blutergüssen, Muskelzerrungen, Quetschungen und Wunden. Ich setze sie folgendermaßen an: eine Doppelhand voll kleingeschnittener Blüten fülle ich in eine ½-Liter-Flasche, gebe 38—40%igen Kornbranntwein oder Obstler darüber und lasse das Ganze 12 Tage in der Sonne stehen. Für die Hausapotheke fülle ich ein Fläschchen ab, die andere Menge lasse ich auf unbestimmte Zeit im Keller stehen.

Alljährlich, wenn eine Fahrt eingeplant wird, um uns *Schafgarbe* oder *Johanniskraut* aus sauberen Wiesenrainen und Böschungen zu holen, denke ich jedesmal an die

Worte von Pfarrer Sebastian Kneipp, der auf die große Heilwirkung von Schafgarbe bei Mädchen und Frauen hinwies: »Viel Unheil könnte mancher Frau erspart bleiben, wenn nur ab und zu nach einer Tasse Schafgarbe gegriffen würde!«

Ja, denke ich, wie wenige Frauen greifen nach Schafgarbe, und es täte ihnen *so* wohl!

Ich pflücke Schafgarbenköpfe für die Teebereitung, Blüten, Blätter und Stengel für Bäder.

Wir kennen unsere Plätze seit Jahren; in nicht ganz einer Stunde haben wir unsere Schafgarbe gepflückt, ich greife zwischendurch nach den rosa Blüten, die durch ihre Schönheit auffallen, die jedoch den gleichen Heilwert besitzen wie die weißblühende Pflanze. Für die Bäder pflücke ich ein größeres Quantum, um mindestens viermal im Jahr eines davon zu machen.

Die blutverbessernde und blutreinigende Wirkung der Schafgarbe hilft als Tee bei Gicht und Rheuma, wirkt blutbildend im Knochenmark, bei Unregelmäßigkeiten der Monatsblutungen der Frauen, ob sie zu gering oder übermäßig einsetzen, nimmt Migräne und Kopfschmerzen und regelt durch Bäder übelriechenden Ausfluß, Blasenschwäche, Bettnässen und befreit von Pilzen in der Scheide.

Eine gewisse Knochenschwäche kann man durch Einreibung mit Tinkturen bessern. Man füllt die Blüten der Schafgarbe in eine ½-Liter-Flasche, füllt mit 38—40%igem Korn- oder Obstschnaps an, so daß der Alkohol über den Blüten steht. 12 Tage in Sonne gestellt, ist die Tinktur gebrauchsfähig.

An einem sonnigen Waldrand entdecken wir blühendes Johanniskraut, das wir uns für Tee-, Tinktur-, Öl-Bereitung und Bäder pflücken. Es ist ein sonniger Sommertag, Bienen freuen sich mit uns, fliegen geschäftig hin und her, um Honig aus den offenen Blüten einzutragen.

Es ist genug für uns beide da, denn aus der Fülle des blühenden Krautes nehmen wir uns zwar genug für unsere Zwecke mit nach Hause, aber es ist nur ein kleiner Bruchteil aus der großen blühenden Fülle. Nach Hause zurückgekehrt, zupfen wir einen Teil der gelben Blütensterne für den Johanniskraut-Tinktur-Ansatz und das Johanniskraut-Öl ab. Die Blüten werden in eine 1-Liter-Flasche eingefüllt und mit 38—40%igem Korn- oder Obstbranntwein übergossen, 12 Tage an ein sonniges Fenster gestellt. Diese Tinktur wird an witterungsbedingten Tagen verwendet, wo sich der Körper matt und unlustig fühlt, die angefangene Arbeit einfach nicht von der Hand gehen will. Da ist es am besten, den Körper kalt abzuwaschen und ordentlich abzufrottieren, mit Johanniskraut-Tinktur von oben bis unten einzureiben. Da ist es am besten, den Körper kalt abzuwaschen und ordentlich abzufrottieren, mit Johanniskraut-Tinktur von oben bis unten einzureiben. Daß sich das Wohlbefinden mit einem Schlag ändert, brauche ich wohl nicht hinzuzufügen.

Neben der Johanniskraut-Tinktur setzen wir die Blüten in einem guten Olivenöl an und stellen die Flasche an ein sonniges Fenster. In ganz kurzer Zeit beginnt sich das Öl rötlich zu verfärben und nimmt allmählich eine leuchtendrote Farbe an. Es ist nicht nur das beste kosmetische Mittel für die Haut, der man das Johannisöl aber nur tropfenweise zuführt, sondern auch für den ganzen Körper.

Menschen, die zu Stuhlverstopfung neigen, wird das Johannisöl teelöffelweise empfohlen. Bei auftretenden Koliken bringen 10 bis 15 Tropfen Besserung. Johanniskraut als Tee getrunken wirkt nervenberuhigend. Menschen, die nur schwer einschlafen, sollten den Tee vor dem Schlafengehen trinken.

Welch ein Glück, daß die angeführten Kräuterplätze nicht weit von unserem Haus liegen. Das Pflücken geschieht — außer bei Bärlapp, für den wir einen ganzen Tag opfern — zwischen Frühstück und Mittagessen, der schönsten Zeit des Tages. Ich koche vor, meist ein wenig Gemüse aus dem Garten für Suppe und Beilage, aus frischem Obst richte ich täglich Kompott, auch einen kleinen Nachtisch. Wir warten die tägliche, viel zu viel einlaufende Post ab, dann geht es zwischen 9 und 10 hinaus in die Natur, in frische Luft und Sonnenschein auf Kräutersuche. Wie muß man Gott für diese Gnade danken, daß wir SEINE Kräuter in unmittelbarer Nähe finden, mit dem Wagen sind es höchstens 5 oder 10 km.

Unser Ziel ist ein versteckter, mit Himbeer- und Brombeergesträuch überwucherter Waldweg, der außerdem mit niedrigem Zinnkraut dicht bewachsen ist, und anschließend eine feuchte Aulandschaft, die nur das mannshohe *Zinnkraut* mit daumendicken Stengeln beherbergt. Seit Jahren holen wir unseren Wintervorrat an Zinnkraut oder Ackerschachtelhalm aus diesen beiden Ecken.

Das niedrig gewachsene Zinnkraut ist für die Teebereitung, während das mannshohe Zinnkraut aus dem Augebiet einzig und allein *nur* für Bäder verwendbar ist.

Das kleine Zinnkraut, gemeinsam mit der Schafgarbe getrunken, ist als bestes Lungenmittel anzusehen, sei es bei Lungenblutungen oder Tuberkulose, sei es bei Allergien, die eine Atemnot der Lunge auslösen, eine Allergie, die in letzter Zeit durch unsere große Umweltverschmutzung sich überall — leider sehr oft bei Kindern und Jugendlichen — ausbreitet.

Zinnkraut-Sitzbäder regen mangelhafte Nierentätigkeit an und helfen dadurch auch bei Erkrankungen der Harnorgane. Gleichzeitig bessern sich rheumatische und gichtige Erkrankungen. Der Schweizer Pfarrer Künzle schlägt allen Rheuma- und Gichterkrankten vor, täglich eine Tasse Zinnkraut bis ans Lebensende zu trinken. Hier würden sich allmählich alle rheumatischen Schmerzen verlieren, der Patient könnte einen schmerzfreien Lebensabend verbringen.

Das hohe Zinnkraut aus den Augebieten ist *keinesfalls* zu trinken. Es gilt, innerlich genossen, als giftig, bewirkt aber mit seinen Sitzbädern (100 g pro Bad, das Zinnkraut über Nacht kalt wässern, anwärmen, nicht kochen, mit heißem Wasser auffüllen) eine Durchblutung der Niere von außen, wirkt gegen Blasenentzündung und Blasenreiz, krankhaften Harndrang und löst einen Druckabzug aus den Augen bei grünem Star aus.

Das Zinnkraut, auch Ackerschachtelhalm genannt, wurde durch Kräuterpfarrer Sebastian Kneipp aus völliger Vergessenheit gerissen. Er schwor auf diese Heilpflanze, so daß er sie bei Schwerkranken, ja sogar Sterbenden als Bäder und Wickel einsetzte. In seinem Buch »Meine Wasserkur«, Ausgabe 1886, setzt er Zinnkraut sogar bei faulenden, krebsartigen Wunden ein, betont ausdrücklich, »daß jeder gut- oder bösartige Tumor mit Zinnkraut zum Stillstand gebracht und allmählich aufgelöst wird«. Bei der zweiten Ausgabe des Buches im Jahre 1889 mußten leider diese Hinweise auf den Druck von Ärzten hin herausgenommen werden.

Meine Überlegungen, auf welche Art man Zinnkraut einsetzen müßte, damit »jeder gut- oder bösartige Tumor mit Zinnkraut zum Stillstand gebracht und allmählich aufgelöst werde«, brachte mich auf die Zinnkrautdunstumschläge. Daß diese Überlegung richtig ist, zeigt mein Buch »Heilerfolge zum Buch Heilkräuter aus dem Garten Gottes«, auch Wilhelm Heyne Verlag, München, in dem ich auf den Seiten 68, 69 und 70 von der Kopftumor-Erkrankung eines jungen Priesters aus Kärnten berichte, der 1978 an einer Wiener Klinik an einem Kopftumor operiert wurde, der 1984 leider rezidiv wurde. Schwestern eines Kärntner Karmelitinnenklosters nahmen den

Priester in ein Nebenhaus des Klosters auf, begannen mit der Heilkräuter-Therapie aus meinen Büchern und konnten die Freude erleben, nach mehr als zwei Monaten den Patienten gesund nach Hause zu schicken.

*Zinnkraut-Dunstumschläge bei Tumoren:* Ein Fünf-Liter-Topf, mit ca. 5 cm Wasser angefüllt, wird auf den Herd gestellt. In den Topf hängt man ein mit Zinnkraut (zwei gehäufte Hände voll) gefülltes Sieb. Das Wasser wird so lange zum Kochen gebracht, bis das Zinnkraut weich und heiß ist. Mit einer Mehlspeisschaufel legt man das heiße Zinnkraut in ein vorbereitetes Tuch und noch gut warm auf die kranke Stelle. Die Haut sollte vorher eingefettet werden. Der Kranke empfindet die Wärme als wohltuend.

Bei offenen, nicht zuheilenden Wunden kann Zinnkraut mit frischem Spitz- oder Breitwegerich Lebensretter sein. Jahrelange, Verzweiflung auslösende, unheilbare Wunden schließen sich in kurzer Zeit. Das Zinnkraut wird gebrüht und handwarm auskühlen gelassen. Die Käsepappel setzt man über Nacht kalt an. Das kalte Wasser zieht den Schleimstoff aus der Pflanze, der zu der Ausheilung der Wunden beiträgt. Morgens leicht anwärmen, mit dem lauwarmen Zinnkraut mischen und die Wunde zwei- bis dreimal täglich gründlich waschen. Sauber gewaschene, frische und zerriebene Spitz- oder Breitwegerichblätter auf die Wunde legen und abbinden. Sollten die Blätter einen schmerzhaften Druck auf die Wunde auslösen, wird der Verband abgenommen, nochmals die Wunde gebadet und die Wegerichblätter neuerdings aufgelegt. Es dauert manchmal 1 bis 2 Tage, bis sich die Wunde an die Blätter gewöhnt. Von da an geht die Heilung bergauf. Selbst faulende Wunden — wie Pfarrer Kneipp in seinem Buch aussagt — heilen nach einer solchen Behandlung ab.

Bei einer Wanderung, die ausnahmsweise keiner Kräutersuche gewidmet werden soll, finden wir bei Überque-

**Zinnkraut**

*Equisetum arvense*

**Vogelknöterich**

*Polygonum aviculare*

rung eines brachliegenden Feldstücks eine Menge üppig kriechenden *Vogelknöterich.* Vogelknöterich wächst überall an allen Wegen und Wegrändern, er wuchert allerorts zwischen Steinen, unansehnlich und zertreten, denn dort, wo am meisten gegangen wird, fühlt sich unser Vogelknöterich am wohlsten. Er will mitten unter uns Menschen sein. Im österreichischen Volksmund nennt man ihn Hansel am Weg. Hier auf dem Brachland konnte er sich wunderbar entwickeln, die in den Blattachseln sich schmiegenden bräunlichweißen und braunrötlichen sitzenden winzigen Blütchen gleichen glitzernden Perlen.

Wir können gar nicht anders, wir nehmen ihn mit nach Hause, schneiden die leicht kletternden Ranken ab und geben ihn, kleingeschnitten, in unseren bereits über die Maßen duftenden Mischtee.

Unser Vogelknöterich gilt heilend bei Lungen- und Nierenleiden, ist jedoch auch bei Nieren-Vereiterungen, Darmblutungen und Gelbsucht, in Milch gekocht, einzusetzen.

Nach dem österreichischen Biologen Richard Willfort war Vogelknöterich unter Kaiser Shin-nong, 3700 vor Christus eine wertvolle und geschätzte Heilpflanze in China. Man erkannte schon damals die harntreibende Kraft und heilende Wirkung bei Nieren- und schweren Lungenleiden. Wenn eine Zeitlang — sagt Willfort — Vogelknöterich in Mißkredit kam, so deshalb, weil Marktschreier den Vogelknöterich als Universalmittel gegen Schwindsucht hinstellten.

Ich erinnere mich beim Pflücken, daß wir vor Jahren einige Tage im niederösterreichischen Waldviertel verbrachten, einem kleinen Ort, wo sich Tagesereignisse bis in den Gasthof herumsprachen. So galt einer 24jährigen Frau das Tagesgespräch, die sich wegen eines schweren Nierenleidens im Krankenhaus der Landeshauptstadt befunden hatte.

Um die Zustimmung zur Entfernung einer vereiterten Niere im Familienverband einzuholen, entließ man sie auf zehn Tage aus dem Krankenhaus. Ein Kräuterkundiger der Umgebung riet zu Vogelknöterich oder Hansel am Weg in Milch gekocht, 3 Tassen am Tag zu trinken. »Viel anderes brauchst in der Zeit nicht nehmen«, meinte er, »die Milch wird dich ernähren.« Nach zehn Tagen waren die Ärzte im Krankenhaus überrascht, die Niere war ausgeheilt.

Zwei, drei Jahre später nach dieser Begebenheit kam ein Anruf an mich. Mein Sprücherl, keine Heilpraxis, keine Beratung, man müsse sich nach den Büchern richten, überhörte ein besorgter Vater: »Vor ca. einer Stunde ist mein sechsjähriger Sohn aus dem Kinderspital entlassen worden. Über ein halbes Jahr war er dort, eine vereiterte Niere wurde operativ entfernt, er wiegt nur noch 15 Kilo, nimmt weder kompakte noch flüssige Nahrung mehr auf. Er hat auch heute noch Eiter und Blut im Urin. Die Schwester Oberin des Krankenhauses gab mir Ihre Telefonnummer mit dem Bemerken, vielleicht kann Frau Treben noch helfen. Sie dürfen keine Stunde verlieren!«

»Da ist aber schwer zu helfen, wenn ein Kind jede kompakte und flüssige Nahrung ablehnt! Versuchen Sie es mit Vogelknöterich, kochen Sie morgens 3 Tassen Milch, pro Tasse einen gehäuften Teelöffel voll Vogelknöterich hinein, heiß in eine sehr heiß ausgespülte Thermos füllen, um die Milch tagsüber heiß zu halten. Nach der Uhr dem Kind alle 15 Minuten einen Teelöffel von der Milch geben. Vielleicht spürt das todkranke Kind instinktiv, daß die Vogelknöterich-Milch sein Leben retten könnte«, sagte ich. 14 Tage später war die Nachuntersuchung im Kinderspital. Daß das Kind noch lebte, überraschte im Krankenhaus. Es hatte allein durch die Vogelknöterich-Milch in den 14 Tagen 6 kg zugenommen.

## Kastanienkissen

Vor zwei Jahren hatte ich mir durch Zugluft eine schmerzhafte Neuralgie am rechten Schienbein zugezogen, die durch gar nichts weichen wollte, was immer ich auch anwendete. Ich besorgte mir eine Kamelhaardecke, die ich bei jeder Fahrt und jeder hochsommerlichen Hitze um den Fuß wickelte und da der Schmerz abends beim Zubettgehen besonders arg wurde, nahm ich sie selbst im Hochsommer mit ins Bett — und erwachte morgens ziemlich durchnäßt. Da wurden die Früchte auf unserem selbstgezogenen Roßkastanienbaum reif. »Schenkst du mir die Kastanien?« fragte mich eine Verwandte und trabte mit ihnen überglücklich davon. Es stellte sich heraus, daß die Kusine, einem Engel gleich, die Roßkastanien von der braunen Schale befreite, den hellen inneren Kern in einem Haushaltsmixer zerkleinerte, in Kissen füllte und sie im Bekanntenkreis verteilte. So kam auch ich zu einem Roßkastanienkissen. Ich legte es automatisch auf meine, ein dreiviertel Jahr währende Schienbein-Neuralgie. Ein Wunder geschah! Die Schmerzen waren augenblicklich weg! Ich legte das Kissen zwar noch einige Nächte auf die ehemals schmerzende Stelle, aber die Neuralgie war endgültig verschwunden. Ein paar Tage später konnte ich diese Neuigkeit bei einem Seminar erzählen. Im Juni des darauffolgenden Jahres rief mich eine Münchnerin an, die an dem Seminar teilgenommen hatte. Sie müsse mir etwas fast Unglaubhaftes persönlich erzählen, ob sie kommen dürfe? Ich erinnerte mich an sie: ein hilfsbereiter, sympathischer Mensch. Ich staunte dann, was ich zu hören bekam. Sie lebe in München, in einem großen Dreierblock. Die Mieter kennen sich kaum, aber es wäre ihr trotzdem eine junge Frau aufgefallen, die von Tag zu Tag immer mehr und mehr schief daherkomme. »Ich habe sie angesprochen«, erzählte die Münchnerin »und erfuhr, daß sie in hochsommerlicher Hitze durch ein offenes Autofenster eine schwere Neuralgie bekam. Trotz täglicher Spritzen beim Arzt änderte sich nichts, im Gegenteil, ihre Haltung wurde von Tag zu Tag schlechter.« Meine Bekannte erinnerte sich an das Kastanienkissen vom Herbst, rief ein Forsthaus an und erkundigte sich nach Roßkastanien. Zu ihrer Freude brachte man ihr diese direkt nach München. So begann die Hilfsbereite mit dem Schälen von 3 kg Kastanien, zerkleinerte die Kerne in ihrem Haushaltsmixer, kaufte ein Inlett für ein großes Polster, füllte die gemixte Kastanie ein, nähte es zu und brachte es der verzweifelten jungen Frau mit den schlichten Worten: Hier bringe ich Ihre Gesundheit! Und tatsächlich, am nächsten Tag ging es der Kranken viel besser, nach weiteren zwei Tagen konnte sie wieder ihre normale Haltung einnehmen. »Das mußte ich Ihnen mündlich erzählen!« sagte die Münchnerin, »ich mußte doch Ihr erstauntes Gesicht sehen!« Ich aber war verblüfft über diese spontane Hilfsbereitschaft!

Dem Chef eines befreundeten jungen Mannes ging es ähnlich. Er hatte seit zwei Jahren eine Gesichtsneuralgie, die sich bis über die rechte Ohrseite zog und unbeschreibliche Schmerzen auslöste. Er war selbstverständlich in ärztlicher Behandlung. Die Schmerzen waren so arg, daß alle Angestellten unter den Launen des Chefs persönlich litten. Nachdem keine Medikamente halfen, schlug der Arzt dem Kranken eine Operation vor, sich unterhalb vom Ohr, in der Mitte des Halses, wo Nervenstränge zusammenlaufen, im Krankenhaus einen Schnitt machen zu lassen. Der Chef erfuhr jedoch von der Kastaniengeschichte, holte sich eines Sonntags aus einem Gebirgsforsthaus — es war Mitte Juli — ebenfalls Kastanien, die er sich als Kissen auf seine Neuralgie legte. In nicht ganz vier Tagen war er ohne Schmerzen.

## Unser Nußbaum

Seit meinen Kindheitstagen, als wir nach dem Tode unseres Vaters in eine andere Stadt übersiedelten und den schönsten und größten Garten zurückließen, wünschte ich mir einen Nußbaum. In späteren Jahren, als mich das Leben an andere Stellen führte, hatten wir Haus und Garten, selbst als wir später in Prag in den Königlichen Weinbergen Haus und Garten besaßen; aber der Wunsch nach einem Nußbaum hat sich nicht erfüllt. Als wir 1968 unser jetziges Haus zu bauen begannen, beschlossen wir, uns in dieser Richtung einmal umzusehen. Der Wunsch erfüllte sich rascher, als wir dachten.

Wir begannen an der Südseite des Gartens an einer straßenseitigen Böschung Forsythien zu pflanzen, gleichzeitig aber auch unter den Sträuchern Immergrün anzulegen, weil wir uns den gelb-blauen Kontrast der Blüten schon im Geiste ausmalten. Wir mußten also für unser Immergrün Walderde holen. Da fand mein Mann gleich am ersten Tag zwischen einer Baumwurzel eine große schöne Nuß mit Keim. Wir nahmen sie mit nach Hause und setzten sie ins Mistbeet. Wir wußten, daß ein Baum aus kleinem Beginn viermal verschult werden muß, um ein großer Baum zu werden. So wurde unser kleines Nußbäumchen im nächsten Jahr aus dem Mistbeet herausgenommen und auf ein Gemüsebeet gesetzt. Im kommenden, bereits im zweiten Jahr der Schulung geschah dies auf einer Stelle zwischen rosa blühenden Hortensien. Im Juni 1972 übersiedelten wir ins Haus, verpflanzten manches aus dem alten Garten in den neuen, so auch unser Nußbäumchen, das inzwischen über einen Meter hoch geworden war. Da mit den Himbeersträuchern die Übersiedlung vor sich ging, pflanzte ich ihn mit guten Wünschen zwischen den Himbeersträuchern. Unser Nußbäumchen fühlte sich dort scheinbar sehr wohl, denn es begann nun nicht nur in die Höhe zu schießen, sondern auch in die Breite zu gehen. Von Anfang an war ihm der Platz an der Ostseite unseres Hauses gewiß, denn hier hatte er durch ein Nachbarhaus guten Schutz vor Ostwinden. So haben wir uns redlich bemüht, unserem kleinen Nußbaum, der uns so sehr ans Herz gewachsen ist, seine Zukunft im Schutz des Hauses zu sichern. Die Entfernung vom Haus wurde einige Male gemessen, bis wir daran gingen, die Grube für den Baum herzurichten. Vorher aber zogen wir Erkundigungen über seine Pflanzung ein, erfuhren, daß bei einem Nußbaum die starke Mittelwurzel ausgeschnitten gehört, daß nur die kleinen Wurzeln ringsum für ein schönes Wachstum kompetent sind.

In die Grube kamen abgelagertes Laub, Walderde, abgelagerter Stalldünger, auf die Baumwurzeln schichteten wir mit Sand durchmischte lockere Gartenerde, über die zugedeckte Erde streuten wir dunkelbraunen Torfmull. Zum Schluß gossen wir den eben gepflanzten Baum mit vorbereiteter Brennessel- und Zinnkraut-Düngung ein. Man spürte es genau, daß der ausgesuchte Platz unserem Nußbaum recht war, er wurde in kürzester Zeit ein stattlicher Baum, seine Blätter glänzten vor Freude, und wir konnten uns einen Garten, ein Haus und ein Leben ohne unseren geliebten Nußbaum nicht mehr vorstellen. Im vierten Jahr überraschte er uns mit einer Handvoll wohlgeformter Nüsse. Er war bereit, uns nur Freude zu geben, denn seine Nußschalen waren dünn und leicht, ließen sich mit einem festen Händedruck leicht öffnen. Im zweiten Jahr war das Schlagen der Nüsse vom Baum ein richtiges Familienfest, im dritten Jahr überlegten wir uns, daß der Segen, der aus einem erwachsenen Nußbaum kommt, bei Notzeiten eine große Familie ernähren kann. Es war eitel Wonne um unsern Nußbaum, den wir als schönsten der weiteren und näheren Umgebung betrachteten. Da kam der strenge Frost im Winter 1986. Wir bangten und trauerten sehr, denn wir wähnten ihn erfroren. Er begann sich jedoch langsam zu begrünen, selbst Früchte setzte er an; es waren genug, um meine Weihnachtsplätzchen daraus zu backen. Aber nun kamen neuerlich strenge Fröste im März 1987. O weh, das überlebt er nicht! dachte ich. Aber er bestand es doch; man sah es ihm jedoch an, daß es ihm nach den schweren Frösten des vergangenen Winters schwerfiel, seine Blätter normal zu entfalten. Er steht grün wie vordem da. Allein nur Gott weiß es, daß wir die weiteren uns verbleibenden Jahre mit ihm erleben.

Nußblätter, die im Juni getrocknet werden müssen, wirken als Blutreinigungstee, bei Schwächezuständen wirken Nußblätter belebend, nehmen vor allem abnormalen Fußschweiß, Erfrierungen und Frostbeulen. Bei Kopfwäsche mit Nußblättern werden Haarausfall und

Kopfschuppen abgebaut. Das Haar, mit Nußblättern gewaschen, erhält einen besonders schönen Glanz.

## *Herbstbesuch in Tirol*

*Noch seh' ich ausgebreitet vor mir liegen:*
*das bunte Löwenmaul, das froh die Gartenwege*
*säumt,*
*die Kressen, die ans Haus sich dichter schmiegen,*
*die Rose, die von Sonne und von Bienen träumt. —*
*Ach, wie verzaubert liegt der Blumen bunte Schar!*
*Ein Himmel drüber, wolkenlos und klar.*

*Das Rad der leuchtend gelben Sonnenblume*
*in Licht und Farbe hell zusammenfließt,*
*ein herber Duft steigt aus der Gartenkrume,*
*so daß von selbst man alle andere Welt vergißt.*
*Der Herrgott vor dem Haus gibt seinen Segen,*
*trittst grüßend du dem Kreuz am Hang entgegen.*

*O Stille, die den Hauch des Himmels in sich trägt,*
*die über Haus und Garten dichte Wälle breitet,*
*die von den Bergen und den Matten niederschlägt*
*und aus dem Tal entsteigt, das hügelan sich weitet.*
*Im Osten ragt die Hohe Salve — weltentrückt —,*
*als Herrin aber gut und treu ins Tal herniederblickt.*

*Du fernes Tal in weltentrückter Zeit*
*beschwörst der Heimat nie vergeß'nes Bild,*
*die in mir weiterlebt in alle Ewigkeit,*
*mich lebenslang mit ihrem tiefen Klang erfüllt.*
*Die Gegenwart verschwimmt trotz Lärm und lautem*
*Streit,*
*denk ich der Stille deiner Abgeschiedenheit.*

Maria Treben

## Mischtee der Familie Treben: Wohlschmeckend, bekömmlich, aufbauend

Der Tee wird nicht nach Gramm abgewogen, sondern jeweils vom Frühjahr an bis in den Oktober nach Gefühl dazugegeben. Es wird — am besten am Dachboden des Hauses — ein großes Papier ausgebreitet. Von der Kräutersuche kommend, werden die frischen Kräuter kleingeschnitten aufgestreut. Man beginnt mit den ersten Blüten im Frühjahr, so wie früher angeführt. Von den wohlriechenden wird ein wenig mehr genommen, von den herben Heilkräutern etwas weniger. Verhalten Sie sich nach Ihrem Gefühl, Sie werden die richtige Mischung zusammenstellen. Gehen Sie mit innerer Freude an diese Arbeit, lassen Sie den reichen Segen der Natur in Ihr Heim.

Huflattich-Blüten, Anfang Mai die Blätter
Schlüsselblumen, Blüten und Blätter
Veilchen, wohlriechend, Blüten und Blätter, aber auch andere Veilchen
Lungenkraut, im Volksmund Hänsel und Gretel, Köpfe
Sauerklee, Blüten und Blätter
Gundelrebe, nur wenig davon als Würze, Blüten und Blätter
Brennessel, die ersten jungen Triebe im Frühjahr
Frauenmantel, Blätter und Blüten, später Blätter
Ehrenpreis, Blüten, Stengel und Blätter
Erdbeerblätter, Brombeer- und Himbeerspitzen
Holunder-Schossen, später Blüten
Gänseblümchen
Lindenblüten
Kamillen, Blüten
Wiesengeißbart, Blüten
Ringelblumen, Blüten und Blätter

Waldmeister, Blüten, Stengel und Blätter
Thymian, Blüten, Stengel und Blätter
Melisse, Blätter und Stengel, Blüte, falls vorhanden
Pfefferminze, Stengel, Blätter, Blüte, falls vorhanden
Schafgarbe, nicht allzuviel
Königskerze, Blüten
Majoran (wilder, auch Dost genannt), Blüten und Blätter
Kleinblütiges Weidenröschen, Blätter, Stengel und Blüten
Odermennig, Blüten
Labkraut, Blüten, Blätter und Stengel
Goldrute, Blüten
Vogelknöterich, Stengel, Blätter und Blüten
Rosenblätter in allen Farben (biologische Düngung)

## Bestimmung der Heilkräuter

Wenn Sie sich auf die Suche nach den Heilkräutern aus dem Garten Gottes begeben, erweisen Sie Ihrer Gesundheit bereits einen großen Dienst. Denn Sie bewegen sich, abseits von Ballungszentren, dicht befahrenen Straßen, in der freien Natur. Mit der Zeit werden Sie feststellen, wie wohltuend Ihr Körper dies empfindet und wie stark sein Verlangen nach diesen ausgedehnten Spaziergängen ist. Wer sich ganz neu mit Heilkräutern beschäftigt, sollte sich zunächst auf die Erforschung der Natur beschränken. Suchen Sie an den eingangs beschriebenen Stellen nach den Heilpflanzen, bestimmen Sie die Pflanzen und lernen Sie auf diese Weise Ihre nähere Umgebung kennen. Wer sich auf sein eigenes Urteilsvermögen nicht verlassen will, sollte an Kräuterwanderungen und Exkursionen unter fachkundiger Leitung teilnehmen, um seine praktischen Erfahrungen zu sammeln. Dabei geht es nicht so sehr um eine Gefährdung der eigenen Gesundheit, bei Pilzwanderungen trifft das in stärkerem Maße zu, als um den Schutz der Natur. Viele Heilpflanzen stehen unter Naturschutz, manche Kräuter, den heilsamen zum Verwechseln ähnlich, sind nutzlos und sollten nicht grundlos gepflückt werden. Erst wenn Sie die nötige Sicherheit in der Bestimmung der Pflanzen besitzen, sollten Sie zum Sammeln aufbrechen.

## Sammeln der Heilkräuter

Frische Kräuter, deren Heilkraft die von getrockneten übersteigt, findet man von Ende Februar bis Ende November. Während eines milden Winters findet man sogar Spitz- und Breitwegerich, Labkraut und Schöllkraut frisch in der Natur. Nach Möglichkeit sollte man die Kräuter an einem sonnigen Tag pflücken, nicht nur, weil dann ein Spaziergang auch mehr Freude macht, sondern weil die Heilkraft der Pflanze dann am größten ist. Achten Sie außerdem darauf, daß die Pflanzen an wenig verschmutzten Stellen und abseits von verkehrsreichen Straßen und Industrieanlagen gewachsen sind. Die Pflanzen werden mindestens zwei Fingerbreit über dem Boden abgeschnitten, nicht mit den Wurzeln herausgerissen! Am besten eignet sich zum Sammeln ein Weidenkorb. Ungeeignet sind Plastiktüten. Und noch eine Bitte: *Halten Sie beim Sammeln Maß!*

## Aufbewahrung der Kräuter

Soweit möglich, verwendet man die Kräuter frisch. Aus dem hoffentlich maßvollen Überschuß legt man einen Vorrat an. Die Kräuter werden klein geschnitten und möglichst ungewaschen — deshalb das Aufsuchen an wenig verschmutzten Stellen in der Natur — getrocknet.

Dazu legt man die Kräuter auf saubere Tücher oder Packpapiere und läßt sie an einer schattigen, luftigen Stelle trocknen. Sind die Kräuter strohtrocken, füllt man sie in Pappkartons, Papiertüten oder dunkle Gläser. Blechdosen, Plastikbehälter und -tüten sind ungeeignet. Für die Teezubereitung eignen sich getrocknete Kräuter ein ganzes Jahr. Restbestände, die noch länger lagern, eignen sich auf alle Fälle noch für Kräuterbäder.

## Wichtiger Hinweis

Sollten die Rezepte, Tees, Essenzen und Bäder nicht anschlagen, müßte man einen Pendler oder Rutengänger zuziehen, der die Wohnung und den Arbeitsplatz nach geopathischen Feldern absucht. Mit seiner Hilfe können strahlungsfreie Stellen gefunden werden, auf die man z.B. Bett oder Schreibtisch stellt, um den Patienten dieser negativen Strahlung nicht länger auszusetzen.

III.

# Vorbeugen ist besser als heilen

## Vorbeugen ist besser als heilen

Diese Grundregel kennen alle und befolgen nur wenige. Viele Menschen erwarten von ihrem Körper, daß er zu funktionieren hat, daß man ihn unbegrenzt belasten kann und seine selbstheilenden Kräfte unerschöpflich sind. Wer sich dieser Selbsttäuschung hingibt, lebt gefährlich. Denn unser Körper braucht Pflege, Fürsorge, ausreichendes Training und Ruhepausen zur Erholung. Man kann nicht ungestraft Raubbau mit seiner Gesundheit treiben. Es ist natürlich nicht einfach, die Wirkung einer vernünftigen Vorsorge zu beweisen. Wenn jemand vom obligatorischen Frühjahrsschnupfen verschont geblieben ist, wird man sagen, na hat er Glück gehabt. Auf die Idee, daß sich der Glückliche durch entsprechende Abhärtung seines Körpers vor der Ansteckung geschützt hat, kommen nur wenige. Ich kann mir auch vorstellen, daß viele Menschen sagen, wozu soll ich eine Mistelkur machen, mein Kreislauf ist doch in Ordnung?

Nun, mehr als Empfehlungen für eine sinnvolle Vorbeugung kann ich nicht geben. Jeder muß für sich selbst entscheiden, was ihm seine Gesundheit wert ist. Unser Herrgott jedenfalls hat alle Vorsorge für Gesundheit und Wohlbefinden geschaffen, was er von uns verlangt, ist das bißchen Arbeit, seine Gaben auch zu nutzen.

### Körper-Abhärtung

Auf den vorhergehenden Seiten habe ich Ihnen erzählt, wie wichtig für mich »Bäder« in Licht, Luft und Wasser sind. Auf diese Weise härtet man vor allem seinen Körper ab und macht ihn weniger anfällig für alle möglichen Erkrankungen. Eine besondere Bedeutung kommt dabei dem kalten Wasser zu, das die Herz- und Kreislauftätigkeit anregt und die Durchblutung der Haut verbessert.

Einige Regeln sollte man dabei beachten. Der Körper muß warm sein, bevor man kaltes Wasser anwendet. Am besten ist es, wenn man aus dem warmen Bett schlüpft, bevor kaltes Wasser eingesetzt wird. Abends sollte man sich durch einen Spaziergang oder eine geeignete Gymnastik warm machen. Das Badezimmer sollte wohltemperiert sein. Das Fenster bleibt geschlossen, damit keine Zugluft entsteht. Nach dem Einsatz von kaltem Wasser muß sich der Körper wieder schnell erwärmen können. Ideal ist es, wenn man einfach für einige Zeit ins angewärmte Bett steigt. Auch bei den Abhärtungsmaßnahmen darf man nicht übertreiben, da sich sonst der Körper zu sehr an diese Reize gewöhnt und nicht mehr entsprechend reagiert. Also nicht alle Möglichkeiten ständig nutzen, sondern je nach Gegebenheit abwechseln.

**Arm-Bad**

Man taucht beide Arme in ein mit kaltem Wasser angefülltes Waschbecken. Das Wasser kann bis zur Schulter reichen. Beim Eintauchen zählt man langsam von 20 bis 30, nimmt beide Arme aus dem Wasser, schüttelt sie, ohne abzutrocknen, aus und bewegt die Arme so lange hin und her, bis sie trocken sind. Nun rasch in die Nachtwäsche und ins Bett. Das prickelnde Gefühl der Frische überträgt sich auf das Herz, für das das kalte Wasser Beruhigung bedeutet. Auf diese Weise härtet man seinen Körper nicht nur ab, sondern schläft ruhig und tief ein.

**Kalte Waschungen**

Morgens damit begonnen, abends vor dem Schlafengehen nochmals durchgeführt, bedeuten sie eine Abhärtung des Körpers. Gegen Verkühlung, Wetterfühligkeit und Grippe-Erkrankungen ist man besser gefeit als jene, die es aus einer Verweichlichung heraus unterlassen. Es muß unbedingt ein Waschlappen benutzt werden, mit dem man mit der Waschung unten beim rechten Fuß beginnt. Dann die Beine — immer rechts vor links — Bauch, beide Arme, den Rücken und vor allem die Herzgegend waschen. Die Waschung soll rasch vor sich gehen, die Herzgegend kann man zwei- bis dreimal kreisförmig erfassen. Das Abreiben mit einem trockenen Frotteetuch bringt die herrliche Wärme, die den ganzen Körper durchflutet. Auf diese Art gibt es stets warme Hände und Füße und ein ausgewogenes Gleichgewicht. Die Waschung am Abend bringt vor allem guten Schlaf. Versäume ich aus Zeitmangel die kalte Waschung, bleibe ich mißmutig und fühle mich nicht richtig wohl in meiner Haut.

**Tau-Laufen**

Wer einen Garten mit Grasfläche sein eigen nennt, sollte im Mai die Gelegenheit nutzen, morgens im taufrischen Gras barfuß einige Runden zu drehen. Der Monat Mai ist wohl die geeignetste Zeit dazu. Die Sonne wärmt bereits den Boden, aber zugleich sind die inneren Bewegungen des Erdreichs noch in reichlichem Maße vorhanden. Dieses Barfußlaufen regt nicht nur die Blutzirkulation an, sondern hebt die Gesundheit in reichem Maße: Den Körper in gerader Haltung durchgestreckt, tief durchatmen, dabei zehn Minuten durch das taufrische Gras laufen. In die Wohnung zurückgekehrt, werden die feuchten Füße warm abgespült und Socken angezogen. Wehe, wenn man sich dabei verkühlt! Das Laufen durch das taunasse Gras bewirkt eine gute Blutzirkulation, die Folge davon sind niemals kalte Füße. Auf der anderen Seite bringt man für den Tag ein gutes Stück Ausgeglichenheit mit. Man genießt bei morgendlichem Vogelgezwitscher die göttlichen ersten Sonnenstrahlen des Tages und fühlt sich durch die Weite der Himmels belebt.

**Bärlauch**

*Allium ursinum*

**Brennessel**

*Urtica urens*

### Schnee-Treten

Am Morgen steht man auf, zieht sich warm an und läuft barfuß durch den frisch gefallenen Schnee. Das ist aber wirklich nur etwas für ganz Abgehärtete, die sich schon im Sommer an das Tau-Laufen gewöhnt haben. Wichtig ist vor allem, daß man wirklich läuft, um den Körper warm zu halten. Am Anfang sollte man nicht länger als eine Minute im Schnee bleiben. Aber auch bei entsprechender Abhärtung sollte man nie länger als drei Minuten ausharren. Beim Schnee-Treten atmet man bei geschlossenem Mund nur durch die Nase ein. Die frische Winterluft wirkt belebend auf den ganzen Organismus. In die Wohnung zurückgekehrt, werden die feuchten Füße warm abgespült und Socken angezogen.

### Wasser-Treten

Man spaziert wie ein Storch in kaltem Wasser, das bis über die Waden reicht. Im Winter in der Badewanne, im Sommer, wenn möglich, in einem sauberen Bach. Dabei steht immer nur ein Bein im Wasser. Eine Minute Wasser-Treten reicht völlig aus. Anschließend die Füße nicht abtrocknen, sondern warme Socken überziehen.

### Haut-Bürsten

Mit einer Bürste aus Naturborsten bestreicht man morgens die trockene Haut. Man beginnt auf der rechten Seite und bürstet stets zum Herzen. Von den Füßen hoch zur Schulter. Nicht mit zu viel Druck, die Haut soll sich nur röten. Anschließend die linke Seite. Für Brust und Rücken steckt man einen Stiel auf die Bürste. Man bürstet immer von der Mitte nach beiden Seiten. Den Bauch bestreicht man kreisförmig, von unten rechts im Uhrzeigersinn. Anschließend duschen, um die trockenen Hautschuppen gänzlich abzuspülen.

# Heilkräuter und Hausmittel

## Bärlauch

Die blutreinigende Wirkung des Bärlauch und seine reinigende Wirkung auf unser Magen- und Darmsystem sollte man im Frühjahr zu einer Entschlackungskur nutzen. Im April und Mai, bevor der Bärlauch zu blühen beginnt, sammelt man seine frischen, grünen Blätter und verzehrt sie roh.

Gewaschen und kleingeschnitten streut man Bärlauch über alle Speisen, die man mit frischem Grün verfeinert und dekoriert. Mit Bärlauchblättern kann man auch einen Salat zubereiten oder Spinat kochen.

## Brennessel

Die vielfach unterschätzte Brennessel zählt zu den wichtigsten Heilpflanzen aus dem Garten Gottes. Ihre blutbildende und blutreinigende Heilkraft sollte man sich ebenfalls alljährlich mit einer Frühjahrskur zunutze machen.

Im Frühjahr sammelt man die jungen Triebe und beginnt eine vierwöchige Tee-Kur. Man trinkt morgens auf nüchternen Magen schluckweise eine Tasse Tee und weitere zwei Tassen über den restlichen Tag verteilt. Dabei kommt ein gehäufter Teelöffel Brennessel auf eine Tasse, mit heißem Wasser abbrühen, eine halbe Minute ziehen lassen, abseihen und schluckweise trinken.

Diese Frühjahrskur kann man im Herbst noch einmal wiederholen, wenn die jungen Triebe erneut herausgekommen sind.

Als vorbeugende Maßnahme trinkt man das ganze Jahr über täglich eine Tasse Brennessel-Tee. Dazu legt man sich im Frühjahr und im Herbst einen entsprechend großen Vorrat an getrockneten Brennesseln an.

**Johanniskraut**

Das Johanniskraut wird viel gerühmt für seine Heilkraft bei nervlichen und seelischen Schwierigkeiten. Für junge Mädchen in der Pubertätszeit stellt das Erreichen der Geschlechtsreife nicht selten großen nervlichen Streß dar. Psychische Gereiztheit, unruhiger Schlaf und Störungen in der Periode sind oft das Resultat. Ich empfehle daher heranwachsenden jungen Mädchen über einen längeren Zeitraum hinweg täglich zwei Tassen Johanniskraut-Tee.

Ein gehäufter Teelöffel Johanniskraut, mit heißem Wasser abbrühen, eine halbe Minute ziehen lassen, und schluckweise über den Tag verteilt zwei Tassen Tee trinken.

**Löwenzahn**

Wenn der Löwenzahn in Blüte steht, sollte man eine Zwei-Wochen-Kur mit frischen Löwenzahnstengeln starten.

Man sammelt täglich 10 Stengel samt Blüte, wäscht sie, entfernt den Blütenkopf und zerkaut die rohen Stengel langsam im Mund. Abgespannte und müde Menschen werden während der Kur eine rasche Belebung der Lebensgeister feststellen.

**Mistel**

Die Mistel hat ihre größte Bedeutung als Heilpflanze durch ihre blutdruckregulierenden und kreislauffördernden Eigenschaften. Ich rate jedermann zu einer alljährlichen, sechswöchigen Mistel-Teekur. Drei Wochen trinkt man täglich drei Tassen, zwei Wochen lang zwei Tassen, und in der letzten Woche reduziert man den Konsum auf eine Tasse Mistel-Tee pro Tag. Nach dieser Kur haben sich Blutdruck und Kreislauf wieder normalisiert.

12 Stunden weicht man einen gehäuften Teelöffel Mi-

stel pro Tasse in kaltem Wasser ein. Anschließend wird der Kaltansatz angewärmt und abgeseiht. Praktischerweise füllt man die Tagesration Mistel-Tee in eine angewärmte Thermoskanne, ansonsten muß man den leicht ausgekühlten Tee vor dem Trinken in einem heißen Wasserbad erwärmen.

Wer Blutdruck und Kreislauf mit Hilfe der Mistel fördern will, sollte das ganze Jahr über täglich eine Tasse Mistel-Tee konstant weitertrinken.

**Schafgarbe**

Schon Pfarrer Kneipp schrieb einst, viel Unheil bliebe den Frauen erspart, würden sie ab und zu einmal nach Schafgarbe greifen!

Die Heilkraft der Schafgarbe sollte sich jede Frau regelmäßig zunutze machen. Ganz gleich, ob es Unregelmäßigkeiten bei der monatlichen Periode zu beheben gilt oder die Unpäßlichkeiten während der Wechseljahre, über das ganze Jahr verteilt sollte man immer wieder eine Tasse Schafgarben-Tee schluckweise pro Tag trinken.

Dabei kommt ein gehäufter Teelöffel Schafgarbe auf eine Tasse, mit heißem Wasser abbrühen, eine halbe Minute ziehen lassen, abseihen und schluckweise trinken.

**Spitzwegerich**

Ein aus frischen Spitzwegerichblättern hergestellter Sirup wirkt blutreinigend und sollte täglich vor jeder Mahlzeit eingenommen werden. Erwachsene nehmen einen Eßlöffel, Kinder einen Teelöffel.

Es gibt zwei Rezepte zur Herstellung des Spitzwegerich-Sirups:

**1.** Man dreht vier gehäufte Handvoll frisch gewaschene Spitzwegerichblätter durch den Fleischwolf. Diesen Bläterbrei streckt man mit einem Schuß Wasser, damit er etwas dünnflüssiger wird, gibt 250 g Bienenhonig und 300 g Rohzucker dazu. Auf kleiner Flamme, unter ständigem Rühren, erwärmt man diese Mischung bis kurz vor dem Kochen. Haben sich Blätter, Honig und Zucker zu einer dickflüssigen Masse verbunden, füllt man sie heiß in saubere Gläser und stellt den Sirup in den Kühlschrank.

**2.** Man füllt eine Lage frisch gepflückter und gewaschener Spitzwegerichblätter in ein geeignetes Ton- oder Glasgefäß, darüber eine Lage Rohzucker, wieder eine Lage Blätter, bis das Gefäß voll ist, läßt die Schichten in sich setzen und füllt nach. Ist das Gefäß gefüllt, wird es mit mehreren Frischhaltefolien luftdicht verschlossen und an einer geschützten Stelle im Garten vergraben. Vor dem Zuschaufeln des Lochs wird das Gefäß mit einem Holzbrett abgedeckt. In der gleichmäßigen Erdwärme beginnt die Zucker-Spitzwegerich-Mischung zu gären. Nach acht Wochen gräbt man das Gefäß aus, kocht den entstandenen Sirup auf und füllt ihn abgekühlt in Flaschen.

### Thymian

Täglich morgens eine Tasse Thymian-Tee, als Kaffee-Ersatz, wirkt nach meiner Erfahrung wahre Wunder. Man fühlt sich frisch, strapaziert seinen Magen nicht, der oft lästige Husten am Morgen verschwindet, kurzum man fühlt sich fit für den ganzen Tag.

Ein gehäufter Teelöffel Thymian pro Tasse, mit heißem Wasser abbrühen, eine halbe Minute ziehen lassen, abseihen und schluckweise trinken.

### Zinnkraut

Jeder Mensch, der die Vierzig überschritten hat, sollte sich an meinen Rat halten und täglich eine Tasse Zinnkraut-Tee trinken. Auf diese Weise schützt man sich vor Gicht und Rheuma, Abnützungserscheinungen, die mit dem Älterwerden einhergehen.

Ein gehäufter Teelöffel Zinnkraut pro Tasse, mit heißem Wasser abbrühen, eine halbe Minute ziehen lassen, abseihen und schluckweise eine Tasse Tee pro Tag trinken.

**Kleiner Schwedenbitter**

Als Vorsorgemaßnahme gegen Schmerzen und Erkrankungen jeglicher Art nimmt man täglich morgens und abends einen Teelöffel Kleinen Schwedenbitter mit etwas Wasser oder Tee verdünnt zu sich.

Der Kleine Schwedenbitter ist ein wahres Lebenselixier, ein unentbehrlicher Beschützer unserer Gesundheit, der in keiner Hausapotheke fehlen sollte. Das Rezept wurde von dem bekannten schwedischen Arzt Dr. Samst überliefert, dessen ganze Familie dank der Schwedenkräuter ein hohes Lebensalter erreichte.

Die Kräutermischung besteht aus: 10 g Aloe, 10 g Angelikawurzel, 5 g Eberwurzwurzel, 10 g Manna, 5 g Myrrhe, 10 g Natur-Kampfer, 10 g Rhabarberwurzel, 0,2 g Safran, 10 g Sennesblätter, 10 g Theriak venezian; 10 g Zitwerwurzel.

Diese Kräuter füllt man in eine Flasche und übergießt sie mit 1,5 Liter 38—40%igem Kornbranntwein. Unter täglichem Schütteln bleibt der Aufguß mindestens 14 Tage in der Wärme stehen. Für den täglichen Gebrauch seiht man kleinere Mengen in geeignete Behälter ab, die kühl aufbewahrt werden sollten. Mit fortschreitender Lagerung reift die Heilkraft des Kleinen Schwedenbitters. Meines Erachtens stammt das Rezept des Kleinen Schwedenbitters von Paracelsus, der mit seinem berühmten »Elixier« so viele Schwerkranke heilte.

**Frühlings-Tee**

Wegen seiner blutreinigenden Wirkung empfehle ich im Frühjahr über einen längeren Zeitraum, solange die beschriebenen Kräuter frisch gepflückt werden können, folgenden Frühlings-Tee:

Man mischt 15 g Brennesselblätter, 50 g junge Knospen vom Holunder, 15 g Löwenzahnwurzeln und 50 g Schlüsselblumenblüten. Ein gehäufter Teelöffel der oben beschriebenen Kräutermischung pro Tasse, mit heißem Wasser abbrühen, drei Minuten ziehen lassen, abseihen und schluckweise zwei Tassen am Tag trinken. Empfindliche Gaumen können den Tee mit etwas Honig süßen.

### Jahres-Misch-Tee

Mit Beginn des Frühjahrs sollte man in die Natur hinausgehen und mit dem Sammeln von Kräutern beginnen. Den Anfang machen die ersten Blüten des Huflattich, Schlußlicht sind die Rosenblätter, die man im Herbst sammelt. Die nachfolgenden Kräuter werden in der aufgezeigten Reihenfolge gesammelt und getrocknet und bilden im Herbst einen gesundheitsfördernden Misch-Tee, von dem man täglich eine Tasse zum Abendessen trinkt. Ein gehäufter Teelöffel der Kräutermischung auf eine Tasse, mit heißem Wasser abbrühen, eine halbe Minute ziehen lassen, abseihen und schluckweise trinken.

Die Mischung besteht zu gleichen Teilen aus:

Huflattichblüten, später Huflattichblättern; Schlüsselblumenköpfen; Veilchenblättern und -blüten; Lungenkrautköpfen; Sauerkleeblüten; Gundelrebeblütenköpfen (davon nur wenige zum Würzen); Brennesseltrieben; Frauenmantelblättern und -blüten; Ehrenpreisblättern, -blüten und -stengeln; Erdbeerblättern; Brombeertrieben; Himbeertrieben; Holunderknospen, später Holunderblüten; Gänseblümchen; Lindenblüten, nach Möglichkeit in der Sonne gepflückt; Kamille, möglichst in der Sonne gepflückt; Wiesengeißbartblüten; Ringelblumenblüten; Waldmeisterblättern, -blüten und -stengeln; Thymianblättern, -blüten und -stengeln; Melisseblättern, -blüten und -stengeln; Pfefferminzeblättern, -blüten und -stengeln; Schafgarbe, nach Möglichkeit in der Sonne gepflückt und nur halb so viel von der Menge der übrigen Blätter; Königskerzenblüten, nach Möglichkeit in der Sonne gepflückt; Johanniskrautblüten, nach Möglichkeit in der Sonne gepflückt; Majoranblättern und -blüten (Wilder Majoran oder Dost); Kleinblütigem Weidenröschen, davon Blätter, Blüten und Stengel; Fichtenspitzen; Labkrautblättern, -blüten und -stengeln; Rosenblättern, alle Farben, doch nur verwenden, wenn die Rosen biologisch gedüngt wurden.

**Schlankheits-Tee**

Zur Regulierung des Stoffwechsels. Ein Tee, der das Gewicht normalisiert, das Wohlbefinden steigert, gesund, schlank und jugendlich erhält. Er regt die Organe, insbesondere die Drüsen zu erhöhter Tätigkeit an, fördert die Fettverbrennung, steigert die Wasserausfuhr und beschleunigt die Verdauung. Er wirkt regulierend auf den gesamten Stoffwechsel und führt damit eine Normalisierung des Körpergewichtes herbei. Es ist ein Tee für alle jene, die zu Fettansatz neigen und schlanker werden wollen.

*Man benötigt folgende Kräuter:*

15 g Faulbaumrinde; 10 g Hagebutten; 15 g Tang; 8 g Malvenblätter; 15 g Brombeerkrautblätter; 15 g Himbeerkrautblätter; 10 g Heidekraut; 7 g Brennesselblätter; 3 g Johanniskraut; 2 g Schafgarbenblüten.

*Zubereitung:*

Die Kräuter müssen gut miteinander vermischt werden. Für eine Tasse einen gehäuften Teelöffel mit kochendem Wasser überbrühen, eine halbe Minute ziehen lassen, abseihen und langsam schluckweise trinken. Man beginnt mit einer Tasse täglich, steigert bis auf drei Tassen, führt dies sechs Wochen lang durch und geht allmählich auf eine Tasse zurück. Der Tee kann auch nach Beendigung der Kur zur Erhaltung des Normalgewichtes, eine Tasse pro Tag, getrunken werden.

Zur Erhöhung der Wirkung nimmt man ein- bis zweimal wöchentlich ein warmes Vollbad und massiert den ganzen Körper gründlich durch.

## Fasten

Es ist eine gute Sache, einmal in der Woche zu fasten. Fasten heißt in diesem Zusammenhang nicht hungern, sondern die Essenration bis zur Hälfte herabsetzen. Zum Frühstück beginnt man mit einem Müsli, in das außer Haferflocken, Weizenschrot, Rosinen, etwas Milch und Honig, auch ein Apfel hineingerieben wird.

Das Mittagessen soll geringer, wenn möglich zur Hälfte geringer ausfallen als an normalen Tagen.

Man schließt den Fastentag abends mit einem butterlosen Brot und einem Apfel ab. Sollten an einem solchen Tag Hungergefühle auftreten, wird ein Kräutertee — schluckweise getrunken — eingesetzt.

Er besteht zu gleichen Teilen aus Labkraut, Ringelblumen, Schafgarbe und Melisse. Die Kräuter gut durchmischen. Ein gehäufter Teelöffel pro Tasse, mit heißem Wasser abbrühen, eine halbe Minute ziehen lassen, abseihen und schluckweise trinken.

So ein Fastentag ist jedem gesunden Menschen zuträglich, man fühlt sich wohl, frei und beschwingter. Dieser Fastentag soll jedoch nur bei einem leichteren Tagespensum eingesetzt werden.

## Hausmittel — kurz & bündig

- Reines Leinen als Kopfkissen-Überzug ist der Gesundheit besonders zuträglich. Es ist kühlend, wirkt wohltuend und beruhigend auf eventuelle Kopfschmerzen ein und bringt einen ruhigen Schlaf.
- Ein Eßlöffel grüner Brennessel-Samen wird mit einer Banane zu einem Müsli abgerührt. Das hebt die Vitalität enorm.
- Es gibt einen Jungbrunnen für jedermann: Morgens zeitig aufstehen, um der Arbeit ohne Hast nachzukommen, denn »Morgenstund hat Gold im Mund«. Da fließt die Arbeit munter im Gleichmaß von der Hand. Man beginnt sein Tagewerk voll innerer Fröhlichkeit, die sich auch der Seele mitteilt. Wer sollte da seinem Leben nicht gewachsen sein, wer sollte dabei nicht jung bleiben?

IV.

# Tips zur Körperpflege

## Körperpflege

Natürlich muß der Mensch seinen Körper pflegen. Doch all die Cremes und Salben aus den Drogerien und Parfümerien sollten Sie besser vergessen. Denn je weniger Sie auf Ihre Haut schmieren, um so besser. Denn mit den Salben verstopft man nur die Poren der Haut, und was das bedeutet, wissen wir alle: Die Haut kann nicht mehr richtig atmen, altert schnell, und dann schmiert man noch mehr Paste und Make-up drauf, und so eine arme Frau rennt irgendwann wie mit einer Maske von Gesicht herum.

Ich habe so etwas in meinem ganzen Leben nicht verwendet. Lediglich ein bißchen Lippenstift, das war alles.

### Baden

Zum Baden und Waschen nehme ich weder Schaumbäder noch Seife. Ich gieße statt dessen in das klare Wasser Badezusätze aus Salbei-, Thymian-, Kalmus-, Kamille-, Fichtennadel- oder Kiefernnadel-Extrakten und wasche mich mit einem groben Schwamm. Geduscht wird nur mit klarem Wasser.

### Trockene Gesichtshaut

Man schneidet die fleischigen Blätter der Aloe der Länge nach auf und legt sie so auf einen Teller, daß der schleimige Saft heraussickern kann. Den so gewonnenen Saft füllt man in einen Plastikbeutel, um den Saft im Kühlschrank aufbewahren zu können. Vor dem Schlafengehen streicht man das Gesicht mit dem Saft ein und läßt ihn über Nacht einwirken. Bitte keine Cremes verwenden!

### Fettige Gesichtshaut

Man wäscht das Gesicht mit einem leicht angewärmten Käsepappelauszug: Anschließend nicht mit klarem Wasser nachspülen, sondern den etwas schleimigen Auszug einwirken lassen. Man kann auch Salbei abbrühen, den Aufguß abkühlen lassen, bis er nur noch lauwarm ist, und dann dem Käsepappel-Auszug vor dem Gesichtwaschen zugießen.

## Akne

### Brennessel

Die Brennessel ist die beste blutreinigende und gleichzeitig blutbildende Heilpflanze aus dem Garten Gottes. Neben einer schonenden Ernährung trinkt man täglich 1 Liter Brennessel-Tee im Kampf gegen diese Pubertätskrankheit. Auf eine Tasse Tee kommt ein gehäufter Teelöffel Kräuter, abbrühen und eine halbe Minute ziehen lassen, bis der Tee eine hellgrüne Färbung zeigt.

### Löwenzahn

Ein gehäufter Teelöffel Löwenzahnwurzeln wird für 12 Stunden in ¼ Liter kaltem Wasser eingeweicht. Anschließend wird der Kaltansatz angewärmt, die Wurzeln abgeseiht und der Tee, je zur Hälfte, eine halbe Stunde vor und nach dem Frühstück schluckweise getrunken.

### Meerrettich-Essig-Maske

Frisch geriebener Meerrettich wird in eine Flasche gefüllt und mit Wein- oder Obstessig übergossen, bis er von der Flüssigkeit überdeckt wird. 10 Tage bleibt der Ansatz in der Wärme stehen. Danach wird die Essenz morgens und abends auf das nasse Gesicht aufgetragen. 10 Minuten einwirken lassen und mit klarem Wasser, erst heiß, dann kalt, abspülen.

**Walnuß**

Ein gehäufter Teelöffel kleingeschnittener Walnußblätter wird in $^1/_4$ Liter kaltem Wasser 12 Stunden eingeweicht. Anschließend wird der Absud erwärmt, abgeseiht und dem Wasser für die Gesichtswäsche zugegossen.

## Augenpflege

Augenbäder kann man nur bei guter Wasserqualität anwenden. Auf keinen Fall darf beispielsweise Chlorwasser verwendet werden. Man taucht das Gesicht bis zur Haargrenze ins Wasser. Beim Atemanhalten unter Wasser werden die Augen mehrmals geöffnet und geschlossen. Das anfängliche Schmerzgefühl verliert sich bei Gewöhnung. Empfehlenswert sind Augenbäder mit Kamille.

Einen gehäuften Eßlöffel Kamille mit $^1/_4$ Liter kochendem Wasser aufbrühen, kurz ziehen lassen und dem Wasser für das Augenbad zugießen.

Vorsicht: Das Wasser für das Augenbad darf nicht zu warm sein.

## Gesichtsäderchen

*Erweiterte Äderchen im Gesicht:* Feingewiegte Petersilie als Gesichtsmaske aufgelegt, wirkt oft Wunder. Man sollte dies aber möglichst einmal in der Woche tun.

## Gesichtshautpflege

### Johannisöl

Rauhe Gesichtshaut behandelt man erfolgreich mit Johannisöl. Man füllt die goldgelben Blüten des Johanniskrauts locker in eine Flasche und übergießt sie mit Öl, das die Blüten bedecken muß. Die Flasche wird mindestens drei Wochen in die Wärme gestellt, bis das Öl sich rötlich verfärbt hat. Nun filtert man den Flascheninhalt durch ein sauberes Leinentuch, preßt die ausgefilterten Blüten aus und füllt das Johannisöl in kleinere, dunkle Flaschen.

Mit dem Johannisöl reibt man täglich das Gesicht ein und wird sehr schnell die rauhe Gesichtshaut verlieren.

### Labkraut-Waschung

Welke Gesichtshaut wird durch die äußerliche Anwendung von Labkraut-Tee gestrafft.

Ein gehäufter Teelöffel Labkraut pro Tasse, mit heißem Wasser abbrühen, eine halbe Minute ziehen lassen, abseihen und mit dem Absud das Gesicht mehrmals täglich waschen.

### Hausmittel

Wer an unreiner Haut leidet, sollte eine Zeitlang gereinigte Bierhefe einnehmen. Bierhefe wirkt fäulniswidrig und säuretilgend.

## Haarpflege

### Kamillen-Waschung

Schönes blondes Haar kann man sich bis ins Alter erhalten, wenn man es regelmäßig beim Waschen mit aufgebrühter Kamille spült.

Haarpflege mit Kamillen-Absud macht das Haar aber auch leicht, duftig und glänzend. Eine Handvoll Kamillenblüten brüht man mit 1 Liter Wasser auf, eine halbe Minute ziehen lassen, abseihen und mit dem Absud das Haar waschen. Das Haar wird nach der Kopfwäsche nicht mehr gespült.

**Geflochtene Haare**

Wenn man die Haare, bevor man sie zu Zöpfen flicht, mit Birkenwasser auskämmt, hält der geflochtene Zopf den ganzen Tag, und das Haar bekommt einen herrlichen Glanz.

## Klettenwurzel für den Haarwuchs

Meine persönlichen Erfahrungen mit der Klettenwurzel will ich nicht verheimlichen:

Meine Schulferien verbrachte ich einmal als 16jährige bei Verwandten auf einem niederösterreichischen Schloß, nicht weit von dem bekannten Wallfahrtsort Mariazell. Der Vater meiner Tante, ein Industrieller aus Hannover, hatte sich im Ort eine Maschinenfabrik aufgebaut und den halben Schloßteil für seine Tochter gemietet. Ich freundete mich mit dem der Familie gehörenden Neufundländer an, einem Hund mit hängenden Samtohren, der auf den Namen Tasso hörte. Er spürte meine Zuneigung, begleitete mich überallhin und liebte mich heiß und innig. Als ich wieder einmal mit ihm durch den Park tollte und atemlos zurück zum Schloß lief, begegnete mir eine alte, freundliche Frau, die mich herankommen ließ und stehenblieb. »Ja, Dirnderl«, sprach sie mich an, »wer bist du denn? Hast du aber schönes Haar.« Ich widersprach ihr. »Nein, nein, das habe ich nicht mehr, mir gehen die Haare jetzt aus. Ich war auch schon in einer

**Johanniskraut**

*Hypericum perforatum*

**Labkraut**

*Galium verum*

Hautklinik damit.« Sie nahm meinen blonden Zopf in die Hand. »Das muß man einstellen, wenn dir dein schönes Haar ausgeht! Siehst, da stehen sie, die Kletten. Da gräbst die Wurzeln aus, kochst sie tüchtig und nachher wäschst dir das Haar damit. Wirst schon sehen, wie das hilft. Da geht dir kein Haar mehr aus.«

Tasso wedelte freundlich. Er verstand, daß mir da jemand helfen wollte. Ansonsten ließ er nämlich, wenn wir allein durch die Gegend liefen, keinen Menschen an mich heran.

Ich bedankte mich und lief einen Krampen holen, mit dem ich acht riesige Wurzeln ausgrub. Auch Tasso machte es Spaß. Er bellte und glaubte wohl, ich grabe ihm zuliebe in der Erde. Als ich hocherfreut mit meiner Klettenwurzel-Beute die Wohnung betrat, gab es für mich einen Dämpfer. »Glaubst du denn, ich ließe es zu, dies Zeug hier in der Wohnung kochen zu lassen, daß alles danach stinkt?« rief die Tante mir entgegen. Sie hatte bereits von der Hausmeisterin erfahren, daß ich ums Schloß herum nach Klettenwurzeln gegraben hatte. So zog ich in den Hof, um in irgendeinem Kessel im Wirtschaftsgebäude meine gegrabenen Wurzeln zu kochen. Ich war in dieser Richtung ein blutiger Anfänger. Ach, meine Mutter hätte das bestimmt gewußt, wie man mit so Wurzeln umgeht, dachte ich. Heute weiß ich es natürlich auch. Aber damals war ich ein echter Laie. Ich setzte im Kessel Wasser zu und ließ es samt der Riesenmenge von acht Wurzeln ordentlich durchkochen. Die Wurzeln haben übrigens nicht gestunken, sondern ehrlich gut gerochen, ein bißchen herb, ein bißchen süß, ich war richtig voller Glück und Freude. Die Sorge meiner Tante, Gestank in die Wohnung zu bringen, war nicht gerechtfertigt.

Das Waschen meiner Haare in dem sehr kräftigen Absud brachte eine riesengroße Überraschung, der ich als 16jährige nicht gewachsen war. Das an und für sich dichte Haar wurde so kräftig, daß ich kaum mehr mit Bürste und Kamm hindurch kam. Heimweh befiel mich, nach meiner umsichtigen Mutter, die sicherlich Rat wüßte. Sie hat uns drei Mädels täglich das lange Haar kräftig gebürstet, ich aber kam mit meinem Haar nicht mehr zurecht. Kurz entschlossen ließ ich mir mein schönes Haar abschneiden. Als ich Wochen später heimkam, brach meine Mutter in Tränen aus, weil kein blonder Zopf mehr über den Rücken hing.

Aber ich hatte etwas gelernt: Klettenwurzeln tragen zur Haarpflege bei, das Haar wird kräftig und dicht.

Es ist gewiß einfacher, 100 g in einer Drogerie zu kaufen, als sie zu graben. Denn frische Wurzeln muß man erst vom Erdreich abbürsten, ohne an ihnen herumzuschaben, vom Graben selbst gar nicht zu reden. Für eine Kopfwäsche nimmt man 100 g getrocknete Wurzeln. Sie werden tagsvorher in einem Fünf-Liter-Topf mit kaltem Wasser angesetzt, den nächsten Tag vor der Kopfwäsche fünf bis sechs Minuten gekocht. In dem Absud wird das Haar gründlich mit Kernseife oder einem Kräuterschampoo gewaschen. Mit einem Teil des Absuds wäscht man den Schaum aus den Haaren. Anschließend spült man mit klarem Wasser nach!

Frauen empfehle ich beim Waschen das Tragen von Gummihandschuhen. Auf keinen Fall darf man sich mit dem Absud das Gesicht waschen. Es könnte sonst Überraschungen mit Gesichtshaarwuchs geben! Unser Sohn Kurt hatte als Vierjähriger Paratyphus und lag mehr als ein halbes Jahr im Krankenhaus. Das wirkte sich später noch im schulpflichtigen Alter auf seinen Haarwuchs aus. Ich begann, wöchentlich mit 100 g Klettenwurzeln sein Haar wie oben angegeben zu waschen. In kurzer Zeit hatte er einen dichten Haarschopf. Er tauchte sich dabei einmal seine Hände in die Waschschüssel und strich sich mit den feuchten Händen kreuzweise über die Brust. An dieser Stelle zeichnete sich ein Malzeichen auf seiner Brust ab. Die Brusthaare sprießen dort üppiger als direkt daneben.

## Hand-Pflege

Sind meine Hände rauh und aufgesprungen, was bei der Gartenarbeit schon mal vorkommen kann, helfe ich mir mit frischem Zitronensaft. Während des Waschens träufle ich die Hände mit Zitronensaft ein und verreibe ihn mit dem Wasser. Nach dem Abtrocknen massiere ich meine Hände mit einem Tropfen Glycerin und einigen Tropfen Johannisöl ein.

### Strapazierte Hände

Die Gartenarbeit strapaziert unsere Hände oft arg. Eine Wohltat ist es dann, die Hände eine Viertelstunde in Haferschleim zu baden. Sie werden wieder weich und glatt, auch die Fingernägel freuen sich, wenn sie brüchig geworden sind.

## Haut (unrein)

### Bärlauch

Dank seinen blutreinigenden Eigenschaften verspricht der Bärlauch vor allem bei chronisch unreiner Haut rasche Hilfe. Im Frühjahr sammelt man die frischen Bärlauchblätter, die gewaschen und kleingeschnitten verzehrt werden. Ähnlich wie die Petersilie streut man Bärlauch auf alle Speisen, die üblicherweise mit Petersilie oder Schnittlauch verfeinert und dekoriert werden. Mit Bärlauchblättern kann man auch einen Salat zubereiten oder Spinat kochen.

### Bärlauch-Essenz

Um sich die Heilkraft des Bärlauchs das ganze Jahr über zu sichern, setzt man Bärlauch-Essenz an. Man füllt eine Flasche mit kleingeschnittenen Bärlauchblättern oder Bärlauchzwiebeln, übergießt die Kräuter mit 38—40%igem Kornbranntwein und läßt die Flasche mindestens zwei Wochen in der Wärme stehen. Von dieser Essenz nimmt man täglich viermal 10 bis 15 Tropfen, mit etwas Wasser verdünnt.

### Wegwarte

Ein gehäufter Teelöffel Wegwarte pro Tasse, mit heißem Wasser abbrühen, eine halbe Minute ziehen lassen, abseihen und schluckweise eine Tasse am Morgen trinken.

## Talgdrüsen

### Kleiner Schwedenbitter

Talgdrüsen verschwinden, wenn sie öfters mit Kleinem Schwedenbitter angefeuchtet werden. Man beträufelt einen Wattebausch mit Kleinem Schwedenbitter und tupft damit die Talgdrüse ab.

## Noch ein Wink zur Schönheitspflege

Als unser Vater mit 39 Jahren ganz plötzlich von uns genommen wurde — scheuende Pferde gingen vor seinem herankommenden Auto plötzlich durch —, übersiedelten wir von Saaz nach Görkau/Sudetengebiet. Auf dem Schulweg sprach mich eines Tages eine mir fremde Frau an: »Ja, Dirnderl, wem gehörst du denn? Dich hab' ich noch nie geseh'n. Und so ein hübsches Dirnderl. Da verrat ich dir etwas, damit du dein ganzes Leben lang so schön bleibst! Wenn du dir mit dem erstgefallenen Schnee dein Gesicht einreibst, wirst du immer hübsch bleiben!« Ich war damals zehn Jahre alt. Das Gespräch mit der fremden Frau habe ich niemals vergessen. Jedes Jahr, bis zum heutigen Tag, habe ich mein Gesicht mit dem ersten frisch gefallenen Schnee eingerieben. Vielleicht ist das der Grund, warum mein Gesicht faltenlos blieb?

Diese Begebenheit sollte auf jeden Fall nicht in Vergessenheit geraten. Wer weiß, welch hübsches Kind — auch später als Frau — sich diesen Wink zunutze macht?

V.

# So ernähre ich meine Familie

Immer wieder wird an mich die Frage gestellt, ob wir, meine Familie und ich, vegetarisch leben. Da muß ich mit einem Nein antworten. Als wir noch in Prag lebten, besuchte meine Mutter einige Jahre hindurch ein Naturheilsanatorium in Nordböhmen, das selbstverständlich ganz vegetarisch geführt war. Der leitende Arzt informierte seine Kurgäste folgendermaßen: Wir haben die Erfahrung gemacht, daß die verordnete Säftekur, die allmählich in eine fleischlose Ernährung übergeht, den Menschen entschlackt und ihn damit von Krankheiten befreit. Es ist eine Kur von 4 bis 6 Wochen. Daheim aber sollte man wieder zu einer normalen Kost übergehen, auch Fleisch einbauen, jedoch alles mit Maß.

*Alles mit Maß* ist eines der wichtigsten Grundsätze des Lebens. Ich habe die Küche meiner Mutter übernommen, nicht nur Fleisch mit Maß, sondern auch Rohkost und Obst. Wenn man z.B. gesundes Obst maßlos in sich hineinstopft, kann die Niere daraufhin ungünstig reagieren. Es kann dadurch Ihr Haarwuchs schütterer werden, gleichzeitig auch die Sehkraft der Augen nachlassen.

Pro Tag sollte man höchstens zwei Äpfel essen, dies gilt auch bei Orangen, Mandarinen und anderem Obst. Die Säure kann im Übermaß der Niere schaden. Da auch größere Mengen Rohkost starke Blähungen verursachen, habe ich mir angewöhnt, grünen Salat in kleineren Mengen auf den Tisch zu bringen, ihn mit Tomaten, gekochten Möhren und Sellerie zu garnieren. Tomaten werden ohne Zitrone, nur mit etwas Salz und Zucker, die übrigen Zutaten ebenfalls mit Salz und Zucker und einigen Tropfen Zitronensaft abgeschmeckt. Außerdem stelle ich noch ein geriebenes Müsli aus Möhren, Petersilien- und Selleriewurzeln täglich zusammen, das leicht gezuckert mit Sauerrahm angerührt wird. Das ist die Rohkost, die für unseren Mittagstisch als Vorspeise gilt. Diese mit Maß hergestellte Rohkost ruft keine Blähungen hervor. Menschen mit empfindlichem Darmtrakt, mit Gallen- und Leberleiden, dürften überhaupt keine Rohkost, auch kein rohes Obst zu sich nehmen, letzteres nur als Kompott. Ich reiche täglich, jahrein und jahraus als Nachtisch eine Schale Kompott. Es ist ein guter Abschluß und hat den Vorteil, daß man keine andere Flüssigkeit zum Essen zu reichen braucht.

Ich bin mit meiner Küche, auf Maß aufgebaut, immer gut gefahren. Man steht nicht überfüllt vom Tisch auf. Morgens, ½ Stunde vor dem Frühstück, ein Kräutertee, der öfters kräutermäßig gewechselt wird. Statt Kaffee bereite ich manchmal ein Müsli aus Haferflocken, etwas Milch, Honig, Rosinen, geriebenen Äpfeln und sonstigen Zutaten. Mein Mann trinkt Schonkaffee, bei dem auch ich manchmal zugreife.

Ich habe mir zur Gewohnheit gemacht, von meinen biologisch angebauten Petersilien- und Selleriepflanzen mehrmals im Jahr die Blätter abzunehmen und sie von den Stengeln abzuzupfen, sie zu trocknen, mit den Handflächen zu zerreiben und zu pulverisieren. In kleine Schraubgläser gefüllt, stehen sie mir stets zur Hand. Mit dieser herrlichen Würze verfeinere ich alles, Suppen, Knödel, Fleischspeisen, reibe den vorbereiteten Braten ein, ja selbst das kurzgebratene Fleisch. So kommt eine fantastische Bratensauce zustande.

Das lebende Beispiel meiner gesunden Küche mit Maßhaltung ist mein Mann. Als leitender Ingenieur 36 Jahre auf seinem Posten (so hatte er z.B. während des Krieges die Elektrifizierung des Böhmerwaldes auf sudetendeutscher Seite in Händen) und keinen einzigen Tag krank! So etwas ist wirklich einzigartig! Wie schnell ist jemand verkühlt und bleibt zu Hause im Bett. Oder herzmäßig gibt es Attacken. Bei meinem Mann gottlob nicht! Vor einiger Zeit war er seines Gehörs wegen bei einem Facharzt, der es einfach nicht glauben wollte, daß es

Menschen gibt, die außer ihren Kinderkrankheiten keine anderen hatten.

Ein kleines Beispiel zum Schluß, wohin Maßlosigkeit führen kann: Ich war in einem kleinen oberösterreichischen Kneipport zur Kur. Und weil sich solches herumspricht, kam eines Tages ein Ehepaar mit einem vierjährigen Mädchen aus der niederösterreichischen Weingegend zu mir. Das kleine Mädchen hatte kein einziges Haar mehr am Kopf. Bis zu seinem dritten Lebensjahr hatte es schöne blonde Haare. Mit reichem Wortschwall erzählte mir die Mutter, wie die Eltern mit dem Kind von Arzt zu Arzt, von Klinik zu Klinik gezogen sind, ohne daß sich an dem Zustand des Kindes etwas geändert hatte. Ich aber sah das Kind wortlos an, dann sagte ich, zur Mutter gewandt: Sie brauchen mir eigentlich nur zu erzählen, wie Sie Ihr Kind ernähren, ich will alle Einzelheiten darüber wissen. Da hörte ich mit Staunen, »wie gesund« das Kind, kaum der Flasche entwöhnt, ernährt wird. Morgens täglich auf nüchternen Magen *einen Liter* »gesunde Flüssigkeit« aus Orangen, Mandarinen, Grapefruit, Zitrone, und da sie nebenbei eine Menge Äpfel aus eigenem Garten besaßen, kam auch dieser ausgepreßte Saft dazu. Die starke Obstsäure auf nüchternen Magen hat dem kleinen Mädchen die Haare genommen, die Niere konnte diese Menge Säure nicht mehr verarbeiten.

## *Schweinelende auf Speck gebraten*

Eine längliche Pfanne oder Jenaer Glasform mit dünnen Speckscheiben auslegen — die Lende salzen und mit etwas schwarzem, gemahlenem Pfeffer bestreuen und auf den Speck legen, daneben eine Zwiebel. Ein kräftiges Stück Butter in einem Pfännchen heiß werden lassen und über die Lende gießen.

Im auf 220 Grad vorgeheizten Backofen 25–30 Minuten braten. Das Fleisch soll noch saftig sein.

In dünne Scheiben schneiden und in der Pfanne servieren.

Hierzu schmeckt eigentlich fast alles, was keinen überdeckenden Geschmack hat, z.B. Butterbohnen, Blumenkohlsalat, Spargel in allen Varianten.

Die Lende kann nie zu groß sein, denn kalt ist sie ein begehrter Leckerbissen.

## *Medaillons aus Schweinelende*

Am besten läßt sich Lende in Scheiben schneiden, wenn sie noch etwas gefroren ist — ungefähr einen halben Zentimeter breit —, leicht salzen und pfeffern.

In der Pfanne gutes Öl erhitzen; wenn es heiß ist, einen kräftigen Stich Butter zugeben. (Die Butter verfeinert den Geschmack, das Öl verhindert das vorzeitige Braunwerden der Butter.)

Die Medaillons nur kurz auf beiden Seiten braten, sobald Blut austritt, wenden. (Das gilt für alles Kurzgebratene.)

Auf einer Platte in den auf 100 Grad vorgeheizten Backofen geben.

Medaillons werden immer mit etwas Pikantem belegt. Grundzutat sind feingehobelte, gedünstete Zwiebeln. Zwiebeln immer sofort mit Salz bestreuen, damit sie nicht braun werden. Schön hell geschmort, wiederum in Öl mit Butter, entwickeln sie das beste Aroma.

*Variante 1*

Mit den Zwiebeln dünstet man ganzen, grünen Pfeffer, hierzu schmecken am besten blaue Zwiebeln.

*Variante 2*

Mit den Zwiebeln Pilze schmoren, dabei sind der Fantasie keine Grenzen gesetzt. Im Zweifelsfall aber immer Champignons aus der Büchse.

*Variante 3*

Unter die Zwiebeln geriebenen Meerrettich mischen.

Diese Mischungen nun in kleinen Häufchen auf die Medaillons geben und weiter heiß halten.

In der Pfanne, in der noch ein Rest Saft von den Zwiebeln sein sollte, unter kräftigem Rühren Sahne für eine Sauce anbräunen. Für eine ganze Lende reicht $^1/_4$ Liter, am schmackhaftesten ist es, wenn man süße und saure Sahne mischt. Ein paar Spritzer Soja-Sauce heben den Geschmack. Diese Sauce nun um die Medaillons gießen und servieren.

Hierzu schmeckt sehr gut Reis, alle Salate und besonders gut ein Sommergemüse aus Paprikaschoten, geschälten Gurken, Tomaten, Zwiebeln und reichlich Dill.

## *Schweinelende nach Schweizer Art*

Hierzu schneiden wir die Lende wieder in etwas gefrorenem Zustand in dünne Scheiben. Wir bestreuen sie mit etwas Salz und weißem Pfeffer und bestäuben sie leicht mit Mehl. Nun schlagen wir ein bis zwei Eier auf, wenden die Fleischscheiben darin und braten sie in heißem Öl zu schöner Farbe und halten sie wieder im Bratrohr warm.

In der Zwischenzeit kochen wir Spaghetti nicht zu weich, reiben reichlich Schweizerkäse, den wir unter die gekochten Spaghetti mischen. Die Nudeln müssen schön Fäden ziehen.

Das übrige Öl aus der Pfanne gießen wir weg. Statt dessen geben wir ein ordentliches Stück Butter in die Pfanne, lassen es heiß werden und schwenken darin unsere gebratene Lende.

Die Spaghetti richten wir in einer tiefen Schale an und drapieren darauf unser gebratenes Fleisch und übergießen es mit der heißen Butter.

## *Schweinelende italienisch*

Dieses Gericht bereite ich am liebsten in meinem Römertopf zu. Der Römertopf muß gut gewässert sein, dadurch bleibt alles sehr saftig.

Wir schneiden die Lende wieder in dünne Scheiben, salzen und pfeffern sie, am besten mit weißem Pfeffer.

Von ca. 200 g gekochtem Schinken legen wir die Hälfte auf dem Boden des Römertopfes aus.

Darauf nun eine Lage Schweinelende, eine Lage Tomaten, wenn möglich frische, es gehen aber auch Tomaten aus der Dose, die wir allerdings abtropfen lassen. Nun eine Lage feingeschnittene Zwiebelringe. Darauf eine Lage, ca. 250 g Champignons. Auch da können wir uns aus einer Dose behelfen. Jetzt kommt wieder eine Schicht Schweinelende und als Abschluß noch einmal gekochter Schinken. Unter eine Tasse saurer Sahne mischen wir etwas Oregano, Thymian, einen Schuß Tomatenketchup und ungefähr 50 g geriebenen Käse. Diese Mischung gießen wir über das Ganze und lassen es bei 225 Grad 60 Minuten garen.

Hierzu schmecken Spaghetti natürlich am besten.

Aber auch Reis paßt hierzu, wie zu allen Gerichten mit Schweinelende.

## *Reis*

Für Reis habe ich eine ganz einfache Regel.

Ein Teil Reis — gleich zwei Teile Flüssigkeit. Ich schreibe Flüssigkeit, weil ich nie nur Wasser verwende, sondern immer eine kräftige Fleischbrühe. Dadurch schmeckt der Reis schon kräftig und verwässert nicht, wie so oft, den Geschmack der Beilagen.

Man sollte immer ungeschälten Reis verwenden.

## Suppen als vollständige Mahlzeit

### *Gulaschsuppe*

Vier große Zwiebeln und ein Suppengrün schneiden wir klein und dünsten es in etwas heißem Öl.

Von 1½ Liter Wasser kochen wir mit Suppenwürfeln eine Bouillon und lassen sie mit dem gedünsteten Gemüse leise weiterkochen. ½ Pfund abgehangenes Rindfleisch schneiden wir sehr fein, salzen es leicht und braten es kurz in heißem Öl.

Das Fleisch schöpfen wir aus der Pfanne in den Topf mit der leise kochenden Suppe, in dem verbliebenen Fleischsaft rühren wir drei Eßlöffel Paprika glatt und geben es auch in die Suppe. Im Sommer schneiden wir ½ Pfund Tomaten klein, im Winter behelfen wir uns mit einer Dose Tomaten, die wir zusammen mit 75 g Reis nun in den Topf geben.

Das Ganze lassen wir nun nur noch ganz sachte kochen, bis der Reis ausgequollen ist.

Vor dem Anrichten geben wir eine große oder zwei kleine Gewürzgurken, die wir gewürfelt haben, in den Suppentopf.

### *Hühnertopf*

Ein halbes Suppenhuhn kochen wir in 1½ Liter Wasser mit Salz und weißen Pfefferkörnern ca. 1½ Stunden, bis es weich ist. (Je nach Alter der Henne.)

In der Zwischenzeit schneiden wir vier große Zwiebeln fein, am besten in Ringe.

Von der Hühnerbrühe schöpfen wir das Fett in einen zweiten Topf ab, und darin dämpfen wir nun die Zwiebeln weich.

Je nach Jahreszeit geben wir nun reichlich frische Tomaten oder Tomaten aus der Büchse dazu.

Das Huhn nehmen wir aus der Brühe, lösen das Fleisch von den Geflügelknochen und schneiden es klein. In der Brühe lassen wir 75 g Reis ausquellen.

Nun geben wir alles zusammen in eine Terrine und schmecken mit dem Saft einer ganzen Zitrone und reichlich weißem Pfeffer ab.

### *Ukrainische Krautsuppe*

Mit einem Ochsenschwanz oder einem Stück Rinderwade kochen wir eine kräftige Brühe.

Als erstes geben wir einen kleinen Kopf Weißkohl, den wir fein gehobelt haben, hinein. Dann in dieser Reihenfolge: eine in Würfel geschnittene Paprikaschote, vier geviertelte Tomaten und zwei große, gewürfelte Kartoffeln.

Das Gemüse sollte noch Biß haben, die Kartoffeln nicht zerfallen. Zum Schluß schmecken wir mit sehr viel gehacktem frischen Dill und reichlich weißem Pfeffer ab.

All diese Suppen sind herrliche Muntermacher nach anstrengenden Tagen oder auch Nächten.

### *Bierteig — zum Umhüllen von allem Zarten*

Von 200 g Mehl, zwei Eigelb und einem ¼ Liter dunklem Bier stellt man einen dicklichen Pfannkuchenteig her. Will man Süßes damit umhüllen, gibt man nur eine Prise Salz dazu. Bei Fisch oder gekochtem Schinken darf man etwas kräftiger salzen.

Zum Schluß wird das steifgeschlagene Eiweiß darunter gehoben.

### *Hollerküchlein*

Holunderblütendolden wäscht man gut und läßt sie auf einem Küchentuch gut abtropfen.

Man wendet sie im Bierteig und backt sie in heißem Butterschmalz.

Mit Zucker bestreut sind sie ein köstlicher Nachtisch mit einem unvergleichlichen Aroma.

### *Apfelküchlein*

Von geschälten, mürben Äpfeln schneidet man ca. 1 cm dicke Ringe, die man mit etwas Rum und Zucker einige Zeit ziehen läßt.

Dann werden sie im Bierteig gewendet und in heißem Butterschmalz in der Pfanne gebacken.

Mit Zucker und Zimt bestreut können sie sofort serviert werden, sie schmecken jedoch auch erkaltet sehr gut.

### *Fisch-Filet in Bierteig*

Es eignet sich jede Art von Fischfilet, in Bierteig gebakken zu werden. Es bleibt unvergleichlich zart und saftig.

Wichtig ist, das Filet erst zu waschen, dann mit Zitronensaft beträufelt einige Zeit stehen zu lassen.

Dann muß es gut abgetupft werden; je trockener es ist, um so besser kann der Bierteig es umhüllen. Wir salzen es erst unmittelbar vor dem Backen, da das Salz wieder feucht macht.

Nun wenden wir es im Bierteig und backen es in heißem Butterschmalz goldgelb.

Sollte nicht alles aufgegessen werden — es schmeckt auch kalt sehr gut.

*Das Ansetzen von Essenzen, Zubereiten von Mischtees etc. ist mit viel Arbeit verbunden. Zu zweit macht es mehr Spaß.*

**Ringelblume**
*Calendula officinalis*

### *Gedünsteter Schellfisch*

Eine kleine Dose Tomaten mit zwei großen, fein gehobelten Zwiebeln, etwas Salz und Oregano andünsten.

Den Fisch waschen, mit Zitronensaft beträufeln und etwas ziehen lassen.

Dann salzen, leicht mit weißem Pfeffer würzen und dünn mit Senf bestreichen. Auf die Tomaten-Zwiebelmischung legen und bei leichter Hitze 20 Minuten dünsten.

Verfeinern läßt sich das Gericht, wenn man einen in feine Scheiben geschnittenen Apfel mitdünsten läßt. Dazu schmeckt am besten Reis.

### *Gedünsteter Goldbarsch*

Den Fisch waschen, mit Zitronensaft beträufeln und salzen.

Eine große Zwiebel fein hobeln und in etwas Öl weich dünsten, ohne sie bräunen zu lassen.

Mit einer Tasse Weißwein aufgießen und den Fisch auf das Zwiebelbett legen.

Bei leichter Hitze 20 Minuten vorsichtig dünsten.

Zum Schluß drei bis vier Eßlöffel süße Sahne zugießen und mit einem Hauch weißen Pfeffer nachwürzen.

Auch hierzu schmeckt am besten Reis.

### *Karpfen*

Nach Möglichkeit nehme ich immer einen Karpfen, der nicht mehr als 1000 g wiegt. Bei größeren Fischen besteht immer die Gefahr, daß sie ziemlich fett sind.

Der Karpfen wird geviertelt, schön gewaschen unter fließendem Wasser, auf einen Rost gelegt und mit kochendem Essig übergossen. Dadurch bekommt er seine herrlich blaue Farbe.

Nun setzen wir 1½ Liter Wasser auf, dem wir eine kleine Hand Salz zugegeben haben. Bis das Wasser kocht, haben wir eine Stange Porree, zwei große gelbe Rüben, eine halbe Knolle Sellerie und drei Zwiebeln geputzt und in nicht zu kleine Stücke geschnitten, die wir nun zusammen mit 10 weißen Pfefferkörnern in das Wasser geben.

Wenn das Gemüse gar ist, nicht zu weich, legen wir den Karpfen obenauf und lassen das Ganze 20 Minuten leicht köcheln, auf gar keinen Fall stark kochen!

Auf einer vorgewärmten Platte richten wir den Karpfen an, den wir mit dem bunten Gemüse umrahmen.

Dazu reichen wir Salzkartoffeln, Sahnemeerrettich und frische Butter.

### *Sahnemeerrettich*

In eine Schüssel mit dem Saft einer Zitrone reiben wir einen Apfel und ein Stück frischen Meerrettich. (Es geht auch Meerrettich aus dem Glas.)

Wir schlagen Schlagsahne steif und heben dann das Apfel-Meerrettich-Gemisch darunter.

Am Anfang immer nur wenig Meerrettich nehmen und dann abschmecken. Wenn es zu scharf nach Merrettich schmeckt, wird der feine Geschmack des Karpfens überdeckt.

## Hackfleisch und was man alles daraus zaubern kann

### *Reiterfleisch*

½ Pfund gemischtes Hackfleisch mischt man gut mit einer großen, gehackten Zwiebel, einem Ei, zwei Eßlöffeln saurer Sahne oder Dickmilch, zwei Teelöffeln geriebenem Meerrettich, einem Schuß Tomatenketchup und einer großen oder zwei kleinen geschnittenen Gewürzgurken.

Es wird mit Salz, Pfeffer, viel edelsüßem Paprika und einer Prise Cayenne-Pfeffer gewürzt.

In einer Pfanne erhitzen wir gutes Öl und geben die ganze Masse locker in das heiße Fett. Unter ständigem Wenden wird das Fleisch schnell zu einer lockeren Farce gebraten.

Verwenden läßt es sich sehr vielseitig. Zu allen Gemüsen, Salaten, mit Kartoffeln oder auch frischem Stangenbrot.

### *Balkan-Pfanne*

½ Pfund Hackfleisch knetet man gut durch mit einer eingeweichten, ausgedrückten Semmel (Weißbrot), einem Ei, einer kleingeschnittenen Zwiebel, einem Eßlöffel saurer Sahne, Salz, Pfeffer, viel Paprika und etwas Basilikum.

Dies füllt man in eine flache, feuerfeste Keramikschüssel. Sternförmig drücken wir in die Hackfleischmasse eine in Streifen geschnittene Peperoni. Nun schneiden wir zwei Tomaten in Achtel und belegen das Ganze schön gleichmäßig. Wir bestreuen die Tomaten noch mit etwas Oregano.

Im auf 200 Grad vorgeheizten Bratrohr lassen wir unsere Pfanne 50 Minuten schmoren. Jetzt streuen wir noch geriebenen Käse darüber; sobald er schön zerlaufen ist, können wir die Pfanne servieren.

Sehr gut paßt hierzu ein Paprikagemüse, aber auch jeder Salat und am Abend nur frisches Weißbrot.

### *Pikante Fleischklößchen in Sommergemüse*

Unser Sommergemüse besteht aus Zwiebeln, Paprikaschoten, Tomaten und grünen Gurken.

Erst dünsten wir die in feine Ringe geschnittenen Zwiebeln, die wir mit Salz bestreuen, in wenig Öl. Dann kommen die in Streifen geschnittenen Paprikaschoten hinzu, die grünen Gurken schneiden wir in Würfel, wobei wir zuerst das Kerngehäuse entfernen, und zum Schluß die Tomaten. Eine Zugabe von Wasser erübrigt sich.

Das Ganze schmecken wir mit Salz, etwas Paprika und sehr viel frischem Dill ab. Wer es kräftiger haben möchte, kann etwas gekörnte Brühe zugeben.

In der Zwischenzeit haben wir den Teig für unsere Fleischklößchen zubereitet.

½ Pfund Hackfleisch wird mit Salz, Pfeffer, einem halben Teelöffel Chinagewürz, einem Schuß Soja-Sauce, einem Ei und einer kleinen, sehr fein gehackten Zwiebel fest vermengt.

Daraus formen wir mit einem Teelöffel kleine Klößchen, die wir auf dem Sommergemüse in etwa 15 Minuten garen.

Dazu schmeckt am besten Reis.

### *Porree-Pfanne*

Aus einem ½ Pfund Hackfleisch, einem eingeweichten Brötchen, einem Ei, einer kleingeschnittenen Zwiebel, einem Eßlöffel saurer Sahne, etwas Tomatenketchup, Salz, Pfeffer und Kümmel kneten wir einen schönen Fleischteig.

Damit füllen wir den Boden einer flachen Pfanne oder feuerfesten Keramikschale.

Nun blanchieren wir 750 g geputzten, gewaschenen Porree, den wir in nicht zu kleine Stücke schneiden. Wenn er gut abgetropft ist, geben wir ihn auf das Hackfleisch.

100 g geriebenen Käse mischen wir unter eine Tasse süße Sahne. Würzen mit einem Hauch Muskatnuß und reichlich weißem Pfeffer. Wir verteilen das gut über unserem Porree, decken es mit Alufolie ab und geben es in

den auf 200 Grad vorgeheizten Backofen. Nach 30 Minuten entfernen wir die Alufolie und lassen das Ganze noch ungefähr 20 Minuten im Rohr. Die Oberfläche sollte nur wenig Farbe annehmen, da sonst der Käse bitter schmeckt.

Am besten ißt man hierzu Kartoffeln, sehr gut schmekken aber auch Rösti, die ganz leicht herzustellen sind.

### *Rösti*

Auf einer groben Reibe, noch besser einer Raspel, reibt man 750 g Kartoffeln, salzt das Ganze und rührt ein Ei darunter. Mit einem Eßlöffel portioniert man den Teig in eine heiße Pfanne und brät die Röstis schnell und knusprig bei großer Hitze. Röstis passen zu fast jedem Gericht und sind vor allem für Kinder und deren jung gebliebene Väter immer eine wahre Wonne.

## Wozu Röstis besonders gut schmecken

### *Wienerle mit scharfer roter Sauce*

Eine große Zwiebel schneiden wir fein und dünsten sie mit Salz bestreut in Öl. Wir geben zwei bis drei Tomaten und eine fein geschnittene Paprikaschote dazu, lassen alles zu einer dicklichen Sauce schmoren.

Dann würzen wir mit viel Paprika und mutig mit Cayennepfeffer. Zum Schluß, wenn es nicht mehr kochen darf, schneiden wir eine Gewürzgurke hinein.

Dazu servieren wir Würstchen und Röstis. Ein schnelles, aber sehr pikantes Mahl.

### *Petersiliensauce*

Wir kochen ein ¾ Pfund mageren, leicht geräucherten Schweinebauch weich.

In etwas Butter, einer feingeschnittenen Zwiebel, die mit Salz bestreut wird, dünsten wir einen Kinderlöffel Mehl zu einer hellen Einbrenne. Wir gießen mit der Brühe auf und lassen die Sauce gut aufkochen.

Sehr viel Petersilie hacken wir fein und lassen sie in der Sauce nur einmal kurz aufwallen.

Jetzt schmecken wir mit weißem Pfeffer und geriebener Muskatnuß ab. Den geräucherten Bauch schneiden wir in Scheiben und servieren ihn in der Sauce.

Die Röstis schmecken hierzu herrlich.

Sehr gut eignet sich zu dieser Petersiliensauce aber auch ein Serviettenkloß.

### *Serviettenkloß*

250 g altbackenes Weißbrot schneiden wir in dünne Scheiben, übergießen sie mit ¼ Liter Milch und lassen sie gut durchfeuchten. Nach ca. einer Stunde mengen wir vier Eier darunter, würzen mit Salz, geriebener Muskatnuß und gehackter Petersilie.

Auf einen Suppenteller legen wir nun eine feuchte Serviette, (50×50 cm) und füllen sie mit der lockeren Kloßmasse. Die vier Enden heben wir hoch und binden mit einem Band ab. Dann knoten wir die vier Enden über einen Holzlöffel und hängen den Kloß über einen Topf mit kochendem Wasser. Der Deckel wird locker aufgelegt, und so lassen wir den Kloß eine Stunde kochen.

Das Lösen der Serviette erfordert ein wenig Geschick, da das Tuch natürlich sehr heiß ist. Bevor wir den Kloß aufschneiden, lassen wir ihn ein paar Minuten ruhen.

Alle Braten, deren Sauce mit Rahm gebunden ist, schmecken hierzu besonders gut.

### *Rinderschmorbraten im Römertopf*

Im gut gewässerten Römertopf bereiten wir ein Bett aus grobgeschnittenen Zwiebeln. Meine Regel lautet immer ein Teil Zwiebeln — zwei Teile Fleisch. Dann noch ein bis zwei gelbe Rüben.

Das Fleisch sollte gut abgehangen sein, sehr gut eignet sich ein Stück Tafelspitz, aber auch ein Stück vom Grat wird immer sehr zart. Das Fleisch salzen und pfeffern wir, und legen es auf das Gemüsebett. Nun kommen noch 2 Lorbeerblätter, 10 Pfefferkörner, 5 Wacholderbeeren und drei Pimentkörner dazu. Ein bis zwei Markknochen garantieren eine besonders kräftige Sauce.

Jetzt gießen wir eine Tasse Rotwein seitlich in den Topf und schieben ihn geschlossen in das kalte Bratrohr. Bei 200 Grad braucht der Braten ungefähr 2½ Stunden.

Nach 1½ Stunden öffnen wir den Römertopf und gießen sauren Rahm zu. Dies wiederholen wir noch zweimal.

Wenn das Fleisch dann fertig ist, wird es herausgenommen, in Alufolie gewickelt und warmgestellt. Jetzt kann sich der Saft im Fleisch setzen, und er läuft beim Schneiden nicht heraus.

Die Sauce wird nun durch ein Haarsieb passiert. Das Zwiebelbett wird jetzt zum Saucenbinder. Wir brauchen kein Stäubchen Mehl und haben trotzdem eine schön gebundene Sauce.

Es sollte nach Möglichkeit auch kein Tropfen Wasser an die Sauce kommen. Man kann noch mit etwas süßer Sahne und Rotwein nachwürzen.

### *Thüringer Klöße*

Wer einmal Thüringer Klöße gegessen hat, wird immer wieder an sie denken. Für die Franken sind sie das edelste Produkt, welches je aus Kartoffeln hergestellt wurde. Leider sind sie gar nicht so einfach herzustellen. Deshalb sollte man nicht verzagen, wenn es das erste Mal noch nicht klappt. In fast jeder Familie gibt es ein Hausrezept, das ängstlich gehütet wird. Ich habe sehr viele dieser Rezepte ausprobiert und bin nun bei dem einen geblieben. Ganz perfekte Hausfrauen machen ja alles aus dem Gefühl, wiegen gar nichts ab und es klappt trotzdem. Zu denen gehöre ich nicht.

500 g Kartoffeln schneidet man klein und setzt sie gut mit Wasser bedeckt zum Kochen auf. Sind die Kartoffeln gut weich, zerstampft man das Ganze zu einem dickflüssigen Brei, der nun blubbernd kochen soll. Jetzt reibt man schnell (damit die Kartoffeln sich nicht verfärben) 250 g Kartoffeln auf einer feinen Reibe.

100 g Kartoffelmehl und eine kleine Hand Salz werden nun darunter gerührt.

Jetzt kommt das Schwierigste und Wichtigste des Ganzen, das Überbrühen dieser Masse mit dem kochenden Kartoffelbrei. Am besten gelingen die Klöße, wenn man zweimal brüht, das heißt, erst eine Hälfte, dann gut verrühren, und dann die zweite Hälfte des kochenden Breis. Anschließend wird diese Masse kräftig, am besten mit einem Holzquirl, geschlagen. In Franken ist dies Arbeit des Hausherrn, während die Frau die Schüssel hält! Das Gelingen hängt aber wirklich vom kräftigen Schlagen ab. Im Idealfall löst sich der Teig von der Schüssel.

Nun werden mit nassen Händen, die man immer wieder in kaltes Wasser taucht (die Masse ist sehr heiß), Klöße geformt und in kochendes Wasser gegeben. Das Wasser soll dann nicht weiter kochen, die Klöße nur ziehen. Wenn sie an der Oberfläche schwimmen, sind sie fertig. Es gibt nun drei Möglichkeiten.

Die Klöße sind traumhaft schön und eine reine Gaumenfreude. Echte Thüringer Klöße sind nie ganz fest, sie laufen etwas auf dem Teller und verbinden sich herrlich mit jeder Sauce.

Sind die Klöße zu weich — das kann an dem geringen Stärkegehalt der Kartoffeln liegen, oder der Brei war zu dünn oder hat nicht genügend gekocht.

Sind die Klöße zu fest, dann war der Brei zu dick.

Verzagen Sie nicht, wenn es das erste Mal nicht gleich klappt. Ein weiterer Versuch lohnt sich ganz bestimmt.

Wenn die Klöße aber bereits beim ersten Mal gelungen sind, muß ich Ihnen gratulieren.

### *Rouladen*

Wenn wir das Fleisch für Rouladen einkaufen, achten wir darauf, daß es schön abgehangen ist, und vor allen Dingen lassen wir uns ein paar Markknochen mitgeben.

Während wir die Rouladen füllen, lassen wir die Rinderknochen schön ausbraten. In dem sich bildenden Fett braten wir dann die Rouladen an. Das gibt eine besonders kräftige Sauce.

Die Rouladen bestreuen wir mit Salz und Pfeffer.

Mit der Messerschneide bestreichen wir sie dann auf der Innenseite dünn mit mittelscharfem Senf. Nun wird ein Teelöffel geriebener Meerrettich darauf verstrichen.

Jetzt kommen reichlich Zwiebelringe und Speckstreifen auf die Fleischscheiben, und sie werden vorsichtig aufgerollt. Für mich ist es immer noch am einfachsten, die Rouladen mit einem Zwirnsfaden zu umwickeln.

Nun werden sie von allen Seiten gut angebraten. Wenn wir etwas kochendes Wasser zugegossen haben, können auch wieder die Knochen mit in die Pfanne kommen.

Von der Sauce sollte aber nur ein Drittel aus Wasser bestehen, der Rest aus saurer Sahne, die wir nach und nach zugeben. Wenn die Rouladen gut gewürzt waren, braucht die Sauce nicht nachgewürzt zu werden. Aber eine Prise Zucker wird sie verbessern.

### *Gänsebraten*

Die Gans wird innen und außen gut mit Salz eingerieben. Wir geben eine Zwiebel und ein Sträußchen Beifuß ins

Innere der Gans und legen sie mit der Brustseite nach unten in die Bratpfanne.

Nun übergießen wir die Gans mit $\frac{1}{4}$ Liter kochendem Wasser und schieben sie in den auf 220 Grad vorgeheizten Bratofen.

Je nach Größe, Gewicht der Gans, braucht sie 3 bis $3\frac{1}{2}$ Stunden Bratzeit.

Nach einer Stunde Bratzeit wenden wir sie zum erstenmal und wiederholen es dann jede $\frac{1}{2}$ Stunde. Sie wird immer schön begossen und die Flüssigkeit bei Bedarf nachgefüllt. $\frac{1}{2}$ Stunde vor Ende der Bratzeit nehmen wir die Gans aus der Pfanne und schöpfen das Fett von der Sauce gut ab.

Es kann später zum Kochen von Sauerkraut verwendet werden und verleiht dem Kraut ein wundervolles Aroma.

Jetzt nehmen wir den Beifuß aus der Gans und lassen ihn in der Sauce mitbrutzeln.

### *Huhn Elsässer Art*

Im gut gewässerten Römertopf bereiten wir ein Bett aus fein geschnittenen Zwiebeln und einem $\frac{1}{2}$ Pfund blättrig geschnittener Champignons. Notfalls können sie auch aus der Dose sein. Das Hähnchen vierteln wir, salzen es, bestreuen es leicht mit weißem Pfeffer und legen es auf das vorbereitete Bett.

Wenn wir auch die Innereien des Hähnchens haben, schneiden wir Leber und Magen fein und geben es auch mit in den Römertopf. Nun gießen wir seitlich eine Tasse Weißwein zu und schieben den geschlossenen Römertopf in den kalten Ofen und stellen auf 200 Grad Wärme ein.

Nach 90 Minuten nehmen wir den Deckel ab, begießen das Hähnchen mit dem Saft und lassen den offenen Römertopf noch bis zum leichten Bräunen des Hähnchens im Bratrohr.

Mit etwas süßer Sahne runden wir die Sauce ab und reichen Fadennudeln dazu.

### *Paprika-Huhn*

Diesmal bereiten wir ein Bett aus feingeschnittenen Zwiebeln, einer grünen und einer roten Paprikaschote, die wir in Streifen schneiden, und zwei geviertelten Tomaten im gewässerten Römertopf.

Das Hähnchen wird geviertelt, gesalzen und gut mit Paprika eingerieben.

Auf dem vorbereiteten Gemüsebett wird es nun im geschlossenen Römertopf ins Bratrohr geschoben und auf 200 Grad beheizt. Nach ca. 90 Minuten nehmen wir den Deckel ab, begießen das Hähnchen mit dem Saft und lassen es nun im offenen Römertopf schön bräunen.

Die Sauce binden wir mit etwas süßer Sahne und schmecken noch mit Paprika pikant ab.

Hierzu schmeckt am besten Reis.

### *Kartoffelsalat*

Bei meiner Großmutter gab es Kartoffelsalat prinzipiell nur warm als Hauptmahlzeit. Und blieb etwas übrig, so wurde er ganz vorsichtig wieder etwas angewärmt.

Festkochende Kartoffeln werden in der Schale gekocht, geschält und, wenn sie ein wenig abgekühlt sind, in Scheiben geschnitten.

Auf den Boden der Schüssel kommt eine fein gehackte Zwiebel, schichtweise werden die Kartoffelscheiben mit etwas Salz und Pfeffer bestreut.

Mit kochender Fleischbrühe, der wir nach Geschmack Essig beigefügt haben, begießen wir die Kartoffeln. Wir rühren nun nicht, sondern schwenken die Kartoffeln nur, damit die Scheiben nicht zerdrückt werden.

Feingewürfelten, geräucherten Speck lassen wir nun

langsam ausbraten und begießen damit den Kartoffelsalat.

### *Kartoffelsalat für Festtage*

Nicht zu mehlige Kartoffeln werden in der Schale gekocht, geschält und, wenn sie abgekühlt sind, in Scheiben geschnitten. Bismarck-Heringe (aus dem Glas), Gewürzgurken, Schinken- oder Fleischwurst, hart gekochte Eier werden ebenfalls kleingeschnitten, und nun alles gut gemischt.

Salatmayonnaise, der wir noch etwas mittelscharfen Senf beigefügt haben, wird nun mit der gleichen Menge Joghurt gemischt und über den Salat gegossen.

Am Anfang lassen wir immer noch ein paar Kartoffeln zurück, die wir eventuell noch zugeben können, wenn der Salat zu saftig geworden ist.

Man sollte den Salat mindestens drei Stunden vor dem Servieren angemacht haben. Erst dann entwickelt er sein volles Aroma.

### *Italienische Sauce zu Nudeln*

In heißem Öl dämpfen wir ein feingeschnittenes Suppengrün, eine feingehackte Zwiebel und würflig geschnittenen, rohen Schinken.

Wir würzen mit zehn Pfefferkörnern, 5 Pimentkörnern und einem Lorbeerblatt.

Jetzt geben wir noch einige geschälte Tomaten dazu und lassen das Ganze langsam schmoren.

Wir überstäuben es mit einem Eßlöffel Mehl und löschen mit einem ½ Liter Fleischbrühe ab.

Ein Nachwürzen mit Salz erübrigt sich meist.

### *Pikanter Brotaufstrich aus Quark*

½ Pfund Magerquark rühren wir mit etwas süßer Sahne glatt und salzen leicht.

Nun schneiden wir 125 g Schinken- oder Fleischwurst in Würfel, zwei Gewürzgurken ebenso und rühren das unter den Quark.

Auf Schwarzbrot oder Pumpernickel schmeckt das besonders gut.

Dekorativ ist es auch, Fleischtomaten damit zu füllen!

## *Ringelblumenhonig*

Einem Liter kalten Wasser werden zwei gehäufte Doppelhände voll Ringelblumenblüten zugesetzt und darin allmählich zum Kochen gebracht. Man läßt zwei-, dreimal aufwallen, zieht den Topf von der Herdplatte und läßt das Ganze über Nacht zugedeckt stehen. Am nächsten Tag kommt die Masse zum Abtropfen in ein Sieb, die Blüten werden zum Schluß mit beiden Händen gut ausgedrückt. In den Saft wird ein Kilo Rohzucker eingerührt und eine halbe in Scheiben geschnittene Zitrone (falls gespritzt — ohne Schale) dazugegeben. Mehr Zitrone macht den Honig säuerlich. Die breite Kasserolle wird deckellos auf die Herdplatte gestellt, und man schaltet auf die kleinste Kochstufe. Der Herd bleibt den ganzen Tag auf Stufe eins eingeschaltet. Auf diese Weise verdunstet die Flüssigkeit, ohne zu kochen, und die Vitamine bleiben im Honig erhalten. Man läßt die Masse zur Probe erkalten, um zu sehen, ob er richtig ist. Der Honig darf nicht zu dick weden, da er sonst kristallisiert, aber auch nicht zu dünn, denn dann würde er sehr schnell säuern. Es muß ein gut streichfähiger Honig werden, der der ganzen Familie Freude und Entzücken beim Frühstückstisch bringt.

## *Löwenzahnhonig*

Der Löwenzahnhonig wird nach dem gleichen Rezept zubereitet. In der Geschmacksrichtung merkt man einen kleinen Unterschied, aber beide schmecken köstlich und sind sehr bekömmlich.

## Rezepte aus Sudetendeutscher Küche

### *Kartoffelknödel zu Fleischsaucen*

300 g gekochte, geschälte und gepreßte Kartoffeln mit 100 g griffigem Mehl, 10 g Grieß, 3 Hände voll Semmelwürfeln, etwas gehackter Petersilie, 1 Ei, 1 Prise Salz zu einem lockeren Teig verarbeiten. Knödel formen, 15 Minuten kochen. Zu Fleisch-, Dill-, Meerrettich- oder Schwammerl-Sauce servieren.

### *Rupferte Knödel*

⅓ gekochte, geschälte und gepreßte Kartoffeln werden mit ⅔ rohen, geschälten und in kaltes Wasser geriebenen, mit der Kartoffelpresse gut ausgepreßten Kartoffeln, 20 g Grieß, 4 bis 5 Händen voll Semmelwürfeln, einer Doppel-Prise Salz, einem größeren Ei, griffigem Mehl, soweit nötig, etwas fein gehackter Petersilie locker zusammengemischt, Knödeln geformt, 15 bis 20 Minuten in ungesalzenem Wasser gekocht. Diese Knödel werden hauptsächlich zu Gänse-, Enten-, Truthahn- oder Schweinebraten gereicht.

### *Zwetschgenknödel aus Kartoffelteig*

600 g gekochte, geschälte und gepreßte Kartoffeln, 200 g griffiges Mehl, 20 g Grieß, 20 g mit griffigem Mehl abgebröselte Butter, Salz. Das Ganze — ohne zu drücken — mischend durch die Finger rieseln lassen, 2 Dotter mit einer Gabel leicht einrühren und den Teig ganz locker kneten. Eine Rolle formen, Scheiben schneiden, Zwetschgen auflegen, mit wenig Teig Knödel formen. In ungesal-

zenem Wasser kochen, bis die Knödel an die Oberfläche steigen. Mit brauner Butter, Zimt und Zucker servieren. Man kann auch Marillen (hier jedoch den Kern entfernen, mit einem Stück Würfelzucker füllen), Kirschen, Schwarzbeeren (Heidelbeeren) oder kleingeschnittene Apfelstücke nehmen. Dieser Teig ist auch bei

### *Kartoffelnudeln*

bestens zu empfehlen. Aus dem Teig wird eine Rolle geformt, kleine Stückchen geschnitten, Nudeln gewalzt und in ungesalzenem Wasser gekocht. In gebräunter Butter mit Semmelbröseln rösten, mit Salat oder Kompott servieren.

### *Zwetschgen- oder Marillenknödel aus Quarkteig*

250 g Quark, 70 g Grieß, 70 g Butter oder Margarine, 70 g griffiges Mehl, 1 Ei, salzen und alles mit dem Kochlöffel drücken und vermengen. ½ Stunde ruhen lassen. Eine Rolle formen, Scheiben schneiden, mit Marillen oder Zwetschgen belegen, Knödel formen, in ungesalzenem Wasser kochen, bis die Knödel an die Oberfläche steigen.

### *Grießknödel*

250 g Quark, 70 g Grieß, 70 g Butter, 1 Ei, 70 g griffiges Mehl, salzen, eine Stunde ruhen lassen. Im leichten Salzwasser die Knödel so lange kochen lassen, bis sie an die Oberfläche steigen. Mit brauner Butter und gerösteten Semmelbröseln begießen. Mit Salat oder, mit Zimt und Zucker bestreut, mit Kompott servieren.

### *Schkubanken*

1 kg Kartoffeln werden geschält und gekocht. Das Wasser wird abgegossen, die Kartoffeln gesalzen. Nun schüttet

man 250 bis 300 g Kornmehl dazu und sticht mit dem Stiel des Kochlöffels in die Kartoffeln hinein, um das Mehl stellenweise eindringen zu lassen. Der Stiel muß den Bodenrand des Topfes erreichen. Dann läßt man eine Viertelstunde lang Kartoffeln und Mehl miteinander verkochen. Nun mischt man so lange durch, bis der Teig glatt wird. Mit einem Löffel, den man in heiße Butter taucht, werden eßlöffelgroße Schkubanken ausgestochen. Sie werden in eine Schüssel gelegt, mit gebröseltem Quark oder gemahlenem Mohn und Zucker bestreut und etwas brauner Butter übergossen. Die Kunst des Gelingens liegt in der Beharrlichkeit des Abtreibens. Es ist irgendwie ein Höhepunkt der sudetendeutschen Küche. Nebenbei kann man die in Butterschmalz herausgebakkenen Schkubanken als sehr schmackhaft bezeichnen. Man serviert sie mit grünem Salat oder Kompott.

### *Sudetendeutscher Weihnachtsstollen*

Zutaten: 750 g griffiges Mehl, 220 g Zucker, 150 g Butter, die ins Mehl gebröselt wird, 200 g Mandeln, geschält und gerieben, 100 g Zitronat, 100 g Aranzini, 100 g Rosinen, 80 g Hefe, 2 ganze Eier oder 4 Dotter, 1 Päckchen Vanillezucker, 2 gute Prisen Salz, 1 Teelöffel Rum, etwas Zitronenschale.

Die Mandeln drei Tage vorher heiß überbrühen und abziehen, trocknen lassen, reiben, mit lauwarmer Milch befeuchten; Rosinen waschen, ausdrücken, leicht mit Rum befeuchten; Butter im Mehl abbröseln, Zucker, Zitronat, Aranzini, Rosinen und Mandeln im Mehl verbröseln, etwas Zitronenschale, salzen. Diese Zutaten kommen abends vorher in das Mehl. Den nächsten Tag wird in einer Grube, die mit Vanillezucker und etwas Zucker ringsum ausgestreut wird, die Hefe abgebröselt und mit acht Eßlöffeln lauwarmer Milch übergossen. Ist die Hefe gut gegangen, gibt man die Eier und 4 bis 5 Eßlöffel lauwarme Milch dazu. Die Menge der Milch hängt von der Größe der Eier ab. Am Brett wird das Ganze zu einem seidenweichen Teig verarbeitet, dem man kein Mehl zur Bearbeitung beigibt und der sich sofort von den Händen löst. ½ Stunde kneten, im Rohr auf 50° den Teig gehen lassen.

Auf der Waage vier Teile abwiegen. Jeder Teil wird in die Hälfte geteilt und wieder abgewogen. Die ersten vier Teile werden zu einem vierteiligen Zopf geflochten, auf das mit Butter eingestrichene Blech gelegt und ziemlich klein zusammengeschoben. Der vierteilige Zopf wird nun in der Mitte mit der Seitenhand tief eingedrückt und darauf der aus drei Teilen geflochtene Zopf gelegt. Der achte Teil wird in zwei Teile abgewogen, ineinander gedreht, auf den dreiteiligen Zopf gelegt, der wiederum mit der Seitenhand tief eingedrückt wird. Nun wird das Ganze zu einem kleinen Stollen zusammengeschoben. Nur so können Sie von dem aus so vielen Dingen zusammengesetzten Stollen erwarten, daß er eine gleichmäßig schöne Form behält.

Ist der Stollen auf 50° gut gegangen und hoch geworden, läßt man ihn nun auf 160° langsam backen. Beginnt er zu bräunen, wird er mit zerlassener Butter so lange eingestrichen, bis er um und um knusprig braun wird. Noch warm mit Staubzucker bestreuen.

### *Faschingskrapfen*

Zutaten: 600 g Mehl, 80 g Butter, 50 g Staubzucker, 3 Eidotter, 30 g Hefe, 1 Päckchen Vanillezucker, 1 Eßlöffel Rum, Saft und abgeriebene Schale einer ½ Zitrone, Milch nach Bedarf.

30 g Hefe werden mit Vanillezucker, einem ⅛ Liter lauwarmer Milch und einem Teil vom vorgewärmten, ge-

siebten Weizenmehl zu einem weichen Vorteig, dem sogenannten Dampfel, abgeschlagen. Das Dampfel wird zugedeckt warm gestellt, bis es hoch aufgegangen ist. Inzwischen versprudelt man einen weiteren Achtelliter lauwarme Milch mit der weichen Butter, dem Staubzucker, den 3 Eidottern, Salz, 1 Eßlöffel Rum, Saft und Schale der Zitrone. Diese Masse wird nun in das hochaufgegangene Dampfel gegossen, worauf man sogleich das restliche vorgewärmte Mehl beifügt. Aus dem Ganzen wird nun unter Zusatz von noch fehlender lauwarmer Milch ein halbweicher Teig so lange mit dem Kochlöffel geschlagen, bis er sich selbst vom Löffel löst. Nach einer Rastpause von 20 Minuten wird er nochmals kurz abgeschlagen und auf das bemehlte vorgewärmte Nudelbrett gestürzt. Aus einer fingerdicken ausgerollten Fläche werden 6 cm breite Plätzchen ausgestochen, auf die man sehr präzise in die Teigmitte einen haselnußgroßen Marillenmarmelade-Punkt setzt. Die leer ausgestochenen Teigfelder legt man jedesmal *verkehrt* auf die Marmeladenfüllung, wobei die Ränder sogleich mit den Zeigefingerspitzen auf die Teigunterlage aufgedrückt werden. Nun sticht man die Krapfen mit einem 5 cm-Ausstecher endgültig aus, legt sie *verkehrt* auf bemehlte, vorgewärmte Unterlagen und deckt sie mit einem Tuch zu. In der Backpfanne wird zweifingerdick gut ausgelassenes Butterschmalz oder Kunstspeisefett gerade so stark erhitzt, daß eine naßgemachte Gabelspitze lustiges Summen oder eine Art fröhliches Glucksen verursacht. Der Fetttemperatur ist ein wesentliches Augenmerk zu schenken, weil zu kalt gebackene Krapfen sich ungebührlich mit Fett vollsaugen oder zu heiß gebackene Krapfen zu dunkel oder nicht ganz durch werden. Man legt die Krapfen mit einem behutsamen Griff wiederum *verkehrt* in das mittelheiße Fett. Sie müssen, um richtig zu bräunen, im Backfett schwimmen. Die gebräunten Krapfen nimmt man mit einem Drahtlöffel heraus, legt sie auf ein Fließpapier zum Abtropfen und besiebt sie mit vanilliertem Staubzucker.

Den Abfall des ausgestochenen Teiges rolle ich zu fingerlangen Nudeln, knüpfe einen Knoten, aus denen gebackene lustige Eidechsen entstehen. Diese werden von allen Familienmitgliedern mit wahrer Freude genossen.

VI.

# Praktische Haushaltstips

## Tips für den Haushalt

### Badewannen

Häßliche Kalkränder an Badewannen lassen sich ohne chemische Mittel mit Zitronensaft abreiben.

### Blattläuse im Garten

Schmierseife in heißem Wasser auflösen, mit Gießwasser verdünnen, und damit die befallenen Pflanzen gießen.

### Brillengläser

Reibt man Brillengläser auf beiden Seiten mit trockener Seife ein und poliert sie mit einem trockenen Lappen nach, so beschlagen sie nicht.

### Bügeln von Seidenblusen

Die gewaschene und getrocknete Seidenbluse wickle ich in ein Leinenhandtuch, welches ich vorher in warmes Wasser getaucht und fest ausgewrungen habe. Nach einer Viertelstunde kann die Bluse leicht und mühelos gebügelt werden.

### Fensterbänke aus Marmor

Auf Fensterbänken aus Marmor gibt es oft häßliche Flekken, sie lassen sich am besten mit einem in Petroleum getränkten Lappen entfernen.

### Fensterleder

Wird ein Fensterleder nach dem Gebrauch in Salzwasser ausgewaschen, bleibt es länger weich und geschmeidig.

### Große Bodenvase

Große Bodenvasen, die leicht kippen, sollte man mit ein paar Steinen füllen. Zweige oder Blumenstiele werden dann auch nicht so schnell schleimig, und das Wasser riecht nicht muffig.

**Insektenstiche**

Während der Sommermonate sollte man eine aufgeschnittene Zwiebel in Essig eingelegt — in einem Schraubglas griffbereit aufbewahren. Die Zwiebel über dem Insektenstich verrieben hilft sofort.

**Junge Hunde**

Wenn wir uns einen jungen Hund nach Hause geholt haben, so wird er in den ersten Nächten fürchterlich jaulen, weil er die Nähe und den Herzschlag der Mutter vermißt. Wenn wir einen alten Wecker, der noch tickt, in sein Bettchen packen, wird er friedlich schlafen.

**Kalk**

Verkalkte Düsen von Wasserhähnen reinigt man durch Einlegen derselben in Essigwasser. Einen von Kalk befallenen Teekessel reinigt man durch Auskochen mit Essigwasser.

**Kerzen**

Legt man Kerzen eine Stunde in Salzwasser und läßt sie anschließend an der Luft trocknen, tropfen sie nicht.

**Kinderhandschuhe**

Nichts tun Kinder im Winter lieber als Handschuhe verlieren. Wenn man eine genügend lange Wollschnur häkelt, beide Handschuhe annäht und sie durch die Mantel- oder Jackenarme zieht, können die Handschuhe zwar ausgezogen, aber nicht mehr verloren werden.

**Kleiderreinigung**

Viel zu oft und viel zu schnell geben wir Kleidungsstücke in die Reinigung. Wenn keine Flecken vorher zu entfernen sind, bürstet man die Kleider mit einer Spiritus-, oder bei dunklen Farben mit Salmiaklösung kräftig ein und läßt sie nach Möglichkeit im Freien trocknen. Ein Viertelliter Wasser — ein Eßlöffel Spiritus.

**Korken**

Korken, mit denen man Saftflaschen verschließt, sollte man vor dem Eindrehen mit etwas Gel bepinseln. Sie lassen sich dann später sehr viel leichter ziehen.

**Lederpflege**

Wenn Lederhandschuhe glanzlos geworden sind, hilft es, sie mit dem Inneren einer Bananenschale abzureiben. Sie erhalten ihre alte Schönheit zurück.

**Motten**

Hat man schon einmal Motten im Kleiderschrank gehabt, pinselt man den Schrank innen gut mit Terpentin aus. Vor allem in den Ecken. Getrockneter Lavendel, in Beutelchen zwischen die Winter- und Wollsachen gelegt, verhindert einen weiteren Befall.

**Nagelfeile**

Ist die Nagelfeile stumpf geworden, klebt man einen Klebestreifen auf, drückt ihn gut fest, um ihn dann wieder abzuziehen. Die Feile wird wie neu.

**Nikotinflecke**

Man taucht einen Weinkorken in etwas angefeuchtetes Salz und kann so Nikotinflecke auf Porzellan leicht entfernen.

**Ofenheizung**

Um Glut in Zimmeröfen bis zum nächsten Morgen zu erhalten, lege man abends zwei bis drei in doppeltes, ganz durchfeuchtetes Zeitungspapier fest eingeschlagene Briketts auf die letzte Glut der Öfen. Am nächsten Morgen braucht man nur noch nachzulegen.

Um häufige Rußbildung zu verhindern, werfe man ab und zu eine Handvoll frische Kartoffelschalen auf das Feuer. Die Dämpfe, welche sich aus den verbrennenden Kartoffelschalen entwickeln, lösen den Ruß. Ofentüre aber sofort fest schließen!

**Ränder an Teetassen**

Häßliche Ränder an Teetassen lassen sich mit etwas Salz wegreiben.

**Schmutzränder**

Schmutzränder in der Badewanne oder im Waschbecken lassen sich leicht und gründlich entfernen, wenn man auf den Putzlappen etwas Salz streut.

**Schnittblumen**

Wenn man dem Blumenwasser eine Prise Salz zugibt, halten sich Schnittblumen länger.

**Schubladen**

Wenn sich Schubladen schwer herausziehen lassen, kann man leicht Abhilfe schaffen, indem man die Führungsleiste mit etwas Bohnerwachs oder Kernseife einreibt.

**Silberbestecke**

Silberbestecke, die man nicht im täglichen Gebrauch hat, schweißt man nach dem Putzen in Plastikbeutel ein. Sie laufen dann garantiert nicht an, selbst wenn man sie erst

Monate später anläßlich eines größeren Festes wieder benutzt.

## Umweltbewußter Hausputz

Im Grunde genommen können wir mit drei einfachen Hausmitteln den ganzen Hausputz bestreiten: für das Spülen des Geschirrs nehmen wir Soda, für Fußböden, Türen, Kacheln usw. grüne Seife (Schmierseife) und zum Polieren von Chromargan in der Küche und im Bad etwas Essig.

## Waschmittel

Kastanien sind ein hervorragendes Waschmittel für dunkle Wollstoffe. Die Roßkastanien werden in Scheiben geschnitten, getrocknet in einem Leinensäckchen aufbewahrt, am besten in einer Speisekammer an einem Haken aufgehängt. Ich erinnere mich, daß meine Mutter drei Jahre nicht aus ihrer schwarzen Kleidung herausgekommen ist. Zuerst starb mein Vater, 39jährig, dann meine gute Großmutter, ein Jahr darauf mein Großvater. Die dunkle Kleidung bekam durch längeres Tragen einen grauen Stich. In Kastanien gewaschen, bekamen diese Wollstoffe wieder eine prächtige schwarze Farbe. Es kommt auch heute noch vor, daß sparsame Frauen einen besonders guten Wollstoff zertrennen und neu aufarbeiten. Hier sollte man ebenfalls die Kastanienwäsche einsetzen. Die Kastanien werden über Nacht kalt zugesetzt und am nächsten Tag zum Kochen gebracht. Lauwarm werden Stoffe und dunkle Pullover im schäumenden Kastanien-Absud — bitte keine Seife oder Waschpulver beifügen — gewaschen. Man muß öfters nachspülen, weil das Wasser auch noch beim Klarwaschen schäumt. Sie werden sich sicherlich darüber freuen, ihre dunklen Wollstoffe oder Pullover biologisch waschen zu können!

### Wiederverwenden von aufgetrennter Wolle

Die aufgetrennte Wolle wickelt man über eine Stuhllehne und bindet sie zu Gebinden zusammen. Dann wird sie gewaschen und aufgehängt. Man hängt das Gebinde oben mit einem Wollfaden an die Leine und hängt unten ein kleines Gewicht oder einen anderen kleinen Gegenstand mit einem Wollfaden an das Gebinde. Dadurch streckt sich die Wolle wieder und kann wie neue Wolle verarbeitet werden. Man erhält ein klares Maschenbild.

### Würmer im Blumentopf

Wenn man rohe Kartoffelscheiben auf die Blumenerde legt, werden die Würmer herausgelockt und lassen sich dann leicht absammeln.

### Zinngeräte

Man findet in den Wohnungen zunehmend hübsche Gerätschaften aus Zinn. Wenn man Zinnkraut mit kochendem Wasser übergießt und damit die Sachen gut abreibt, auch Bierdeckel, behalten sie eine gut gepflegte Oberfläche.

## Tips für die Küche

### Beifuß

Anfang August ist es soweit, den Beifuß für die Küche zu sammeln. Zum Glück findet er sich auch noch abseits der Straße, wo er nicht von Abgasen so stark betroffen ist. Die Blüten sollten noch nicht zu weit geöffnet sein. Man entfernt am besten im frischen Zustand alle kleinen Blättchen und hängt ihn, zu kleinen Sträußen gebunden, zum Trocknen auf. Was wäre ein Gänse-, Enten- oder großer Schweinebraten ohne Beifuß.

**Bratwurst**

Wenn eine Bratwurst vor dem Braten mit kochendem Wasser übergossen wird oder in kalte Milch getaucht wird, platzt sie nicht.

**Brot**

Wenn man in den Brotkasten einen Apfel oder eine geschälte Kartoffel legt, bleibt das Brot länger frisch.

**Fett spritzt aus der Pfanne**

Einfach etwas Salz aufs Fett streuen, und das Problem ist gelöst.

**Gedünstete Zwiebeln**

Zu vielen Gerichten schmeckt eine hell gedünstete Zwiebel besser als eine gebräunte. Um das vorzeitige Bräunen zu verhindern, bestreut man die Zwiebel mit Salz.

**Gelee**

Gelee von Früchten wird besonders fest, wenn man zum Kochen nur die Hälfte der vorgeschriebenen Zuckermenge nimmt, den Rest ganz zum Schluß einrührt.

**Gemüse**

Welk gewordenes Gemüse wird durch ein Salzbad wieder frisch.

**Geschmacksverfeinerung**

Alle Gerichte bekommen einen pikanten Geschmack, wenn man ihnen eine Prise Zucker beigibt.

**Harter Honig**

Eingetrockneter und fester Bienenhonig wird wieder streichfähig, wenn wir ihn im Wasserbad auf ca. 40 Grad erwärmen. Er verliert dadurch nichts von seinem Aroma und seiner Wirksamkeit.

**Hefeklöße**

Wenn der Teig besonders leicht und locker geraten ist, besteht immer die Gefahr, daß die Klöße abkochen. Wenn man Alufolie auf der Innenseite mit Butter bepinselt und den Teig darin einwickelt, dies Päckchen in das kochende Wasser gibt und dann 20 Minuten bei geschlossenem Topf leicht kochen läßt, bringt man rein optisch die schönsten Hefeklöße auf den Tisch.

**Heiße Milch**

Wenn man auf den Boden des Gefäßes einen umgedrehten kleinen Teller legt, kann die Milch nicht anbrennen. Sie kocht auch nicht über, wenn man den Rand des Gefäßes leicht mit Butter einstreicht.

**Kaffee**

Bei sehr weichem Wasser läßt sich Bohnenkaffee sehr schwer filtern. Es braucht sehr lange, bis das Wasser durchgelaufen ist — oder, was noch schlimmer ist, der Filter läuft über. Eine Prise Salz löst das Problem auf einfache Art.

**Kartoffeln kochen über**

Dieses Ärgernis kann man beheben, wenn man dem Kochwasser einen Stich Butter beigibt.

**Leber**

Wenn man Leber einige Stunden in kalter Milch einweicht, schmeckt sie würziger. Sie bleibt sehr zart, wenn sie erst nach dem Braten gesalzen wird.

**Meerrettich**

Geriebener Meerrettich wird auch nach längerem Stehen nicht blau, wenn man ihn mit einer Scheibe Schwarzbrot bedeckt oder mit Zitrone beträufelt.

**Milch kocht über**

Das passiert nie mehr, wenn man den Kochtopfrand innen mit Butter bestreicht.

**Mürbeteig**

Oftmals ist das Ausrollen von Mürbeteig schwierig, weil der Teig entweder klebt oder reißt. Rollt man ihn dann zwischen Butterbrotpapier aus, gibt es kein Problem.

**Mürbeteig**

Wird der Mürbeteig tagsvorher zu einem Teig geknetet, läßt er sich, ohne zu kleben, mühelos ausrollen.

**Nußkerne**

Ranzige Nußkerne. Kochendes Salzwasser über die Nüsse gießen und die Nüsse in dem Wasser erkalten lassen. Abseihen, mit reinem Wasser nachspülen, auf einem Tuch zum Trocknen legen.

**Radieschen**

Welk gewordene Radieschen werden wieder frisch, wenn man sie mit den Blättern — nicht mit der Wurzel — in kaltes Wasser legt.

**Rosenkohl**

Wenn man die schöne grüne Farbe des Rosenkohls erhalten will, salzt man ihn erst nach dem Garen.

**Schimmel**

Geräucherte Wurst und Schinken beginnen nach einer gewissen Zeit Schimmel anzusetzen. Reibt man Schinken und Würste mit einer dicken Salzschicht ein — dazu verrührt man Salz mit etwas Wasser zu einem dicken Brei —, so verhindert diese Salzkruste, die sich beim Trocknen bildet, das Schimmeln.

**Schweinebraten**

Will man eine schöne Kruste, bestreicht man den Braten zehn Minuten vor dem Ende der Garzeit mit etwas dunklem Bier.

**Spiegeleier**

Wenn man mit dem Bratfett etwas Mehl anbräunt, bleiben die Spiegeleier in der Pfanne nicht kleben.

**Würstchen**

Will man vermeiden, daß Würstchen beim Heißmachen platzen, gibt man einen kleinen Schuß Milch in das heiße Wasser.

**Zartes Fleisch**

Hegt man Zweifel, ob das Fleisch auch wirklich zart ist, wickelt man es am Abend vorher in ein mit Weinbrand getränktes Tuch.

**Zwiebelschneiden**

Schneidet man Zwiebeln bei laufendem Wasser, vermeidet man das lästige Tränen der Augen.

Der lästige Zwiebelgeruch verliert sich sofort, wenn man die Hände mit etwas Salz oder Zitronensaft einreibt und anschließend kalt abspült.

## Tips für Fleckentfernung

### Fettflecken

Fettflecken auf Wolle, Seide oder Wildleder sind besonders ärgerlich. Wenn man sie mit Backpulver bestreut und das Pulver eine halbe Stunde einwirken läßt, kann man die Flecken in aller Regel leicht ausbürsten.

### Fleckentfernung

Man beträufelt den Fleck gut mit Zitronensaft, wäscht ihn mit klarem Wasser aus und reibt dann etwas Schmierseife über den Fleck. Läßt sie etwas einwirken, um dann mit warmem Wasser die Seife wieder auszuwaschen. Selbst Flecken von Tinte und Filzstift lassen sich so meist leicht entfernen.

### Grasflecken

Grasflecken entfernt man aus Garderobenstücken folgendermaßen: Man löst eine Messerspitze voll Zinnsalz in einem halben Liter Regenwasser auf. Mit dieser Lösung werden die Flecken bearbeitet. Anschließend spült man mit kaltem Wasser nach.

### Kugelschreiberflecken

Kinder bemalen sich oft selbst mit dem Kugelschreiber. Die Kleidungsstücke besprüht man mit Haarspray, läßt es gut eintrocknen und reibt es dann vorsichtig mit einer Lösung aus Essig und Wasser ab.

### Rostflecken

Rostflecken in der Wäsche entfernt man durch Beträufeln mit Zitronensaft. Man läßt den Saft einige Augenblicke einziehen und hält anschließend den Stoff über ein Gefäß mit kochendem Wasser. Durch den aufsteigenden Wasserdampf verschwinden die Flecke.

**Rotweinflecke**

Den Fleck sofort mit Salz bestreuen, das den Rotwein aus dem Gewebe aussaugt.

**Teerflecken**

Kinder kommen gerne mit Teerflecken an Händen und Füßen nach Hause. Auch beim Badeurlaub an der See sind wir vor Teerflecken nicht sicher. Sie lassen sich mühelos mit etwas Margarine oder Butter entfernen.

**Tintenflecke**

Leinen und Wäschestoffe legt man in kalte Milch ein und spült sie anschließend nach. Bei Wolle oder Baumwolle hilft frischer Zitronensaft.

VII.

# Lachen ist die beste Medizin

## Lachen ist die beste Medizin

Als mir im Jahre 1968 die Leitung der Österreichischen Frauenbewegung in Ort und Bezirk übertragen wurde, stand mein Vorsatz fest, bunte, fröhliche Nachmittage in unser Altersheim zu tragen. In kürzester Zeit schlossen sich mir fünf kunstsinnige Frauen an, die für die gute Idee ihre Kräfte zur Verfügung stellten. Nun waren wir sechs. Wir wollten in oberösterreichischer Dirndlkleidung mit weißen Wadenstrümpfen und buntseidenem Halstuch, mit Zither und Klampfen, besinnliche und lustige Stunden in unser Altersheim bringen. Wir waren jung und ausgeglichen, brachten Frohsinn und Lachen mit. Alle sechs hatten wir eine gewisse Begabung, eine Mundartdichterin, die für den monatlichen Nachmittag jedesmal Gedichte mit bestem Gedankengut brachte, eine andere, die bei Dialektgedichten unübertroffen blieb, zwei unseres Sextetts als Sopran und Alt brachten Lieder in stimmlicher Begabung zum Vortrag, die nicht mehr zu überbieten waren. Wir waren alle mit Feuereifer dabei. Zweimal im Monat gab es Proben, wir entwarfen Jahre hindurch die besten Programme, stellten lustige Einakter und kurze Stegreifspiele aus dem Leben zusammen, aus dem Nichts hervorgezaubert. Und was das Beste an allem war: Es blieb zwischen uns all die Jahre harmonisch ohne den geringsten Mißton. Wie oft denken wir heute noch an diese schöne Zeit! Wir brachten lang vergessene Volkslieder zu Gehör, wir waren ständig auf der Suche nach schöngeistigen Dingen, die die Herzen unserer alten Leute ansprechen sollten, damit wir ihnen in einer besinnlichen Art auch menschlich näherkamen. In der Zusammenstellung der Programme waren wir uns immer einig, wir schätzten uns gegenseitig und bewunderten die Aufgabe des andern. Auch bei den Proben ging es fröhlich zu, schon die Zusammenstellung des vielseitigen Programms munterte uns auf und regte uns an, besonders bei den neu einstudierten Aufgaben mit origineller Kostümierung kamen wir in eine unbeschwert frohe Stimmung. Die Rolle eines Arztes und dergleichen wurde stets in Männerkleidung, die eines Bauern oder einer Bäuerin in bäuerlicher Kleidung gespielt. So war z.B. eine Szene unvorstellbar komisch, als eine Bäuerin zum Arzt kam, sich mit unnachahmlicher Geste von zehn Unterröcken verschiedener Variationen entkleidete, jeden Unterrock langsam einzeln fallen ließ. Diese Szene allein bedeutete Lachstürme des Publikums.

Leider ging beim ersten Nachmittag die Sache schief. Wir hatten geprobt, waren sattelfest und ohne Lampenfieber. Wir kamen fröhlich in unserer oberösterreichischen Dirndlkleidung in den Vortragssaal, begannen mit Besinnlichem und wechselten allmählich ins Lustige über. Die alten Leute saßen desinteressiert in ihren Reihen, nichts konnte ihren Gesichtern ein Lächeln entlocken. Es war wie eine kalte Dusche für uns. Auch unsere Stimmung litt darunter, wir zogen eine Parallele mit einem begossenen Pudel. Bei der anschließenden Bewirtung vom Leiter des Hauses, übrigens einem äußerst liebenswerten Mann, den wir im Laufe der Jahre richtig schätzen lernten, saßen wir wieder etwas gelockerter beieinander, aber ich hörte nur immer wieder die Worte: »Nein, o nein, da tu' ich nicht mehr mit!«

»Aber, aber meine Lieben, wie oft geht etwas schief, wir werden auf keinen Fall die Flinte ins Korn werfen. Vorgenommen ist vorgenommen! Und das nächstemal packe ich es anders an. Wir wollen uns erst einmal mit den seelischen Kümmernissen auseinandersetzen. Sie sind einfach verbittert und können es nicht glauben, daß es wahrlich Menschen gibt, die sich ihrer annehmen, ihnen Freude bringen wollen. Sie fühlen sich aus der Familie ausgestoßen, weggeschoben, finden sich alt und unnütz!«

In diese Situation paßt das Gedicht von Marianne Nagl-Exner hinein:

***Altersheim***

*Sie sitzen im Saal, in den langen Gängen,*
*den Zimmern, noch unvertraut.*
*Sie sind verzagt und verstört*
*und fassen es nicht, was an ihnen geschah.*

*Aus traurigen Augen,*
*in denen die Hilflosigkeit weint,*
*klagt die stumme Frage:*
*»Warum bin ich hier und nicht dort,*
*wo ich daheim, wo mir alles vertraut?«*
*Wer von uns gibt ihnen die Antwort?*

Im Laufe der Zeit sahen wir, wie gut dieses Altersheim geführt wurde, wie man versuchte, die alten Leute heimisch zu machen. Ihre Verbitterung, aus der Familie ausgestoßen, weggeschoben zu sein, ist noch zu groß. Dieser Gedanke beherrscht sie, läßt nichts anderes Platz in ihrem Dasein greifen. Wir müssen ihnen helfen, sie seelisch wieder aufzurichten. Überlaßt es nur mir, sagte ich, ich bringe sie wieder zum Lachen. Wir sechs sind dazu da, ihre Seelen aufzurichten.

Also begannen wir wieder mit Proben, zu singen und lustige Dinge vorzutragen. Wir spielten kleine Einakter aus dem Stegreif, komische Situationen aus dem bäuerlichen Leben.

Beim zweitenmal saßen sie wieder mit desinteressierten Gesichtern vor uns, wir standen mit unseren schönen Dirndlkleidern vor ihnen, hatten Zither und Klampfen mit und wollten diesen alten »Heim-Vertriebenen« ihre Verbitterung nehmen. Ich begann sie herzlich zu begrüßen und bat sie, zuerst einmal aufzustehen, um mit uns die oberösterreichische Heimathymne, unser »Hoamatland«, zu singen. Man möchte es kaum glauben, wie damit eine völlige Veränderung dieser alten Menschen vor sich ging. Sie räusperten sich zuerst ein wenig, als ich sie aufmunterte, ihr Bestes beim Gesang zu geben. Wir begleiteten mit Zither und Klampfen, die einen gewissen Schwung in die Situation hereinbrachten. Alle sangen mit, Freude spiegelte sich plötzlich in ihren Gesichtern. Zwischendurch lobte ich: Was gibt es da für schöne Stimmen? Da gibt es doch wahrhaftig Stimmen, die beim Kirchenchor singen könnten! Das Lob freute die alten Leute, sie bekamen sanftrot überhauchte Gesichter! Wie leicht ist es, mit ein paar guten Worten ein menschliches Leid zu mildern. Wir haben es bei unseren Nachmittagen weiter so gehalten, ein, zwei Lieder einzubauen, Texte davon vorher zu verteilen, damit die alten Leute bei unseren bekannten Liedern mitsingen konnten. Als wir dann im Laufe der Zeit die Menschen persönlicher kennenlernten, wunderten wir uns über nichts mehr. Ich nahm oft die Hand eines alten Menschen in meine Hände, erkundigte mich dabei, wie es gehe. Da war das Eis gebrochen, und man erfuhr viel Hartes, oft kaum Begreifbares: Eine Frau hatte sieben Kinder, keines nahm die Mutter zu sich, sie mußte ins Altersheim. Man kann eine solche Hartherzigkeit kaum fassen: alt und gebrechlich und in ein Heim abgeschoben! Wir selbst hatten beide Mütter bis zum Tod bei uns, meine Mutter war 82 Jahre, jung und rührig bis zum Todestag. Sie starb einen Sekundentod in der Ordination ihres Augenarztes. Die Mutter meines Mannes wurde 96 Jahre. Die ganzen Jahre keinen einzigen Tag krank, immer gesund, zwei Tage vor ihrem Tod etwas schwindlig, sie wollte jedoch nicht im Bett bleiben, nur im bequemen Fauteuil sitzen, nachts im Bett massierte ich ihre kalten Füße, wir saßen bei ihr bis zum Schluß, mein Mann hielt die ganzen Stunden ihre Hände, sie lag mit gelösten Gesichtszügen, sie spürte unsere Nähe. Die Gewißheit, nicht allein den letzten Augenblick des Lebens gehen zu müssen, brachte ihr einen friedlichen Tod. Etwas Schöneres und Erhabeneres kann man im Leben nicht erleben! Wie arm und leer sind Andersdenkende!

Zurück zu unserem Altersheim: Vom Tage unseres zweiten Auftritts an warteten die alten Menschen auf uns und freuten sich, wenn wir kamen. Im Laufe der Zeit gab es eine Menge alter Leute, die sich zum Gedichte-Aufsagen meldeten. Es war eine Freude für sie, auch mittun zu können. Anfangs waren wir jeden Monat da, alle sechs hielten Jahre durch, später setzten wir uns alle drei oder vier Monate ein. Es war allerhand, daß wir immer wieder Altes zutage stöberten, daß uns aber auch Neues, Lebendiges einfiel. Alle sechse waren wir unerschöpflich. Dabei sangen wir fast alle im Kirchenchor, waren bei der Goldhaubengruppe, jener alten Trachtengruppe, die ich 1972 für unsere Stadt aufgebaut habe, wir waren alle in der Frauenbewegung und von da aus aufeinander eingeschweißt.

Im Altersheim sprangen mitunter die geistlichen Schulschwestern mit ihren Schulklassen, hier hauptsächlich zum Muttertag oder Weihnachten bei der Herbergsuche und den Hirtenspielen ein. Wie oft sind wir mit unserem Programm in andere Altersheime benachbarter Marktflecken gefahren, um dort eine besonders gelungene Aufführung zu wiederholen. Von der Leitung von Heimen für behinderte Kinder erhielten wir ebenfalls Einladungen.

In den Zwischenpausen fiel mir die Aufgabe zu, als

Conférencier die Zeit mit Witzen auszufüllen. Da meinte der Verleger meines neuen Buches »Die Hausapotheke«, es wäre keineswegs abwegig, ein paar Witze zur Erheiterung der Menschen einzubauen. Heiterkeit ist immer etwas Gutes, besonders in der heutigen, sehr ernsten, mit schweren Krankheiten zersetzten Welt! Damit will ich Sie als meine Leser in frohe Stimmung bringen, Ihnen allen heitere Gesichter aufsetzen. Vielleicht nimmt mir ein Griesgram es übel, aber ein Gesetz der Stunde: Jedem recht getan, ist eine Kunst, die niemand kann. Ein heilender Mensch muß im Grunde seines Herzens fröhlich bleiben, um in schweren Stunden ausgleichen zu können.

## Wollen Sie mitlachen?

Eine Mücke will ins Finanzamt fliegen, als sie von einer anderen zurückgehalten wird. »Da brauchst du nicht rein, die saugen selbst.«

*Wie stark ist Ihre Familie, wird ein kräftiger Bauer von dem Meinungsforscher gefragt. »Ja mei«, erwidert der Landmann, »wann wir alle z'sammhalten, dann verhau'n wir leicht das ganze Dorf!«*

Der Apotheker läuft hinter einem Kunden her. Als er ihn erreicht, keucht er atemlos. »Sie haben Aspirin verlangt, und ich habe Ihnen versehentlich Strychnin gegeben.« — »Ist das ein Unterschied?« — »Und ob! Strychnin kostet zwei Mark mehr!«

*»Papa, ich wünsche mir zu Weihnachten eine Trompete.« — »Die kannst du leider nicht bekommen, mein Junge, das Ding ist viel zu laut!« — »Und wenn ich nur darauf blase, wenn du schläfst?«*

Anzeige in der Tageszeitung: Junger Mann, 25 Jahre, gutaussehend, der im Begriff ist, zu heiraten, sucht älteren, erfahrenen Mann, der ihn, wenn es sein muß mit Gewalt, von diesem Vorhaben abbringt.

*Der Herr Pfarrer besucht eine alte, schwerkranke Frau. »Ach lieber Herr Pfarrer«, sagt die alte Frau, »ich möchte ja gerne sterben. Aber Sie wissen es ja, ich trinke so gerne Tee und ich fürchte nur, daß es den im Himmel nicht gibt!« — »Da irren Sie sich aber gewaltig! Im Himmel soll es keinen Tee geben? Laudamuste, Benedicimuste, Glorificamuste, Adoramuste, alles im Himmel!« — »Ach«, flüstert die alte Frau, »wenn das so ist, dann sterbe ich gern!« Sie sagt es und schlummert sanft dem Tee des Himmels entgegen.*

Der Franzl sagt eines Tages zum Pfarrer: »D' Muatta läßt fragen, ob Hochwürden eine Gans mögen?« — »Gewiß«, sagt Hochwürden, »ich esse für mein Leben gern Gänse!« — Aber die Tage vergehen, keine Gans wird gebracht. »Ja, Franzl«, sagt der Pfarrer, »die Mutter wollte mir doch eine Gans schicken!« — »Ja«, meint der Franzl bescheiden, »aber unsere Gans ist wieder gesund geworden!«

*Max begegnet einem jungen Mann. »Heute kann meine Schwester nicht kommen!« — »Um Gottes willen, ist sie krank?« — »Das gerade nicht, aber sie hat mir eine Watschen (Ohrfeige) gegeben — und da habe ich ihr falsches Gebiß versteckt!«*

»Mama, wie hieß der Bahnhof, an dem wir vorhin gehalten haben?« — »Laß mich in Ruhe, Kind, ich weiß es nicht.« — »Wir müssen es aber wissen, Mama, unser Hänschen ist dort ausgestiegen!«

*Ein Schotte liest seiner Frau aus der Zeitung vor: »Alle ärztliche Hilfe war umsonst!« Nach einer Weile läßt er das Blatt sinken und sagt: »Da könnte man sich einmal erkundigen, wer der Arzt gewesen ist, der umsonst behandelt!«*

Ein Herr fiel von einem Ausflugsdampfer ins Wasser und konnte im letzten Augenblick gerettet werden. Als er triefend naß an Deck stand, stürzte seine Frau herzu und rief: »O Rudolf, o Rudolf, ich bin fast verrückt geworden vor Angst! Du hast doch die Autoschlüssel in der Tasche!«

*Der Landbriefträger kommt auf den Einödhof. Die fünfjährige Tochter steht am Hoftor. »Ist dein Vater daheim?« fragt der Postbote. — »Ja«, sagt die Kleine, »im Saustall ist er. Du kannst ihn aber ganz leicht erkennen, er hat einen Hut auf ...«*

Der Huberbauer sitzt abends auf einer Bank vorm Haus. Da sieht er des Nachbarn Schorschl mit einer Leiter und einer Laterne fensterln gehen. »Ja, Schorschl«, sagt er, »was für neumodische Sachen, mit einer Laterne fensterln geh'n! Wie ich jung war, bin ich ohne Laterne gegangen!« — »Das hab' ich mir denkt, als ich unlängst dei' Frau g'sehn hab'!«

*Der Leitnerbauer ist übel zugerichtet, ganz blau und grün ist er im Gesicht. »Ja, Leitnerbauer, bist über die Kellerstieg'n g'stürzt?« fragt der Nachbar. »Wie ist denn das g'schehen?« — »Ja, halt beim Tischgebet!« — »Beim Tischgebet?« fragt verwundert der Nachbar. — »Ja, weißt, wie wir am Schluß beim Vaterunser ›und erlöse uns von dem Übel‹ waren, da hab' ich nur ein ganz kloans bißl auf mei Alte hing'schaut, aber glei' hat's mir an Schemel herg'worfen!«*

Der Thomas steht in der Straßenbahn auf und bietet einer jungen Frau, die ein kleines Kind auf dem Arm trägt, seinen Platz an. Die junge Frau sagt erfreut: »Ja, du bist ja ein richtiger Gentleman!« Ein paar Tage später werden Fremdwörter in der Schule durchgegangen. »Was bedeutet das Wort Gentleman?« fragt der Lehrer. Da schnellt Thomas von seinem Sitz und sagt: »Ein Gentleman ist jemand, der eine junge Frau samt ihrem Kind sitzen läßt!«

*Was ist eine Spekulation? Das wissen Sie nicht? Also hören Sie mir einmal zu: Durch einen Glücksfall erhalten Sie einen größeren Geldbetrag. Um das Geld anzulegen, kaufen Sie eine Hühnerfarm. Jetzt beginnt es zu regnen, es regnet und regnet und hört nicht mehr auf. Das Wasser steigt, ein Sturm kommt hinzu, die Hühnerfarm wird weggeschwemmt, alle Hühner ersaufen. Sehen Sie: Das ist Spekulation; Enten hätten Sie kaufen müssen!*

## Vier Kinderwitze als wahre Begebenheiten

Thomas kommt am ersten Schultag nach Hause. »Nun«, fragt Mutti, »wie war's denn?« — »Ganz gut«, sagt Thomas, »aber wir haben eine sehr neugierige Lehrerin!« — »Wieso denn neugierig?« — »Alles hat sie wissen wollen, wie ich heiße, wo ich wohne, wann ich geboren bin — das hab' ich ihr halt gesagt! Aber wie sie wissen wollte, *wo* ich geboren bin, das eben nicht!« — »Ja, wieso denn das nicht?« wundert sich Mutti. — »Ich als Junge kann ihr doch nicht sagen: in der Frauenklinik; so hab' ich gesagt: am Fußballplatz!«

*Nun ist Thomas den dritten Tag in der Schule. »Bitte, Frau Lehrerin, darf ich hinaus?« — »Freilich, du weißt ja, wo es ist!« Aber da steht Thomas nach einer Weile ganz verdattert in der Tür. »Bitte, Frau Lehrerin, i find's nit!« — »Peter geh mit, zeig's ihm!« Da kommt nach längerer Pause Peter lachend herein. »Er konnte es ja nicht finden, er hatte heute seine Unterhose verkehrt an!«*

Klein Traudl kommt in den Kindergarten. Die Mutti will ihr Kind aufklären, bevor es andere tun. Sie erzählt ihr nun, wie Kinder zur Welt kommen. Klein Traudl war sprachlos: »Kommen *alle* Menschen so zur Welt? Bist du auch so gekommen?« — »Ja, ich und du und alle Menschen!« Da blieb der Vierjährigen der Mund offen: »*Alle* Menschen?« flüstert sie mit weit aufgerissenen Augen. »Auch der Rauchfangkehrer samt der Leiter?«

*Der vierjährige Klaus kommt öfters einmal seine Tante Emmy im Nachbarhaus besuchen. Als er diesmal kommt, setzt er sich gedankenvoll auf einen Schemel zu ihren Füßen. »Nun«, fragt die Tante, »warum bist du denn heute so schweigsam?« — »Tante Emmy, müssen* alle *Menschen sterben?« — »Ja, natürlich«, bestätigt die Tante, »ich und auch du einmal und überhaupt alle Menschen!« — »Und der liebe Gott?« — »Der liebe Gott stirbt natürlich nicht, der thront oben im Himmel.« — »Siehst du, so ist er. Er stirbt nicht, und uns läßt er alle sterben!«*

Heinrich Waggerl: Welch ein Glück, daß es die einfachen Dinge immer noch gibt, immer noch Felder und rauschende Bäume und den Mond am Himmel, so hoch aufgehängt, daß ihn niemand dem Nachbarn zum Trotz herunterschießen kann!

*Ein Pfarrer und ein Autobusschaffner kommen miteinander zur gleichen Zeit vor dem Himmelstor an. Der hl. Pe-*

*trus öffnet das Himmelstor und läßt den Autobusschaffner eintreten. Der geistliche Herr ist etwas ungehalten darüber, schließlich hatte er sich um das Reich Gottes in Wort und Tat bemüht. Darauf der hl. Petrus: »Das hat alles seine Richtigkeit, nur wenn du gepredigt hast, sind viele eingeschlafen, wenn aber* der *gefahren ist, da haben die Leute das Beten gelernt!«*

Zu Bankdirektor Kron kommt ein Herr, der für den Bau der neuen Schule sammelt. Die Spende fällt sehr gering aus. »Verzeihung«, stammelt der Sammler, »Ihr Sohn hat gestern mehr als das Zehnfache gespendet.« — »Mein Sohn kann leicht spenden«, meint Bankdirektor Kron, »er hat ja auch einen reichen Vater!«

*»Angeklagter, geben Sie zu, den Kläger ein Schwein genannt zu haben?« — »Erinnern kann ich mich nicht, Euer Ehren, aber je länger ich ihn mir so ansehe ...!«*

Hochwürden Herr Pfarrer bei der Taufe: »So ein braves Kind habe ich noch nie erlebt!« Der stolze Vater: »Kein Wunder. Wir haben vorher mit der Gießkanne geübt!«

*Scherzfrage:*
*Es hat zwei Flügel und kann nicht fliegen,*
*es hat einen Rücken und kann nicht liegen,*
*es hat ein Bein und kann nicht steh'n*
*und wenn es läuft, ist es nicht schön!*

(die Nase)

Es geht und geht und kommt doch nicht weiter?

(die Uhr)

Es brennt ums Haus und 's Haus fängt doch kein Feuer?

(die Brennessel)

*Herr und Frau Müller sitzen im Kino. »Ob er am Schluß wohl heiraten wird?« fragt Frau Müller. »Sicher«, sagt Herr Müller. »Solche Filme gehen nie gut aus!«*

»Wieso müssen denn in Ihrem Pflaumenkuchen auch Pflaumen sein, gnä' Frau? In einem Hundekuchen sind schließlich auch keine Hunde!«

*Herr Sauerband hat keine Uhr. »Und wie erfahren Sie, wie spät es ist?« — »Ich lehne mich aus dem Fenster und schaue auf die Kirchturmuhr!« — »Und nachts?« — »Da blase ich auf meiner Trompete!« — »Aber wie erfährt man da die Zeit?« — »Irgendein Nachbar ruft sicherlich: ›Sind Sie verrückt, jetzt um ... so einen Krach zu machen?‹ Und da wird man über die Uhrzeit informiert!«*

»Geh außer, Bauer«, sagt die Bäuerin, »der Viehhändler ist da und möcht' an Ochsen sehen!«

*Kein Mensch hätte geglaubt, daß der Hinterstoder Sepp von Klein-Hadaras je einmal missionarisch wirken könnte. Eines Tages erfährt unser Pfarrer, daß der Sepp eines Sonntags den Burgstaller Poldl wegen eines Mädchens ganz schön zugerichtet hat. Er läßt sich den Sepp durch den Mesner holen. »Weißt, warum ich dich holen laß? Weilst den Burgstaller Poldl so sträflich zugricht' hast, daß der Doktor hat kommen müssen!« — »Zugricht' kann man nicht gut sagen, a Watsch'n hab' ich ihm halt einig'haut, weiter nix!« — »Aber Sepp, was haust denn da so narrisch hin, daß d' ihn beinahe zu einem Krüppel schlägst?« — »Das hat sein müssen, Herr Pferrer. Ein christliches Werk, das werden Sie ja versteh'n.« Da der Burgstaller Poldl dem Hinterstoder Sepp sein Mädchen ausspannen wollte, da konnte der Pfarrer auch verstehen, daß das der Sepp nicht hinnehmen konnte. »Aber was war an diesem Werk um Gottes willen christlich?« — »Wissen's, Herr Pfarrer, die Sach' ist die, der Poldl geht doch in keine Kirche. Der hört Sie das ganze Jahr kein einziges Mal predigen; von den christlichen Wahrheiten hat der also keine Ahnung. Wenn ich ihm die Watsch'n net geb'n hätt', möchten Sie mir da sagen, Herr Pfarrer, wie der Poldl jemals sonst in seinem Leben die Engel hätt' singen hören?«*

Herr Mayer steht weinend und händeringend vor dem frisch aufgeworfenen Grab seiner Gattin. »Alles würde ich tun«, weint er, »ich würde sogar mein Augenlicht hingeben, wenn du wieder zurückkämest!« In diesem Augenblick bewegt sich die Erde neben seinen Füßen, ein Maulwurf ist dabei, Erde aufzuwerfen. Herr Mayer erschrickt, stellt seinen Fuß aufs Grab und meint: »Man wird ja doch noch einen Scherz machen können!«

*»O Gott, Herr Huber, Sie gehen ja auf Krücken!« — »Ich wurde von einem Auto angefahren, und seither muß ich leider auf Krücken gehen!« — »Und Sie können überhaupt nicht mehr ohne Krücken gehen?« — »Mein Doktor sagt ja, aber mein Anwalt sagt nein!«*

»Sie sind fristlos entlassen!« schnaubt der Chef. — »Aber warum denn?« jammert der Angestellte, »was habe ich denn getan?« — »Eben darum, weil Sie nichts getan haben!«

*Der alte Bauer liegt im Sterben. Da sagt er zu seiner Frau: »Ich muß dir etwas beichten! Ich habe dich mit der Magd betrogen!« Entgegnet ihm die Frau: »Was glaubst du, weshalb ich dich vergiftet habe?«*

Es sind immer die kleinen Dinge im Leben, die uns ärgern. Man kann sich z.B. auf der Spitze eines Berges nie-

*Ein wenig Humor ist manchmal besser als jede Medizin.*

*Lachen hält auch uns gesund.*

dersetzen, aber nie soll man das gleiche bei einem kleinen Reißnagel tun!

*Nach Verlassen der Kirche wispert sie ihm ins Ohr: »Ach, Heinz, nun sind wir beide für ewig zusammen!« Meint er: »Nur nicht immer gleich das Schlimmste annehmen!«*

»Wie alt sind Sie?« fragt der Richter. — »Neunzig«, erwidert der Angeklagte. — »Nicht zu glauben! In diesem Alter stehlen Sie noch Autos?« — »Als ich jung war, gab es ja noch keine, Herr Richter!«

*Ein Mann kommt zum Augenarzt: »Herr Doktor, manchmal sehe ich ganz verschwommen, trotz meiner Brille. Soll ich stärkere Gläser nehmen?« — »Nein, nicht stärkere Gläser, nur ein paar weniger!«*

»Hast du im Laufe deiner Ehejahre irgendeine Veränderung an deiner Frau bemerkt?« — »O ja, früher erzählte sie mir stets, was in ihrem Herzen vorging — heute spricht sie nur noch von ihrer Galle!«

*Der Jaglbauer von Brandschlag ist einer, dem es sogar der Herrgott im Himmel nicht recht machen kann. Einmal wächst das Gras zu dünn, das andere mal zu dick. Bald könnte das Getreide im Körndl größer sein, und so findet er immer etwas, das ihm nicht paßt. Am meisten aber hat er an den Erdäpfeln auszusetzen. — Da kam aber ein Jahr, wo die Erdäpfel besonders gut geraten waren, und der Jaglbauer fuhr einen Wagen Erdäpfel nach dem anderen ein. Wie er wieder mit voll beladenem Wagen vom Felde kommt, begegnet ihm der Pfarrer. »Na, Jaglbauer, heuer bist aber bestimmt mit deinen Erdäpfeln zufrieden. Viele sind's, schön sind's und groß!« — »Na ja, wie man's nimmt«, sagt der Jaglbauer. »Aber heuer fehl'n halt wieder die kloan für die Säu!«*

»Mög der Herrgott mir meine Gesundheit erhalten und die Arbeitskraft meiner Frau«, seufzt der Lexen-Toni, »damit es mir wohl ergehe und *sie* lange lebe auf Erden!«

*»A Brustbild tät ich meinem Toni schon gerne schenken«, sagt die Annemirl zum Fotografen, »aber ob er mich dann kennt, wenn kein Kopf drauf ist?«*

»Wenn der Bauer den Schmarrn nicht will«, sagt die Bäuerin zur Dirn, »dann gibst zwei Löffel Schmalz drauf und gibst ihn nachher der Katz!«

*»Dös Geld, wenn i hätt'«, hat der Nagelmüller g'sagt, »dös i versoffen hab — da könnt i sauf'n.«*

Kommt der kleine Franzl heim. »Ja mei, Bua«, schreit die Mutter, »du stinkst ja, du hast ja um Gottes willen die Hose voll!« — »Ja freilich«, sagt der Franzl, »wir haben Auto gespielt, und ich hab' stinken müssen!«

*Sie vorwurfsvoll: »Nun kommst du schon wieder aus dem Wirtshaus!« Er vorwurfsvoll: »Ich kann ja doch nicht ewig dort sitzen bleiben!«*

Zwei Freunde treffen sich. »Wie geht es dir als Jungverheirateter?« — Sagt der andere: »Wenn ich das gewußt hätte, dann wäre ich ledig geblieben!« — »Das kann ich ja kaum glauben, wo deine Frau so reizend ist!« — »Kaum komme ich heim, will sie Geld, morgens, wenn ich erwache, will sie schon wieder Geld, komme ich abends heim und will in Ruhe meine Zeitung lesen, was will sie schon wieder? Geld natürlich!« — »Was macht denn deine Frau mit dem vielen Geld?« — »Das weiß ich leider nicht, ich hab' ihr noch keins gegeben!«

*Der Huberbauer liegt im Sterben. Da er 25 Jahre älter ist als seine Frau, bespricht er mit ihr die Heiratsaussichten nach seinem Ableben. »Der Hof braucht einen neuen Bauer«, sagt er, »den Leitner-Bauer könntest heiraten!« — »Geh, den alten Fettwanst, den heirat' ich nie!« — »Und wie wär's mit'n Michel Franz?« — »Den alten Saufbruder, den möcht ich nicht geschenkt!« — »Und der Weber Gust?« — »No, den schon gar nicht. Und überhaupt! Jetzt wird erst mal gestorben, die andere Sach' richt ich mir schon selber!«*

Ein auswärtiger Reporter fragt den Bürgermeister: »Ist irgendein großer Mensch in eurer Stadt zur Welt gekommen?« — »Soviel ich weiß, leider nicht«, sagt der Bürgermeister, »alles immer nur kleine Kinder!«

*Peter hat die kranke Lehrerin besucht. Als er das Haus verläßt, stehen ein paar Klassenkameraden da. Sie wollen wissen, wie es der Lehrerin geht. »Es ist keine Hoffnung mehr«, sagt Peter, »morgen kommt sie wieder in die Schule!«*

Sagt die kleine Betty: »Immer soll ich brav sein, damit ich in den Himmel komme! Was soll ich eigentlich da oben?«

*Herr und Frau Keller sitzen mit Klein Peter beim Mittagstisch. Da fragt der Sechsjährige plötzlich: »Woher kommen wir eigentlich?« Die Eltern sehen sich erschrocken an. »Ich habe noch in der Küche zu tun, es ist wohl richtiger, du klärst ihn gleich auf!« Der Vater beginnt sehr ernst mit seinem Sohn zu sprechen. Er fängt bei den Blumen an, kommt zu den Schmetterlingen und schließlich zu dem Thema über die Vermehrung der Menschen. »So«, sagt Herr Keller, »jetzt weißt du Bescheid, aber du brauchst nicht mit anderen Kindern darüber zu sprechen!*

*Wieso bist du denn darauf gekommen, woher wir kämen?« — »Weil es gestern der Platzer Hans wissen wollte. Bei seinen Leuten ist es viel einfacher gewesen, die kamen damals aus dem Rumänischen!«*

Der Herr Pfarrer schildert im Religionsunterricht den Jüngsten Tag. Da würden die Berge einstürzen, Gräber sich öffnen, das Meer Land und Äcker überschwemmen. Ein kleiner Stöpsel aus der letzten Bank: »Herr Pfarrer, haben wir an diesem Tag schulfrei?«

*»Mami, der Lehrer hat mich für etwas bestraft, was ich nicht gemacht habe!« — »Was hast du denn nicht gemacht?« — »Meine Hausaufgaben!«*

Ein Mann kommt in ein Versicherungsbüro, um eine Lebensversicherung abzuschließen, es ist 10 Minuten vor 12 Uhr. »Wie alt sind Sie«, fragt der Versicherungsbeamte. — »80 Jahre?« — »Da kommen Sie reichlich spät. In zehn Minuten schließen wir das Büro, kommen Sie morgen.« — »Morgen kann ich nicht, da hat mein Vater Geburtstag!« — »Was, einen Vater haben Sie auch noch, wie alt ist er denn?« — »Morgen wird er 100 Jahre!« — »Also gut, kommen Sie übermorgen!« — »Übermorgen? Ganz ausgeschlossen! Da heiratet mein Großvater!!!« — »Was sagen Sie da? Einen Großvater haben Sie auch noch? Wie alt ist er?« — »Mein Großvater ist 120 Jahre!« — »120 Jahre! Und da will er noch heiraten?« — »O nein, er will nicht, er muß!«

*»Weshalb heult denn dein Bruder gar so schrecklich?« — »Weil er keine Ferien bekommt!« — »Und warum bekommt er keine Ferien?« — »Weil er noch nicht zur Schule geht!«*

Freund zum Ehemann: »Kommst du mit, wir gehen alle noch ein bißchen aus!« — »Ausgeschlossen, ich muß nach Hause, Essen kochen!« — »Essen kochen? Ist deine Frau krank?« — »Nein, krank nicht, aber hungrig!«

*Ein Patient wartet darauf, in den Operationssaal gebracht zu werden. »Ich bin sehr nervös«, sagt er zur Operationsschwester, »es ist meine erste Operation!« — »Der Arzt ist noch nervöser«, tröstet die Schwester, »auch bei ihm ist es die erste Operation!«*

Der Bürgermeister schickt amtlich um die Speckmüller-Dirn. »Von wem ist dein viertes Kind?« fragt er streng. — »Vom Lukas Luis«, antwortet die Gefragte. — »Wie die drei andern?« — »J-ja!« bestätigt die Speckmüller-Dirn. — »Zwegen was heiratst nicht nachher den Lukas-Luis?« forscht das Gemeinde-Oberhaupt weiter. — »Weißt, Bürgermeister«, sagt die Speckmüller-Dirn, »daß ich dir's grad heraussagen tu, er steht mir nicht recht zum Gesicht!«

*Dem Rippl-Toni sei Alte wiegt aufs Gramm 120 Kilo. Sie kann nur mehr der Quere durch die Tür ein- und ausgehen. Ihr Gang ist schwer, grad, daß sie sich noch rühren kann. Aber dafür geht ihre Zunge wie ein Wasserradl, und da hat's der Toni, ihr Mann, nicht immer leicht. Kein Wunder, wenn er stöhnt: »Drei Rosenkränz will ich beten, wenn ich die einmal los werde!« Von Tag zu Tag wurde die Rippl-Res immer stärker, und eines Tages ging es nicht mehr. Auf ärztliche Anordnung kam sie ins Krankenhaus zu einer Abmagerungskur. Als der Rippl-Toni eines Tages vom Krankenhaus kam, strahlte er übers ganze Gesicht. »Na«, sagt der Nachbar, »deinem Weib muß's ja schon sehr gut geh'n, daß du gar so froh ausschaust!« — »Bin sehr zufrieden!« sagt der Toni. »In den 14 Tagen der*

*Behandlung hat sie schon 10 Kilo abgenommen, und der Doktor selbst hat's mir gesagt, daß sie alle 14 Tage 10 Kilo abnehmen wird! In genau 168 Tagen ist von ihr nichts mehr da!«*

»Ich bin 60 Jahre alt, mehrfacher Millionär und liebe eine Zwanzigjährige. Wie kann ich sie dazu bringen, mich zu heiraten?« — »Sagen Sie ihr doch, Sie wären achtzig vorbei!«

*Ein finstrer Esel sprach einmal zu seinem ehelichen Gemahl: »Ich bin so dumm, du bist so dumm, wir wollen sterben gehen, kumm!« Doch wie es kommt so öfter eben: Die beiden blieben fröhlich leben!*

Christian Morgenstern

Du bist wie eine Distel, so stachelig und rauh, daß du 'ne rauhe Distel bist, das weißt du ganz genau! Du brauchst deshalb nicht jammern, daß du 'ne Distel bist, oft findet sich ein Esel, der so 'ne Distel frißt!

*Ein ungarischer Dichter heiratet als Siebzigjähriger eine Siebzehnjährige. Einer seiner Freunde meint: »Hast du auch bedacht, daß deine Frau bei deinem 80. Geburtstag erst siebenundzwanzig sein wird?« — »Wenn man eine Frau wirklich liebt«, meint der Neuvermählte, »stößt man sich nicht an ihrem Alter!«*

Einträglich liegen eine Kuh und ein Kamel nebeneinander. Da meinte das Kamel: »Laß uns doch eine Milchbar aufmachen!« — »Nicht schlecht«, sagte die Kuh, »aber wie?« — »Ganz einfach«, meinte das Kamel, »du lieferst die Milch und ich den Hocker!«

*Ein Hypochonder kommt zu seinem Hausarzt. »Nun, wie geht es Ihnen?« fragt der Arzt etwas barsch. »Ja«, gibt der Patient zurück, »es geht besser, um etliches besser, aber der Herzschlag ist immer noch da!« — »Nun, den kriegen wir auch noch weg!«*

Nachdem Frau Hinterhuber von ihrem zehnten Kind entbunden worden war, nimmt sich der Doktor den Ehemann zur Seite: »Hinterhuber, so geht das nicht weiter! Denken Sie auch an die Gesundheit Ihrer Frau und ob Sie überhaupt ein weiteres Kind noch ernähren können?« — »Ja mei, Herr Doktor, wenn ich in dieser Stimmung bin, hab' ich das Gefühl, ich könnt ganz Bayern ernähren!«

*Er: »Zu Hause ist meine Frau ja ganz nett, aber in jedem Gasthaus muß sie randalieren!« Freund: »Ja, wieso denn?« — »Jedesmal, wenn sie mich holen kommt und ich noch nicht heimgehen will!«*

»Na, warst du auch artig in der Schule?« fragt die Mutter ihr Fritzchen. — »Natürlich«, antwortet Fritzchen, »was kann man da schon anstellen, wenn man den ganzen Vormittag in der Ecke stehen muß?«

*Was ist der Unterschied zwischen einem Kilo Butter und einem 19jährigen Mädchen? — Das 19jährige Mädchen wird in einem Jahr zwanzig, das Kilo Butter wird in einem Jahr ranzig.*

Was ist der Unterschied zwischen einer Hundehütte und einer langen Predigt? — Die Hundehütte ist für den Hund, eine lange Predigt dagegen für die Katz'!

*Zwei kleine Mädchen unterhielten sich über ihre Puppenkinder. »Geben Sie Ihrem Kinde auch die Brust?« fragt das eine Mädchen in der Sprache der Erwachsenen.*

*— »Oh, gewiß doch!« erwidert das andere Mädchen. »Nur wenn ich es sehr eilig habe, dann übernimmt mein Mann diese Arbeit!«*

»Mammi«, sagt Peter in bestimmtem Ton, »die Fingerabdrücke an der Tür können nicht von mir sein, ich mach' die Tür immer mit dem Fuß zu!«

*Der bekannteste Ohrenarzt ist zweifellos der Markusplatz in Venedig. Jedermann weiß, daß zu ihm täglich Hunderte von Tauben kommen!*

»Stellen Sie sich einmal vor, ich habe vier Freunde: drei davon heißen Sommer, Herbst und Winter. Raten Sie einmal, wie der vierte heißt!« — »Frühling, natürlich!« — »Nein, das ist ja gerade das Seltsame: Der heißt Maier!«

*Frau Müller kommt atemlos ins Haus gestürzt: »In unserem Garten steht eine fremde Kuh!« Schreit Herr Müller: »Und du stehst noch hier? Nichts wie hinaus in den Garten und melken!«*

»Gestern habe ich im Gasthaus 49 Knackwürste gegessen.« — »Und warum hast du nicht die 50 vollgemacht?« — »Ja, glaubst du denn, ich wollte mir wegen *einer* lumpigen Knackwurst den Magen verderben?«

*Man findet nichts, das ist gewiß, wenn man was sucht, wo gar nichts ist!* Wilhelm Busch

Wenn wir es recht überdenken, so stecken wir doch alle nackt in unseren Kleidern. *Heinrich Heine*

*Hinweis in einem Hotelzimmer: Bitte die elektrische Heizung nicht mit nassen Händen berühren, bevor Sie nicht Ihre Rechnung bezahlt haben!*

An einem Markttag liegen vier schön geputzte Gänse nebeneinander am Standl. Eine vorübergehende Dame sieht sich die Gänse der Reihe nach an, dreht sie hin und her, holt ihre Brille aus der Tasche, setzt sie auf, um irgendwelche eventuellen Mängel zu entdecken. Sie fühlt unter die Flügel, beklopft die Brust, drückt da und dort. »Jetzt lassen Sie einmal meine Gänse, Gnä' Frau«, sagt da die Marktfrau. »Hätte Ihr Mann Sie so einer genauen Prüfung unterzogen, säßen Sie heute noch ledig da!«

*Der Huberbauer kommt mit einem verschwollenen Fuß zum Arzt. »Du weißt doch, Huberbauer, daß ich nur bis 6 Uhr ordiniere, jetzt ist es schon 8 Uhr vorbei!« — »Ja«, meint der Huberbauer gemütlich, »ich weiß es, Herr Doktor, aber meine Kuh scheint das nicht zu wissen, die hat mich erst um ½ 8 getreten!«*

Junger Ehemann zum Freund: »Gestern hatten wir den ersten, großen, wirklichen Streit in unserer Ehe. Wir konnten uns nicht darüber einig werden, was wir mit unserem Geld anfangen, wenn wir welches hätten!«

*Frau Rösler: »Heute gehen wir einen Mantel kaufen! Immer läufst du mit dem schäbigen alten Wetterfleck herum, ich kann ihn mir überhaupt nicht mehr ansehen. Außerdem reden schon die Nachbarn, daß ich immer so gut angezogen wäre und daß ich meinen Mann in einem schäbigen, abgetragenen Wetterfleck herumlaufen lasse!« Das Ehepaar betritt das Kleidergeschäft, der Geschäftsführer eilt mit einem besonders eleganten pelzverbrämten Damenmantel herbei. »Nein, nein«, sagt Frau Rösler, »diesmal wird ein Herrenmantel gekauft.« Sie schlüpft aus einer gewissen Neugierde in den eleganten Damenmantel. Sofort stößt der Geschäftsführer bewundernde Laute aus: »Der sitzt ja wie angegossen«, und,*

*»wie aus der Schale gepellt!« Sie dreht sich vor dem Spiegel, bewundert sich, dann dreht sie sich zu ihrem Mann um: »Wie gefalle ich dir? Was sagst du dazu? Ein solches Stück finde ich ein zweites Mal nicht mehr! Also sag bloß nicht, daß dir dein guter, alter Wetterfleck nicht mehr schön genug ist!«*

Große Trockenheit, die Gläubigen verlangen eine Bittprozession. Der Pfarrer verschiebt die Prozession, weil zur Zeit das Barometer sehr hoch steht. Acht Tage später beginnt das Barometer zu fallen, der Herr Pfarrer setzt die Bittprozession an. Währenddessen beginnt es zu regnen. Nun murren die Leute: »Wenn unser Herr Pfarrer nicht ein solcher Dickschädel wär', hätten wir schon vor acht Tagen einen Regen gehabt!«

*Eine Sommerfrischlerin fragt den Herrn Pfarrer von einem kleinen Ort in Tirol, ob die Dorfkirche wohl alle Pfarrkinder fassen könne? Der Herr Pfarrer sagt: »Freilich, wenn alle einigangerten, gangerten eh nit alle eini, aber weil nit alle einigehn, gehn alle eini.«*

Die gute Oma ist gestorben, im Hause herrscht Trauer. Nachmittags zieht ein heftiges Gewitter auf. Bei einem starken Donner geht Klein-Bärbel ans Fenster und meint: »Nicht wahr, heute darf unsere Oma schon das erstemal mitdonnern?«

*»Erinnerst du dich, vor Jahren ist unser Nachbar mit einer zerrissenen Hose nach Amerika ausgewandert, jetzt ist er nach so vielen Jahren mit einer Million zurückgekommen!« — »Was macht euer Nachbar mit einer Million zerrissener Hosen?«*

Im Bahnhof erschienen, etwas vom Alkohol beschwingt, drei Männer. In dem Augenblick fuhr der Zug gerade ein.

Der Fahrdienstleiter und ein Schaffner konnten zwei von ihnen in den Zug hineinbugsieren. Für den dritten war es zu spät. Traurig sah er dem entschwindenden Zug nach. »Schade«, sagte der Fahrdienstleiter, »daß Sie nicht mehr mitgekommen sind!« — »Ja und meinen zwei Freunden wird es auch leid sein. Sie wollten mich nämlich nur zum Zug bringen!«

*Martin fragt seinen Vater: »Papa, ist das wahr, daß manche Tiere alle Jahre einen neuen Pelz bekommen?« — »Ja, aber sage davon um Gottes willen nichts deiner Mama!«*

Den meisten Jägern geht es mit ihren alten Hüten wie mit ihren Frauen: Sie sind nicht mehr schön, aber sie können sich nicht von ihnen trennen!

*Ein junger Mann liegt schwerverletzt im Krankenhaus. Der Arzt untersucht ihn und fragt: »Junger Mann, wie konnten Sie nur aus dem Fenster springen?« Der junge Mann seufzt und erwidert: »Weil mich ein junges Mädchen angelogen hat.« — »Aber, aber, deshalb springt man doch nicht gleich aus dem Fenster!« — »Doch, sie sagte, ihr Vater wäre nicht zu Hause, dann war er es aber doch, und so mußte ich aus dem Fenster springen!«*

Du willst bei Fachgenossen gelten? Das ist verlorene Liebesmüh. Was dir mißglückt, verzeih'n sie selten, was dir gelingt, verzeih'n sie nie!

*Herr Krause, der in der DDR lebt, kauft sich einen sprechenden Papagei, der aber nur den einen Satz spricht: »Nieder mit der SED!« So kommt er deshalb vor Gericht. Herr Krause weiß, daß es in der Nachbarschaft einen Pfarrer mit sprechendem Papagei gibt, den er sich für die*

*Gerichtsverhandlung ausleiht. Der Richter spricht dem Papagei den Satz: »Nieder mit der SED« vor, der Papagei schweigt. Schließlich rufen es die Zuhörer in den Saal: Nieder mit der SED, ein zweites und drittes Mal. Da hebt der Vogel im Käfig seinen buntgefiederten Kopf und krächzt: »Der Herr erhöre Euer Flehen, Amen!«*

Eine wahre Begebenheit. Es war Winter. Die Domkirche in Linz, Oberösterreich, ungeheizt, und so waren beim Stundengebet nur drei Chorherren, gerade die ältesten und gebrechlichsten, anwesend, weil ja die Alten immer noch mehr aushalten als die Jungen. Diese hatten sich mit Schnupfen, Husten und Heiserkeit entschuldigt. Der Anblick war nicht gerade erhebend und ihre Stimmen auch nicht wohltönend. Eine Frau vom Land, die ihren Buben im Knabenseminar besucht hatte und auf ein kurzes Gebet in den Dom ging, hörte die drei und seufzte vernehmlich: »Wird doch mei Bua net auch so ein armseliges End nehmen!«

*U-Bahnbau in München. Überall sind die Straßen aufgerissen. Interessiert schaut ein norddeutsches Ehepaar den Arbeitern zu. Schließlich fragt der Mann: »Was machen Sie da eigentlich?« — »Ramma damma!« Das verstehen die beiden nicht. Sie sprechen einen anderen Arbeiter an. Der nickt ihnen freundlich zu und erklärt: »Ramma duri!« Sie verstehen ihn nicht und wenden sich an einen Passanten. »Ramma dans«, sagt der Passant. — »Komm, lauter Gastarbeiter, wahrscheinlich Türken!«*

Stabsarzt im Lazarett, zum ersten Schützen: »Was fehlt Ihnen?« — »Ich habe eine Furunkel beim Darmausgang!« — »Was wird gemacht?« — »Herr Stabsarzt, es wird mit Jod gepinselt!« — »Hilft es?« — »Ja, es hilft, Herr Stabsarzt!« — »Haben Sie sonst noch Wünsche?« — »Nein,

Herr Stabsarzt!« — Stabsarzt zum zweiten Schützen: »Was fehlt Ihnen?« — »Ich habe Hämorrhoiden, Herr Stabsarzt!« — »Was wird gemacht, und hilft es?« — »Es wird gepinselt, Herr Stabsarzt, und es hilft!« — »Gut, haben Sie sonst noch Wünsche?« — »Nein danke, Herr Stabsarzt!« Stabsarzt zum Schützen 3: »Und was fehlt Ihnen?« — »Ich habe entzündete Mandeln!« — »Was wird gemacht, und hilft es?« — »Es wird mit Jod gepinselt, und es hilft!« Stabsarzt: »Haben Sie sonst noch Wünsche?« Schütze 3: »Einen andern Pinsel, wenn ich bitten darf, Herr Stabsarzt!«

*Der Seppl geht beichten. Er wäre mit der hübschen Resi abends im Stadtpark gewesen. Pfarrer: »Ist vielleicht etwas geschehen?« Seppl: »Nein, Herr Pfarrer, ich hab' mich gar nicht getraut, sie anzurühren?« Pfarrer: »Als Buße trinkst einmal 20 Liter Wasser!« Seppl: »20 Liter Wasser, ja warum denn das?« Pfarrer: »Weil die 20 Liter Wasser eine Tagesration für ein ausgewachsenes Kamel ist!«*

Wie doch die Leute komisch sind,
so komisch hier auf Erden.
Lang leben möchte jeder gern,
doch alt will niemand werden!

Gefunden in einem Buch aus dem Jahre 1893

*Wenn über eine dumme Sache endlich einmal Gras gewachsen ist, kommt sicher ein Kamel gelaufen, das alles wieder runterfrißt!*

Der Autofahrer kurbelt sein Wagenfenster herunter und ruft dem Fußgänger zu, der in den Himmel schaut: »Wenn Sie nicht dorthin schauen, wo Sie gehen, werden Sie bald dort gehen, wo Sie hinschauen!«

*Der Toni war zwei Tage nicht in der Schule. »Ja, Toni, wo warst du denn gestern?« fragt der Lehrer. — »Bei uns hat es gebrannt, Herr Lehrer!« — »Aber vorgestern, da warst du ja auch nicht da?« — »Ja, vorgestern, da haben wir ausräumen müssen!«*

Ein eleganter Herr in grauem Anzug sitzt in einem Zugabteil. In einer Station steigt ein stark Alkoholisierter ein. Das Schaukeln im Zug verursacht ihm Unbehagen, auf einmal ging es *Hup,* und die ganze Bescherung geht auf den Herrn im eleganten Anzug. Dieser springt auf und schreit: »Sie Schwein!!!« Darauf der andere: »Ich soll ein Schwein sein? Schaun's Ihnen an!«

## Scherzfragen

| | |
|---|---|
| Wann ist die Butter am lustigsten? | Wenn sie ausgelassen ist |
| Welcher Vogel hat keine Federn? | Der Pechvogel |
| Welcher Kopf hat keine Nase? | Der Krautkopf |
| Welcher Hut hat keine Krempe? | Der Fingerhut |
| Welche Uhr tickt nicht? | Die Sonnenuhr |
| Welches Haus hat keine Fenster? | Das Schneckenhaus |
| Welcher Hahn kräht nicht? | Der Wasserhahn |
| Welches Glöcklein klingt nicht? | Das Maiglöckchen |
| Welcher Stock trägt Blüten? | Der Rosenstock |
| Welcher Stuhl hat keine Beine? | Der Dachstuhl |
| Welcher Topf hat stets ein Loch? | Der Blumentopf |
| Wer hat Hühneraugen am Kopf? | Die Hühner |

| | |
|---|---|
| Welche Schuhe trägt man nie an den Füßen? | Handschuhe |
| Was hat keinen Anfang, nur Enden? | Die Wurst |
| Welche Mühle wird weder vom Wasser noch vom Wind getrieben? | Die Kaffeemühle |
| Was ist die Leberwurst für eine Blume? | Jelängerjelieber |
| Wer steht auf einem Fuß und hat das Herz mitten im Kopf? | Der Krautkopf |

---

## 200jährige Friedhofsmarterln aus Tirol

Hier fiel Jakob Hosenknopf
vom Hausdach in die Ewigkeit.

Er maß sieben Schuh,
Gott gebe ihm die ewige Ruh,
ein unglücklicher Ochsenstoß
öffnete ihm das Himmelsschloß.

Hier liegt ein junges Öchselein,
vom Tischler Ochs das Söhnelein.
Der Herre hat es nicht gewollt,
daß er ein Ochse werden sollt.

Hier ruht die ehrsame und tugendsame Jungfrau
Genovefa Voggenhuberin,
betrauert von ihrem einzigen Sohn.

Hier ruht die ehrsame Jungfrau Anna Feilmoser,
auch ruhet da ihr unschuldiges Kind Josef.

Hier liegt mein Weib, Gott sei's gedankt,
wie oft hat sie mit mir gezankt.
O lieber Wanderer, geh gleich fort von hier,
sonst steht sie auf und zankt mit dir.

Hier liegt der Fuhrmann Ebenlaus,
ein Roß blies ihm das Leben aus.
Der Tritt von einem Schimmelhuf,
ihm einen Platz im Himmel schuf.

Hier ruht Herr Sekretarius Balthasar Lühr,
für jedes Amtsgeschäft nahm er eine Gebühr.
Hier liegt er nun, der nichts umsonst getan;
es schmerzt ihn, daß man umsonst hier dieses lesen kann.

Hier ruht der ehrsame Johann Missegger,
auf der Hirschjagd von einem unvorsichtigen Schuß erschossen,
aus aufrichtiger Freundschaft
von seinem Schwager Anton Steger.

Marterlspruch im Passaier:

Durch einen Ochsenstoß
kam er in des Himmels-Schoß.
Mußt er auch gleich erblassen
und Weib und Kinder hier verlassen.
Kam er doch zur ewigen Ruh,
durch dich, du Rindviech du!

Hier zog Franz Gruber seine Spur,
im Rucksack die Lawinenschnur.
Betet für den armen Sünder.
Er hinterläßt vier ledige Kinder.

Aufigstiegn, abigfalln, hin gwesn.

**Lavendel**

*Lavandula angustifolia*

**Mistel**

*Viscum album*

Der Weg in die Ewigkeit ist nicht weit,
um 7 Uhr ging er fort, um 10 Uhr war er dort.

Hier liegt die tugendsame Jungfrau
Rosina Baumgartner Tulfes bei Rinn.
O liebe Rosina, wie so manche Nacht
haben wir zusamm verbracht.
Bis der liebe Heiland kam
und Dich wieder zu sich nahm.

Hier in dieser Gruben
liegen zwei Müllerbuben.
Geboren am Chiemsee,
gestorben an Bauchweh.

Hier ruht in Gott Adam Leutsch
26 Jahre lebte er als Mensch, 37 Jahre als Ehemann.

Hier in diesem Grabe liegt Anich Peter,
die Frau begrub man erst später.
Man hat sie neben ihm begraben,
wird er die ewige Ruhe haben?

Hier ruht Vitus Pichler und seine 3 Weiber.

Hier hat erschlagen der Blitz einen Bauern und seine Kuh.
Gott gib ihnen jenseits die ewige Ruh!

Wanderer, mach's Türl auf!
Das Conterfei ist obendrauf.
Hier ruhet friedlich Vinzenz Krug,
der Kinder, Weib und Orgel schlug.
Er wurde getroffen von einer Kuh.
Wanderer, mach's Türl zu!

Der Tod macht nit lang Federlesen,
abigfallen, hin gewesen.
Das Leben ist ein arger Mist.
Es sei gelobt Herr Jesu Christ.

Hier liegt begraben unser Organist.
Warum? Weil er gestorben ist.
Er lobte Gott zu allen Stunden,
das Kreuz ist oben, und er liegt unten.

---

## Sprüche aus Tirol

»Grad recht geschieht mein' Votern, daß mir so in die Finger friert!« hat der Speckbauernbua gsagt, »warum kauft er mir keine Handschuhe net!«

*»Die Woch' fängt gut an!« hat der Zimmerer Franz gsagt, wie er sich den Daumen abgehackt hat.*

»Ist auch recht!« hat der Schustergust gsagt, wie er sein' Lehrbuam an Stiefel nachgschmissen hat und dabei die Schusterin einen Volltreffer bekam.

*»Wenn von uns zwei einmal einer stirbt«, hat der Lexbauer zu sein Weib gsagt, »nachher verkauf i den Hof und zieh' zu meiner Schwester in d' Stadt!«*

»Eins von uns muß auf d' Leiter aufi«, hat der Stanzer-Bauer beim Äpfelbrocken zu sein Weib gsagt, »i bleib' unten!«

*»Wieder a Kundschaft!« sagt der Höllwastlwirt, wie er sich selber a Halbe eingschenkt hat.*

»Höher geht's nimmer!« sagt das Ortsoberhaupt einer kleinen Gemeinde, wie er unterm Tisch glegn is.

*»D' Manner mag i scho gar net, aber d' Kinder hab i so gern!« hat die Schmoll-Kathl gsagt, wie sie s' fünfte Kind auf d' Welt bracht hat.*

»A Fliegen im Kraut is allweil besser«, sagt der Maurer Korl, »als wie gar kein Fleisch!«

*»Jetzt bin i alt gnug«, hat der Bua zum Vatern gsagt, »i mag nimmer allein sein, a Zithern muß her oder a Weib, i brauch was zum Schlag'n!«*

»Recht hast ghabt!« hat der Stanzer-Narz zum Nachbarn gsagt, »daß dir s' Haus abbrennt is!«

*»So lusti san ma beinandergsessen«, hat der Narzkorl zum Richter gsagt, »und auf einmal is dem Seppen s' Auge rausghängt!«*

»Waas ham mir ghabt? An Defizit ham mir ghabt?« hat ein Gemeinderat gesagt, »an Schmarrn ham mir ghabt, draufzahlt ham mir!«

*»Geht's nur eini nachanand!« hats Häuselweib gsagt, wie sie ihre einzige Geiß in Stall neitriebn hat.*

### *Das Zehnerl*

Ich bin nur ein Zehngroschenstück und führ ein armes Leben.
Ich bringe keinem Menschen Glück, für mich will man nichts geben!

Ich bin nicht eine Semmel wert, nicht eine Zigarette,
ich bin als Trinkgeld nicht begehrt, mit mir ist's ein Gefrette.
Ich kann mit einem Hosenknopf an Wert mich gar nicht messen,
nichtsnutzig bin ich armer Tropf, verlassen und vergessen!
Doch aber wenn es Sonntag ist, da werd ich stolz und eitel,
da opfert mich als guter Christ mein Herr im Klingelbeutel!

## *Zum Nachdenken*

Der Kannibale Freudenmann *ißt* Braut und Bräutigam zugleich.

Der Brauer Freudenmann ist Bräutigam und braut zugleich.

Der Sträfling Freudenmann wünscht, weil es in der Zelle stinkt, sich ein Feilchen!

## *Fuchs und Igel*

Ganz unverhofft an einem Hügel
sind sich begegnet Fuchs und Igel.
»Halt!« rief der Fuchs, der Bösewicht,
»Kennst du des Königs Order nicht?
Ist nicht der Friede längst verkündigt
und meinst du nicht, daß jeder sündigt,
der immer noch gerüstet geht?
Im Namen seiner Majestät
geh her und übergib dein Fell!«
Der Igel sprach: »Nur nicht so schnell!
Laß dir erst deine Zähne brechen,
dann wollen wir uns weiter sprechen.«

Und alsogleich macht er sich rund,
schließt seinen dichten Stachelbund,
und trotzt getrost der ganzen Welt!
Bewaffnet, doch als Friedensheld!

Wilhelm Busch

## *Fink und Frosch*

Im Apelbaume pfeift der Fink:
Sein pinkepink!
Ein Laubfrosch klettert mühsam nach
bis auf des Baumes Blätterdach
und bläht sich auf und quackt: »Ja, ja!
Herr Nachbar, ick bin och noch da!«

Und wie der Vogel frisch und süß
sein Frühlingslied erklingen ließ,
gleich muß der Frosch in rauhen Tönen
den Schusterbaß dazwischen dröhnen.

»Juchheija, heija!« spricht der Fink,
»fort flieg ich flink!«
Und schwingt sich in die Lüfte hoch.
»Wat!« ruft der Frosch, »dat kann ick och!«
Macht einen ungeschickten Satz,
fällt auf den harten Gartenplatz,
ist platt, wie man die Kuchen backt,
und hat für ewig ausgequackt.

Wenn einer, der mit Mühe kaum
Geklettert ist auf einen Baum,
Schon meint, daß er ein Vogel wär,
So irrt sich der.

Wilhelm Busch

## *Wer einsam ist, der hat es gut ...*

Wer einsam ist, der hat es gut,
weil keiner da, der ihm was tut.
Ihn stört in seinem Hausrevier
kein Tier, kein Mensch und kein Klavier
und niemand gibt ihm weise Lehren,
die gut gemeint und bös zu hören.

Der Welt entronnen, geht er still
in Filzpantoffeln, wann er will.
Sogar im Schlafrock wandelt er
bequem den ganzen Tag umher.
Er kennt kein weibliches Verbot,
drum raucht und dampft er wie ein Schlot.

Geschützt von fremden Späherblicken
kann er sich selbst die Hose flicken.
Liebt er Musik, so darf er flöten,
um angenehm die Zeit zu töten,
und laut und kräftig darf er prusten,
und ohne Rücksicht darf er husten
und allgemach vergißt man seiner.

Nur allerhöchstens fragt mal einer:
Was, lebt er noch? Ei schwerenot,
ich dachte längst, er wäre tot.
Kurz, abgesehn vom Steuerzahlen,
läßt sich das Glück nicht schöner malen.
Worauf denn auch der Satz beruht:
Wer einsam ist, der hat es gut!

Wilhelm Busch

VIII.

# Meine Lebensphilosophie

## Meine Lebensphilosophie

Diese Zeilen sind ein Versuch. Nicht mehr. Hinter mir liegen achtzig Lebensjahre, die mich geprägt, aber nicht gezeichnet haben. Ich muß unserem Herrgott für diese Gnade danken. Natürlich habe auch ich Höhen und Tiefen durchlebt, in glücklicher Unbeschwertheit gelebt und unter tiefen seelischen Schmerzen gelitten, vollkommene Harmonie genossen und schärfste Angriffe gegen meine eigene Person erleiden müssen. Ich habe diese seelischen Wechselbäder dank Gottes Hilfe überstanden, ohne daran zu zerbrechen. Ich habe gelernt, daß der Mensch offensichtlich nur aus Niederlagen lernen kann und daß Körper und Seele eine Gemeinsamkeit sind. Das Rüstzeug für meine körperliche Widerstandskraft schöpfe ich aus der Natur. Bis auf gelegentliche Besuche beim Zahnarzt habe ich in meinem Leben keinen Arzt aufsuchen müssen und keine Medikamente eingenommen. Im wohlbestellten Garten Gottes fand ich all die Heilkräuter, die mir halfen, meine Gesundheit zu erhalten.

Mein Glaube an Gott, unseren göttlichen Heiland und die Mutter Gottes hat mich in meiner größten Not stets seelisch aufgerichtet und mir unendlich viel Kraft und Hoffnung gegeben. Ohne meinen Glauben hätte ich all die Prüfungen in meinem Leben nicht meistern können. Denn für diesen Trost und Zuspruch gibt es keinen Ersatz.

Wer diese göttlichen Gaben nicht erkennen und anerkennen kann, ist zu bedauern. Wer die Heilkräfte der Natur ablehnt und den Weg zum Glauben nicht finden kann, hat sich nach meiner Meinung für den schwersten aller denkbaren Lebenswege entschieden. Doch neben diesen beiden großen Säulen der göttlichen Gnade, deren Nutzung jedem Menschen freisteht, muß sich jeder von uns entscheiden, wie er sein eigenes Leben anpackt.

Unsere Altvorderen hatten recht, wenn sie sagten: »Jeder ist seines eigenen Glückes Schmied.« Wir haben es wirklich in der Hand, unsere eigene kleine Welt zu schaffen und sie uns zu bewahren. Wer dies leugnet, entflieht der Realität und der Verantwortung. Natürlich begrenzen Gesellschaft, Politik, Gesetze und Traditionen den Spielraum für die Entfaltung des einzelnen. Natürlich sind wir alle abhängig von den großen Entwicklungen und Problemen unserer Welt. Natürlich müssen wir Zugeständnisse im Zusammenleben miteinander machen. Aber ich frage mich, wie soll diese Welt wirklich in Frieden leben können, wenn es nicht gelingt, in der kleinsten Gesellschaft, der Familie, ohne Streit zu leben? Wie sollen Kinder Werte wie Nächstenliebe, Brüderlichkeit, Toleranz und Achtung schätzen lernen, wenn wir das nicht vorleben können? Wie kann man von der Weltpolitik mit all ihren religiösen und gesellschaftlichen Unterschieden erwarten, was wir selbst im engsten Familienkreis nicht schaffen? Ich will nicht mißverstanden werden, was tagtäglich in der Welt passiert, ist schrecklich. All die Kriege, Verwüstungen, Umweltkatastrophen, all das unsägliche Elend, mit dem unschuldige Menschen geprüft werden, schreit zum Himmel, ist eine Schande für die gesamte Menschheit. Doch schuld sind die Menschen und ihre Gleichgültigkeit. »Das geht mich nichts an« oder »Was kann ich schon dagegen tun?« sind die am häufigsten gebrauchten Ausreden. So habe ich niemals gedacht. Wenn wir ohne Haß leben und unsere Kinder ohne Haß aufwachsen, wird keine Macht der Welt Haß für einen Krieg säen können. Wenn wir alle uns bemühen, unsere Umwelt zu schonen und zu erhalten, wenn wir schon beim eigenen Hausmüll Umweltbewußtsein an den Tag legen, wenn Millionen von Haushalten belastende Chemikalien und Produkte einfach nicht mehr kaufen, dann und nur dann hat unsere Erde eine wirkliche Chance zum Überleben. Wenn wir dagegen tagtäglich gegen solche Gebote der Vernunft verstoßen, scheint mir das Schicksal dieser Welt besiegelt. Die Menschen werden immer stärker in Angst und Ungewißheit leben müssen. Die Angst vor dem Unbekannten, der unsicheren Zukunft, wird schwere Schatten auf ihre Seelen werfen. Und seelisches Ungleichgewicht führt zu körperlichen Erkrankungen. Ja, viele Wissenschaftler sind sich heute sicher, daß die unaufhörlich steigenden Krebserkrankungen oft nur durch dererlei seelische Belastungen ausgelöst werden, daß eine kranke Seele einen gesunden Körper zerstören kann. Mit diesen Gedanken wollte ich beweisen, wie wichtig die Grundeinstellung zum Leben ist. Daß sie von gleichrangiger Bedeutung für unser körperliches Wohlbefinden ist wie eine gesunde Lebensführung und eine maßvolle Behandlung im Krankheitsfall. Allgemeingültige Regeln kann man nicht aufstellen. Nur Erfahrungen eines vorgelebten Lebens können eine Hilfe sein. Den wahren und richtigen Weg für sich muß jeder selbst herausfinden. In meinem Alter fällt es leicht, Bilanz zu ziehen und in der Rückschau zu beurteilen, ob man seinen Grundsätzen treu geblieben ist, was einen geprägt hat und ob man seinen Mitmenschen gegenüber menschlich geblieben ist. Die Grundregeln für mein eigenes Leben haben mich zu dem gemacht, was ich bin.

Als Kind wuchs ich in einer intakten Familie auf. Meine Eltern führten eine glückliche und harmonische Ehe, die für mich zum Vorbild wurde. Im Kreis der Familie lernte ich Rücksichtnahme, Eigenverantwortung, Disziplin und Toleranz, ohne die es in unserem Drei-Mädel-Haus zu einem heillosen Durcheinander gekommen wäre. Natürlich habe ich auch mit meinen beiden Schwestern gestritten, nicht alle Vorhaltungen meiner Eltern sofort verstanden, aber wir hatten einen menschlichen Weg gefunden, solche Meinungsverschiedenheiten gütlich auszutragen. Es gab kein Verbot meiner Eltern ohne eine entsprechende Erklärung. Wir haben elterliche Überlegenheit nie als elterliche Gewalt kennengelernt. Und Streit mit meinen Geschwistern wurde nie durch Parteinahme meiner Eltern geschlichtet. Wir haben über die Probleme offen und ausführlich gesprochen. Überhaupt, was waren Gespräche für uns wichtig! Unsere Eltern sind keinem Thema ausgewichen, haben uns nie wie dumme Kinder, sondern stets wie ihresgleichen behandelt. Eine Einstellung, die ich bei der Erziehung unseres Sohnes zu meiner eigenen machte.

Ich war zehn Jahre alt, als mein Vater bei einem Autounfall ums Leben kam. Ich war verzweifelt, zum ersten Mal in meinem kurzen Leben mit dem Tod konfrontiert. Für mich brach eine Welt zusammen. Unsagbarer Schmerz hielt mich lange Zeit gefangen. Meine Mutter war eine tapfere Frau. Sie hat ihre eigene Traurigkeit nie vor uns Kindern gezeigt, sondern ihre ganze Energie darauf verwendet, uns über den Verlust des geliebten Vaters hinwegzutrösten. In diesem Bemühen hat sie Übermenschliches geleistet, unserer Familie den nötigen Zusammenhalt gesichert und uns stärker in die Verantwortung genommen. Statt zu klagen sind wir enger aneinandergerückt und haben unser Zusammengehörigkeitsgefühl gefestigt. In dieser Zeit wurde mir klar, welchen Schutz die Familie darstellt.

Nach dem Abschluß des Lyzeums traf ich meine Berufsentscheidung, trat als Praktikantin in die Redaktion des »Prager Tageblatts« ein. Meine Mutter nahm keinen Einfluß auf diese Entscheidung. Für sie war nur wichtig, daß mir die Arbeit Freude macht. Zur damaligen Zeit eine fast revolutionäre Einstellung. Denn es war keinesfalls selbstverständlich, daß eine junge Frau arbeitete, geschweige denn in einer fast reinen Männerwelt sich zu behaupten versuchte. In den 14 Jahren meiner Tätigkeit habe ich die Entscheidung nie bereuen müssen. Doch wie viele Menschen gibt es, die ihr Leben lang arbeiten, einen Großteil ihres Lebens im Arbeitsprozeß verbringen und nicht an einem Tag Freude dabei empfinden? Wie viele junge Menschen sehen bei der Berufswahl nur das Geld, ohne sich Gedanken zu machen, welchen Preis sie dafür bezahlen müssen?

Ein kluger Mann hat einmal gesagt, ich brauche und leiste mir nur einen Luxus, beruflich nur Dinge zu tun, die mir Spaß machen. Wer von seinem Beruf nicht ausgefüllt ist, morgens beim Aufstehen schon mit Grausen an die Arbeit denkt, nur noch an Feierabenden, Wochenenden und im Urlaub lebt, hat einen steinigen, beschwerlichen Weg eingeschlagen. Eltern, die die Berufswahl für ihre Kinder treffen, machen sich oft schuldig. Hohe Arbeitslosigkeit, gesunkene Zukunftschancen in vielen Berufen können und dürfen kein Grund sein, einen Jugendlichen zu bevormunden. Auch heute noch sollte man Neigungen und Talent vorrangig mitentscheiden lassen, denn wer Begeisterung für seinen Beruf mitbringt, wird seinen Weg im Leben sicherer machen als der, dem die Entscheidung abgenommen wurde.

Ich habe stets gut in meinem Beruf verdient. Das Geld war für mich nie wichtig, hat mir nie etwas Besonderes bedeutet. Einzig die Möglichkeit, meine Mutter finanziell unterstützen zu können, gab dem Verdienst einen tieferen Sinn. Es machte mich glücklich, nach all den Jahren des Nehmens geben zu können.

Ich hatte viele Verehrer, manch einer wollte mich vom Fleck weg heiraten. Doch ich wußte, daß ich auf den richtigen warten mußte. Und als er endlich vor mir stand, fühlte ich sofort, das ist der Mann fürs Leben. Heute sind mein Mann und ich 46 Jahre verheiratet. Mit meiner Hochzeit gab ich meinen Beruf auf. Mein Mann, Ernst Treben, konnte als Ingenieur der Oberösterreichischen

Kraftwerke AG allein für unseren Lebensunterhalt aufkommen. Und für mich gab es keine Frage, daß ich mich als Ehefrau um den Haushalt zu kümmern hatte. Wo sollte sonst der Sinn einer Ehe liegen? Ich war glücklich in meiner neuen Rolle. Und als unser Kinderwunsch mit der Geburt unseres Sohnes Kurt in Erfüllung ging, waren wir trotz des furchtbaren Krieges die glücklichsten Menschen auf der Welt. Ich bin völlig in meiner Aufgabe als Mutter und Ehefrau aufgegangen. Nicht eine Sekunde habe ich darauf verschwendet, meinem Beruf nachzutrauern. Wieviel Unfrieden und Leid bricht heutzutage über Familien herein, wenn junge Mütter beginnen, sich zu emanzipieren, ein Recht auf Arbeit anmelden, so als wäre der häusliche Bereich minderwertig, nichts als eine demütigende Handlangerarbeit. Wer sich für Ehe und Kind entscheidet, muß als Frau wissen, welche Verantwortung damit verbunden ist. Denn eine unzufriedene Mutter ist eine schlechte Erzieherin, unter der das unschuldige Kind leiden wird. Ich jedenfalls habe meine Mutterrolle sehr ernst genommen und mich nie vom eingeschlagenen Pfad ablenken lassen, eine harmonische Ehe zu führen, so wie sie meine Eltern vorgelebt hatten.

Mit dem Kriegsende verbinden sich schreckliche Erfahrungen. Ich war lange Zeit von meinem Mann getrennt und habe mit Abscheu verfolgen müssen, wie viele Frauen diese furchtbaren Zeiten als Entschuldigung benutzten, um ihre Männer zu betrügen. Vor ihnen habe ich alle Achtung verloren. Treue gehört zu den Werten, ohne die ich nicht leben könnte. Denn Treue ist mehr als eine leere Formel. Sie bedeutet Geborgenheit selbst in größter Gefahr, Verbundenheit mit dem Partner selbst bei lang dauernder Trennung, eine Portion Sicherheit, ohne die ich nicht durchs Leben gehen wollte.

Die Aussiedlung aus der Heimat lehrte mich, was Besitzlosigkeit heißt. Ich mußte unser Haus mit seinen wertvollen Möbeln, unseren gesamten Familienschmuck, all das Tafelsilber und teure Porzellan von einem Tag auf den anderen zurücklassen. Natürlich schmerzte das. Natürlich war dies ein großer ideeller und materieller Verlust. Aber diese Erfahrung zeigte mir auch, wie vergänglich all diese Dinge sind, wie unbedeutend für das Leben und Überleben. Und deshalb erschreckt es mich bisweilen, wieviel Wert die Menschen in unserer Zeit solch materiellen Dingen beimessen. Ist es nicht schrecklich, wenn man heute sagt, das Auto sei unser aller liebstes Kind?

Nach der Aussiedlung kam die Irrfahrt durch deutsche Flüchtlingslager, die Suche nach einer neuen Heimat. Ich mußte lernen, unter primitivsten Umständen zu leben. Das ist mir so schwergefallen wie all meinen Leidgenossen. Doch ich habe nie den Mut und die Zuversicht verloren. Ich habe niedrigste Arbeiten ohne Murren verrichtet, meine Freundlichkeit nie versteckt und anderen, denen es besser ging, nie einen Vorwurf gemacht. Ich half, wo ich helfen konnte, und habe dafür manch unerwartete Hilfe zurückbekommen. Sei es, daß ich meine Wäsche in einem Garten aufhängen durfte, von einer Bäuerin ein paar Äpfel zugesteckt bekam oder ganz einfach die Erlaubnis erhielt, mich an einem Brunnen mit frischem Wasser zu waschen. All diese Nichtigkeiten empfand ich wie ein Geschenk. In dieser Zeit habe ich gelernt, daß ein gemeinsames Schicksal leichter zu ertragen ist und daß solch eine außergewöhnliche Situation nur schicksalhaft wird, wenn man den Glauben an die Zukunft verliert.

In Österreich fanden wir ein neues Zuhause. Mein Mann kam unversehrt aus Kriegsgefangenschaft, und unsere beiden Mütter zogen zu uns. Endlich war die Familie wieder vereint. Die für mich schönste Zeit meines Lebens begann. Ich führte den Haushalt, sah meinen Sohn heranwachsen, verfolgte mit Freude den Aufstieg meines

Mannes im Beruf und führte ein erfülltes, sorgloses Leben, ganz Mutter und Hausfrau. Wir entschlossen uns, ein eigenes Haus zu bauen, arbeiteten mit einem wahren Feuereifer fast vier Jahre auf der eigenen Baustelle und waren mächtig stolz, aus dem Nichts eine solche Veränderung unserer Lebensumstände geschaffen zu haben. Meine Enkelkinder wurden geboren, ich war und bin eine begeisterte Großmutter. Und in all den Jahren durchlief ich eine Entwicklung, von der ich nichts ahnte. Schon von frühester Jugend an hatte ich eine große Liebe zur Natur, kannte Pilze und Pflanzen, spazierte stundenlang durch Wiesen und Wälder und erfreute mich an diesem Geschenk Gottes. Die Begegnung mit dem österreichischen Biologen Richard Willfort gab meinem Leben eine unverhoffte Wendung. Er weckte mein Interesse für die Heilkräuter. Auf langen Spaziergängen, in endlosen Gesprächen gab er sein Wissen an mich weiter. Ich begann, mit alten Menschen aus der Landbevölkerung Erfahrungen auszutauschen, las alte Bücher und Handschriften, mein Wissensdurst war unerschöpflich. Ich probierte die alten Rezepte, begann für den Hausgebrauch Kräuter zu sammeln, setzte meine ersten Essenzen an und lernte die Wirksamkeit der Heilkräuter kennen. Mein Mann teilte das Interesse an meinem Hobby, und als er in den verdienten Ruhestand trat, begleitete er mich fast ständig auf meinen Ausflügen in die Natur. Heute wissen wir beide, wie wichtig diese Entwicklung war. Wir hatten eine neue Aufgabe, die uns jung erhielt. Die viele Bewegung an der frischen Luft kam unserer Gesundheit zugute. Wie viele Menschen verzweifeln, wenn sie im Pensionsalter aus dem Arbeitsalltag herausgerissen werden und plötzlich vor einer Leere stehen, in der sie fürchterlich schnell vergreisen. Für uns stellte sich diese Situation nie. Allein Haus und Garten fordern ihren Mann.

Die Wende in unserem Leben brachte ein Vortrag in einem kleinen christlichen Frauenkreis über die Heilkräuter und ihre segensreiche Wirkung. Schon nach diesem Abend bedrängten mich die Zuhörerinnen, mehr von meinem Wissen weiterzugeben. Ohne jedes eigene Dazutun sprach ich immer öfter, vor immer größerem Publikum. Ich wurde bekannt, ohne es zu wollen. Die Anforderungen und Strapazen waren mir oft zuviel. Aber was konnte ich tun? Durfte ich mich dem Wunsch der vielen Menschen entziehen, ihnen mein Wissen und meine Erfahrungen vorenthalten? Ich erkannte einen Auftrag. Ich fühlte, daß ich mich den Wünschen meiner Mitmenschen stellen mußte, daß ich helfen mußte, wo ich konnte. Neben den Vorträgen beschäftigte ich mich noch intensiver mit den Pflanzen und schrieb mein Wissen auf. Ich tat auch dies arglos, dachte weder an Ruhm noch Geld. Beides bedeutet mir nichts. Als ein Verleger mich überredete, meine Manuskripte als Buch herauszugeben, war ich gar nicht begeistert. Wer sollte sich schon dafür interessieren, wo doch die Regale in den Buchhandlungen mit naturheilkundlichen Büchern schier überquollen? Ich stimmte zu, unwissend, was das für Folgen haben würde. Nur ein Gedanke beseelte mich, ich wollte dazu beitragen, daß das Wissen über die Heilkraft der Pflanzen nicht völlig in Vergessenheit geriet. Ich wollte wirklich nur Gutes tun und erntete Haß, Neid und Mißgunst. Das Buch erreichte atemberaubende Auflagenzahlen. Doch anstatt sich zu fragen, woher kommt diese überraschende Nachfrage, warum greifen immer mehr Menschen zu den Heilpflanzen, beschäftigte viele Menschen nur noch ein Gedanke, was macht Maria Treben mit ihren Millioneneinnahmen? Das Geheimnis kann ich lüften. Zunächst zahle ich Steuern, viel Steuern. Ein Teil meiner Einnahmen fließt als Spende den verschiedensten wohltätigen Einrichtungen zu. Den Rest teile ich unter den Kindern auf. Sie konnten sich damit eine sichere Existenz auf-

*Ich werde oft in Briefen um Rat gefragt. Und soweit ich kann, versuche ich zu antworten und zu helfen.*

*Das ist der schönste Lohn für mich: Zu hören, daß ich jemandem helfen konnte.*

bauen. Das war mein wirklicher Lohn, nicht das Geld. Es war schwer für mich zu erfahren, daß alle nur die finanzielle Seite, aber nicht die Arbeit sehen. Es hat mich fürchterlich getroffen, wenn meine Kritiker mich persönlich angriffen, stellvertretend für eine Bewegung, die sich von der Chemie abwendet, hin zu den Heilkräutern. Man hat mich mit Schmutz beworfen, mir böse Dinge unterstellt, mich vor Gericht zu zerren versucht, nur weil ich altes, überliefertes Wissen erhalten will. Ich war oft verzagt, hilflos dieser Reaktion meiner Gegner ausgesetzt. In meinen Gebeten habe ich um Rat gefragt. Ich habe Antwort erhalten. Das grenzenlose Leid, das mich tagtäglich per Post erreicht, hat mir gezeigt, daß ich mich nicht mundtot machen lassen darf. Ich nehme all die Anfeindungen auf mich, weil ich als Mensch helfen muß, wenn ich helfen kann.

Niemand sollte gegen das Gebot der Nächstenhilfe verstoßen. Doch das Helfen wird mir nicht leicht gemacht. Nach dem Gesetz darf ich keine Heilpraxis betreiben, keine Krankenbesuche empfangen und auch am Telefon keine persönlichen Ratschläge geben. Ich kann mein Wissen nur in Büchern verbreiten und hoffen, daß damit alle anstehenden Fragen beantwortet werden. Diese Aufgabe ist zu meinem Lebenswerk geworden. Solange mir der Herrgott die Kraft gibt, werde ich daran weiterarbeiten.

*»Alle, die an das Gute glauben*
*und ihre Hoffnung nicht aufgeben,*
*tragen bei zum Bestehen der Welt.«*

Max Tau

IX.

# Die Hausapotheke aus dem Garten Gottes

*Heilkräuter können nur heilen, nicht schaden*

## Praktische Tips

Eine Krankheit kommt selten allein. Bei einer starken Erkältung quälen einen Husten, Schnupfen und Heiserkeit meist zur gleichen Zeit. Sie brauchen jetzt nicht pro Tag einen eigenen Husten-, einen eigenen Schnupfen- und einen eigenen Heiserkeits-Tee trinken, sondern können die angezeigten Kräuter zu gleichen Teilen mischen und sich daraus einen Tee brühen, den Sie über den Tag verteilt trinken.

Genauso verfährt man, wenn man die Heilkräuter zur Vorsorge gegen mögliche Erkrankungen einsetzt. In Grippezeiten etwa nimmt man mit dem Tee vorsorglich einige Tropfen Kleinen Schwedenbitter ein. Bei der Teemischung brauchen Sie sich keinen Einschränkungen zu unterwerfen, selbst wenn die verwendeten Kräuter die unterschiedlichsten Krankheiten bekämpfen sollen. Unsere Heilkräuter aus dem Garten Gottes suchen sich selbst ihren Weg im menschlichen Körper, genau dorthin, wo sie gebraucht werden. Und ihre Heilkräfte stehen auch nicht in Konkurrenz zueinander, können sich also in ihrer Wirkung auch nicht gegenseitig aufheben, wenn sie gleichzeitig eingenommen werden. Auch die vorgeschlagenen Teemengen sind völlig unbedenklich, wenn man weiß, daß die Niere pro Tag ca. 2 Liter Flüssigkeit benötigt. Deshalb aber jetzt Kräutertees in rauhen Mengen zu trinken, wäre das andere zu vermeidende Extrem. Heilkräuter wollen mit Maß angewendet werden. Mengenmäßig mehr Kräuter in Tee, Voll- oder Sitzbad bringen nicht mehr Heilung. Viel wichtiger ist die Änderung der gefühlsmäßigen Einstellung auf die Heilwirkung unserer Kräuter. Beschäftigen Sie sich mehr mit Ihrem Körper, horchen Sie in sich hinein, öffnen Sie sich der Heilwirkung, anstatt sich seelisch und geistig völlig von der Krankheit beherrschen zu lassen. Glauben Sie mir, Ihre innere, gefühlsmäßige Haltung ist genauso wichtig für den Heilerfolg wie die richtige Dosierung und Anwendung der Heilkräuter.

Die Gewichtsangaben bei den Rezepten beziehen sich stets auf getrocknete Kräuter, die Sie in Apotheken, Heilkräutergeschäften und Reformhäusern kaufen können. Wer sich die Mühe macht, frische Heilkräuter zu sammeln — deren Heilkraft die von getrockneten Kräutern übertrifft —, nimmt anstatt des als Dosierung angegebenen gehäuften Teelöffels so viele frische Kräuter, wie die Finger einer Hand fassen können. Dabei spielt es keine Rolle, ob eine größere Hand ein paar Blätter mehr greift. Viel wichtiger ist ein genaues Befolgen der Zubereitungshinweise. Beim Teebrühen niemals die Kräuter aufkochen, weil dabei alle Wirkstoffe vernichtet werden. Und im Anschluß an ein Voll- oder Sitzbad gehört das Nachschwitzen unbedingt zur Gewährleistung des angestrebten Heilerfolgs.

## Abgespanntsein

### Kleiner Schwedenbitter

Wer sich abgespannt, erschöpft und ausgelaugt fühlt, oft eine Begleiterscheinung langer Reisen und anstrengender Konferenzen, kann mit Hilfe der Schwedenkräuter schnell neue Lebensgeister wecken. Einen Schuß Kleiner Schwedenbitter, mit etwas Wasser verdünnt, auf die Schläfen, die Stirn, über die geschlossenen Augenlider und hinter die Ohren gestrichen, führt rasch zu einer

Besserung des Allgemeinbefindens. Ein Fläschchen Kleiner Schwedenbitter sollte deshalb in Reisegepäck und Aktenkoffer nicht fehlen.

### Sitzbäder

Die gleiche Menge Goldrute und Melisse, Zinnkraut und Thymian gemischt, sind der ideale Badezusatz bei Abgespanntsein. 12 Stunden weicht man 100 g der Kräuter in einem 5-Liter-Eimer mit kaltem Wasser ein. Anschließend wird der Kaltansatz erwärmt und abgeseiht dem Badewasser zugegossen. Die Wanne darf dabei nur so viel Wasser fassen, daß die Nieren des Badenden bedeckt sind. Die Badedauer beträgt 20 Minuten. Anschließend nicht abtrocknen, sondern in einen Bademantel gehüllt im Bett eine Stunde nachschwitzen.

## Allgemeinschwäche

### Zinnkraut

Einen gehäuften Teelöffel Zinnkraut pro Tasse mit heißem Wasser abbrühen, eine halbe Minute ziehen lassen und schluckweise trinken. Man sollte täglich mindestens eine Tasse Zinnkraut-Tee trinken.

## Altersflecken

### Hauswurz-Saft

Man schneidet die Blätter der Hauswurz der Länge nach auseinander und bestreicht die Altersflecken mit dem austretenden Saft.

**Labkraut-Salbe**

Diese Salbe ist ebenfalls ein hervorragendes Mittel gegen Altersflecken.

In einer Pfanne erhitzt man 500 g reines Schweinefett und schüttet vier gehäufte Handvoll Labkraut in das Fett. Das Ganze kurz aufschäumen lassen, gut umrühren und von der Herdplatte nehmen. Zugedeckt läßt man die Pfanne über Nacht auskühlen. Am nächsten Tag wird die Pfanne erneut erwärmt, bis das Fett flüssig genug ist, um durch ein sauberes Leinentuch passiert zu werden. Die im Tuch zurückbleibenden Kräuter kräftig auspressen und die so gewonnene Salbe in verschließbare Gläser abfüllen. Die Salbe soll im Kühlschrank aufbewahrt werden.

**Labkraut-Waschung**

Mit Labkraut-Absud nimmt man Waschungen vor.

Zwei gehäufte Teelöffel Labkraut werden mit ½ Liter heißem Wasser abgebrüht; eine halbe Minute ziehen lassen, abseihen und mit dem Absud die betroffene Hautpartie täglich waschen.

**Ringelblumen-Saft**

In einem Entsafter gewinnt man aus den frischen Stengeln der Ringelblume einen Saft, mit dem die Altersflekken mehrmals täglich eingestrichen werden.

**Zedern-Essenz**

Man füllt die gewaschenen und kleingeschnittenen Blätter der Zeder (auch Lebensbaum genannt) in eine Flasche, übergießt sie mit 38- bis 40%igem Kornbranntwein (der Branntwein muß die Blätter bedecken) und läßt die Flasche mindestens zwei Wochen in der Wärme stehen. Mit dieser Essenz werden die Altersflecken mehrmals am Tag betupft.

### Kleiner Schwedenbitter

Die Altersflecken betupft man mehrmals täglich mit unverdünntem Kleinem Schwedenbitter.

## Altersjucken

### Ehrenpreis

Ein gehäufter Teelöffel Ehrenpreis pro Tasse, mit heißem Wasser abbrühen, eine halbe Minute ziehen lassen, abseihen und schluckweise täglich zwei Tassen Tee trinken.

### Schafgarbe

Ein gehäufter Teelöffel Schafgarbe pro Tag, mit heißem Wasser überbrühen, eine halbe Minute ziehen lassen, abseihen und schluckweise täglich zwei bis drei Tassen Tee trinken.

### *Hausmittel*

Waschungen mit Essigwasser können rasch den lästigen Juckreiz lindern. Dem heißen Waschwasser gießt man einen Schluck Apfelessig zu.

## Angstgefühle

### Mistel

Ein gehäufter Teelöffel Mistel wird 12 Stunden in $\frac{1}{4}$ Liter Wasser eingeweicht, anschließend leicht angewärmt, abgeseiht und schluckweise bis zu drei Tassen am Tag getrunken.

**Weißdorn**

Ein gehäufter Teelöffel Weißdorn (verwendet werden Blätter und Blüten) pro Tasse, mit heißem Wasser abbrühen, eine halbe Minute ziehen lassen, abseihen und schluckweise über den Tag verteilt zwei Tassen Tee trinken.

**Weißdorn-Essenz**

Man füllt frisch gepflückte Blüten und Beeren, von beiden die gleiche Menge, in eine Flasche und übergießt sie mit 38- bis 40%igem Kornbranntwein. Die Flasche muß mindestens zwei Wochen in der Wärme stehenbleiben. Von der so gewonnenen Essenz nimmt man täglich 4 bis 10 Tropfen ein.

## Appetitlosigkeit

**Kalmus**

Ein gestrichener Teelöffel Kalmuswurzel wird 12 Stunden in ¼ Liter Wasser eingeweicht (reicht für eine Tasse), anschließend leicht angewärmt, abgeseiht und schluckweise getrunken. Regelmäßig eine Tasse am Tag getrunken — mehr sollte man nicht davon trinken —, bringt den verlorenen Appetit zurück. Daneben nimmt man wöchentlich ein Kalmuswurzel-Vollbad.

**Kalmus-Vollbad**

Rund 200 g Kalmuswurzel werden 12 Stunden in 5 Liter kaltem Wasser eingeweicht. Anschließend wird der Kaltansatz erwärmt und dem Badewasser zugefügt. In der Badewanne darf nur so viel Wasser sein, daß das Herz des Badenden außerhalb des Wassers bleibt. Die Badedauer beträgt 20 Minuten. Anschließend nicht abtrocknen, sondern einen Bademantel überziehen und im Bett eine Stunde nachschwitzen.

**Salbei**

Einen gehäuften Teelöffel Salbei pro Tasse, abbrühen und eine halbe Minute ziehen lassen. Tagsüber schluckweise zwei Tassen Tee genügen.

**Schafgarbe**

Ein gehäufter Teelöffel Schafgarbe pro Tasse, abbrühen, eine halbe Minute ziehen lassen und so heiß wie möglich täglich zwei Tassen Tee trinken.

**Thymian-Vollbad**

Ein Eimer (Fassungsvermögen 6 bis 8 Liter) frische oder 200 g getrocknete Kräuter werden 12 Stunden in kaltem Wasser eingeweicht. Bei Kindern reicht, je nach Konstitution, eine kleinere Menge. Anschließend wird der Kaltansatz erwärmt und dem Badewasser zugegossen. Das Herz des Badenden muß dabei außerhalb des Wassers liegen. Badedauer 20 Minuten, anschließend nicht abtrocknen, sondern im Bademantel im Bett eine Stunde nachschwitzen.

**Wegwarte**

Ein gehäufter Teelöffel Wegwarte pro Tasse, mit heißem Wasser abbrühen, eine halbe Minute ziehen lassen, abseihen und schluckweise eine Tasse am Morgen trinken.

**Weißdorn**

Ein gehäufter Teelöffel Weißdorn (verwendet werden Blätter und Blüten) pro Tasse, mit heißem Wasser abbrühen, eine halbe Minute ziehen lassen, abseihen und schluckweise über den Tag verteilt zwei Tassen Tee trinken.

### Weißdorn-Essenz

Man füllt frisch gepflückte Blüten und Beeren, von beiden die gleiche Menge, in eine Flasche und übergießt sie mit 38- bis 40%igem Kornbranntwein. Die Flasche muß mindestens zwei Wochen in der Wärme stehenbleiben. Von der so gewonnenen Essenz nimmt man täglich 5 bis 10 Tropfen ein.

### Kleiner Schwedenbitter

Einen Teelöffel Kleinen Schwedenbitter auf eine halbe Tasse Kräutertee und je zur Hälfte eine halbe Stunde vor und nach den Mahlzeiten trinken.

### *Hausmittel*

Man verquirlt einen Viertelliter Malzbier mit einem Eidotter und ein bißchen Rohzucker. Der Trunk wirkt magenberuhigend und appetitanregend.

## Arbeitsunlust

### Mistel

Ein gehäufter Teelöffel Mistel wird 12 Stunden in $1/4$ Liter kaltem Wasser eingeweicht, leicht angewärmt, abgeseiht und schluckweise getrunken. Täglich drei Tassen Mistel-Tee normalisieren Herz und Kreislauf und erhöhen gleichzeitig den Arbeitseifer.

## Ärger

### Goldrute

Ein gehäufter Teelöffel Goldrute pro Tasse, mit heißem Wasser abbrühen, eine halbe Minute ziehen lassen, abseihen und schluckweise zwei bis drei Tassen Tee am Tag trinken.

**Kamille**

Ein gehäufter Teelöffel Kamille auf eine Tasse, mit heißem Wasser abbrühen, eine halbe Minute ziehen lassen und schluckweise trinken.

Wann immer sich Ärger anbahnt, bevor Herz- und Kreislauf darauf antworten können, sollte man sich eine Tasse Kamillen-Tee brühen.

**Kamillen-Vollbad**

Ein Kamillen-Wannenbad wirkt sehr beruhigend auf das gesamte Nervensystem. Für ein Bad benötigt man vier Handvoll Kamillenblüten, die man mit heißem Wasser abbrüht, einige Minuten ziehen läßt und abgeseiht dem Badewasser zugießt.

Nur so viel Wasser einlassen, daß das Herz des Badenden außerhalb des Wassers bleibt. Badedauer 20 Minuten, danach nicht abtrocknen, sondern in einen Bademantel gehüllt eine Stunde im Bett nachschwitzen.

## Atemnot

**Bärlauch-Wein**

Atembeschwerden und Atemnot werden sehr häufig durch Brustverschleimung hervorgerufen, die durch den Bärlauch-Wein gelöst werden kann.

Eine Handvoll kleingeschnittener Bärlauchblätter wird in $^{1}/_{4}$ Liter Weißwein kurz aufgekocht, abgeseiht, mit Honig oder Sirup nach Geschmack gesüßt und tagsüber schluckweise getrunken.

### Huflattich-Inhalation

Einen gehäuften Eßlöffel Huflattichblüten und -blätter mit heißem Wasser abbrühen und die Dämpfe unter einem Tuch einatmen. Diese Inhalation wird mehrmals am Tag wiederholt.

### Mistel

Ein gehäufter Teelöffel Mistel wird 12 Stunden in $^1/_4$ Liter Wasser eingeweicht, anschließend leicht angewärmt und abgeseiht. Schluckweise bis zu drei Tassen am Tag trinken.

### Pestwurz

Ein gestrichener Teelöffel Pestwurzwurzeln wird 12 Stunden in $^1/_4$ Liter Wasser (Menge entspricht einer Tasse) eingeweicht, dann angewärmt, abgeseiht und schluckweise getrunken. Von diesem schweißtreibenden Tee sollte man pro Tag nicht mehr als zwei Tassen trinken.

## Augenschmerzen

### Arnika-Essenz

Täglich sollte man sich mehrmals die geschlossenen Augenlider und Augenwinkel mit einigen Tropfen Arnika-Essenz einstreichen.

Die Blütenblätter der Arnika werden aus den grünen Hüllkelchen herausgedreht und in eine Flasche gefüllt. Ist diese bis zu zwei Drittel angefüllt, gießt man 38- bis 40%igen Kornbranntwein darüber und läßt die Flasche mindestens zwei Wochen in der Wärme stehen. Einen Teil der fertigen Essenz seiht man ab, den anderen Teil läßt man weiter auf den Blütenblättern stehen. Nach der ersten Abfüllung in kleinere Fläschchen kann man die große Flasche noch einmal mit Alkohol auffüllen.

Der Arnika-Ansatz mit 75%igem Weingeist aus der Apotheke muß zur Hälfte mit abgekochtem, ausgekühltem Wasser verdünnt werden, um Hautentzündungen und -verletzungen vorzubeugen. Unverdünnt kann diese Arnika-Essenz zu Hautverätzungen führen.

**Kalmus-Saft**

Mit dem frischgepreßten Saft der Kalmuswurzel stärkt man schwache Augen. Die Wurzeln werden gründlich gewaschen und ohne Abtrocknen in der Küchenmaschine entsaftet. Den gewonnenen Kalmuswurzel-Saft streicht man sich öfter über die geschlossenen Augenlider, läßt ihn einige Minuten einwirken und spült ihn dann mit klarem Wasser ab.

**Kamillen-Auflage**

Einen gehäuften Eßlöffel Kamille übergießt man mit $^1/_4$ Liter kochender Milch, läßt das Ganze eine halbe Minute ziehen, abseihen und abkühlen. In der handwarmen Milch tränkt man ein sauberes Leinentuch und legt es über die geschlossenen Augenlider.

**Schafgarbe**

Bei tränenden Augen und stechendem Schmerz in den Augen hilft ein Schafgarben-Tee.

Ein gehäufter Teelöffel Schafgarbe pro Tasse mit heißem Wasser abbrühen, eine halbe Minute ziehen lassen, abseihen und schluckweise bis zu zwei Tassen am Tag trinken.

**Kleiner Schwedenbitter**

Ähnlich wie die Arnika-Essenz wirkt auch der Kleine Schwedenbitter. Damit bestreicht man morgens und abends die Augenlider. Ein paar Tropfen auf den Zeigefinger geben und bei geschlossenen Augenlidern gleichzeitig zu den Augenwinkeln streichen.

### Kleiner-Schwedenbitter-Umschlag

Überanstrengte Augen erfahren Linderung durch einen Schwedenbitter-Umschlag. Täglich sollte man sich zwei mit Kleinem Schwedenbitter getränkte Wattebäusche auf die geschlossenen Augen legen und eine Stunde einwirken lassen.

## Augenschwäche

### Arnika-Essenz

Mehrmals täglich die geschlossenen Augenlider und Augenwinkel mit Arnika-Essenz eingestrichen, stärkt die Sehkraft. Die Blütenblätter der Arnika werden aus den grünen Hüllkelchen herausgedreht und in eine Flasche gefüllt. Ist diese bis zu zwei Drittel angefüllt, gießt man 38- bis 40%igen Kornbranntwein darüber und läßt die Flasche mindestens zwei Wochen in der Wärme stehen. Einen Teil der fertigen Essenz seiht man ab, den anderen Teil läßt man weiter auf den Blütenblättern stehen. Nach der ersten Abfüllung in kleinere Fläschchen kann man die große Flasche noch einmal mit Alkohol auffüllen.

Der Arnika-Ansatz mit 75%igem Weingeist aus der Apotheke muß zur Hälfte mit abgekochtem, ausgekühltem Wasser verdünnt werden, um Hautentzündungen und -verletzungen vorzubeugen. Unverdünnt kann diese Arnika-Essenz zu Hautverätzungen führen.

### Kalmus-Saft

Frische Kalmuswurzeln werden mit einer Bürste gewaschen und feucht in einem Entsafter ausgepreßt. Mit dem frischgepreßten Saft streicht man öfter über die geschlossenen Augenlider und läßt den Saft einige Minuten einwirken. Anschließend werden die Augenlider mit kaltem Wasser abgewaschen. Nach einiger Zeit wird man eine Stärkung der nachlassenden Sehkraft feststellen können.

**Schöllkraut-Saft**

Der frische Saft des Schöllkrautblattes stärkt die Sehkraft unserer Augen.

Man nimmt ein frisch gepflücktes Blatt des Schöllkrauts, wäscht es und zerreibt den Blattstengel zwischen den Fingern, die man etwas anfeuchtet. Mit der austretenden Flüssigkeit streicht man sich über die geschlossenen Augenlider zu den Augenwinkeln.

Ganz wichtig: Der dickflüssige Saft aus den Blütenstengeln darf für die Behandlung des Auges nicht verwendet werden!

**Schöllkraut-Auflage**

Zur Behebung der Sehschwäche empfiehlt sich über Nacht auch eine Auflage von frischen, gewaschenen Schöllkrautblättern auf die geschlossenen Augen, die dann mit einem Tuch verbunden werden.

## *Hausmittel*

Augenbäder kann man nur bei guter Wasserqualität anwenden. Auf keinen Fall darf beispielsweise Chlorwasser verwendet werden. Man taucht das Gesicht bis zur Haargrenze ins Wasser. Beim Atemanhalten unter Wasser werden die Augen mehrmals geöffnet und geschlossen. Das anfängliche Schmerzgefühl verliert sich bei Gewöhnung. Empfehlenswert sind Augenbäder mit Kamille.

Einen gehäuften Eßlöffel Kamille mit $^1/_4$ Liter kochen-

**Arnika**

*Arnica montana*

**Schafgarbe**

*Achillea millefolium*

dem Wasser aufbrühen, kurz ziehen lassen und dem Wasser für das Augenbad zugießen.

Vorsicht: Das Wasser für das Augenbad darf nicht zu warm sein.

## Ausfluß

### Schafgarben-Sitzbad

Schafgarben-Sitzbäder heilen Ausfluß, oft auch Weißfluß genannt.

100 g Schafgarbe, verwendet wird das ganze Kraut, wird 12 Stunden in einem 5-Liter-Eimer mit kaltem Wasser eingeweicht. Danach wird der Kaltansatz erwärmt, abgeseiht und dem Badewasser zugegossen. Die Wanne muß dabei so viel Wasser fassen, daß die Nieren des Badenden bedeckt sind. Die Badedauer beträgt 20 Minuten. Anschließend nicht abtrocknen, sondern in einen Bademantel gehüllt im Bett noch eine Stunde nachschwitzen.

### Schafgarbe

Neben den Sitzbädern trinkt man täglich zwei Tassen Schafgarben-Tee.

Ein gehäufter Teelöffel Schafgarbe pro Tasse, mit heißem Wasser abbrühen, eine halbe Minute ziehen lassen, abseihen und schluckweise trinken.

## Ausschlag

### Kamillen-Umschlag

Hautausschläge behandelt man erfolgreich mit Waschungen und Umschlägen der Kamille.

Ein gehäufter Eßlöffel Kamille wird mit $\frac{1}{4}$ Liter kochender Milch abgebrüht, eine halbe Minute ziehen lassen, abseihen und abkühlen lassen. In der handwarmen Milch tränkt man ein sauberes Tuch und legt es als warmen Umschlag auf die betroffene Hautpartie.

**Kamillen-Waschung**

Für Waschungen brüht man eine Handvoll Kamillenblüten mit 1 Liter heißem Wasser ab, läßt eine halbe Minute ziehen, seiht den Absud ab, und sobald das Wasser auf eine erträgliche Temperatur abgekühlt ist, wäscht man die betroffenen Hautpartien damit.

**Löwenzahn**

Solange der Löwenzahn in Blüte steht, sollte man täglich bis zu 10 frische Stengel roh essen. Man sammelt die Löwenzahnstengel samt Blüten, wäscht sie, entfernt die Blütenköpfe und zerkaut den Stengel sorgfältig.

**Spitzwegerich**

Ein gehäufter Teelöffel Spitz- oder Breitwegerich pro Tasse, mit heißem Wasser abbrühen, eine halbe Minute ziehen lassen, abseihen und schluckweise pro Tag zwei Tassen Tee trinken.

**Walnuß**

Waschungen mit Walnußblättern heilen selbst eitrige Ausschläge.

Zwei gehäufte Teelöffel kleingeschnittener Walnußblätter werden in $\frac{1}{2}$ Liter kaltem Wasser 12 Stunden eingeweicht. Anschließend wird der Kaltansatz erwärmt und abgeseiht dem Waschwasser zugegossen.

### Kleiner Schwedenbitter

Man träufelt Kleinen Schwedenbitter auf einen geeigneten großen Wattebausch und betupft die vom Ausschlag befallene Hautpartie mehrmals täglich.

## Behaarung

### Schöllkraut-Saft

Eine Nierenstörung ist bei Frauen meist die Ursache für Gesichtshaare und eine starke Behaarung von Armen und Beinen. Mit einem Haushaltsentsafter preßt man Frischsaft aus den Blättern, Blüten und Stengeln des Schöllkrauts und bestreicht damit die stark behaarten Stellen. Der aufgetragene Frischsaft muß einige Stunden einziehen. Danach wäscht man sich mit milder Seife und pflegt die Haut anschließend mit Ringelblumen-Salbe, Johannisöl oder Kamillenöl.

### Brennessel

Parallel zu der Behandlung mit dem frischen Schöllkraut-Saft sollte man eine Brennessel-Teekur einleiten. Pro Tag trinkt man mindestens drei bis vier Tassen über den Tag verteilt. Ein gehäufter Teelöffel Brennessel pro Tasse, mit heißem Wasser abbrühen, eine halbe Minute ziehen lassen, abseihen und schluckweise trinken.

### Johannisöl

Frisch gepflückte Blüten und Knospen vom Johanniskraut füllt man in eine Flasche und übergießt sie mit Öl. Die Flasche stellt man mindestens drei Wochen in die Wärme, bis das Öl eine rote Farbe zeigt. Mit dem so gewonnenen Johannisöl reibt man den ganzen Körper ein.

### Kamillenöl

Frisch gepflückte Kamillenblüten füllt man in eine Flasche und übergießt sie mit Öl. Verschlossen stellt man die Flasche drei Wochen in die Wärme. Mit dem so gewonnenen Kamillenöl reibt man den ganzen Körper ein.

### Ringelblumen-Salbe

Die Ringelblumen-Salbe kann man selbst ganz einfach herstellen: In einer Pfanne erhitzt man 250 g reines Schweinefett und schüttet zwei gehäufte Handvoll Ringelblumen (Blätter, Blüten und Stengel) in das heiße Fett. Man läßt das Ganze noch einmal aufschäumen, rührt kräftig um und nimmt die Pfanne vom Herd. Zugedeckt über Nacht auskühlen lassen. Am nächsten Tag wird die Pfanne noch einmal leicht erwärmt, ihr Inhalt wird durch ein sauberes Leinentuch passiert, die Blätter, Blüten und Stengel werden ausgepreßt und die so gewonnene Salbe in verschließbare Gefäße abgefüllt.

### Zinnkraut-Sitzbad

Zinnkraut-Sitzbäder fördern die Durchblutung der Nieren und sollten einmal pro Woche neben dem Schöllkraut-Saft und der Brennessel-Teekur angewendet werden. 12 Stunden weicht man 100 g Zinnkraut in einem 5-Liter-Eimer mit kaltem Wasser ein. Anschließend wird der Kaltansatz erwärmt und abgeseiht dem Badewasser zugegossen. Die Wanne muß dabei so viel Wasser fassen, daß die Nieren des Badenden bedeckt sind. Die Badedauer beträgt 20 Minuten. Anschließend nicht abtrocknen, sondern in einen Bademantel gehüllt im Bett eine Stunde nachschwitzen.

## Beklemmungen

### Bärlauch-Essenz

Leider verlieren die Bärlauchblätter im getrockneten Zustand ihre Heilkraft. Um auf die Heilpflanze außerhalb der Frühjahrszeit nicht verzichten zu müssen, setzt man eine Bärlauch-Essenz an. Kleingeschnittene Bärlauchblätter und -zwiebeln werden in eine dunkle Glasflasche gefüllt, mit 38- bis 40%igem Kornbranntwein übergossen und mindestens zwei Wochen in die Wärme gestellt. Von dieser Essenz nimmt man täglich bis zu viermal jeweils 10 bis 12 Tropfen, mit etwas Wasser verdünnt oder dem Kräutertee beigemengt.

## Benommenheit

### Kleiner Schwedenbitter

Ein Schuß Kleiner Schwedenbitter, mit etwas Wasser verdünnt, auf Schläfen, Stirn, über die geschlossenen Augenlider und hinter die Ohren gestrichen, führt rasch zur Belebung des Allgemeinbefindens.

## Bettnässen

### Johanniskraut

Einen gehäuften Teelöffel Johanniskraut pro Tasse, mit heißem Wasser überbrühen, eine halbe Minute ziehen lassen und schluckweise zwei bis drei Tassen am Tag trinken.

**Johanniskraut-Sitzbad**

12 Stunden wird ein Eimer frisches — oder 100 g getrocknetes — Johanniskraut, verwendbar sind Blätter, Blüten und Stengel, in kaltem Wasser eingeweicht.

Zum Bad wird der Kaltansatz erwärmt und in das Badewasser gegossen. Die Badewanne sollte so viel Wasser fassen, daß die Nieren bedeckt sind. Die Badedauer beträgt 20 Minuten. Nach dem Bad nicht abtrocknen, sondern in einen Bademantel gehüllt im Bett eine Stunde nachschwitzen.

**Schafgarben-Sitzbad**

12 Stunden lang wird 100 g Schafgarbe, verwendet wird das ganze Kraut, in kaltem Wasser eingeweicht. Für das Bad wird der Kaltansatz erwärmt und in das Badewasser gegossen. Die Badewanne sollte so viel Wasser fassen, daß die Nieren bedeckt sind. Die Badedauer beträgt 20 Minuten. Nach dem Bad nicht abtrocknen, sondern in einen Bademantel gehüllt im Bett eine Stunde nachschwitzen.

**Vogelknöterich**

12 Stunden weicht man einen gehäuften Teelöffel Vogelknöterichwurzel in einer Tasse mit kaltem Wasser ein. Danach wird der Kaltansatz erwärmt und abgeseiht. Über den Tag verteilt trinkt man schluckweise vier Tassen. Praktischerweise füllt man seine Tagesration in eine angewärmte Thermoskanne.

**Misch-Tee**

Ein gehäufter Teelöffel Johanniskraut und Zinnkraut, zu gleichen Teilen gemischt, auf eine Tasse, abbrühen, eine halbe Minute ziehen lassen und schluckweise ein bis zwei Tassen am Tag trinken. Am Abend empfiehlt es sich, nur trockene Kost zu essen.

## Bienenstich

Hier empfehle ich die gleichen Heilkräuterrezepte wie unter dem Stichwort Insektenstich.

## Bisse

### Spitzwegerich-Auflage

Als Sofortmaßnahme, etwa bei einem Hundebiß, hilft eine Blätter-Auflage mit frischem Spitz- oder Breitwegerich. Wenn Not am Mann ist, einfach ein Blatt zwischen den Fingern zerreiben und den Blätterbrei auf die Wunde streichen. Besser ist es natürlich, sofern die Umstände es erlauben, die frischen Spitz- oder Breitwegerichblätter zu waschen und mit einem Nudelholz auf einem Holzbrett zu zerquetschen. Der so gewonnene Blätterbrei wird auf die Wunde aufgetragen.

Es versteht sich von selbst, daß nach der Einleitung der ersten Sofortmaßnahmen umgehend ein Arzt aufgesucht werden muß.

### Wiesengeißbart

Ein gehäufter Teelöffel kleingeschnittene Wiesengeißbartblüten pro Tasse, mit heißem Wasser abbrühen, eine halbe Minute ziehen lassen, abseihen und schluckweise zwei bis drei Tassen am Tag trinken.

### Kleiner Schwedenbitter

Kleinen Schwedenbitter wendet man bei Bissen innerlich und äußerlich an. Pro Tag nimmt man, je nach Schwere der Verletzung, drei Teelöffel bzw. drei Eßlöffel Kleinen Schwedenbitter, mit etwas Wasser oder Kräutertee verdünnt. Äußerlich betupft man die Wunde mehrmals täglich mit einem mit Kleinem Schwedenbitter beträufelten Wattebausch. Nach der alten Handschrift des Dr. Samst heilt die Wunde nicht nur schneller, wenn man sie mehrmals täglich mit Kleinem Schwedenbitter betupft, sondern es bleiben auch keinerlei Narben zurück.

## Blähungen

**Kamille**

Ein gehäufter Teelöffel Kamille auf eine Tasse, mit heißem Wasser abbrühen, eine halbe Minute ziehen lassen und schluckweise trinken.

**Salbei**

Ein gehäufter Teelöffel Salbei auf eine Tasse, mit heißem Wasser abbrühen, eine halbe Minute ziehen lassen und schluckweise pro Tag zwei Tassen trinken.

**Schafgarbe**

Ein gehäufter Teelöffel Schafgarbe auf eine Tasse, mit heißem Wasser abbrühen, eine halbe Minute ziehen lassen und schluckweise trinken.

### *Hausmittel*

**Bauchwickel**

Man legt ein Handtuch ins Bett, darüber eine genauso große Plastikfolie und darauf ein in kaltem Wasser getränktes und ausgewrungenes Leinentuch. Der Patient wird auf das Leinentuch gelegt und eingewickelt. Der Wickel sollte eine Stunde lang getragen werden. Anschließend den Körper trocken abfrottieren, frische Nachtwäsche anziehen und im Bett mindestens eine halbe Stunde nachdunsten.

## Blasen (Füße)

### Pestwurz

Zur Vermeidung und Ausheilung von Fußblasen legt man sich ein frischgepflücktes Blatt der Pestwurz in den Schuh.

### Spitzwegerich

Frische Wegerichblätter, die man sich in die Schuhe legt, verhindern Blasenbildung an den Füßen und trocknen durch Laufen oder Wandern bereits entstandene Blasen aus.

## Blasenleiden

### Goldrute

Ein gehäufter Teelöffel Goldrute auf eine Tasse, mit heißem Wasser abbrühen, eine halbe Minute ziehen lassen und schluckweise drei bis vier Tassen pro Tag trinken.

### Kamillen-Dampfbad

Zwei gehäufte Handvoll frische Kamillenblüten brüht man in einem Eimer mit heißem Wasser. In einen Bademantel gehüllt, hockt man sich über das Gefäß mit dem Kamillen-Absud und läßt die Dämpfe 10 Minuten auf die Blase einwirken.

Die abgebrühten Kräuter kann man in ein sauberes Leinentuch geben und als Umschlag auf die Blase legen.

### Odermennig

Ein gehäufter Teelöffel Odermennig auf eine Tasse, mit heißem Wasser abbrühen, eine halbe Minute ziehen lassen und schluckweise, über den Tag verteilt, drei Tassen Tee pro Tag trinken.

**Misch-Tee**

Ein gehäufter Teelöffel Spitzwegerich und Thymian, zu gleichen Teilen gemischt, auf eine Tasse, mit heißem Wasser abbrühen, eine halbe Minute ziehen lassen und schluckweise trinken.

### *Hausmittel*

**Bauchwickel**

Man legt ein Handtuch ins Bett, darüber eine genauso große Plastikfolie und darauf ein in kaltem Wasser getränktes und ausgewrungenes Leinentuch. Der Patient wird auf das Leinentuch gelegt und eingewickelt. Der Wickel sollte eine Stunde lang getragen werden. Anschließend den Körper trocken abfrottieren, frische Nachtwäsche anziehen und im Bett mindestens eine halbe Stunde nachdunsten.

## Bleichsucht

**Bärwurz-Essenz**

Von der in jeder Apotheke erhältlichen Essenz täglich 10 Tropfen mit etwas Wasser einnehmen.

**Brennessel**

Dank ihrer blutbildenden Heilwirkung beseitigt die Brennessel Bleichsucht.

Ein gehäufter Teelöffel Brennessel pro Tasse, mit heißem Wasser abbrühen, eine halbe Minute ziehen lassen, abseihen und schluckweise bis zu vier Tassen pro Tag trinken.

### Frauenmantel

Ein gehäufter Teelöffel Frauenmantel pro Tasse, mit heißem Wasser abbrühen, eine halbe Minute ziehen lassen, abseihen und schluckweise über den Tag verteilt bis zu drei Tassen Tee trinken.

### Kalmus

12 Stunden weicht man einen gestrichenen Teelöffel Kalmuswurzel in einer Tasse mit kaltem Wasser ein. Danach wird der Kaltansatz erwärmt und abgeseiht. Über den Tag verteilt trinkt man sechs Schluck, das entspricht einer Tasse Tee, nicht mehr. Praktischerweise füllt man den Tee in eine angewärmte Thermoskanne.

### Labkraut

Ein gehäufter Teelöffel Labkraut pro Tasse, mit heißem Wasser abbrühen, eine halbe Minute ziehen lassen, abseihen und schluckweise am Tag zwei bis drei Tassen Tee trinken.

## Blutarmut

### Brennessel

Bei Blutarmut ist die Brennessel aufgrund ihrer blutbildenden Heilkräfte unerläßlich.

Ein gehäufter Teelöffel Brennessel pro Tasse, mit heißem Wasser abbrühen, eine halbe Minute ziehen lassen, abseihen und schluckweise pro Tag bis zu vier Tassen Tee trinken.

### Frauenmantel

Ein gehäufter Teelöffel Frauenmantel pro Tasse, mit heißem Wasser abbrühen, eine halbe Minute ziehen lassen, abseihen und schluckweise über den Tag verteilt bis zu drei Tassen Tee trinken.

**Odermennig**

Ein gehäufter Teelöffel Odermennig pro Tasse, mit heißem Wasser abbrühen, eine halbe Minute ziehen lassen, abseihen und schluckweise bis zu zwei Tassen pro Tag trinken.

**Kleiner Schwedenbitter**

Mit einem der obengenannten Kräutertees nimmt man täglich einen Eßlöffel Kleinen Schwedenbitter ein. Der Kleine Schwedenbitter wird mit einer halben Tasse Kräutertee vermischt und je zur Hälfte vor und nach dem Frühstück getrunken.

## Blutbildung

**Brennessel**

Die Brennessel, eine vielfach unterschätzte Heilpflanze, wirkt nicht nur blutreinigend, sondern auch blutbildend. Ein gehäufter Teelöffel Brennessel pro Tasse, mit heißem Wasser abbrühen, eine halbe Minute ziehen lassen, abseihen und schluckweise bis zu vier Tassen pro Tag trinken.

**Schafgarbe**

Ein gehäufter Teelöffel Schafgarbe pro Tasse, mit heißem Wasser abbrühen, eine halbe Minute ziehen lassen, abseihen und schluckweise über den Tag verteilt bis zu drei Tassen Tee trinken.

### Schöllkraut

Ein gestrichener Teelöffel Schöllkraut pro Tasse, mit heißem Wasser abbrühen, eine halbe Minute ziehen lassen, abseihen und schluckweise bis zu zwei Tassen pro Tag trinken, nicht mehr.

### Wegwarte

Ein gehäufter Teelöffel Wegwarte pro Tasse, mit heißem Wasser abbrühen, eine halbe Minute ziehen lassen, abseihen und schluckweise eine Tasse am Morgen trinken.

## Blutdruck (hoch)

### Bärlapp-Kissen

Zu hoher Blutdruck kann von einer Überfunktion der Nieren kommen. Ich selbst litt unter Bluthochdruck und verschaffte mir mit einem Bärlapp-Kissen, das ich mir auf die Nierengegend legte, Erleichterung. Man füllt einen Kissenbezug mit 100 bis 300 g getrocknetem Bärlapp, je nach Größe der zu behandelnden Körperpartie, und liegt über Nacht auf diesem »Heilkissen«. Noch wirkungsvoller ist natürlich ein Kissen mit frischem Bärlapp, das man sich auch vorsorglich auf die Nieren legen kann, um Blutdruckveränderungen vorzubeugen.

### Hirtentäschel

Ein gehäufter Teelöffel Hirtentäschel auf eine Tasse, mit heißem Wasser abbrühen, eine halbe Minute ziehen lassen und schluckweise täglich zwei Tassen Tee trinken. Das Hirtentäschel ist eine phänomenale Heilpflanze, weil sie nicht nur den hohen Blutdruck senkt, sondern auch den niedrigen hebt.

**Mistel**

Gleiches gilt für die Mistel, auch sie hilft bei hohem und niedrigem Blutdruck.

Ein gehäufter Teelöffel Mistel wird für 12 Stunden in $\frac{1}{4}$ Liter Wasser eingeweicht, das entspricht einer Tasse Tee. Anschließend wird der Kaltauszug leicht angewärmt, abgeseiht und schluckweise getrunken. Im Kampf gegen den hohen Blutdruck trinkt man täglich drei Tassen Mistel-Tee.

## *Hausmittel*

Man tränkt ein kleines, handliches Frotteetuch mit kaltem Wasser, es sollte feucht sein, aber nicht triefen, und legt es sich über Nacht auf das Herz. Darüber kommt eine Plastikfolie und ein trockenes Handtuch als Wärmeschutz.

Ein anderes probates Hausmittel ist Wassertreten. Man beginnt 15mal mit jedem Fuß im kalten Wasser zu treten. Mit der Zeit steigert man dies bis auf 30mal und reduziert dann langsam wieder auf 15mal. Das heißt, täglich 15mal Wassertreten, langsam steigern und nach einer gewissen Zeit wieder reduzieren.

Auch Tautreten, barfuß im taunassen Gras laufen, ist eine großartige Möglichkeit.

**Brustwickel**

Man legt ein großes Badetuch ins Bett, darüber eine genauso große Plastikfolie und darauf ein in kaltem Wasser getränktes und ausgewrungenes Leinentuch. Der Patient wird auf das Leinentuch gelegt und eingewickelt. Der Wickel sollte eine Stunde getragen werden. Anschließend den Körper trocken abfrottieren, frische Nachtwäsche anziehen und im Bett mindestens eine halbe Stunde nachdunsten.

# Blutdruck (niedrig)

**Hirtentäschel**

Ein gehäufter Teelöffel Hirtentäschel auf eine Tasse, mit heißem Wasser abbrühen, eine halbe Minute ziehen lassen, abseihen und schluckweise täglich zwei Tassen Tee trinken.

**Mistel**

Ein gehäufter Teelöffel Mistel wird 12 Stunden in $^1/_4$ Liter Wasser eingeweicht, das entspricht einer Tasse Tee. Anschließend wird der Kaltauszug leicht angewärmt, abgeseiht und schluckweise getrunken. Im Kampf gegen den niedrigen Blutdruck trinkt man täglich drei Tassen Mistel-Tee.

***Hausmittel***

**Brustwickel**

Man legt ein großes Badetuch ins Bett, darüber eine genauso große Plastikfolie und darauf ein in kaltem Wasser getränktes und ausgewrungenes Leinentuch. Der Patient wird auf das Leinentuch gelegt und eingewickelt. Der Wickel sollte eine Stunde getragen werden. Anschließend den Körper trocken abfrottieren, frische Nachtwäsche anziehen und im Bett mindestens eine halbe Stunde nachdunsten.

# Bluterguß

**Arnika-Essenz**

Bei einem Bluterguß reibt man die betroffene Stelle mit Arnika-Essenz ein.

Die Blütenblätter der Arnika werden aus den grünen Hüllkelchen herausgedreht und in eine Flasche gefüllt. Ist diese bis zu zwei Drittel angefüllt, gießt man 38- bis 40%igen Kornbranntwein darüber und läßt die Flasche mindestens zwei Wochen in der Wärme stehen. Einen Teil der fertigen Essenz seiht man ab, den anderen Teil läßt man weiter auf den Blütenblättern stehen. Nach der ersten Abfüllung in kleinere Fläschchen kann man die große Flasche noch einmal mit Alkohol auffüllen.

Der Arnika-Ansatz mit 75%igem Weingeist aus der Apotheke muß zur Hälfte mit abgekochtem, ausgekühltem Wasser verdünnt werden, um Hautentzündungen und -verletzungen vorzubeugen. Unverdünnt kann diese Arnika-Essenz zu Hautverätzungen führen.

**Beinwurz-Essenz**

Blutergüsse heilen schnell aus, wenn sie mit Beinwurz-Essenz eingerieben werden.

Die Wurzeln der Beinwurz werden mit einer Bürste gewaschen, klein geschnitten und in eine Flasche gefüllt. Die Wurzeln werden mit 38- bis 40%igem Kornbranntwein übergossen, und die Flasche wird mindestens zwei Wochen in die Wärme gestellt. Mit der so gewonnenen Beinwurz-Essenz reibt man den Bluterguß mehrmals täglich ein.

**Johannisöl**

Die frisch gepflückten Blüten und Knospen des Johanniskrauts werden in eine Flasche gefüllt und mit Öl übergossen, bis die Blüten bedeckt sind. Die Flasche stellt man drei Wochen in die Wärme, bis das Öl eine rötliche Farbe zeigt. Die Blutergüsse werden mehrmals täglich mit diesem heilenden Öl eingestrichen.

### Ringelblumen-Essenz

Frisch gepflückte Blüten der Ringelblume füllt man lokker in eine Flasche und übergießt sie mit 38- bis 40%igem Kornbranntwein. Die Blüten müssen dabei vom Alkohol bedeckt sein. Die Flasche stellt man mindestens zwei Wochen in die Wärme. Die so gewonnene Ringelblumen-Essenz verdünnt man zur Hälfte mit abgekochtem Wasser, weicht darin ein Tuch ein und legt es als Umschlag auf den Bluterguß.

### Ringelblumen-Salbe

Die vor dem Schwedenbitter-Umschlag aufzutragende Ringelblumen-Salbe stellt man folgendermaßen her:

In einer Pfanne erhitzt man 250 g reines Schweinefett und schüttet zwei gehäufte Handvoll Ringelblumen (Blätter, Blüten und Stengel) in das heiße Fett. Man läßt das Ganze noch einmal aufschäumen, rührt kräftig um und nimmt die Pfanne vom Herd. Zugedeckt über Nacht auskühlen lassen. Am nächsten Tag wird die Pfanne noch einmal leicht erwärmt, ihr Inhalt wird durch ein sauberes Leinentuch passiert, die Blätter, Blüten und Stengel werden ausgepreßt und die so gewonnene Salbe in verschließbare Gefäße abgefüllt.

### Wiesenbärenklau-Auflage

Frisch gepflückte Blätter des Wiesenbärenklaus werden gewaschen und mit einem Nudelholz auf einem Holzbrett zerquetscht. Der frische Blätterbrei wird auf die erkrankte Stelle aufgelegt und mit einem warmen Tuch abgebunden.

Man kann selbstverständlich auch Auflagen aus ganzen gewaschenen Blättern machen.

### Kleiner-Schwedenbitter-Umschlag

Die blutunterlaufene Stelle streicht man zunächst mit Ringelblumen-Salbe ein, damit der Alkohol des Kleinen Schwedenbitters der Haut nicht das Fett entzieht. Man beträufelt einen entsprechend großen Wattebausch mit Kleinem Schwedenbitter und legt ihn auf den Bluterguß. Als Wärmeschutz deckt man den Umschlag mit trockener Watte ab, legt darüber eine Plastikfolie zum Schutz der Kleidung und fixiert den Umschlag mit einem warmen Tuch. Die Schwedenbitter-Auflage läßt man ca. 4 Stunden oder die ganze Nacht über einwirken.

Nach dem Abnehmen des Schwedenbitter-Umschlags pudert man die Haut, um einem möglichen Juckreiz vorzubeugen.

### *Hausmittel*

Man streut Kochsalz auf ein wärmendes Tuch und legt es auf den Bluterguß.

## Blutreinigung

### Bärlauch

Im Frühjahr sammelt man die frischen Bärlauchblätter, die gewaschen und kleingeschnitten roh verzehrt werden. Vergleichbar mit der Petersilie, streut man Bärlauch auf alle Speisen, die normalerweise mit frischem Grün verfeinert oder dekoriert werden. Mit Bärlauchblättern kann man auch einen Salat zubereiten oder Spinat kochen.

### Bärlauch-Essenz

Um sich die Heilkraft des Bärlauchs das ganze Jahr zu sichern, setzt man Bärlauch-Essenz an.

Kleingeschnittene Bärlauchblätter und -zwiebeln werden in eine dunkle Glasflasche gefüllt, mit 38- bis 40%-igem Kornbranntwein übergossen und mindestens zwei Wochen in die Wärme gestellt. Von dieser Essenz nimmt man täglich bis zu viermal jeweils 10 bis 15 Tropfen, mit etwas Wasser verdünnt.

**Brennessel**

Ein gehäufter Teelöffel Brennessel pro Tasse, mit heißem Wasser abbrühen, eine halbe Minute ziehen lassen, abseihen und schluckweise bis zu vier Tassen Tee pro Tag trinken.

**Ehrenpreis**

Ehrenpreis, mit der gleichen Menge Brennessel gemischt, ergibt einen ausgezeichneten Blutreinigungs-Tee.

Ein gehäufter Teelöffel dieser Kräutermischung pro Tasse, mit heißem Wasser abbrühen, eine halbe Minute ziehen lassen, abseihen und schluckweise bis zu vier Tassen Tee pro Tag trinken.

**Löwenzahn**

Frisch gegrabene Wurzeln des Löwenzahns, mit einer Bürste gewaschen und roh verzehrt, wirken reinigend auf unser Blut. Aus den getrockneten Wurzeln kann man auch einen Tee brühen. 12 Stunden lang wird ein gehäufter Teelöffel Löwenzahnwurzeln in einer Tasse mit kaltem Wasser eingeweicht. Danach wird der Kaltansatz angewärmt, abgeseiht und schluckweise eine halbe Stunde vor und nach dem Frühstück getrunken.

Praktischerweise füllt man den Tee in eine angewärmte Thermoskanne.

**Ringelblume**

Ein gehäufter Teelöffel Ringelblumenblüten pro Tasse, mit heißem Wasser abbrühen, eine halbe Minute ziehen lassen, abseihen und schluckweise ein bis zwei Tassen am Tag trinken.

**Salbei**

Ein gehäufter Teelöffel Salbei pro Tasse, mit heißem Wasser abbrühen, eine halbe Minute ziehen lassen, abseihen und schluckweise tagsüber ein bis zwei Tassen Tee trinken.

**Schafgarbe**

Ein gehäufter Teelöffel Schafgarbe pro Tasse, mit heißem Wasser abbrühen, eine halbe Minute ziehen lassen, abseihen und schluckweise ein bis zwei Tassen Tee pro Tag trinken.

**Schöllkraut**

Ein gestrichener Teelöffel Schöllkraut pro Tasse, mit heißem Wasser abbrühen, eine halbe Minute ziehen lassen, abseihen und schluckweise bis zu zwei Tassen pro Tag trinken, nicht mehr.

**Taubnessel**

Ein gehäufter Teelöffel Taubnessel pro Tasse, mit heißem Wasser abbrühen, eine halbe Minute ziehen lassen, abseihen und schluckweise ein bis zwei Tassen pro Tag trinken.

**Walnußblätter**

Ein gehäufter Teelöffel kleingeschnittene Walnußblätter pro Tasse, mit heißem Wasser abbrühen, eine halbe Minute ziehen lassen, abseihen und schluckweise pro Tag eine Tasse Tee trinken.

### Wegwarte

Ein gehäufter Teelöffel Wegwarte pro Tasse, mit heißem Wasser abbrühen, eine halbe Minute ziehen lassen, abseihen und schluckweise pro Tag eine Tasse am Morgen trinken.

### Wiesengeißbart-Essenz

Frisch gepflückte Blüten des Wiesengeißbarts füllt man in eine Flasche und übergießt sie mit 38- bis 40%igem Kornbranntwein. Der Alkohol muß die Blüten bedecken. Die Flasche stellt man mindestens zwei Wochen in die Wärme. Von der Essenz nimmt man täglich 10 bis 15 Tropfen ein.

### Misch-Tee

Ein empfehlenswerter blutreinigender Frühlings-Tee besteht aus folgender Kräutermischung:

15 g Brennesselblätter, 15 g Löwenzahnwurzeln, 50 g Knospen des Holunders und 50 g Schlüsselblumen.

Ein gehäufter Teelöffel dieser Kräutermischung pro Tasse, mit heißem Wasser abbrühen, eine halbe Minute ziehen lassen, abseihen und tagsüber schluckweise zwei Tassen Tee trinken. Empfindliche Gaumen können den Tee mit etwas Honig süßen.

### Kleiner Schwedenbitter

Pro Tag nimmt man drei Teelöffel Kleinen Schwedenbitter, mit etwas Wasser verdünnt oder in einem der vorher beschriebenen Kräutertees, ein.

## Blutstillung

### Hirtentäschel

Ein gehäufter Teelöffel Hirtentäschel auf eine Tasse Tee, mit heißem Wasser abbrühen, eine halbe Minute ziehen lassen und schluckweise trinken.

### Mistel

Ein gehäufter Teelöffel Mistel wird 12 Stunden in $^1/_4$ Liter Wasser eingeweicht, das entspricht einer Tasse Tee. Anschließend wird der Kaltansatz leicht angewärmt, abgeseiht und schluckweise getrunken. Der Mistel-Tee wirkt blutstillend bei allen inneren Blutungen.

Bei Nasenbluten wird kalter Mistel-Tee in die Nase getröpfelt.

### Schafgarbe

Ein gehäufter Teelöffel Schafgarbe auf eine Tasse Tee, mit heißem Wasser abbrühen, eine halbe Minute ziehen lassen und schluckweise trinken. Die Schafgarbe wirkt ebenfalls blutstillend, selbst bei Lungen- und Magenblutungen oder heftig blutenden Hämorrhoiden.

### Zinnkraut

Ein gehäufter Teelöffel Zinnkraut auf eine Tasse Tee, mit heißem Wasser abbrühen, eine halbe Minute ziehen lassen und schluckweise trinken. Die blutstillende Wirkung des Zinnkrauts rühmte schon der berühmte Naturarzt Pfarrer Kneipp.

## Bronchialkatarrh

### Huflattich-Saft

Im Frühjahr gepflückte frische Blätter des Huflattichs werden gewaschen und mit einem Küchengerät entsaftet. Zwei bis drei Teelöffel des frischgepreßten Safts trinkt man täglich in einer Tasse Fleischbrühe oder einem Glas warmer Milch.

### Huflattich-Sirup

Man füllt eine Lage frisch gepflückte und gewaschene Huflattichblätter in ein geeignetes Ton- oder Glasgefäß, darüber eine Lage Rohzucker, wieder eine Lage Blätter, bis das Gefäß voll ist, läßt die Schichten sich setzen und füllt nach. Anschließend wird das Gefäß mit mehreren Frischhaltefolien luftdicht verschlossen und an einer geschützten Stelle im Garten vergraben. Vor dem Zuschaufeln des Lochs wird das Gefäß mit einem Holzbrett abgedeckt. In der gleichmäßigen Erdwärme beginnt die Zukker-Huflattich-Mischung zu gären. Nach acht Wochen gräbt man das Gefäß aus, kocht den entstandenen Sirup auf und füllt ihn abgekühlt in Flaschen. Man nimmt pro Tag einen Teelöffel pur oder verwendet ihn zum Süßen eines Kräutertees.

### Misch-Tee

Ehrenpreis, Huflattichblätter, Lungenkraut und Spitzwegerich werden zu gleichen Teilen gemischt. Pro Tasse nimmt man einen gehäuften Teelöffel der Mischung, mit heißem Wasser abbrühen und eine halbe Minute ziehen lassen. Den etwas bitteren Tee süßt man mit Honig oder löst Kandiszucker im Teewasser auf, bevor die Kräuter abgebrüht werden.

**Misch-Tee**

Eine Tasse kaltes Wasser wird mit einer Scheibe Zitrone und einem Teelöffel braunem Kandiszucker zum Kochen gebracht. Anschließend nimmt man das Wasser vom Herd und schüttet einen gehäuften Teelöffel Spitzwegerich und Thymian — zu gleichen Teilen gemischt — hinein. Eine halbe Minute ziehen lassen, abseihen und sehr heiß schluckweise trinken. Der Tee, von dem man vier bis fünf Tassen pro Tag trinkt, sollte stets frisch zubereitet werden.

### *Hausmittel*

**Brustwickel**

Man legt ein großes Badetuch ins Bett, darüber eine genauso große Plastikfolie und darauf ein in kaltem Wasser getränktes und ausgewrungenes Leinentuch. Der Patient wird auf das Leinentuch gelegt und eingewickelt. Der Wickel sollte eine Stunde getragen werden. Anschließend den Körper trocken abfrottieren, frische Nachtwäsche anziehen und im Bett mindestens eine halbe Stunde nachdunsten.

## Bronchitis

**Huflattich**

Auf eine Tasse Tee kommt ein gehäufter Teelöffel Blüten und Blätter, in gleicher Menge gemischt, mit heißem Wasser abbrühen, eine halbe Minute ziehen lassen und mehrmals über den Tag verteilt eine Tasse, so heiß wie möglich, schluckweise trinken. Wer will, kann den Tee getrost mit Honig süßen.

**Zinnkraut**

Bei chronischer Bronchitis trinkt man regelmäßig Zinnkraut-Tee. Ein gehäufter Teelöffel Zinnkraut pro Tasse, mit heißem Wasser abbrühen, eine halbe Minute ziehen lassen, abseihen und schluckweise zwei bis drei Tassen über den Tag verteilt trinken.

**Misch-Tee**

Eine Tasse kaltes Wasser wird mit einer Scheibe Zitrone und einem Teelöffel braunem Kandiszucker zum Kochen gebracht. Nun nimmt man das Wasser vom Herd und schüttet einen gehäuften Teelöffel Spitzwegerich und Thymian — zu gleichen Teilen gemischt — hinein. Eine halbe Minute ziehen lassen, abseihen und sehr heiß schluckweise trinken. Der Tee, von dem man vier bis fünf Tassen pro Tag trinkt, sollte stets frisch zubereitet werden.

### *Hausmittel*

Man gießt in eine Kasserolle Milch, bis der Boden bedeckt ist. Dazu gibt man 125 g Quark (Topfen) und erwärmt das Ganze unter kräftigem Umrühren. Den warmen Quark — nicht heiß, sondern angenehm warm — streicht man auf ein sauberes Leinentuch und legt ihn über Nacht als Umschlag auf den Brustkorb. Ein weiteres gutes Hausmittel bei einer schweren Bronchitis, die einfach nicht weichen will, sind in Schweinefett angebratene Zwiebeln. Man schneidet sie ringförmig und prasselt sie, ohne zu bräunen, in heißem Schweinefett aus. Auf einen Leinenfleck gestrichen und auf die Brust gelegt, verschwindet allmählich der dumpfe Druck. Das Auflegen von heißen Zwiebeln muß jedoch über einen längeren Zeitraum durchgeführt werden.

### Brustwickel

Man legt ein großes Badetuch ins Bett, darüber eine genauso große Plastikfolie und darauf ein in kaltem Wasser getränktes und ausgewrungenes Leinentuch. Der Patient wird auf das Leinentuch gelegt und eingewickelt. Der Wickel sollte eine Stunde getragen werden. Anschließend den Körper trocken abfrottieren, frische Nachtwäsche anziehen und im Bett mindestens eine halbe Stunde nachdunsten.

## Brustschwellung

### Hirtentäschel-Umschlag

Stillende Mütter klagen oft über geschwollene Brüste. Abhilfe schafft ein Hirtentäschel-Dunstumschlag.

Zwei gehäufte Handvoll Hirtentäschelkraut werden in einem Sieb über einen Topf mit kochendem Wasser gehängt. Durch den aufsteigenden Wasserdampf werden die Kräuter heiß. Man kippt den Siebinhalt in ein sauberes Leinentuch und legt es auf die geschwollenen Brüste. Als Wärmeschutz bedeckt man den Umschlag mit einem weichen, warmen Tuch.

## Brustwarzenentzündung

### Kleiner Schwedenbitter

Man beträufelt einen Wattebausch mit Kleinem Schwedenbitter und betupft damit die Brustwarzen mehrmals täglich, bis die Entzündung abgeklungen ist.

## Darmblähungen

**Kalmus**

Ein gestrichener Teelöffel Kalmuswurzel wird 12 Stunden in einer Tasse mit kaltem Wasser eingeweicht. Danach wird der Kaltansatz erwärmt und abgeseiht. Über den Tag verteilt trinkt man diese eine Tasse, nicht mehr, in sechs Schlucken. Vor dem Trinken muß der ausgekühlte Tee in einem heißen Wasserbad angewärmt werden.

### *Hausmittel*

**Bauchwickel**

Man legt ein Handtuch ins Bett, darüber eine genauso große Plastikfolie und darauf ein in kaltem Wasser getränktes und ausgewrungenes Leinentuch. Der Patient wird auf das Leinentuch gelegt und eingewickelt. Der Wickel sollte eine Stunde lang getragen werden. Anschließend den Körper trocken abfrottieren, frische Nachtwäsche anziehen und im Bett mindestens eine halbe Stunde nachdunsten.

## Darmstörungen

**Ehrenpreis**

Auf eine Tasse Tee kommt ein gehäufter Teelöffel Ehrenpreis, mit heißem Wasser abbrühen, eine halbe Minute ziehen lassen, abseihen und schluckweise mindestens eine Tasse pro Tag trinken.

**Kalmus**

Ein gestrichener Teelöffel Kalmuswurzel wird 12 Stunden in einer Tasse voll kaltem Wasser eingeweicht. Anschließend wird der Kaltansatz leicht angewärmt und abgeseiht. Vor und nach jeder Mahlzeit trinkt man nur einen Schluck! Vor dem Einnehmen wird der Tee in einem Wasserbad erwärmt. Nicht vergessen: Man trinkt pro Tag nur sechs Schlucke!

**Käsepappel**

Ein gehäufter Teelöffel Käsepappel wird 12 Stunden in einer Tasse mit kaltem Wasser eingeweicht. Anschließend wird der Kaltansatz erwärmt und abgeseiht. Schluckweise, bis zu drei Tassen am Tag trinken. Praktischerweise füllt man seine Tagesration in eine angewärmte Thermoskanne, ansonsten muß der abgekühlte Tee vor dem Trinken in einem heißen Wasserbad angewärmt werden.

**Ringelblume**

Ein gehäufter Teelöffel Ringelblume pro Tasse mit heißem Wasser abbrühen, eine halbe Minute ziehen lassen, abseihen und schluckweise drei bis vier Tassen Tee am Tag trinken.

**Salbei**

Ein gehäufter Teelöffel Salbei auf eine Tasse mit heißem Wasser abbrühen, eine halbe Minute ziehen lassen, abseihen und schluckweise pro Tag zwei Tassen trinken.

**Kleiner Schwedenbitter**

Mit einem der obengenannten Tees nimmt man täglich drei Teelöffel Kleinen Schwedenbitter ein. Dabei kommt ein Teelöffel auf eine halbe Tasse Tee, die je zur Hälfte vor und nach einer der drei Mahlzeiten eingenommen wird.

## Darmträgheit

**Kalmus**

Ein gestrichener Teelöffel Kalmuswurzel wird 12 Stunden in einer Tasse kaltem Wasser eingeweicht. Danach wird der Kaltansatz leicht angewärmt und abgeseiht. Man trinkt vor und nach jeder Mahlzeit nur einen Schluck von diesem Tee — nicht mehr als eine Tasse pro Tag! Vor dem Einnehmen wird die Tasse immer wieder in einem Wasserbad erwärmt.

**Kleiner Schwedenbitter**

Man nimmt täglich dreimal einen Teelöffel Kleinen Schwedenbitter, mit etwas Wasser oder Kräutertee vermischt.

### *Hausmittel*

**Bauchwickel**

Man legt ein Handtuch ins Bett, darüber eine genauso große Plastikfolie und darauf ein in kaltem Wasser getränktes und ausgewrungenes Leinentuch. Der Patient wird auf das Leinentuch gelegt und eingewickelt. Der Wickel sollte eine Stunde lang getragen werden. Anschließend den Körper trocken abfrottieren, frische Nachtwäsche anziehen und im Bett mindestens eine halbe Stunde nachdunsten.

## Depression

**Johanniskraut**

Einen gehäuften Teelöffel Johanniskraut pro Tasse mit heißem Wasser abbrühen, eine halbe Minute ziehen lassen, abseihen und schluckweise zwei bis drei Tassen am Tag trinken.

### Johanniskraut-Sitzbad

Ein Eimer Johanniskraut — verwendbar sind Blätter, Blüten und Stengel — wird 12 Stunden in kaltem Wasser eingeweicht. Dann wird der Kaltansatz bis zum Kochen erhitzt und in das Badewasser gegossen. Man benötigt nur so viel Wasser, daß die Nieren bedeckt sind. Die Badedauer beträgt 20 Minuten. Nach dem Bad nicht abtrocknen, sondern in einen Bademantel gehüllt im Bett eine Stunde nachschwitzen.

Es empfiehlt sich, wöchentlich ein Sitzbad zu nehmen und an jedem der dazwischenliegenden Tage ein Johanniskraut-Fußbad.

### Thymian-Vollbad

Ein Eimer, Fassungsvermögen 6 bis 8 Liter, frische oder 200 g getrocknete Kräuter werden 12 Stunden in kaltem Wasser eingeweicht. Danach wird der Kaltansatz erwärmt und dem Badewasser zugegossen. Das Herz des Badenden muß dabei außerhalb des Wassers sein. Die Badedauer beträgt 20 Minuten, anschließend nicht abtrocknen, sondern in einen Bademantel gehüllt im Bett eine Stunde nachschwitzen.

### Wegwarte

12 Stunden weicht man einen gehäuften Teelöffel Wegwartewurzeln in einer Tasse mit kaltem Wasser ein. Anschließend wird der Kaltansatz erwärmt und abgeseiht, über den Tag verteilt trinkt man zwei Tassen Tee. Praktischerweise füllt man seine Tagesration in eine angewärmte Thermoskanne.

### Zinnkraut-Sitzbad

100 g getrocknetes Zinnkraut — am besten eignet sich für die äußerliche Anwendung das hohe Zinnkraut — werden 12 Stunden in kaltem Wasser eingeweicht. Danach wird der Kaltansatz bis zum Kochen erwärmt und dem Badewasser zugegossen. Man benötigt nur so viel Badewasser, daß die Nieren bedeckt sind. Die Badedauer beträgt 20 Minuten. Nach dem Bad nicht abtrocknen, sondern in einen Bademantel gehüllt im Bett eine Stunde nachschwitzen.

### Misch-Tee

Ein gehäufter Teelöffel Brennessel, Schafgarbe und Zinnkraut, zu gleichen Teilen gemischt, pro Tasse mit heißem Wasser abbrühen, eine halbe Minute ziehen lassen, abseihen und schluckweise morgens und abends eine Tasse Tee trinken.

### Kleiner Schwedenbitter

Einen Eßlöffel Kleinen Schwedenbitter mit einer halben Tasse Kräutertee verdünnen und je eine Hälfte eine halbe Stunde vor und nach den Mahlzeiten trinken, d.h. drei Eßlöffel Kleinen Schwedenbitter pro Tag.

## Durchblutungsstörungen

### Beinwurz-Vollbad

500 g getrocknete Beinwurzblätter oder ein 5-Liter-Eimer mit frischen Kräutern werden 12 Stunden in kaltem Wasser eingeweicht. Danach wird der Kaltansatz erwärmt, abgeseiht und dem Badewasser zugegossen. Das Herz des Badenden muß dabei außerhalb des Wassers sein. Die Badedauer beträgt 20 Minuten, anschließend nicht

abtrocknen, sondern in einen Bademantel gehüllt im Bett eine Stunde nachschwitzen.

**Brennessel-Fußbad**

Ein 5-Liter-Eimer frischer Stengel und Blätter der Brennnessel wird 12 Stunden in kaltem Wasser eingeweicht. Danach wird der Kaltansatz angewärmt und dem Wasser des Fußbades zugegossen. Die Kräuter werden nicht abgeseiht, die Badedauer beträgt 20 Minuten.

**Brennessel-Vollbad**

Für 12 Stunden werden 200 g getrocknete oder ein 5-Liter-Eimer frische Brennessel (Stengel und Blätter) in kaltem Wasser eingeweicht. Anschließend wird der Kaltansatz angewärmt, abgeseiht und in das Badewasser gegossen. Das Herz des Badenden muß dabei außerhalb des Wassers liegen. Die Badedauer beträgt 20 Minuten, anschließend nicht abtrocknen, sondern in einen Bademantel gehüllt im Bett eine Stunde nachschwitzen.

**Brennessel-Waschungen**

Ein 5-Liter-Eimer mit frischen Stengeln und Blättern der Brennessel wird 12 Stunden in kaltem Wasser eingeweicht. Danach wird dieser Kaltansatz angewärmt. Mit diesem Brennessel-Absud wäscht man die betroffenen Körperpartien, wie beispielsweise die Herzgegend bei Herzkranzgefäßverengungen, und massiert sie dabei leicht.

**Ringelblumen-Salbe**

Die vor dem Schwedenbitter-Umschlag aufzutragende Ringelblumen-Salbe stellt man folgendermaßen her:

In einer Pfanne erhitzt man 250 g reines Schweinefett und schüttet zwei gehäufte Handvoll Ringelblumen (Blät-

**Beinwurz**
*Symphytum officinale*

**Weißdorn**

*Crataegus monogyna*

ter, Blüten und Stengel) in das heiße Fett. Man läßt das Ganze noch einmal aufschäumen, rührt kräftig um und nimmt die Pfanne vom Herd. Zugedeckt über Nacht auskühlen lassen. Am nächsten Tag wird die Pfanne noch einmal leicht erwärmt, ihr Inhalt wird durch ein sauberes Leinentuch passiert, die Blätter, Blüten und Stengel werden ausgepreßt und die so gewonnene Salbe in verschließbare Gefäße abgefüllt.

**Weißdorn**

Ein gehäufter Teelöffel Weißdorn (verwendet werden Blätter und Blüten) pro Tasse, mit heißem Wasser abbrühen, eine halbe Minute ziehen lassen, abseihen und schluckweise über den Tag verteilt zwei Tassen Tee trinken.

**Weißdorn-Essenz**

Man füllt frisch gepflückte Blüten und Beeren, von beidem die gleiche Menge, in eine Flasche und übergießt sie mit 38- bis 40%igem Kornbranntwein. Die Flasche muß mindestens zwei Wochen in der Wärme stehenbleiben. Von der so gewonnenen Essenz nimmt man täglich 4 bis 10 Tropfen ein.

**Kleiner-Schwedenbitter-Umschlag**

Die Haut der betreffenden Körperpartie streicht man dick mit Schweinefett oder Ringelblumen-Salbe ein, damit der Alkohol des Kleinen Schwedenbitters der Haut nicht das Fett entzieht. Ein geeignet großer Wattebausch oder ein Stück Zellstoff wird mit Kleinem Schwedenbitter beträufelt und aufgelegt. Diese Auflage fixiert man mit einer Binde oder einem Leinentuch und läßt den Umschlag, je nach Verträglichkeit, 2 bis 4 Stunden einwirken.

### *Hausmittel*

Wer einen Garten mit Grasfläche sein eigen nennt, sollte im Mai die Gelegenheit benützen, morgens im taufrischen Gras barfuß einige Runden zu drehen. Der Monat Mai ist wohl die geeignetste Zeit dazu. Die Sonne wärmt bereits den Boden, aber zugleich sind die inneren Bewegungen des Erdreichs noch in reichlichem Maße vorhanden. Dieses Barfußlaufen regt nicht nur die Blutzirkulation an, sondern hebt die Gesundheit in reichem Maße: Den Körper in gerader Haltung durchgestreckt, tief durchatmen, dabei zehn Minuten durch das taufrische Gras laufen. In die Wohnung zurückgekehrt, werden die feuchten Füße warm abgespült und Socken darüber gezogen. Wehe, wenn man sich dabei verkühlt! Das Laufen durch das taunasse Gras bewirkt eine gute Blutzirkulation, die Folge davon sind niemals kalte Füße. Auf der anderen Seite bringt man für den Tag ein gutes Stück Ausgeglichenheit mit. Man genießt bei morgendlichem Vogelgezwitscher die göttlichen ersten Sonnenstrahlen des Tages und fühlt sich durch die Weite des Himmels belebt.

## Durchfall

### Ampfer

Von den Samenstengeln des großen Ampfer pflückt man den grünen Samen, es kann auch noch der reifere, braune Samen verwendet werden. Ein gestrichener Teelöffel wird in einer Tasse mit heißem Wasser gebrüht. Zwei Minuten ziehen lassen, abseihen und schluckweise eine Tasse am Tag trinken.

**Bärlauch**

Neben seiner blutreinigenden Eigenschaft bewährt sich der Bärlauch vor allem zur Regulierung der Magen- und Darmtätigkeit.

Im Frühjahr sammelt man die frischen grünen Blätter des Bärlauchs, die gewaschen und kleingeschnitten verzehrt werden. Vergleichbar mit der Petersilie, streut man Bärlauch auf alle Speisen, die üblicherweise mit Petersilie oder Schnittlauch verfeinert und dekoriert werden. Mit Bärlauchblättern kann man auch einen Salat zubereiten oder Spinat kochen.

**Bärlauch-Essenz**

Um sich die Heilkraft des Bärlauchs das ganze Jahr über zu sichern, setzt man Bärlauch-Essenz an.

Man füllt eine Flasche bis zum Hals mit kleingeschnittenen Bärlauchblättern oder Bärlauchzwiebeln, übergießt die Kräuter mit 38- bis 40%igem Kornbranntwein und läßt die geschlossene Flasche mindestens zwei Wochen in der Wärme stehen. Von dieser Bärlauch-Essenz nimmt man täglich viermal 10 bis 15 Tropfen, mit etwas Wasser verdünnt.

**Kalmus**

Ein gestrichener Teelöffel Kalmuswurzel wird in einer Tasse kaltem Wasser 12 Stunden eingeweicht. Danach wird der Kaltansatz erwärmt und abgeseiht. Am Tag darf man nur eine Tasse Tee trinken. Man nimmt sie schluckweise vor und nach den drei Mahlzeiten ein. Der Tee muß vor jedem Schluck in einem heißen Wasserbad erwärmt werden.

**Kamille**

Ein gehäufter Teelöffel Kamille pro Tasse, abbrühen, eine halbe Minute ziehen lassen, abseihen und schluckweise über den Tag verteilt drei Tassen Tee trinken.

**Ringelblume**

Ein gehäufter Teelöffel Ringelblume pro Tasse, abbrühen, eine halbe Minute ziehen lassen, abseihen und tagsüber schluckweise zwei Tassen trinken.

**Salbei**

Ein gehäufter Teelöffel Salbei pro Tasse, mit heißem Wasser abbrühen, eine halbe Minute ziehen lassen, abseihen und schluckweise pro Tag zwei Tassen trinken.

**Vogelknöterich**

Ein gehäufter Teelöffel Vogelknöterich pro Tasse, mit heißem Wasser abbrühen, eine halbe Minute ziehen lassen, abseihen und schluckweise über den ganzen Tag verteilt zwei Tassen Tee trinken.

**Kleiner Schwedenbitter**

Je nach Schwere des Durchfalls nimmt man pro Tag drei Teelöffel oder drei Eßlöffel Kleinen Schwedenbitter, mit warmem Wasser oder Kräutertee verdünnt, zu sich. Es empfiehlt sich die Einnahme der Schwedenbitter-Ration jeweils eine halbe Stunde vor und nach jeder Mahlzeit.

**Zinnkraut-Umschlag**

Bei länger anhaltendem Durchfall legt man einen Zinnkraut-Dunstumschlag auf.

Man füllt zwei gehäufte Handvoll Zinnkraut in ein Sieb, das über kochendes Wasser gehängt wird. Durch den aufsteigenden Wasserdampf wird das Zinnkraut heiß. In ein Leinentuch gekippt, legt man es auf den Bauchbereich und läßt es mehrere Stunden oder über Nacht einwirken. Der Patient sollte warm eingepackt sein, damit die Wärme des Umschlags nicht verlorengeht.

**Mischtee**

Bei länger anhaltendem Durchfall trinkt man folgenden Mischtee:

10 g Kamille; 5 g Ringelblumen; 5 g Johanniskraut; 2 g Eiche; 2 g Brombeerblätter; 2 g Tausendgüldenkraut.

Die Kräuter müssen gut miteinander vermischt werden. Pro Tag trinkt man zwei Tassen. Dabei kommt ein gehäufter Teelöffel Kräuter auf eine Tasse, mit heißem Wasser abbrühen, eine halbe Minute ziehen lassen und abseihen. Morgens, eine halbe Stunde vor dem Frühstück trinkt man schluckweise eine Vierteltasse. Der restliche Tee wird heiß in eine heiß ausgespülte Thermosflasche gegossen und tagsüber, bis vor dem Nachtmahl, schluckweise getrunken.

**Kräuterkissen**

Man füllt 100 g Kamille trocken in ein Inlett oder einen Kissenbezug. Vor dem Schlafengehen wird es in einer Rain angewärmt und über Nacht auf den Bauchbereich gelegt.

## *Hausmittel*

Trinkt man einen der oben genannten Tees, nimmt man mit jeder Tasse eine Prise Kochsalz ein.

Bei wässerigem Durchfall von Kleinkindern gilt folgendes Hausmittel als hilfreich: Man kocht ein Pfund grob geraspelte Karotten zwei Stunden in einem Liter Wasser. Den Brei leicht salzen und dem kranken Kind immer wieder warm anbieten.

Getrocknete Heidelbeeren empfiehlt Pfarrer Kneipp bei leichtem Durchfall, besonders bei älteren Leuten.

## Eiterung

### Frauenmantel

Ein gehäufter Teelöffel Frauenmantel pro Tasse, mit heißem Wasser abbrühen, eine halbe Minute ziehen lassen, abseihen und schluckweise zwei bis drei Tassen am Tag trinken.

### Frauenmantel-Auflage

Bei sehr schlecht heilenden, eiternden Wunden, Stichen und Schnitten sollte man neben dem Tee frische Kräuterauflagen auf die Verletzung aufbringen. Vier gehäufte Handvoll frische Kräuter werden kurz gewaschen und mit einem Nudelholz auf einem Holzbrett zerquetscht. Dieser Kräuterbrei wird auf die Wunde gestrichen und mit einem Leinentuch fixiert. Nach einigen Stunden Einwirkungszeit wird die Wunde mit klarem Wasser ausgewaschen und die Kräuterauflage erneuert.

### *Hausmittel*

Auflagen mit Zucker oder Honig, öfters gewechselt, reinigen und heilen.

## Entzündung

### Kamille

Ein gehäufter Teelöffel Kamille auf eine Tasse, mit heißem Wasser abbrühen, eine halbe Minute ziehen lassen und schluckweise trinken.

### Salbei

Ein gehäufter Teelöffel Salbei pro Tasse, mit heißem Wasser abbrühen, eine halbe Minute ziehen lassen, abseihen und schluckweise tagsüber zwei Tassen trinken.

**Salbei-Umschlag**

Bei Mandelentzündungen, Halsschmerzen, vereiterten Zähnen und Entzündungen in Mundhöhle und Rachen empfehlen sich warme Umschläge mit Salbei-Tee. Ein sauberes Tuch wird mit dem Teeaufguß getränkt, um den Hals gewickelt und mit einer Binde oder einem geeigneten Tuch befestigt. Daneben empfiehlt es sich, mehrmals am Tag mit Salbei-Tee zu gurgeln.

**Ringelblumen-Salbe**

Die vor dem Schwedenbitter-Umschlag aufzutragende Ringelblumen-Salbe stellt man folgendermaßen her:

In einer Pfanne erhitzt man 250 g reines Schweinefett und schüttet eine gehäufte Handvoll Ringelblumen (Blätter, Blüten und Stengel) in das heiße Fett. Man läßt das Ganze noch einmal aufschäumen, rührt kräftig um und nimmt die Pfanne vom Herd. Zugedeckt über Nacht auskühlen lassen. Am nächsten Tag wird die Pfanne noch einmal leicht erwärmt, ihr Inhalt durch ein sauberes Leinentuch passiert, die Blätter, Blüten und Stengel werden ausgepreßt und die so gewonnene Salbe in verschließbare Gläser abgefüllt.

**Kleiner Schwedenbitter**

Bei starken Entzündungen mit Vereiterungen nimmt man mit dem Tee zwei- bis dreimal pro Tag einen Eßlöffel Kleinen Schwedenbitter ein. Auf $\frac{1}{8}$ Liter Tee, das entspricht einer halben Tasse, kommt ein Eßlöffel Kleiner Schwedenbitter. Am wirkungsvollsten nimmt man diese Mischung eine halbe Stunde vor und nach dem Essen ein.

**Kleiner-Schwedenbitter-Auflage**

Die entzündete Körperpartie wird dick mit Schweinefett oder Ringelblumen-Salbe eingestrichen, damit der Alkohol des Kleinen Schwedenbitters der Haut nicht das Fett entzieht. Ein geeignet großer Wattebausch oder ein Stück Zellstoff wird mit Kleinem Schwedenbitter beträufelt und aufgelegt. Die Auflage fixiert man mit einer Binde oder einem Leinentuch und läßt den Umschlag, je nach Verträglichkeit, 2 bis 4 Stunden einwirken.

### *Hausmittel*

Geschälte und geschnittene Zwiebeln werden in Fett angeröstet, aber nicht gebräunt, auf ein Leinentüchlein gestrichen und auf die harte, noch geschlossene Entzündung gelegt. Das ist ein altes Hausmittel aus Großmutters Zeiten.

Im Jahr 1945, als die Russen unser Haus besetzt hatten und wir als Familie in zwei Hinterzimmern leben mußten, bekam ich ganz plötzlich eine stark schmerzende, harte Stelle am Oberschenkel. Die Schmerzen wurden von Tag zu Tag schlimmer. Einen Arzt, den man aufsuchen konnte, gab es in unserem Dorf nicht mehr. Da begann die Mutter meines Mannes mir dieses alte, bewährte Zwiebelmittel aufzulegen, mehrmals am Tag. Ich spürte sehr bald, wie die Schmerzen weniger wurden, sich die Eiterung in der Entzündung zusammenzog und plötzlich aufbrach.

### Essigsaure Tonerde

Das beste bei Entzündungen an Fingern und Zehen ist essigsaure Tonerde. Man feuchtet unverdünnt einen Leinenflecken damit an und legt ihn über die entzündete Stelle. In den meisten Fällen ist die Entzündung über Nacht abgeklungen.

## Erbrechen

### Ringelblumen-Salbe

Die vor dem Schwedenbitter-Umschlag aufzutragende Ringelblumen-Salbe stellt man folgendermaßen her:

In einer Pfanne erhitzt man 250 g reines Schweinefett und schüttet eine gehäufte Handvoll Ringelblumen (Blätter, Blüten und Stengel) in das heiße Fett. Man läßt das Ganze noch einmal aufschäumen, rührt kräftig um und nimmt die Pfanne vom Herd. Zugedeckt über Nacht auskühlen lassen. Am nächsten Tag wird die Pfanne noch einmal leicht erwärmt, ihr Inhalt durch ein sauberes Leinentuch passiert, die Blätter, Blüten und Stengel werden ausgepreßt und die so gewonnene Salbe in verschließbare Gläser abgefüllt.

### Kleiner Schwedenbitter

Man nimmt täglich drei Teelöffel Kleinen Schwedenbitter, mit Kräutertee oder Wasser verdünnt. Dabei kommt ein Teelöffel auf eine halbe Tasse Kräutertee, die man jeweils eine halbe Stunde vor und nach jeder Mahlzeit trinkt.

### Kleiner-Schwedenbitter-Umschlag

Man streicht die Haut der Magengegend dick mit Ringelblumen-Salbe ein, damit der Alkohol des Kleinen Schwedenbitters ihr nicht das Fett entzieht. Ein geeignet großer Wattebausch oder ein Stück Zellstoff wird mit Kleinem Schwedenbitter beträufelt und auf die betroffene Magengegend gelegt. Diese Auflage fixiert man mit einer Binde oder einem Leinentuch und läßt den Umschlag, je nach Verträglichkeit, 2 bis 4 Stunden einwirken.

# Erfrierungen

## Kalmus-Bad

Bei Erfrierungen, Frostbeulen, kalten Händen und Füßen helfen Bäder der Kalmuswurzel. Man weicht 12 Stunden lang 100 g Kalmuswurzeln in 2,5 Liter kaltem Wasser ein. Danach wird der Kaltansatz erwärmt und Hände, Füße oder andere kälteerkrankte Stellen des Körpers 20 Minuten darin gebadet.

## Mistelbeeren-Salbe

Mistelbeeren, von Anfang Oktober bis Ende Dezember gepflückt, werden in einer Porzellanschüssel mit etwas reinem Schweinefett zu einer Salbe verrührt und über Nacht auf die Erfrierung aufgetragen.

## Ringelblumen-Salbe

Die vor dem Schwedenbitter-Umschlag aufzutragende Ringelblumen-Salbe stellt man folgendermaßen her:

In einer Pfanne erhitzt man 250 g reines Schweinefett und schüttet zwei gehäufte Handvoll Ringelblumen (Blätter, Blüten und Stengel) in das heiße Fett. Man läßt das Ganze noch einmal aufschäumen, rührt kräftig um und nimmt die Pfanne vom Herd. Zugedeckt über Nacht auskühlen lassen. Am nächsten Tag wird die Pfanne noch einmal leicht erwärmt, ihr Inhalt wird durch ein sauberes Leinentuch passiert, die Blätter, Blüten und Stengel werden ausgepreßt und die so gewonnene Salbe in verschließbare Gefäße abgefüllt.

## Walnuß

Zwei gehäufte Teelöffel kleingeschnittene Walnußblätter werden mit einem halben Liter heißem Wasser abgebrüht, ziehen lassen, abseihen und mit dem warmen Absud die Erfrierung waschen oder baden.

### Kleiner-Schwedenbitter-Umschlag

Erfrierungen an Händen und Füßen behandelt man mit Schwedenbitter-Umschlägen. Die betroffenen Hautpartien streicht man dick mit Schweinefett oder Ringelblumen-Salbe ein, damit der Alkohol des Kleinen Schwedenbitters der Haut nicht das Fett entzieht. Ein geeignet großer Wattebausch oder ein Stück Zellstoff wird mit Kleinem Schwedenbitter beträufelt und auf die Wunde gelegt. Die Auflage fixiert man mit einer Binde oder einem Leinentuch. Dieser Umschlag soll tagsüber mehrfach gewechselt werden. In jedem Fall sollten Hände oder Füße über Nacht mit einem Schwedenbitter-Umschlag behandelt werden.

## Erkältung

### Brennessel

Die vielseitige Brennessel stärkt die Abwehrkräfte des Körpers und ist ein probates Mittel im Schutz gegen die Ansteckungsgefahr von Erkältungen.

Ein gehäufter Teelöffel Brennessel pro Tasse, abbrühen, eine halbe Minute ziehen lassen, abseihen und schluckweise trinken. Bis zu 2 Liter Brennessel-Tee kann man pro Tag bedenkenlos trinken. Praktischerweise füllt man seine Tagesration in eine angewärmte Thermoskanne.

### Schafgarbe

Ein gehäufter Teelöffel Schafgarbe pro Tasse, mit heißem Wasser abbrühen, eine halbe Minute ziehen lassen, abseihen und schluckweise mehrere Tassen, so heiß wie möglich, am Tag trinken.

**Wiesengeißbart**

Ein gehäufter Teelöffel kleingeschnittene Wiesengeißbartblüten pro Tasse, mit heißem Wasser abbrühen, eine halbe Minute ziehen lassen, abseihen und schluckweise zwei bis drei Tassen am Tag trinken.

**Kleiner Schwedenbitter**

Bei einer starken Erkältung träufelt man Schwedenbitter auf einen Löffel und atmet die Tropfen mit offenem Mund ein. Zusammen mit dem Schafgarben-Tee nimmt man täglich dreimal einen Teelöffel Kleinen Schwedenbitter zu sich. Dabei einen Teelöffel auf eine halbe Tasse, die man jeweils zur Hälfte eine halbe Stunde vor und nach den Mahlzeiten trinkt.

### *Hausmittel*

Man macht 10- bis 15minütige Fußbäder mit heißem Wasser. Das Wasser muß so heiß, wie es gerade verträglich ist, sein und immer wieder nachgegossen werden.

Ein Glas mit heißer Milch wird mit einem Teelöffel Honig versüßt. Die Milch sollte so heiß wie möglich getrunken werden, der Patient sollte warm eingepackt im Bett liegen und sich »gesund schwitzen«.

Um den Körper zum Schwitzen anzuregen empfiehlt ein anderes Hausmittel Zwiebelschalen fünf Minuten auszukochen, abzuseihen und eine Tasse vor dem Zubettgehen zu trinken. Pro Tasse benötigt man zwei, drei Zwiebelscheiben.

Eine ähnliche Wirkung verspricht ein Glas heiße Zitrone. Eine halbe Zitrone auspressen, das Glas mit heißem Wasser auffüllen, nicht zuckern und schluckweise so heiß wie möglich trinken.

In manchen ländlichen Gegenden gibt es zum Nachtmahl heiße Biersuppe, sowohl zur Vorbeugung als auch zur Behandlung bei beginnenden Erkältungen.

Aus Milch, Mehl und Eiern rührt man einen dünnen Eierkuchenteig und bringt ihn auf kleinster Flamme langsam zum Kochen. Beginnt der Brei zu dicken, gießt man das Bier unter ständigem Rühren zu. Man verwendet genausoviel Bier wie Milch. Vor dem Servieren schmeckt man die Biersuppe mit etwas Salz und einer Prise Rohzucker ab. Der Körper wird wohlig warm aufgewärmt, zum Schwitzen angeregt, und als Nebeneffekt verschafft die Biersuppe einen erholsamen, ungestörten Schlaf.

**Taulaufen**

Eine sehr wirkungsvolle Vorbeugemaßnahme gegen Erkältungskrankheiten ist das Taulaufen.

Früh morgens aufstehen, sich der jeweiligen Witterung angepaßt anziehen und barfuß durch das taunasse Gras laufen. Ganz wichtig ist dabei das Laufen, damit der Körper warm bleibt. Anfangs läuft man nicht länger als eine Minute, bei entsprechender Abhärtung maximal fünf Minuten.

**Ganzkörperwickel**

Man legt eine leichte Wolldecke ins Bett. Darauf kommen ein oder zwei große Badetücher — die Fläche muß groß genug sein, um den ganzen Körper vom Halsansatz bis zu den Fußspitzen zu bedecken — darüber eine genauso große Plastikfolie und darauf ein entsprechendes großes, in kaltem Wasser getränktes und ausgewrungenes Leinentuch legen. Der Patient legt sich auf das Leinentuch, wird eingewickelt und muß eine Stunde im Wickel ruhen. Anschließend wird der Körper trocken abfrottiert, frische Nachtwäsche angezogen, und der Patient muß im Bett mindestens noch eine halbe Stunde nachdunsten.

**Halswickel**

Ein in kaltes Wasser getränktes Leinentuch wird ausgewrungen und um den Hals gewickelt. Darüber kommt eine genauso große Plastikfolie, die mit einem warmen Handtuch abgebunden wird. Der Patient kann den Halswickel im Bett über Nacht tragen.

## Topfenwickel

Mein damals vierjähriger Sohn Kurt bekam am 10. Dezember 1946 über Nacht im Flüchtlingslager Schwabach bei Nürnberg 40,8 Fieber, das pausenlos bis zum 15. Januar 1947 anhielt. Morgens stand das Fieber gleichmäßig auf 39,9. Als er Ende Jänner 1947 endlich in ärztliche Hände kam, ins Krankenhaus Weißenburg bei Nürnberg eingewiesen wurde, meinte Chefarzt Dr. Schneider damals zu mir, ein so hohes, wochenlang andauerndes Fieber gehe nicht unbeschadet an einem Kleinkind vorbei. Es werde wahrscheinlich später viele Infektionskrankheiten aus der Schule mitbringen. Und so war es auch. Als einmal die sogenannte asiatische Grippe weite Gebiete Österreichs erfaßte, kam Kurt eines Tages mit hohem Fieber aus der Schule heim. Es war so schlimm, daß der Arzt täglich zu ihm kommen mußte, da zu dieser Zeit wegen einer infektiösen Grippe niemand ins Krankenhaus eingewiesen wurde. Sein schwerer Husten machte mich sehr besorgt, die Medikamente und Injektionen besserten nichts. Eines Morgens stand eine unter uns wohnende alte Dame vor mir und bat mich, »ihrem Kurterl« einen Topfenwickel auf die Brust zu legen. Sie hatte das Kind ins Herz geschlossen und war voller Angst über seinen nächtlichen Husten.

Ich legte gleich am selben Abend einen Topfenwickel auf seine Brust, einen Wickel aus 125 g Topfen (Quark). In einer leicht mit Milch bedeckten Kasserolle legte ich diese Menge Topfen ein und machte ihn langsam auf kleiner Flamme warm. Das Ganze strich ich auf ein Leinenhandtuch und legte es auf die Brust des kranken Kindes. Der Umschlag wurde mit einem trockenen, warmen Frottee-Handtuch abgedeckt, damit der Patient ins Schwitzen kam. Morgens stellten wir einen Eimer mit Wasser ans Bett, zum Hineinspucken. Das Kind konnte ganz leicht aushusten, binnen eineinhalb Stunden mindestens anderthalb Liter gelben, dicken Schleim. Am Abend bat Kurt nochmals um einen Wickel. Wie er sagte, hatte er das Gefühl, »als ob ein Tier von seiner Brust weggesprungen wäre«. Es kam jedoch kein Auswurf mehr nach, mit nur einem Topfenwickel hatte er die ganze Schleimmenge aushusten können.

Dieser Topfenwickel kann auch bei anderen Beschwerden Verwendung finden: Bei Halsschmerzen mit vereiterten Mandeln, bei einem vereiterten Zahn, bei einer beginnenden Stirnhöhlengeschichte oder einem Furunkel.

## Ermüdung

### Brennessel-Kur

Ermüdungs- und Erschöpfungszustände sind eine Alterserscheinung, hervorgerufen durch einen Eisenmangel im Körper. Hilfe verspricht die eisenhaltige, frische Brennessel. Eine vierwöchige Teekur im Frühjahr und Herbst fördert die Leistungsfähigkeit.

Eine Handvoll frischer Brennesselblätter und -stengel pro Tasse, mit heißem Wasser abbrühen, eine halbe Minute ziehen lassen, abseihen und schluckweise trinken.

Man trinkt morgens eine halbe Stunde vor dem Frühstück schluckweise eine Tasse Tee. Über den restlichen Tag verteilt zwei weitere Tassen. Praktischerweise füllt man die Tagesration in eine angewärmte Thermosflasche. Den Tee trinkt man ohne Zucker, empfindliche Gaumen können den Geschmack mit etwas Kamille oder Pfefferminze verfeinern.

## Erschöpfung

### Brennessel

Erschöpfungszustände wie auch Ermüdungszustände und Leistungsabfall sind oft das Ergebnis von Eisenmangel im Körper. Wirksame Besserung verspricht die eisenhaltige, frische Brennessel. Eine vierwöchige Teekur im Frühjahr und im Herbst sorgt für eine rasche Wiederkehr der Lebensgeister.

Eine Handvoll frische Brennesselblätter und -stengel pro Tasse, mit heißem Wasser abbrühen, eine halbe Minute ziehen lassen, abseihen und schluckweise trinken.

Die Kur beginnt täglich mit einer Tasse Brennessel-Tee eine halbe Stunde vor dem Frühstück. Der Tee wird schluckweise getrunken. Über den restlichen Tag verteilt

**Hauswurz**

*Sempervivum tectorum*

**Kalmus**

*Acorus calamus*

trinkt man schluckweise zwei weitere Tassen frischen Brennessel-Tee. Praktischerweise füllt man seine Tagesration in eine angewärmte Thermoskanne.

### Kamillen-Vollbad

Für ein Bad benötigt man vier Handvoll Kamillenblüten, die man mit heißem Wasser abbrüht, ziehen läßt und abgeseiht dem Badewasser zugießt. Die Wanne darf nur so viel Wasser fassen, daß das Herz des Badenden außerhalb des Wassers bleibt. Die Badedauer beträgt 20 Minuten. Nach dem Bad nicht abtrocknen, sondern in einen Bademantel gehüllt eine Stunde im Bett nachschwitzen.

## Fersensporn

### Zinnkraut-Fußbad

100 g Zinnkraut werden 12 Stunden in kaltem Wasser eingeweicht. Danach wird der Kaltansatz erwärmt und abgeseiht dem Fußbadewasser beigegeben. Die Badedauer beträgt 20 Minuten. Das warme, feuchte Zinnkraut über Nacht um den Fuß gewickelt, mit einem warmen Tuch abgebunden, nimmt augenblicklich die großen Schmerzen und löst den Fersensporn allmählich auf.

### *Hausmittel*

Der sehr schmerzhafte Fersensporn wird morgens und abends kreisförmig mit Rizinusöl einmassiert.

## Fettsucht

### Frauenmantel

In höheren Lagen, über 1000 m, wächst eine Art des Frauenmantels, die im Volksmund wegen ihrer silbrig glänzenden Blattunterseite auch Silbermantel genannt wird. Aus seinen Blättern brüht man einen Tee, der Hilfe bei Fettsucht und Fettleibigkeit verspricht.

Ein gehäufter Teelöffel Silbermantel pro Tasse, mit heißem Wasser abbrühen, eine halbe Minute ziehen lassen, abseihen und schluckweise bis zu drei Tassen pro Tag trinken.

### Wegwarte

Ein gehäufter Teelöffel Wegwarte (Blüten und Stengel) pro Tasse, mit heißem Wasser abbrühen, eine halbe Minute ziehen lassen, abseihen und schluckweise täglich zwei Tassen trinken.

### Weißdorn

Ein gehäufter Teelöffel Weißdorn (verwendet werden Blätter und Blüten) pro Tasse, mit heißem Wasser abbrühen, eine halbe Minute ziehen lassen, abseihen und schluckweise mindestens vier Tassen Tee am Tag trinken.

### Weißdorn-Essenz

Man füllt frisch gepflückte Blüten und Beeren, von beiden die gleiche Menge, in eine Flasche und übergießt sie mit 38- bis 40%igem Kornbranntwein. Die Flasche muß mindestens zwei Wochen in der Wärme stehenbleiben. Von der so gewonnenen Essenz nimmt man täglich 4 bis 10 Tropfen ein.

## Feuermal

### Hauswurz-Saft

Man schneidet die Blätter der Hauswurz der Länge nach auseinander und bestreicht das Feuermal mit dem austretenden Saft.

### Labkraut-Salbe

Labkraut-Salbe ist ebenfalls ein hervorragendes Mittel gegen Feuermale.

In einer Pfanne erhitzt man 500 g reines Schweinefett und schüttet vier gehäufte Handvoll Labkraut in das Fett. Das Ganze kurz aufschäumen lassen, gut umrühren und von der Herdplatte nehmen. Zugedeckt läßt man die Pfanne über Nacht auskühlen. Am nächsten Tag wird die Pfanne erneut erwärmt, bis das Fett flüssig genug ist, um durch ein sauberes Leinentuch passiert zu werden. Die im Tuch zurückbleibenden Kräuter kräftig auspressen und die so gewonnene Salbe in verschließbare Gläser abfüllen. Die Salbe soll im Kühlschrank aufbewahrt werden.

### Labkraut-Waschung

Mit Labkraut-Absud nimmt man Waschungen vor.

Zwei gehäufte Teelöffel Labkraut werden mit ½ Liter heißem Wasser gebrüht, ziehen lassen, abseihen und mit dem Absud die betroffene Hautpartie täglich waschen.

### Ringelblumen-Saft

In einem Entsafter gewinnt man aus den frischen Stengeln der Ringelblume einen Saft, mit dem das Feuermahl mehrmals täglich eingestrichen wird.

### Zedern-Essenz

Man füllt die gewaschenen und kleingeschnittenen Blätter der Zeder (auch Lebensbaum genannt) in eine Flasche, übergießt sie mit 38- bis 40%igem Kornbranntwein (der Branntwein muß die Blätter bedecken) und läßt die geschlossene Flasche mindestens zwei Wochen in der Wärme stehen. Mit dieser Essenz wird das Feuermal mehrmals am Tag betupft.

# Fieber

### Frauenmantel

Ein gehäufter Teelöffel Frauenmantel pro Tasse, mit heißem Wasser abbrühen, eine halbe Minute ziehen lassen, abseihen und schluckweise zwei bis drei Tassen am Tag trinken.

### Huflattich

Ein gestrichener Teelöffel Huflattichwurzeln wird für 12 Stunden in einer Tasse kaltem Wasser eingeweicht. Der Kaltansatz wird anschließend abgeseiht und schluckweise getrunken. Je nach Stärke des Fiebers trinkt man tagsüber ein bis zwei Tassen.

### Kamille

Ein gehäufter Teelöffel Kamille pro Tasse, mit heißem Wasser abbrühen, eine halbe Minute ziehen lassen, abseihen und schluckweise, je nach Stärke des Fiebers, über den Tag verteilt zwei bis drei Tassen Tee trinken.

### Kleiner Schwedenbitter

Mit einem der obengenannten Tees nimmt man täglich ein bis drei Eßlöffel Kleinen Schwedenbitter, je nach Stärke des Fiebers, zu sich, und zwar einen Eßlöffel auf eine halbe Tasse Tee, die je zur Hälfte eine halbe Stunde vor und nach den Mahlzeiten getrunken wird.

## *Hausmittel*

Über Nacht in Apfelessig-Wasser getränkte Socken feucht überziehen oder in Essigwasser getränkte Tücher um die Waden wickeln.

## Fuß (geschwollen)

**Huflattich**

Zwei Handvoll frische Huflattichblätter mit heißem Wasser abbrühen, zwei Minuten ziehen lassen und dem Fußbad zugießen. Die Badedauer beträgt 20 Minuten.

**Käsepappel**

Zwei Handvoll frische Käsepappelblätter werden 12 Stunden in 5 Liter kaltem Wasser eingeweicht. Danach wird der Kaltansatz erwärmt und dem Fußbadewasser zugegossen. Die Badedauer beträgt 20 Minuten.

## Füße (kalt)

**Kalmus-Fußbad**

Für 12 Stunden weicht man ca. 100 g Kalmuswurzeln in kaltem Wasser ein. Danach wird der Kaltansatz erwärmt, 5 Minuten ziehen lassen, abgeseiht und dem heißen Wasser für ein Fußbad zugegossen. Die Badedauer beträgt 20 Minuten.

### *Hausmittel*

**Taulaufen**

Kalte Füße sind oft auf eine schlechte Durchblutung der Beine zurückzuführen. Abhilfe schafft tägliches Taulaufen.

Früh morgens aufstehen, sich der jeweiligen Witterung angepaßt anziehen und barfuß durch das taunasse Gras laufen. Ganz wichtig ist dabei das Laufen, damit der Körper warm bleibt. Anfangs läuft man nicht länger als eine Minute, bei entsprechender Abhärtung maximal fünf Minuten. Durch das Taulaufen wird die Durchblutung der Beine und des Unterleibs gefördert.

## Füße (wund gelaufen)

### Pestwurz-Auflage

Die frischen Blätter der Pestwurz werden gewaschen, mit einem Nudelholz auf einem Holzbrett zerquetscht und der Kräuterbrei auf die wundgelaufenen Füße aufgelegt. Für eine rasche Heilung muß die Pestwurz-Auflage täglich mehrmals gewechselt werden.

### Spitzwegerich-Auflage

Die frischen Blätter des Spitz- oder Breitwegerichs werden gewaschen, mit einem Nudelholz auf einem Holzbrett zerquetscht und der Blätterbrei auf die wund gelaufenen Füße aufgelegt. Eine täglich mehrmalige Erneuerung der Spitzwegerich-Auflage beschleunigt den Heilungsprozeß.

## Fußpilz

### Ringelblumensalbe

Die von Fußpilz befallenen Stellen streicht man täglich mit Ringelblumen-Salbe ein. Die Salbe wird aus Kräutern und Schweinefett hergestellt.

Vier Handvoll frische Blätter, Stengel und Blüten werden klein geschnitten. In einer Pfanne erhitzt man 500 g gutes Schweinefett, gibt die kleingeschnittenen Kräuter dazu und läßt noch einmal aufschäumen. Fett und Kräuter werden gut verrührt und von der Herdplatte genommen. Abgedeckt läßt man die Mischung einen Tag stehen. Danach wird sie leicht erwärmt, durch ein Leinentuch gefiltert und in kleinere, verschraubbare Gefäße abgefüllt.

**Ringelblumen-Waschung**

Auf ½ Liter Wasser kommt ein gehäufter Eßlöffel Ringelblumen (Blätter, Stengel und Blüten), mit heißem Wasser abbrühen, eine halbe Minute ziehen lassen und mit dem abgeseihten Absud die pilzbefallenen Füße waschen.

### *Hausmittel*

Bei Pilzbefall zwischen den Fußzehen hilft das Einpinseln der betroffenen Stellen mit Petroleum.

Bei Pilzerkrankungen ist Knoblauch eine gute Sache. Man schält eine Zehe Knoblauch, schneidet und schabt sie fein, streicht sie auf einen Leinenflecken, den man auf die erkrankte Stelle legt und abbindet. Über Nacht ist der Pilz abgetötet.

## Fußschweiß

**Walnuß-Fußbad**

Auf 1 Liter Wasser vier gehäufte Teelöffel kleingeschnittene Walnußblätter mit heißem Wasser abbrühen, ziehen lassen und abgeseiht dem Badewasser zugießen. Die Badedauer beträgt 20 Minuten.

**Zinnkraut**

Zur Unterstützung der Behandlung trinkt man täglich eine halbe Stunde vor dem Frühstück eine Tasse Zinnkraut-Tee. Ein gehäufter Teelöffel Zinnkraut pro Tasse, mit heißem Wasser abbrühen, eine halbe Minute ziehen lassen, abseihen und schluckweise trinken.

### Zinnkraut-Essenz

Eine Zinnkraut-Essenz ist ein probates Mittel gegen Fußschweiß. Auf 50 g echten Kornbranntwein (38- bis 40% Alkohol) kommen 10 g frisches Zinnkraut. Unter täglichem Schütteln wird dieser Ansatz mindestens zwei Wochen, in einer dunklen Flasche verschlossen, in der Wärme stehen gelassen. Nach einer gründlichen Waschung und gewissenhaftem Abtrocknen werden die Füße mit dieser Essenz eingestrichen.

### Zinnkraut-Fußbad

Das Einstreichen mit der Zinnkraut-Essenz kann auch ein tägliches Zinnkraut-Fußbad ersetzen. 100 g Zinnkraut werden 12 Stunden in kaltem Wasser eingeweicht. Danach wird der Kaltansatz erwärmt und abgeseiht dem Badewasser beigegeben. Die Badedauer beträgt 20 Minuten.

## Gallenbeschwerden

### Kleiner Schwedenbitter

Gallenbeschwerden, oft eine Folgeerscheinung von zu fettem, schwerverdaulichem Essen, rückt man mit Kleinem Schwedenbitter erfolgreich zu Leibe. Man nimmt täglich morgens und abends einen Eßlöffel Kleinen Schwedenbitter, mit etwas Wasser oder Kräutertee verdünnt, zu sich.

### Kleiner-Schwedenbitter-Umschlag

Bei hartnäckigen Schmerzen legt man über Nacht einen Umschlag mit Kleinem Schwedenbitter auf. Die Hautpartie wird mit Schweinefett oder Ringelblumen-Salbe dick eingestrichen, damit der Alkohol des Kleinen Schwedenbitters ihr nicht das Fett entzieht. Ein geeignet großer Wattebausch oder ein Stück Zellstoff wird mit Kleinem Schwedenbitter beträufelt und auf die schmerzende Stelle gelegt. Die Auflage fixiert man mit einer Binde oder einem Leinentuch.

### Klettenwurzel

Getrocknete Klettenwurzeln helfen als Hausmittel bei Gallensteinen. Man weicht einen Kaffeelöffel voll getrockneter Klettenwurzel zwölf Stunden in einem Viertelliter kaltem Wasser ein, läßt es aufkochen und 10 Minuten ziehen. Diese Menge trinkt man schluckweise über den Tag verteilt. Ein Drittel vor dem Frühstück, ein Drittel vor dem Mittagessen und ein Drittel nach dem Nachtmahl.

Eine andere Flüssigkeit darf zu den Mahlzeiten nicht getrunken werden. Der Tee muß täglich frisch zubereitet werden, die Klettenwurzel kann man zweimal benützen. Die Kur wird drei Wochen lang gemacht. Sollte es notwendig sein, kann man sie nach einer Pause wiederholen.

## Gedächtnislücken

### Ehrenpreis

Ein gehäufter Teelöffel Ehrenpreis pro Tasse, mit heißem Wasser abbrühen, eine halbe Minute ziehen lassen, abseihen und schluckweise eine Tasse vor dem Schlafengehen trinken.

### Weißdorn

12 Stunden weicht man einen gehäuften Eßlöffel Weißdorn (Blätter, Blüten und Beeren, jeweils die gleiche Menge) in einer Tasse mit kaltem Wasser ein. Anschlie-

ßend wird der Kaltansatz erwärmt und abgeseiht. Pro Tag trinkt man zwei Tassen Tee.

### Weißdorn-Essenz

Man füllt frisch gepflückte Blüten und Beeren, von beidem die gleiche Menge, in eine Flasche und übergießt sie mit 38- bis 40%igem Kornbranntwein. Die Flasche muß mindestens zwei Wochen in der Wärme stehenbleiben. Von der so gewonnenen Essenz nimmt man täglich 4 bis 10 Tropfen ein.

### Misch-Tee

Ein gehäufter Teelöffel Ehrenpreis und Zinnkraut, jeweils die gleiche Menge, pro Tasse, mit heißem Wasser abbrühen, eine halbe Minute ziehen lassen, abseihen und schluckweise zwei Tassen pro Tag trinken.

## Gedächtnisschwäche

### Bärlauch-Essenz

Täglich 10 bis 12 Tropfen Bärlauch-Essenz, mit etwas Wasser eingenommen, fördern das Gedächtnis.

Man füllt in eine Flasche kleingeschnittene Blätter oder Zwiebeln des Bärlauchs und übergießt sie mit 38- bis 40%igem Kornbranntwein. Die Flasche stellt man mindestens zwei Wochen in die Wärme.

### Ehrenpreis

Ein gehäufter Teelöffel Ehrenpreis pro Tasse, mit heißem Wasser abbrühen, eine halbe Minute ziehen lassen, abseihen und schluckweise vor dem Schlafengehen eine Tasse Tee trinken.

### Kleiner Schwedenbitter

Mehrmaliges Befeuchten des Kopfwirbels mit Kleinem Schwedenbitter fördert das Gedächtnis.

## Gehörfehler

### Storchenschnabel-Essenz

Man füllt die gewaschenen und kleingeschnittenen Blüten, Blätter und Stengel des Storchenschnabels in eine Flasche, übergießt sie mit 38- bis 40%igem Kornbranntwein und läßt die verschlossene Flasche mindestens zwei Wochen in der Wärme stehen. Mit dieser Essenz befeuchtet man einen Finger und streicht das Innere des Ohrs ein.

### Misch-Tee

Ist das Gehörleiden auf eine Verkühlung zurückzuführen, so empfehlen sich Spülungen des Ohrs mit einem Aufguß aus der gleichen Menge Gundelrebe, Salbei und Schafgarbe (ein gehäufter Teelöffel pro Tasse), mit heißem Wasser abgebrüht, eine halbe Minute ziehen lassen und abseihen.

### Kleiner Schwedenbitter

In der alten Handschrift des schwedischen Arztes Dr. Samst steht, daß die Schwedenkräuter auch das verlorene Gehör wiederbringen. Man nimmt einige Tropfen Kleinen Schwedenbitter auf den Zeigefinger und feuchtet damit den Gehörgang ein. Eine andere Möglichkeit bietet ein Wattepfropfen, mit Kleinem Schwedenbitter beträufelt, den man sich in die Ohren steckt. Vor der Anwendung träufelt man warmes Thymianöl in das Ohr. Das Erwärmen des Öls ist am einfachsten, wenn man einen

Teelöffel in heißes Wasser taucht und das Öl auf den erwärmten Löffel träufelt.

## Gesichtsallergie

### Käsepappel-Waschung

Vier gehäufte Teelöffel Käsepappel werden 12 Stunden in 1 Liter kaltem Wasser eingeweicht. Danach wird der Kaltansatz erwärmt und abgeseiht. Mit dem lauwarmen Käsepappel-Absud wird das Gesicht mehrmals gewaschen.

## Gesichtsflecken

### Hauswurz-Saft

Man schneidet die Blätter der Hauswurz der Länge nach auseinander und bestreicht die Gesichtsflecken mit dem austretenden Saft.

### Labkraut-Salbe

Labkraut-Salbe ist ebenfalls ein hervorragendes Mittel gegen Gesichtsflecken.

In einer Pfanne erhitzt man 500 g reines Schweinefett und schüttet vier gehäufte Handvoll Labkraut in das Fett. Das Ganze kurz aufschäumen lassen, gut umrühren und von der Herdplatte nehmen. Zugedeckt läßt man die Pfanne über Nacht auskühlen. Am nächsten Tag wird die Pfanne erneut erwärmt, bis das Fett flüssig genug ist, um durch ein sauberes Leinentuch passiert zu werden. Die im Tuch zurückbleibenden Kräuter kräftig auspressen und die so gewonnene Salbe in verschließbare Gläser abfüllen. Die Salbe soll im Kühlschrank aufbewahrt werden.

### Labkraut-Waschung

Mit Labkraut-Absud nimmt man Waschungen vor. Zwei gehäufte Teelöffel Labkraut werden mit $^1/_2$ Liter heißem Wasser abgebrüht, eine halbe Minute ziehen lassen, abseihen und mit dem Absud die betroffene Hautpartie täglich waschen.

### Ringelblumen-Saft

In einem Entsafter gewinnt man aus frischen Stengeln der Ringelblume einen Saft, mit dem die Gesichtsflecken mehrmals täglich eingestrichen werden.

### Zedern-Essenz

Man füllt die gewaschenen und kleingeschnittenen Blätter der Zeder (auch Lebensbaum genannt) in eine Flasche, übergießt sie mit 38- bis 40%igem Kornbranntwein (der Branntwein muß die Blätter bedecken) und läßt die geschlossene Flasche mindestens zwei Wochen in der Wärme stehen. Mit dieser Essenz werden die Gesichtsflecken mehrmals am Tag betupft.

## Gesichtsgrieß

### Labkraut-Waschung

Zwei gehäufte Teelöffel Labkraut, mit heißem Wasser abbrühen, eine halbe Minute ziehen lassen, abseihen und mit dem Absud, so heiß wie verträglich, das Gesicht waschen. Anschließend mit warmem Wasser abspülen.

## Gesichtshaare

Hier empfehle ich die gleichen Heilkräuter-Rezepte wie unter dem Stichwort Behaarung.

### *Hausmittel*

Durch das Waschen der Haare mit haarwuchsfördernden Kräutern bilden sich bei Frauen oft kleine Härchen im Gesicht. Durch kreisrunde, vorsichtige Massage der Haut mit einem Bimsstein verlieren sich diese.

## Gicht

### Bärlapp

Ein gestrichener Teelöffel Bärlapp pro Tasse, mit heißem Wasser abbrühen, eine halbe Minute ziehen lassen, abseihen und schluckweise täglich eine Tasse morgens auf nüchternen Magen trinken, nicht mehr.

### Beinwurz-Vollbad

200 g Beinwurzblätter werden 12 Stunden in 5 Liter kaltem Wasser eingeweicht. Anschließend wird der Kaltansatz erwärmt und dem Badewasser zugegossen. Das Herz des Badenden muß dabei außerhalb des Wassers liegen. Die Badedauer beträgt 20 Minuten, anschließend nicht abtrocknen, sondern in einen Bademantel gehüllt im Bett eine Stunde nachschwitzen.

### Brennessel-Vollbad

200 g Brennessel mit ca. 5 Liter heißem Wasser abbrühen, eine halbe Minute ziehen lassen und abgeseiht dem Badewasser zugießen. Das Herz des Badenden muß dabei außerhalb des Wassers liegen. Die Badedauer beträgt 20 Minuten, anschließend nicht abtrocknen, sondern in einen Bademantel gehüllt im Bett eine Stunde nachschwitzen.

### Ehrenpreis-Essenz

Zwei gehäufte Handvoll blühendes Ehrenpreiskraut wird klein geschnitten, in eine Flasche gefüllt und mit 1 Liter

38- bis 40%igem Kornbranntwein übergossen. Die verschlossene Flasche stellt man mindestens zwei Wochen in die Wärme. Mit der daraus gewonnenen Essenz reibt man die von der Gicht geplagten Körperpartien ein.

Daneben nimmt man dreimal täglich je 15 Tropfen der Ehrenpreis-Essenz in etwas Wasser oder Tee.

**Farnkraut-Umschlag**

Frische Farnblätter, vom Hauptstengel befreit, gibt man auf ein Handtuch und hüllt sich damit über Nacht ein.

**Kalmus**

12 Stunden lang wird ein gestrichener Teelöffel Kalmuswurzeln in kaltem Wasser eingeweicht. Danach wärmt man den Kaltansatz leicht an, seiht ab und trinkt vor und nach jeder Mahlzeit einen Schluck.

Da die eine Tasse pro Tag, mehr darf nicht am Tag getrunken werden, natürlich schnell auskühlt, wird der Tee vor jedem Schluck in einem heißen Wasserbad erwärmt.

**Löwenzahn**

Dank seiner blutreinigenden Wirkung ist der Löwenzahn ein wirksames Kraut im Kampf gegen die Gicht. Man sammelt die Löwenzahnstengel während der Blütezeit, wäscht sie und ißt sie roh, täglich bis zu 10 Stück.

**Mais**

Ein gehäufter Teelöffel Maisbart wird mit einer Tasse heißem Wasser abgebrüht, eine halbe Minute ziehen lassen, abseihen und alle zwei bis drei Stunden einen Eßlöffel von diesem Tee einnehmen.

**Pestwurz**

Für 12 Stunden weicht man einen gestrichenen Teelöffel Pestwurzwurzeln pro Tasse in kaltem Wasser ein. Anschließend wird der Kaltansatz erwärmt, abgeseiht und schluckweise ein bis zwei Tassen pro Tag getrunken.

**Schlüsselblume**

Ein gehäufter Teelöffel Schlüsselblume, verwendet werden nur die oberen Blütendolden, pro Tasse, mit heißem Wasser abbrühen, eine halbe Minute ziehen lassen, abseihen und schluckweise ein bis zwei Tassen Tee pro Tag trinken.

**Wiesengeißbart**

Ein gehäufter Teelöffel kleingeschnittene Wiesengeißbartblüten pro Tasse, mit heißem Wasser abbrühen, eine halbe Minute ziehen lassen, abseihen und schluckweise zwei bis drei Tassen am Tag trinken.

**Zinnkraut**

Als Vorsorgemaßnahme gegen Rheuma, Gicht- und Nervenschmerzen empfiehlt sich der tägliche Konsum einer Tasse Zinnkraut-Tee.

Ein gehäufter Teelöffel Zinnkraut wird mit einer Tasse heißem Wasser abgebrüht, eine halbe Minute ziehen lassen, abseihen und schluckweise trinken.

**Kleiner Schwedenbitter**

Dreimal täglich nimmt man einen Teelöffel Kleinen Schwedenbitter in einem der obengenannten Tees ein.

## Gliederreißen

**Kamillenöl**

Gliederreißen behandelt man mit Kamillenöl. Man füllt eine Flasche mit frischen Blüten der Kamille, übergießt

**Mais**

*Zea Mays*

**Pestwurz**

*Petasites officinalis*

sie mit Öl und stellt sie mindestens drei Wochen in die Wärme. Mit dem Kamillenöl streicht man die kranken Glieder regelmäßig ein.

## Gliederschmerzen

**Ehrenpreis**

Ein gehäufter Teelöffel Ehrenpreis pro Tasse, mit heißem Wasser abbrühen, eine halbe Minute ziehen lassen, abseihen und schluckweise zwei Tassen pro Tag trinken.

**Kastanien-Kissen**

Frische Roßkastanien werden von ihrer braunen Schale befreit, die weißen Kerne in einem Mixer zerkleinert, in einen Kissenbezug gefüllt, zugenäht und auf die schmerzende Stelle gelegt.

### *Hausmittel*

**Heublumensack**

Einen 60 mal 80 cm großen Leinensack füllt man zur Hälfte mit getrockneten Heublumen. Man schlägt die andere Hälfte um und legt den Sack in eine Schüssel. Man übergießt ihn mit kochendem Wasser und läßt ihn ca. 15 Minuten einweichen. Anschließend wird der Sack kräftig ausgedrückt, in ein Tuch eingeschlagen und mit breiter Fläche auf den schmerzenden Körperteil aufgelegt. Der Heublumensack wird mit einem wärmenden Tuch umwickelt und sollte ein- bis eineinhalb Stunden einwirken. Der Patient soll dabei in guter Wärme ruhen. Der Heublumensack muß unbedingt im Bett aufgelegt werden und darf keinesfalls zu heiß sein.

## Grippe

**Wiesengeißbart**

Ein gehäufter Teelöffel kleingeschnittene Wiesengeißbartblüten pro Tasse, mit heißem Wasser abbrühen, eine halbe Minute ziehen lassen, abseihen und schluckweise zwei bis drei Tassen am Tag trinken.

**Misch-Tee**

Wenn bei naßkaltem Herbstwetter die Grippezeit vor der Tür steht, schützt man sich vor einer Ansteckung durch folgenden Kräutertee: Man mischt 10 g Holunderblüten, 5 g Huflattich, 5 g Kamille, 5 g Lindenblüten, 10 g feingehackte Löwenzahnwurzeln, 5 g Walderdbeerblätter und 15 g Wiesengeißbart.

Dabei kommt ein gehäufter Teelöffel Kräuter auf eine Tasse, mit heißem Wasser abbrühen, wegen der Löwenzahnwurzeln 5 Minuten ziehen lassen, abseihen und schluckweise trinken. Pro Tag trinkt man drei Tassen Tee. Die erste halbe Tasse trinkt man morgens vor dem Frühstück, die zweite halbe Tasse eine halbe Stunde nach dem Frühstück. Der übrige Tee wird in eine heiß ausgespülte Thermoskanne gefüllt und tagsüber getrunken.

**Kleiner Schwedenbitter**

Mit dem obengenannten Tee nimmt man, ebenfalls als Vorsorge, täglich einen Teelöffel Kleinen Schwedenbitter zu sich.

### *Hausmittel*

Man macht 10- bis 15minütige Fußbäder mit heißem Wasser. Das Wasser muß so heiß sein, wie es gerade verträglich ist, und immer wieder nachgegossen werden.

**Brustwickel**

Man legt ein großes Badetuch ins Bett, darüber eine genauso große Plastikfolie und darauf ein in kaltem Wasser getränktes und ausgewrungenes Leinentuch. Der Patient wird auf das Leinentuch gelegt und eingewickelt. Der Wickel sollte eine Stunde getragen werden. Anschließend den Körper trocken abfrottieren, frische Nachtwäsche anziehen und im Bett mindestens eine halbe Stunde nachdunsten.

**Ganzkörperwickel**

Ist die Grippe mit hohem Fieber verbunden, empfiehlt sich der Ganzkörperwickel. Man legt eine leichte Wolldecke ins Bett. Darauf kommen ein oder zwei große Badetücher — die Fläche muß groß genug sein, um den ganzen Körper vom Halsansatz bis zu den Fußspitzen zu bedecken —, darüber eine genauso große Plastikfolie und darauf ein entsprechendes großes, in kaltem Wasser getränktes und ausgewrungenes Leinentuch legen. Der Patient legt sich auf das Leinentuch, wird eingewickelt und muß eine Stunde im Wickel ruhen. Anschließend wird der Körper trocken abfrottiert, frische Nachtwäsche angezogen, und der Patient muß im Bett mindestens noch eine halbe Stunde nachdunsten.

**Gewürznelken-Tee**

Nach einer überstandenen Grippe fühlt man sich oftmals noch wochenlang müde und abgeschlagen. In vielen Fällen ist es die Niere, die nach einer Grippe gesundheitliche Schäden davonträgt. Da gibt es einen besonderen Helfer, der Mattigkeit und Abgeschlagenheit vertreibt.

Zwei bis drei Gewürznelken sind es, die hier eine gute Wendung bringen. Sie werden etwas zerkleinert und in einem Viertelliter kaltem Wasser 12 Stunden lang eingeweicht. Anschließend wird die Flüssigkeit nur leicht angewärmt und schluckweise getrunken. Sie werden erstaunt sein, wie sich in wenigen Tagen Ihr Zustand bessert. Weiter getrunken, werden die Gewürznelken noch andere körperliche Beschwerden abbauen. Unsere gesamte Familie ist eben dabei, diesem Beispiel zu folgen.

## Haarausfall

### Walnuß

Zwei gehäufte Teelöffel kleingeschnittene Walnußblätter mit einer Tasse heißem Wasser abbrühen, eine halbe Minute ziehen lassen, abseihen und mit dem Absud die Kopfhaut massieren.

### Wegwarte

Bei ausfallenden Augenbrauen und Wimpern hilft der frische Saft der Wegwarte.

Man nimmt ein Stück vom Stengel mit Blatt- und Blütenansatz, zerkaut es zwischen den Zähnen und streicht den Saft auf Brauen und Wimpern.

### *Hausmittel*

Die Kopfhaut leicht mit Petroleum einpinseln. Der Haarausfall ist rasch gestoppt, das Kopfhaar wird locker und voller. Vier- bis fünfmal in Abständen von zehn Tagen angewendet, kommt dieses Hausmittel bei vielen Menschen ausgezeichnet an.

## Haarwuchs

### Brennessel-Waschung

Die Brennessel, eine vielfach unterschätzte Heilpflanze, kräftigt den Haarwuchs. Für die Kopfwäsche verwendet man den Absud von frischen Brennesseln. Zehn Handvoll frische Brennesseln werden in einem 5-Liter-Topf mit kaltem Wasser langsam erhitzt. 5 Minuten ziehen lassen, abseihen und damit das Haar waschen. Zur Festigung und Kräftigung des Haarwuchses eignet sich auch ein Absud aus Brennesselwurzeln. Zwei gehäufte Handvoll Wurzeln werden 12 Stunden in kaltem Wasser eingeweicht. Anschließend erwärmt man den Kaltansatz, läßt ihn 10 Minuten ziehen, seiht die Wurzeln ab und wäscht das Haar damit.

**Brennessel-Essenz**

Zusätzlich zu den Kopfwaschungen sollte man täglich die Kopfhaut mit einer Brennessel-Essenz massieren.

Die im Frühjahr oder Herbst gegrabenen Wurzeln werden gewaschen, klein geschnitten, in eine Flasche gefüllt und mit 38- bis 40%igem Kornbranntwein übergossen. Die Flasche stellt man mindestens zwei Wochen in die Wärme. Mit der Essenz reibt man sich täglich die Kopfhaut ein, was dem Haar einen schönen Glanz verleiht.

**Haar-Kur**

In 5 Liter kaltem Wasser erwärmt man je eine Handvoll frische Brennessel, Birken-, Holunder-, Walnußblätter und einen Stengel Schöllkraut bis kurz vor dem Kochen. Einige Minuten ziehen lassen, abseihen und mit der einen Hälfte des Absuds das Haar mit Kernseife gut durchwaschen und mit klarem Wasser ausspülen. Mit dem Rest des Absuds wäscht man das Haar noch einmal nach, läßt ihn einige Minuten auf Haar und Kopfhaut einwirken und trocknet das Haar, ohne die Heilkräuterlösung auszuwaschen.

**Klettenwurzel-Waschung**

Für 12 Stunden weicht man 100 g Klettenwurzeln in kaltem Wasser ein. Danach wird der Kaltansatz langsam erwärmt und abgeseiht. Mit der einen Hälfte des Absuds wäscht man das Haar mit einem Stück Kernseife. Mit der zweiten Hälfte spült man den Schaum aus dem Haar. Der Kräuterabsud darf nicht ausgewaschen werden.

## Halsentzündung

### Labkraut

Ein gehäufter Teelöffel Labkraut pro Tasse, mit heißem Wasser abbrühen, eine halbe Minute ziehen lassen, abseihen und mit dem warmen Tee mehrmals täglich gurgeln.

### Odermennig

Ein gehäufter Teelöffel Odermennig pro Tasse, abbrühen, eine halbe Minute ziehen lassen, abseihen und täglich zweimal, morgens und abends, mit dem Tee gurgeln.

### Kleiner Schwedenbitter

Einen Teelöffel Kleinen Schwedenbitter mit einer halben Tasse Kräutertee verdünnen und je eine Hälfte eine halbe Stunde vor und nach den Mahlzeiten trinken, d.h. drei Teelöffel Kleinen Schwedenbitter pro Tag.

### *Hausmittel*

### Halswickel

Ein in kaltes Wasser getränktes Leinentuch wird ausgewrungen und um den Hals gewickelt. Darüber kommt eine genauso große Plastikfolie, die mit einem warmen Handtuch abgebunden wird. Der Patient kann den Halswickel im Bett über Nacht tragen.

**Topfenwickel**

Für einen Topfenwickel gießt man in eine Kasserolle Milch, bis der Boden bedeckt ist. Dazu gibt man 125 g Quark (Topfen) und erwärmt das Ganze unter kräftigem Umrühren. Den warmen Quark — nicht heiß, sondern angenehm warm — streicht man auf ein sauberes Leinentuch und legt ihn über Nacht als Wickel auf den Hals. Der Umschlag muß mit einem trockenen, warmen Frotteetuch abgedeckt werden.

## Halsschmerzen

**Odermennig**

Ein gehäufter Teelöffel Odermennig pro Tasse, abbrühen, eine halbe Minute ziehen lassen, abseihen und zweimal täglich mit dem Tee gurgeln.

**Salbei**

Ein gehäufter Teelöffel Salbei pro Tasse, abbrühen, eine halbe Minute ziehen lassen, abseihen und morgens und abends mit dem Tee gurgeln. Man kann neben dem Gurgeln auch einen entsprechend großen Wattebausch mit dem Tee tränken, ausdrücken und auf die schmerzende Stelle am Hals legen.

**Walnuß**

Ein gehäufter Teelöffel kleingeschnittener Walnußblätter pro Tasse, abbrühen, eine halbe Minute ziehen lassen, abseihen und mit dem Tee morgens und abends gurgeln.

### *Hausmittel*

**Halswickel**

Ein in kaltes Wasser getränktes Leinentuch wird ausgewrungen und um den Hals gewickelt. Darüber kommt eine genauso große Plastikfolie, die mit einem warmen Handtuch abgebunden wird. Der Patient kann den Halswickel im Bett über Nacht tragen.

### Topfenwickel

Für einen Topfenwickel gießt man in eine Kasserolle Milch, bis der Boden bedeckt ist. Dazu gibt man 125 g Quark (Topfen) und erwärmt das Ganze unter kräftigem Umrühren. Den warmen Quark — nicht heiß, sondern angenehm warm — streicht man auf ein sauberes Leinentuch und legt ihn über Nacht als Wickel auf den Hals. Der Umschlag muß mit einem trockenen, warmen Frotteehandtuch abgedeckt werden.

## Hämorrhoiden

### Bärlapp

Einen gestrichenen Teelöffel Bärlapp pro Tasse mit heißem Wasser abbrühen, eine halbe Minute ziehen lassen, abseihen und schluckweise täglich eine Tasse morgens auf nüchternen Magen trinken, nicht mehr.

### Hirtentäschel

Auf eine Tasse kommt ein gehäufter Teelöffel Hirtentäschel, das man mit heißem Wasser abbrüht, eine halbe Minute ziehen läßt und abseiht. Mit dem handwarmen Absud macht man Darmeinläufe oder Waschungen.

### Hirtentäschel-Sitzbad

Für ein Sitzbad benötigt man ca. 100 g getrocknete Kräuter, die mit heißem Wasser abgebrüht werden, 5 Minuten ziehen lassen, abseihen und dem Badewasser zugießen. Beim Sitzbad müssen die Nieren des Badenden bedeckt sein, die Badedauer beträgt 20 Minuten. Anschließend nicht abtrocknen, sondern in einen Bademantel gehüllt im Bett eine Stunde nachschwitzen.

**Kamille**

Da die Kamille den Stuhlgang fördert, ohne wie ein Abführmittel zu wirken, ist sie eine indirekte Hilfe bei der Behandlung von Hämorrhoiden. Einen gehäuften Teelöffel Kamille pro Tasse mit heißem Wasser abbrühen, eine halbe Minute ziehen lassen, abseihen und schluckweise eine Tasse pro Tag vor dem Frühstück trinken.

**Kamillen-Salbe**

Für die äußere Behandlung von Hämorrhoiden hat sich Kamillen-Salbe bewährt.

In einer Pfanne erhitzt man 250 g reines Schweinefett, streut zwei gehäufte Handvoll frische Kamillenblüten hinein, läßt noch einmal aufschäumen, rührt um, nimmt die Pfanne vom Herd und läßt sie über Nacht zugedeckt auskühlen. Am nächsten Tag erneut erwärmen, und durch ein Leinentuch in geeignete, verschraubte Gefäße passieren. Dabei nicht vergessen, die ausgeseihten Blüten im Tuch auszupressen.

**Schafgarbe**

Bei stark blutenden Hämorrhoiden verspricht der Schafgarben-Tee rasche Hilfe. Einen gehäuften Teelöffel Schafgarbe pro Tasse mit heißem Wasser abbrühen, eine halbe Minute ziehen lassen, abseihen und schluckweise morgens und abends je eine Tasse Tee trinken.

**Schafgarben-Salbe**

In einer Pfanne erhitzt man 180 g reines Schweinefett, streut 30 g frische, kleingeschnittene Schafgarbenblüten und 30 g kleingeschnittene Himbeerblätter in das heiße

Fett. Das Ganze kurz aufschäumen lassen, gut umrühren und von der Herdplatte nehmen. Zugedeckt läßt man die Pfanne über Nacht auskühlen. Am nächsten Tag wird die Pfanne erneut erwärmt, bis das Fett flüssig genug ist, um durch ein sauberes Leinentuch passiert zu werden. Die im Tuch zurückbleibenden Kräuter kräftig auspressen und die so gewonnene Salbe in verschließbare Gläser abfüllen. Mit der Salbe behandelt man Hämorrhoiden äußerlich. Die Schafgarben-Salbe muß kühl aufbewahrt werden.

**Schöllkraut**

Einen gestrichenen Teelöffel Schöllkraut pro Tasse mit heißem Wasser abbrühen, eine halbe Minute ziehen lassen, abseihen und schluckweise bis zu zwei Tassen Tee pro Tag trinken, nicht mehr.

**Schöllkraut-Saft**

In einem Entsafter preßt man frisch gepflückte Blätter, Stengel und Blüten des Schöllkrauts aus. Pro Tag trinkt man einen Teelöffel frisch gepreßten Schöllkraut-Saft mit einer Tasse Wasser verdünnt, nicht mehr.

**Zinnkraut**

Die blutstillenden Eigenschaften des Zinnkrauts versprechen bei blutenden Hämorrhoiden rasche Hilfe. Je nach Stärke der Blutung zwei bis drei gehäufte Teelöffel Zinnkraut pro Tasse mit heißem Wasser abbrühen, eine halbe Minute ziehen lassen, abseihen und schluckweise zwei bis drei Tassen am Tag trinken.

**Kleiner Schwedenbitter**

Man beträufelt einen geeignet großen Wattebausch mit Kleinem Schwedenbitter und legt ihn über Nacht auf den After.

Vor dem Schlafengehen nimmt man einen Teelöffel Kleinen Schwedenbitter, mit lauwarmem Wasser oder Kräutertee verdünnt.

## Hand (geschwollen)

### Käsepappel

Zwei gehäufte Handvoll Käsepappel werden 12 Stunden in 5 Liter kaltem Wasser eingeweicht. Anschließend erwärmt man den Kaltansatz und badet die Hände 20 Minuten lang darin.

## Hautausschlag

### Kamillen-Waschung

Eine Handvoll Kamillenblüten wird mit heißem Wasser abgebrüht, eine halbe Minute ziehen lassen, abseihen und mit dem Kamillen-Absud das Gesicht täglich waschen.

### Sauerklee

Einen gehäuften Eßlöffel frische Sauerkleeblätter pro Tasse, mit heißem Wasser abbrühen, eine halbe Minute ziehen lassen, abseihen und schluckweise pro Tag zwei Tassen trinken.

### Taubnessel

Einen gehäuften Teelöffel Taubnessel pro Tasse mit heißem Wasser abbrühen, eine halbe Minute ziehen lassen, abseihen und schluckweise eine Tasse am Vormittag trinken.

### Zinnkraut-Waschung

Vier gehäufte Teelöffel Zinnkraut auf 1 Liter heißes Wasser, die Kräuter abbrühen, eine halbe Minute ziehen lassen, abseihen und mit dem Zinnkraut-Absud das Gesicht oder die betroffene Hautstelle waschen.

Ebenso hilfreich sind Umschläge, bei denen ein Tuch im Zinnkraut-Absud eingeweicht wird und als warmer Umschlag auf die betroffene Hautpartie gelegt wird.

## Hautflecken

### Brennessel

Ein gehäufter Teelöffel Brennessel pro Tasse, mit heißem Wasser abbrühen, eine halbe Minute ziehen lassen, abseihen und schluckweise über den Tag verteilt bis zu vier Tassen Tee trinken.

### Hauswurz-Saft

Man schneidet die Blätter der Hauswurz der Länge nach auseinander und bestreicht die Hautflecken mit dem austretenden Saft.

### Labkraut-Salbe

Labkraut-Salbe ist ebenfalls ein hervorragendes Mittel gegen Hautflecken.

In einer Pfanne erhitzt man 500 g reines Schweinefett und schüttet vier gehäufte Handvoll Labkraut in das Fett. Das Ganze kurz aufschäumen lassen, gut umrühren und von der Herdplatte nehmen. Zugedeckt läßt man die Pfanne über Nacht auskühlen. Am nächsten Tag wird die Pfanne erneut erwärmt, bis das Fett flüssig genug ist, um durch ein sauberes Leinentuch passiert zu werden. Die im Tuch zurückbleibenden Kräuter kräftig auspressen und die so gewonnene Salbe in verschließbare Gläser abfüllen. Die Salbe soll im Kühlschrank aufbewahrt werden.

### Labkraut-Waschung

Mit Labkraut-Absud nimmt man Waschungen vor. Zwei gehäufte Teelöffel Labkraut werden mit 1/2 Liter heißem Wasser abgebrüht, eine halbe Minute ziehen lassen, abseihen und mit dem Absud die betroffene Hautpartie täglich waschen.

### Ringelblumen-Saft

In einem Entsafter gewinnt man aus den frischen Stengeln der Ringelblume einen Saft, mit dem die Hautflekken mehrmals täglich eingestrichen werden.

### Zedern-Essenz

Man füllt die gewaschenen und kleingeschnittenen Blätter der Zeder (auch Lebensbaum genannt) in eine Flasche, übergießt sie mit 38- bis 40%igem Kornbranntwein (der Branntwein muß die Blätter bedecken) und läßt die Flasche mindestens zwei Wochen in der Wärme stehen. Mit dieser Essenz werden die Hautflecken mehrmals am Tag betupft.

## Heiserkeit

### Huflattich

Einen gehäuften Teelöffel Huflattichblätter und -blüten pro Tasse mit heißem Wasser abbrühen, eine halbe Minute ziehen lassen, abseihen mit etwas Honig vermischen und so heiß wie möglich schluckweise mehrere Tassen am Tag trinken.

**Käsepappel**

12 Stunden weicht man einen gehäuften Teelöffel Käsepappel pro Tasse in kaltem Wasser ein. Anschließend wird der Kaltansatz leicht erwärmt. Bei starker Heiserkeit trinkt man drei Tassen pro Tag. Praktischerweise füllt man seine Tagesration in eine angewärmte Thermoskanne.

**Labkraut**

Ein gehäufter Teelöffel Labkraut pro Tasse, mit heißem Wasser abbrühen, eine halbe Minute ziehen lassen, abseihen und mit dem Tee mehrmals täglich gurgeln.

**Spitzwegerich**

Einen gehäuften Teelöffel Spitzwegerichblätter pro Tasse mit heißem Wasser abbrühen, eine halbe Minute ziehen lassen, abseihen und schluckweise zwei bis vier Tassen am Tag trinken.

### *Hausmittel*

**Halswickel**

Ein in kaltes Wasser getränktes Leinentuch wird ausgewrungen und um den Hals gewickelt. Darüber kommt eine genauso große Plastikfolie, die mit einem warmen Handtuch abgebunden wird. Der Patient kann den Halswickel im Bett über Nacht tragen.

## Heuschnupfen

**Brennessel**

Einen gehäuften Teelöffel Brennessel pro Tasse mit heißem Wasser abbrühen, eine halbe Minute ziehen lassen, abseihen und schluckweise bis zu vier Tassen Tee am Tag trinken.

### Kleiner Schwedenbitter

Mit dem Brennessel-Tee verdünnt man täglich drei Teelöffel Kleinen Schwedenbitter, die schluckweise vor und nach den Mahlzeiten eingenommen werden.

## Hexenschuß

### Brennessel

Mit einer frisch gepflückten Brennessel streicht man ganz vorsichtig und leicht von unten nach oben viermal über die schmerzenden Stellen. Anschließend wird die leicht gerötete Hautpartie eingepudert. Bereits nach wenigen Tagen stellt sich eine Besserung ein.

### Johannisöl

Das Johannisöl ist als wirksames Mittel gegen Hexenschuß, Ischias und Rheumatismus bekannt und sollte in keiner Hausapotheke fehlen. Man füllt eine Flasche mit frischen Blüten und Knospen des Johanniskrauts und übergießt sie mit Öl, das die Blüten bedecken muß. Die Flasche stellt man drei Wochen in die Wärme. Mit der Zeit verfärbt sich das Öl rot. Mit diesem Öl reibt man die vom Hexenschuß befallenen Körperpartien ein.

### Odermennig

Einen gehäuften Teelöffel Odermennig pro Tasse mit heißem Wasser abbrühen, eine halbe Minute ziehen lassen, abseihen und schluckweise ein bis zwei Tassen am Tag trinken.

**Wiesengeißbart**

Ein gehäufter Teelöffel kleingeschnittene Wiesengeißbartblüten pro Tasse, mit heißem Wasser abbrühen, eine halbe Minute ziehen lassen, abseihen und schluckweise zwei bis drei Tassen am Tag trinken.

## *Hausmittel*

Man kocht Pellkartoffeln, schält und zerquetscht sie und legt den heißen Kartoffelbrei auf die schmerzende Stelle. Dabei wird der Brei in ein sauberes Leinentuch eingeschlagen, mit einem weiteren Tuch fixiert und mit einer warmen Wolldecke eingewickelt. Den Kartoffelbrei läßt man so lange einwirken, solange er wohltuende Wärme abstrahlt.

Ähnlich wird die Zwiebelauflage angewendet. Man schneidet drei Zwiebeln in Scheiben, hängt diese in einem Sieb über einen Topf mit kochendem Wasser, bis sie weich und heiß sind. Anschließend kippt man den Siebinhalt in ein sauberes Leinentuch und legt es auf die Schmerzstelle. Die Auflage wird mit einem sauberen Tuch fixiert und mit einer warmen Wolldecke eingewikkelt. Den Zwiebelumschlag läßt man so lange einwirken, bis er nicht mehr wärmt.

Beide Umschläge macht man praktischerweise, während der Patient im Bett liegt.

**Heublumensack**

Einen 60 mal 80 cm großen Leinensack füllt man zur Hälfte mit getrockneten Heublumen. Man schlägt die andere Hälfte um und legt den Sack in eine Schüssel. Man übergießt ihn mit kochendem Wasser und läßt ihn ca. 15 Minuten einweichen. Anschließend wird der Sack kräftig ausgedrückt, in ein Tuch eingeschlagen und mit breiter Fläche auf den schmerzenden Körperteil aufge-

**Wiesengeißbart**
*Filipendula ulmaria*

**Taubnessel**

*Lamium album*

legt. Der Heublumensack wird mit einem wärmenden Tuch umwickelt und sollte ein- bis eineinhalb Stunden einwirken. Der Patient soll dabei in guter Wärme ruhen. Der Heublumensack muß unbedingt im Bett aufgelegt werden und darf keinesfalls zu heiß sein.

## Hornissenstich

Hier empfehle ich die gleichen Heilkräuter-Rezepte wie unter dem Stichwort Insektenstich.

## Hühnerauge

### Beinwurz-Salbe

In einer Pfanne erhitzt man 250 g reines Schweinefett. Vier bis sechs frische, gewaschene Wurzeln der Beinwurz werden klein geschnitten und zugeschüttet. Man läßt das Ganze noch einmal aufschäumen, rührt kräftig um und nimmt die Pfanne vom Herd. Zugedeckt läßt man das Ganze über Nacht auskühlen. Am nächsten Tag wird die Pfanne noch einmal leicht erwärmt, ihr Inhalt durch ein sauberes Leinentuch passiert, die Kräuter werden ausgepreßt und die so gewonnene Salbe in verschließbare Gläser abgefüllt.

Mit dieser Salbe streicht man das Hühnerauge täglich ein.

### Brennessel

Die Brennessel hilft auf vielfache Weise zur Beseitigung der lästigen Hühneraugen.

Innerlich wird sie als Tee angewendet. Ein gehäufter Teelöffel Brennesseln pro Tasse mit heißem Wasser abbrühen, eine halbe Minute ziehen lassen, abseihen und schluckweise bis zu vier Tassen pro Tag trinken.

**Brennessel-Fußbad**

Für die äußerliche Anwendung setzt man Brennessel-Fußbäder an. Für 12 Stunden weicht man frische Brennnesseln (verwendet werden Stengel und Blätter) in 5 Liter kaltem Wasser ein. Anschließend wird dieser Kaltansatz angewärmt, die Kräuter bleiben im Badewasser, und die Füße werden 20 Minuten lang darin gebadet.

**Brennessel-Essenz**

Erfolgversprechend ist auch das Einstreichen des Hühnerauges mit einer Brennessel-Essenz. Man füllt eine Flasche mit im Frühjahr oder Herbst gegrabenen Wurzeln der Brennessel, die gewaschen und klein geschnitten werden, übergießt sie mit 38- bis 40%igem Kornbranntwein und läßt die Flasche mindestens zwei Wochen in der Wärme stehen. Mit dieser Brennessel-Essenz streicht man das Hühnerauge mehrmals täglich ein.

**Schöllkraut-Saft**

Frische Blätter, Stengel und Blüten des Schöllkrauts werden gewaschen und feucht in einer Küchenzentrifuge entsaftet. Den Frischsaft streicht man unverdünnt mehrmals täglich auf das Hühnerauge.

**Kleiner Schwedenbitter**

Man träufelt Kleinen Schwedenbitter auf einen Wattebausch und betupft mehrmals täglich das Hühnerauge. Über Nacht empfiehlt es sich, den Wattebausch auf das Hühnerauge zu legen, darüber einen Strumpf zu ziehen, und den Kleinen Schwedenbitter über Nacht einwirken zu lassen. Wichtig bei der Behandlung eines Hühnerauges mit Kleinem Schwedenbitter ist, daß die schmerzende Stelle stets feucht gehalten wird.

## Husten

### Huflattich

Bei starkem Husten empfiehlt sich der Huflattich dank seiner schleimlösenden und entzündungshemmenden Wirkstoffe. Man sammelt die Blüten, gelbe Kelche, die bereits im ersten Vorfrühling sprießen, und die später im Mai nachwachsenden Blätter. Auf eine Tasse Tee kommt ein gehäufter Teelöffel Blüten und Blätter zu gleichen Teilen gemischt, nur abbrühen und eine halbe Minute ziehen lassen. Mit Honig gesüßt trinkt man mehrmals täglich eine Tasse, so heiß wie möglich.

### Käsepappel

Blätter, Blüten und Stengel der Käsepappel werden 12 Stunden in kaltem Wasser eingeweicht. Dosierung: ein gehäufter Teelöffel pro Tasse. Nach dem Abseihen der Kräuter wird der Kaltansatz leicht angewärmt und schluckweise getrunken. Über den Tag verteilt trinkt man zwei bis drei Tassen. Bei starken Erkältungen nutzt man die abgeseihten und erwärmten Kräuter des Teeaufgusses als Umschläge auf Bronchien, Hals und Lunge.

### Spitzwegerich

Ein gehäufter Teelöffel Spitz- oder Breitwegerichblätter pro Tasse, mit heißem Wasser abbrühen und eine halbe Minute ziehen lassen. Mehrere Tassen pro Tag schluckweise so heiß als möglich trinken.

**Vogelknöterich**

Ein gehäufter Eßlöffel Vogelknöterich pro Tasse, mit heißem Wasser abbrühen, eine halbe Minute ziehen lassen, abseihen und schluckweise über den Tag verteilt zwei Tassen Tee trinken.

**Misch-Tee**

Man mischt die gleiche Menge Huflattichblüten und -blätter, Königskerzenblüten, Lungenkraut und Spitzwegerichblätter. Zwei gehäufte Teelöffel Kräuter, mit heißem Wasser abbrühen und eine halbe Minute ziehen lassen, mit Honig gesüßt täglich drei Tassen schluckweise warm trinken.

## *Hausmittel*

Man gießt in eine Kasserolle Milch, bis der Boden bedeckt ist. Dazu gibt man 125 g Quark (Topfen) und erwärmt das Ganze unter kräftigem Umrühren. Den warmen Quark — nicht heiß, sondern angenehm warm — streicht man auf ein sauberes Leinentuch und legt ihn über Nacht als Umschlag auf den Brustkorb.

Man kocht drei Knoblauchzehen in einer Tasse Milch, zirka acht Minuten, und trinkt die Milch so heiß wie möglich.

Man schneidet zwei Zwiebeln klein, bestreut sie mit zwei Eßlöffel Rohzucker und läßt sie in einer zugedeckten Schüssel stehen, bis sich Saft bildet. Diesen scheußlich schmeckenden Saft nimmt man mehrmals täglich, teelöffelweise ein.

Ein Glas mit heißer Milch wird mit einem Teelöffel Honig versüßt. Die Milch so heiß wie möglich trinken.

Eine halbe Zitrone auspressen, das Glas mit heißem Wasser auffüllen, nicht süßen und so heiß wie möglich trinken.

Man schält einen schwarzen Rettich, teilt ihn in zwei Hälften und höhlt diese etwas aus. Die beiden Hälften füllt man mit braunem Kandiszucker auf. Den sich bildenden Saft trinkt man schluckweise.

### Halswickel

Ein in kaltes Wasser getränktes Leinentuch wird ausgewrungen und um den Hals gewickelt. Darüber kommt eine genauso große Plastikfolie, die mit einem warmen Handtuch abgebunden wird. Der Patient kann den Halswickel im Bett über Nacht tragen.

## Impotenz

Das oberste Gebot bei Impotenz heißt: Finger weg von Zigaretten und Alkohol.

### Frauenmantel

Ein gehäufter Teelöffel Frauenmantel pro Tasse, mit heißem Wasser abbrühen, eine halbe Minute ziehen lassen, abseihen und schluckweise vier Tassen Tee am Tag trinken.

### Hirtentäschel-Essenz

Man füllt eine Flasche mit frisch gepflücktem Hirtentäschel und übergießt die Kräuter mit 38- bis 40%igem Kornbranntwein. Die Flasche stellt man mindestens zwei Wochen in die Wärme. Mit der so gewonnenen Hirtentäschel-Essenz reibt man den Unterleib ein.

### Wiesenbärenklau-Essenz

Kleingeschnittene Blätter und Sprossen des Wiesenbärenklaus füllt man in eine Flasche und übergießt die

Kräuter mit 38- bis 40%igem Kornbranntwein. Die Flasche stellt man mindestens zwei Wochen in die Wärme. Von der so gewonnenen Essenz nimmt man täglich zweimal 30 Tropfen im oben beschriebenen Frauenmantel-Tee.

## Insektenstich

Gegen lästige Insekten kann man sich mit frischen Walnußblättern schützen.

**Salbei-Auflage**

Frische, gewaschene Salbeiblätter werden mit einem Nudelholz auf einem Holzbrett zerquetscht. Den Blätterbrei legt man auf die Stichstelle.

**Spitzwegerich-Auflage**

Frische, gewaschene Blätter des Spitz- oder Breitwegerichs werden mit einem Nudelholz auf einem Holzbrett zerquetscht. Den Blätterbrei legt man auf die Stichstelle.

**Kleiner Schwedenbitter**

Als Sofortmaßnahme legt man einen mit Kleinem Schwedenbitter getränkten Wattebausch auf den Insektenstich.

### *Hausmittel*

Als probates Mittel gilt das Auflegen von frischen Apfelscheiben.

Besonders bei schwerwiegenden Bienen- oder Wespenstichen, die auf einer Wanderung passieren können, wobei die Haut im Handumdrehen gerötete Schwellungen zeigt, kann man sofort einen guten Erfolg verbuchen, wenn ein Stück Grasnarbe auf die betroffene Hautstelle gelegt wird.

Außerdem sollte man an heißen Sommertagen ein kleines Fläschchen Salmiak einstecken. Bei einem Mükkenstich streicht man die juckende Stelle mit etwas Salmiak ein.

## Juckreiz

### Brennessel

Unreinheiten der Haut, schwerheilende Hautflecken, Allergien und Ausschläge sind oft mit starkem Juckreiz verbunden. Wer ihm nachgibt und zu kratzen beginnt, verhindert eine Heilung. Der Brennessel-Tee schafft Abhilfe.

Einen gehäuften Teelöffel Brennessel pro Tasse mit heißem Wasser abbrühen, eine halbe Minute ziehen lassen, abseihen und schluckweise bis zu vier Tassen am Tag trinken.

### Ehrenpreis

Der Ehrenpreis-Tee empfiehlt sich ganz besonders als Mittel gegen das sogenannte Altersjucken.

Ein gehäufter Teelöffel Ehrenpreis pro Tasse, mit heißem Wasser abbrühen, eine halbe Minute ziehen lassen, abseihen und schluckweise bis zu zwei Tassen am Tag trinken.

### Löwenzahn

Eine 14tägige Kur mit frischen Löwenzahnstengeln lindert Hautjucken. Man sammelt täglich bis zu 10 Stengel mit Blüten, wäscht sie, entfernt den Blütenkopf und zerkaut die Stengel roh.

### Ringelblumen-Salbe

Bei starkem Juckreiz reibt man die betroffenen Körperstellen regelmäßig mit Ringelblumen-Salbe ein.

In einer Pfanne erhitzt man 250 g reines Schweinefett und schüttet zwei gehäufte Handvoll Ringelblumen (Blätter, Blüten und Stengel) in das heiße Fett. Man läßt das Ganze noch einmal aufschäumen, rührt kräftig um und nimmt die Pfanne vom Herd. Zugedeckt über Nacht auskühlen lassen. Am nächsten Tag wird die Pfanne noch einmal leicht erwärmt, ihr Inhalt wird durch ein sauberes Leinentuch passiert, die Blätter, Blüten und Stengel werden ausgepreßt und die so gewonnene Salbe in verschließbare Gefäße abgefüllt.

### Schafgarben-Sitzbad

Durch Waschungen und Sitzbäder in einem Schafgarben-Aufguß beseitigt man unangenehmen Juckreiz in der Scheide.

12 Stunden lang wird 100 g Schafgarbe, verwendet wird das ganze Kraut, in kaltem Wasser eingeweicht. Für das Bad wird der Kaltansatz erwärmt und in das Badewasser gegossen. Die Badewanne sollte so viel Wasser fassen, daß die Nieren bedeckt sind. Die Badedauer beträgt 20 Minuten. Nach dem Bad nicht abtrocknen, sondern in einen Bademantel gehüllt im Bett eine Stunde nachschwitzen.

Mit dem angewärmten Kaltansatz der Schafgarbe kann man natürlich auch nur Waschungen vornehmen.

## Kopfgrind

### Walnuß-Waschung

Waschungen mit einem Absud aus Walnußblättern bringen rasche Hilfe. Zwei gehäufte Teelöffel kleingeschnittener Walnußblätter werden mit $^1/_2$ Liter Wasser abgebrüht, eine halbe Minute ziehen lassen, abseihen und mit dem Absud die betroffenen Stellen waschen.

## Kopfläuse

**Walnuß-Waschung**

Die schon ausgerottet geglaubten Kopfläuse machen wieder von sich reden. Mit dem Walnuß-Absud wird man ihrer schnell Herr. Zwei gehäufte Teelöffel kleingeschnittene Walnußblätter werden mit $^1/_2$ Liter heißem Wasser abgebrüht, eine halbe Minute ziehen lassen, abseihen und mit dem Absud täglich den Kopf waschen.

***Hausmittel***

Als bestes Hausmittel, über Nacht den Kopfläusen auf den Pelz zu rücken, ist Petroleum. Man pinselt die Kopfhaut tüchtig mit Petroleum ein und bindet anschließend ein Tuch straff über den Kopf. Anschließend müssen noch die an den Haaren einzeln abgelegten Nissen von den Haaren gezogen werden.

## Kopfschmerzen

**Brennessel**

Auf $^1/_4$ Liter Wasser einen gehäuften Teelöffel Brennessel, die Kräuter nur brühen, eine halbe Minute ziehen lassen und schluckweise trinken. Praktischerweise füllt man die Tagesration in eine angewärmte Thermoskanne. Bis zu 2 Liter Brennessel-Tee kann man pro Tag bedenkenlos trinken.

**Schafgarbe**

Ein gehäufter Teelöffel Schafgarbe pro Tasse, mit heißem Wasser abbrühen, eine halbe Minute ziehen lassen, abseihen und schluckweise zwei Tassen am Tag trinken.

**Schlüsselblume**

Die frischen oder getrockneten Blütendoldenspitzen (pro Tasse ein gehäufter Teelöffel) brüht man mit heißem Wasser ab und läßt sie eine halbe Minute ziehen, bis der Tee eine leicht goldgelbe Färbung zeigt. Über den Tag verteilt bis zu drei Tassen schluckweise trinken.

**Weißdorn**

Ein gehäufter Teelöffel Weißdorn (verwendet werden Blätter und Blüten) pro Tasse, mit heißem Wasser abbrühen, eine halbe Minute ziehen lassen, abseihen und schluckweise über den Tag verteilt zwei Tassen Tee trinken.

**Weißdorn-Essenz**

Man füllt frisch gepflückte Blüten und Beeren, von beiden die gleiche Menge, in eine Flasche und übergießt sie mit 38- bis 40%igem Kornbranntwein. Die Flasche muß mindestens zwei Wochen in der Wärme stehenbleiben. Von der so gewonnenen Essenz nimmt man täglich 4 bis 10 Tropfen ein.

**Kleiner Schwedenbitter**

Bei starken Kopfschmerzen nimmt man mit einem der Kräutertees zwei- bis dreimal pro Tag einen Eßlöffel Kleinen Schwedenbitter ein. Auf $^1/_8$ Liter Tee kommt ein Eßlöffel Kleiner Schwedenbitter. Am wirkungsvollsten nimmt man diese Mischung eine halbe Stunde vor und nach dem Essen ein, das heißt eine Vierteltasse vor und nach der Mahlzeit.

**Kleiner-Schwedenbitter-Umschlag**

Schläfen und Stirn mit Ringelblumen-Salbe einstreichen, damit der Alkohol der Haut nicht das Fett entzieht. Einen geeignet großen Wattebausch oder ein Stück Zellstoff mit Kleinem Schwedenbitter beträufeln und auf die schmerzende Kopfpartie legen. Diesen Umschlag fixiert man mit einer Binde oder einem Leinentuch und läßt ihn, je nach Verträglichkeit, 2 bis 4 Stunden einwirken.

### *Hausmittel*

Man tränkt ein kleines, handliches Frotteetuch mit kaltem Wasser — es sollte feucht sein, aber nicht triefen — und legt es sich über Nacht auf das Herz. Darüber kommt eine Plastikfolie und ein trockenes Handtuch als Wärmeschutz.

**Taulaufen**

Frühmorgens aufstehen, sich der jeweiligen Witterung angepaßt anziehen und barfuß durch das taunasse Gras laufen. Ganz wichtig ist dabei das Laufen, damit der Körper warm bleibt. Anfangs läuft man nicht länger als eine Minute, bei entsprechender Abhärtung maximal fünf Minuten.

## Kopfschuppen

**Brennessel-Waschung**

Zwei gehäufte Teelöffel Brennessel mit $\frac{1}{2}$ Liter heißem Wasser abbrühen, eine halbe Minute ziehen lassen und abseihen. Mit der Hälfte des Absuds wäscht man einmal wöchentlich das Haar mit Kernseife und spült es mit der zweiten Hälfte des Absuds aus. Danach wird das Haar nicht mehr gespült.

### Zinnkraut-Waschung

Kopfschuppen beseitigt man durch eine tägliche Haarwäsche mit Zinnkraut-Absud und anschließender Kopfhautmassage mit gutem Olivenöl.

Vier gehäufte Teelöffel Zinnkraut mit 1 Liter heißem Wasser abbrühen, eine halbe Minute ziehen lassen, abseihen und mit dem Absud das Haar gründlich durchwaschen. Das Haar darf anschließend nicht mit klarem Wasser ausgespült werden. Den nassen Kopf massiert man mit feinem Olivenöl.

## Krampfadern

### Beinwurz-Sitzbad

200 g frische oder getrocknete Beinwurzblätter werden 12 Stunden in 5 Liter kaltem Wasser eingeweicht. Danach wird der Kaltansatz erwärmt, abgeseiht und dem Badewasser zugegossen. Die Wanne muß so viel Wasser fassen, daß die Nieren des Badenden bedeckt sind. Die Badedauer beträgt 20 Minuten. Anschließend nicht abtrocknen, sondern in einen Bademantel gehüllt im Bett eine Stunde nachschwitzen.

### Odermennig-Salbe

Mit der Salbe streicht man täglich die von den Krampfadern gezeichneten Waden ein.

In einer Pfanne wird 250 g reines Schweinefett erhitzt. In das heiße Fett schüttet man zwei gehäufte Handvoll kleingeschnittene Blätter, Blüten und Stengel, läßt noch einmal aufschäumen, umrühren und vom Feuer nehmen. Zugedeckt läßt man die Pfanne über Nacht auskühlen. Am nächsten Tag wird das Ganze noch einmal erwärmt und durch ein sauberes Leinentuch passiert; die Kräuterrückstände auspressen und die so gewonnene Salbe in verschließbare Gefäße abfüllen.

Die Rückstände (die im Tuch zurückgebliebenen Blätter, Blüten und Stengel) kann man sofort als Umschlag auf die Waden legen; mit der Salbe werden die Waden täglich dick eingestrichen.

**Ringelblumen-Salbe**

Die Ringelblumen-Salbe ist ebenso wie die Odermennig-Salbe ein Mittel gegen Krampfadern.

In einer Pfanne erhitzt man 250 g reines Schweinefett und schüttet zwei gehäufte Handvoll Ringelblumen (Blätter, Blüten und Stengel) in das heiße Fett. Man läßt das Ganze noch einmal aufschäumen, rührt kräftig um und nimmt die Pfanne vom Herd. Zugedeckt über Nacht auskühlen lassen. Am nächsten Tag wird die Pfanne noch einmal leicht erwärmt, ihr Inhalt wird durch ein sauberes Leinentuch passiert, die Blätter, Blüten und Stengel werden ausgepreßt und die so gewonnene Salbe in verschließbare Gefäße abgefüllt.

Aus den Rückständen der Ringelblumen-Salbe kann man ebenfalls Wadenumschläge machen. Die Ringelblumen-Salbe trägt man dick auf ein Leinentuch auf, das um die Waden gebunden wird und täglich erneuert werden muß.

**Taubnessel-Umschlag**

Wadenwickel mit dem Absud der Taubnessel sind ein weiteres Rezept aus der Apotheke Gottes gegen schmerzende Krampfadern. Drei gehäufte Teelöffel Taubnessel werden mit $\frac{1}{2}$ Liter heißem Wasser abgebrüht, eine halbe Minute ziehen lassen, mit dem Absud Tücher befeuchten, die als warme Umschläge um die Waden gelegt werden.

### *Hausmittel*

#### Taulaufen

Krampfadern kann man durch Taulaufen vorbeugen. Frühmorgens aufstehen, sich der jeweiligen Witterung angepaßt anziehen und barfuß durch das taunasse Gras laufen. Ganz wichtig ist dabei das Laufen, damit der Körper warm bleibt. Anfangs läuft man nicht länger als eine Minute, bei entsprechender Abhärtung maximal fünf Minuten.

## Krämpfe

#### Bärlapp

Bei starken Wadenkrämpfen hat es sich bewährt, eine Handvoll getrocknete Bärlapptriebe in ein Tuch zu legen und um die schmerzende Wade zu binden.

#### Kamille

Bei Schmerzen und Krämpfen — ein Problem, mit dem vor allem Kleinkinder oft zu kämpfen haben — wirkt die Heilkraft der Kamille.

Ein gehäufter Teelöffel Kamille pro Tasse, mit heißem Wasser abbrühen, eine halbe Minute ziehen lassen, abseihen und schluckweise ein bis zwei Tassen pro Tag trinken.

#### Mistel

Chronische Krämpfe bekämpft man mit der Heilkraft der Mistel. 12 Stunden weicht man einen gehäuften Teelöffel Mistel in einer Tasse kaltem Wasser ein. Danach wird der Kaltansatz angewärmt, abgeseiht und schluckweise getrunken. Je nach Stärke der Krämpfe trinkt man bis zu drei Tassen am Tag. Praktischerweise füllt man seine Tagesration in eine heiß ausgespülte Thermoskanne.

### Salbei

Einen gehäuften Teelöffel Salbei pro Tasse mit heißem Wasser abbrühen, eine halbe Minute ziehen lassen, abseihen und schluckweise pro Tag zwei Tassen trinken.

### Wiesengeißbart-Essenz

Frisch gepflückte Blüten des Wiesengeißbarts füllt man in eine Flasche und übergießt sie mit 38- bis 40%igem Kornbranntwein. Der Alkohol muß die Blüten bedecken. Die Flasche stellt man mindestens zwei Wochen in die Wärme. Von der Essenz nimmt man täglich 10 bis 15 Tropfen ein.

### Kleiner Schwedenbitter

Bei Magenkrämpfen verschafft der Kleine Schwedenbitter schnelle Besserung. Bei einem Anfall nimmt man einen Eßlöffel Kleinen Schwedenbitter, mit etwas Wasser oder Kräutertee verdünnt. Je nach Schwere der Krämpfe kann man unbedenklich bis zu drei Eßlöffel kleinen Schwedenbitter am Tag einnehmen.

## Krätze

### Ringelblumen-Saft

Die Stengel der frischen Ringelblumen werden gewaschen und feucht in einem Entsafter ausgepreßt. Mit dem frischen Saft befeuchtet man die von der Krätze befallenen Hautpartien.

### Vogelknöterich-Waschung

Zwei gehäufte Handvoll Vogelknöterich brüht man mit ½ Liter heißem Wasser. Eine halbe Minute ziehen lassen, abseihen und mit dem Absud die erkrankte Stelle waschen.

### Walnuß-Waschung

Waschungen mit einem Absud aus Walnußblättern bringen rasche Hilfe. Zwei gehäufte Teelöffel kleingeschnittener Walnußblätter mit $\frac{1}{2}$ Liter heißem Wasser abbrühen, eine halbe Minute ziehen lassen, abseihen und mit dem Absud die betroffenen Stellen waschen.

## Kreislaufschwäche

### Misch-Tee

Zur Kräftigung von Herz und Kreislauf empfehle ich folgende Teemischung:

10 g Anserine, 10 g Arnika, 10 g Bibernellwurzel, 10 g Blasentang, 10 g Bohnenschalen, 10 g Erdrauch, 10 g Faulbaumrinde, 10 g Gartenraute, 10 g Hauhechel, 10 g Herzgespan, 10 g Hirtentäschel, 10 g Hohlzahn, 10 g Isländisches Moos, 10 g Kalmuswurzel, 10 g Klette, 10 g Löwenzahn, 20 g Mate-Tee, 10 g Melisse, 20 g Mistel, 10 g Quekke, 10 g Schafgarbe, 10 g Vogelknöterich, 30 g Weißdorn, 10 g Zinnkraut.

Die angegebenen Kräutermengen müssen gut gemischt werden. Auf eine Tasse Tee kommt ein gehäufter Teelöffel Kräuter, die 12 Stunden in kaltem Wasser eingeweicht werden. Anschließend wird der Kaltansatz erwärmt, abgeseiht, mit einem Teelöffel Honig gesüßt und schluckweise morgens und abends eine Tasse getrunken.

## Kreislaufstörungen

### Mistel

Die Mistel ist eine großartige Heilpflanze bei allen Herz- und Kreislaufbeschwerden. Ihre universelle Heilkraft macht es möglich, daß sie sowohl hohen Blutdruck senkt als auch niedrigen Blutdruck hebt.

12 Stunden weicht man einen gehäuften Teelöffel Mistel in einer Tasse kaltem Wasser ein. Anschließend wird dieser Kaltansatz erwärmt, abgeseiht und schluckweise getrunken. Pro Tag sollte man drei Tassen Tee trinken. Praktischerweise füllt man die Tagesration in eine angewärmte Thermosflasche.

### Schafgarbe

Einen gehäuften Teelöffel Schafgarbe pro Tasse mit heißem Wasser abbrühen, eine halbe Minute ziehen lassen, abseihen und schluckweise zwei bis drei Tassen pro Tag trinken.

### Kleiner Schwedenbitter

Kleiner Schwedenbitter reinigt das Blut und fördert den Kreislauf. Vorsorglich sollte man morgens und abends je einen Teelöffel Kleinen Schwedenbitter, mit Wasser oder Tee verdünnt, zu sich nehmen. Je nach Schwere der Kreislaufstörungen kann man die Dosis auf drei Teelöffel bis zu zwei bis drei Eßlöffel täglich erhöhen. Dabei kommt ein Eßlöffel auf eine halbe Tasse Kräutertee, die man zur Hälfte eine halbe Stunde vor und nach den Mahlzeiten schluckweise trinkt.

### *Hausmittel*

Man tränkt ein kleines, handliches Frotteetuch mit kaltem Wasser — es sollte feucht sein, aber nicht triefen —

und legt es sich über Nacht auf das Herz. Darüber kommt eine Plastikfolie und ein trockenes Handtuch als Wärmeschutz.

Daneben empfiehlt es sich, nach jedem warmen Bad kalt zu duschen oder kalte Waschungen vorzunehmen. Das regt den Kreislauf an und steigert die Leistungsfähigkeit.

## Kropf

### Braunwurz

Man brüht einen Tee mit einem gehäuften Teelöffel kleingeschnittener Blätter der Braunwurz, eine halbe Minute ziehen lassen, abseihen und damit mehrmals täglich gurgeln. Von dem Braunwurz-Tee darf nichts getrunken werden!

### Labkraut

Ein gehäufter Teelöffel Labkraut pro Tasse mit heißem Wasser abbrühen, eine halbe Minute ziehen lassen, abseihen und mehrmals täglich mit dem warmen Absud gurgeln. Ab und zu kann man von dem Labkraut-Tee einen kleinen Schluck trinken.

### Spitzwegerich-Umschlag

Zur Heilung eines Kropfes verwendet man äußerlich Spitz- oder Breitwegerichblätter. Man zerreibt frische Blätter zwischen den Händen, mischt sie mit etwas Salz und legt diese Mischung als Umschlag auf den Hals.

# Leberfleck

## Benediktendistel

Man bricht die hohen fleischigen Stengel der frischen Benediktendistel auf, kaut sie und streicht den Brei auf die Leberflecken.

## Erdnußöl

Leberflecken betupft man mit Erdnußöl, das in jeder Apotheke erhältlich ist, und reibt den Leberfleck im Kreis, von rechts nach links, leicht ein.

## Hauswurz-Saft

Man schneidet die Blätter der Hauswurz der Länge nach auseinander und bestreicht den Leberfleck mit dem austretenden Saft.

## Labkraut-Salbe

Labkraut-Salbe ist ebenfalls ein hervorragendes Mittel gegen Leberflecke.

In einer Pfanne erhitzt man 500 g reines Schweinefett und schüttet vier gehäufte Handvoll Labkraut in das Fett. Das Ganze kurz aufschäumen lassen, gut umrühren und von der Herdplatte nehmen. Zugedeckt läßt man die Pfanne über Nacht auskühlen. Am nächsten Tag wird die Pfanne erneut erwärmt, bis das Fett flüssig genug ist, um durch ein sauberes Leinentuch passiert zu werden. Die im Tuch zurückbleibenden Kräuter kräftig auspressen und die so gewonnene Salbe in verschließbare Gläser abfüllen. Die Salbe soll im Kühlschrank aufbewahrt werden.

## Labkraut-Waschung

Mit Labkraut-Absud nimmt man Waschungen vor. Zwei gehäufte Teelöffel Labkraut werden mit ½ Liter heißem

Wasser abgebrüht, eine halbe Minute ziehen lassen, abseihen und mit dem Absud die betroffene Hautpartie täglich waschen.

### Ringelblumen-Saft

In einem Entsafter gewinnt man aus den frischen Stengeln der Ringelblume einen Saft, mit dem die Leberflecken mehrmals täglich eingestrichen werden.

### Zedern-Essenz

Man füllt die gewaschenen und kleingeschnittenen Blätter der Zeder (auch Lebensbaum genannt) in eine Flasche, übergießt sie mit 38- bis 40%igem Kornbranntwein (der Branntwein muß die Blätter bedecken) und läßt die Flasche mindestens zwei Wochen in der Wärme stehen. Mit dieser Essenz werden die Leberflecken mehrmals am Tag betupft.

## Leibschmerzen

### Johannisöl

Johannisöl, auf den Bauch gestrichen, ist vor allem bei Säuglingen und Kleinkindern ein probates Mittel gegen Leibschmerzen.

Frisch gepflückte Blüten und Knospen des Johanniskrauts füllt man in eine Flasche und übergießt sie mit Öl, das die Blüten bedecken muß. Die Flasche stellt man drei Wochen in die Wärme, bis das Öl eine rötliche Farbe erhält.

### Kalmus

Erwachsene bekämpfen Leibschmerzen mit Kalmuswurzel-Tee. Einen gestrichenen Teelöffel Kalmuswurzeln weicht man 12 Stunden in einer Tasse kaltem Wasser ein. Danach wird der Kaltansatz erwärmt, abgeseiht und jeweils ein Schluck vor und nach den Mahlzeiten getrunken. Das heißt, pro Tag dürfen nur sechs Schluck getrunken werden. Da der Tee während des Tages auskühlt, füllt man ihn in eine angewärmte Thermoskanne.

**Kamille**

Die beruhigende Heilkraft des Kamillen-Tees kann man bei Erwachsenen und Kleinkindern nutzen. Je nach Stärke der Leibschmerzen trinkt man bis zu drei Tassen Tee pro Tag. Einen gehäuften Teelöffel Kamille pro Tasse, mit heißem Wasser abbrühen, eine halbe Minute ziehen lassen, abseihen und schluckweise trinken.

### *Hausmittel*

**Bauchwickel**

Man legt ein Handtuch ins Bett, darüber eine genauso große Plastikfolie und darauf ein in kaltem Wasser getränktes und ausgewrungenes Leinentuch. Der Patient wird auf das Leinentuch gelegt und eingewickelt. Der Wickel sollte eine Stunde lang getragen werden. Anschließend den Körper trocken abfrottieren, frische Nachtwäsche anziehen und im Bett mindestens eine halbe Stunde nachdunsten.

## Magenbeschwerden

**Käsepappel**

12 Stunden weicht man einen gehäuften Teelöffel Käsepappel in einer Tasse mit kaltem Wasser ein. Danach wird der Kaltansatz erwärmt, abgeseiht und schluckweise getrunken. Am Tag trinkt man zwei Tassen Tee. Praktischer-

weise füllt man seine Tagesration in eine angewärmte Thermoskanne.

### Kleiner Schwedenbitter

Bei Magenbeschwerden nimmt man täglich drei Teelöffel Kleinen Schwedenbitter, mit etwas Wasser oder Kräutertee verdünnt.

## Magenblähungen

### Bärwurz-Essenz

Von der in jeder Apotheke erhältlichen Essenz nimmt man täglich 10 Tropfen mit etwas Wasser ein.

### Kalmus

Einen gestrichenen Teelöffel Kalmuswurzeln weicht man 12 Stunden in einer Tasse mit kaltem Wasser ein. Anschließend wird der Kaltansatz erwärmt und abgeseiht. Vor und nach den Mahlzeiten nimmt man jeweils einen Schluck. Mehr als sechs Schluck pro Tag dürfen nicht getrunken werden! Praktischerweise füllt man die eine Tasse Tee in eine angewärmte Thermoskanne.

## Magendrücken

### Bärwurz-Essenz

Von dieser in jeder Apotheke erhältlichen Essenz nimmt man täglich 10 Tropfen mit etwas Wasser ein.

### Schafgarbe

Einen gehäuften Teelöffel Schafgarbe pro Tasse mit heißem Wasser abbrühen, eine halbe Minute ziehen lassen, abseihen und schluckweise morgens und abends eine Tasse trinken.

## Magenkrämpfe

### Bärlapp-Kissen

Man füllt einen Kissenbezug mit 100 bis 200 g Bärlapp und legt das Kräuterkissen auf die Krampfstelle.

### Brennessel

Einen gehäuften Teelöffel Brennesseln pro Tasse mit heißem Wasser abbrühen, eine halbe Minute ziehen lassen, abseihen und schluckweise bis zu drei Tassen Tee am Tag trinken.

### Ringelblume

Einen gehäuften Teelöffel Ringelblumen pro Tasse mit heißem Wasser abbrühen, eine halbe Minute ziehen lassen, abseihen und schluckweise morgens und abends eine Tasse trinken.

### Schafgarbe

Einen gehäuften Teelöffel Schafgarbe pro Tasse mit heißem Wasser abbrühen, eine halbe Minute ziehen lassen, abseihen und schluckweise morgens und abends je eine Tasse trinken.

### Thymian

Einen gehäuften Teelöffel Thymian pro Tasse mit heißem Wasser abbrühen, eine halbe Minute ziehen lassen, abseihen und tagsüber schluckweise zwei Tassen trinken.

### Thymian-Kissen

Zur äußerlichen Anwendung eignet sich ein Kräuterkissen aus getrockneten Blüten und Stengeln des Thymians. Man füllt einen kleineren Kissenbezug oder ein Leinentuch mit ausreichend Kräutern und legt es sich auf die Magengegend.

### Zinnkraut-Umschlag

Mit Zinnkraut-Dunstumschlägen werden schmerzende Magenkrämpfe schnell gelindert. Man füllt zwei gehäufte Handvoll Zinnkraut in ein Sieb, das über kochendes Wasser gehängt wird. Auf keinen Fall das Zinnkraut in das kochende Wasser geben! Durch den aufsteigenden Wasserdampf wird das Zinnkraut heiß. In ein Leinentuch gekippt, legt man das Zinnkraut auf die Magengegend und läßt es mehrere Stunden oder über Nacht einwirken. Der Zinnkraut-Dunstumschlag ist nur wirkungsvoll, wenn man sich warm anzieht, damit die Wärme des Umschlags nicht verlorengeht.

### Kleiner Schwedenbitter

Bei Auftreten von Magenkrämpfen nimmt man einen Eßlöffel Kleinen Schwedenbitter, mit etwas Wasser oder Kräutertee verdünnt. Je nach Schwere der Magenkrämpfe nimmt man bis zu drei Eßlöffel Kleinen Schwedenbitter pro Tag.

## Magerkeit

### Kalmus

Stoffwechselstörungen sind oft die Ursache einer auffallenden Magerkeit, trotz nahrhafter und reichlicher Ernährung. Hier versprechen die Heilkräfte der Kalmuswurzel Besserung. 12 Stunden weicht man einen gestrichenen Teelöffel Kalmuswurzeln in einer Tasse kaltem Wasser ein. Anschließend wird der Kaltansatz erwärmt, abgeseiht und schluckweise vor und nach jeder Mahlzeit getrunken. Über den Tag verteilt sind das sechs Schluck, mehr als diese eine Tasse darf nicht getrunken werden! Den Tee füllt man in eine angewärmte Thermoskanne.

### Kalmus-Vollbad

Zusätzlich zu der täglichen Tasse Kalmuswurzel-Tee empfiehlt sich ein gelegentliches Vollbad mit der gleichen Heilpflanze. 12 Stunden weicht man 200 g Kalmuswurzeln in 5 Liter kaltem Wasser ein. Danach wird der Kaltansatz erwärmt, abgeseiht und dem Badewasser zugegossen. Das Herz des Badenden muß dabei außerhalb des Wassers sein. Die Badedauer beträgt 20 Minuten, anschließend nicht abtrocknen, sondern in einen Bademantel gehüllt im Bett eine Stunde nachschwitzen.

## Mandelentzündung

### Käsepappel

Die schleimstoffhaltige Käsepappel schafft Abhilfe bei Mandelentzündung. 12 Stunden weicht man einen gehäuften Teelöffel Käsepappel in einer Tasse kaltem Wasser ein. Anschließend wird der Kaltansatz angewärmt und abgeseiht. Pro Tag trinkt man schluckweise zwei bis drei Tassen. Praktischerweise füllt man die Tagesration Tee in eine angewärmte Thermoskanne.

### Salbei-Umschlag

Mit Salbei-Absud macht man warme Umschläge bei Mandelentzündung. Zwei Teelöffel Salbei brüht man mit

½ Liter heißem Wasser ab, eine halbe Minute ziehen lassen, abseihen und mit dem Absud ein sauberes Leinentuch tränken. Der Umschlag soll mehrmals täglich gewechselt werden. Wichtig ist, daß man dabei den Hals warm hält, ein trockenes Tuch über den Umschlag bindet oder einen Schal um den Hals wickelt. Neben den Umschlägen eignet sich der Salbei-Absud auch zu mehrmaligem gründlichen Gurgeln.

**Misch-Tee**

Zum Gurgeln empfiehlt sich bei Mandelentzündung ein Misch-Tee aus der gleichen Menge Johanniskraut und Zinnkraut.

Einen gehäuften Teelöffel Kräuter pro Tasse abbrühen, eine halbe Minute ziehen lassen, abseihen und mit dem Absud mehrmals täglich gründlich gurgeln.

***Hausmittel***

**Halswickel**

Ein in kaltes Wasser getränktes Leinentuch wird ausgewrungen und um den Hals gewickelt. Darüber kommt eine genauso große Plastikfolie, die mit einem warmen Handtuch abgebunden wird. Der Patient kann den Halswickel im Bett über Nacht tragen.

## Mattigkeit

**Mistel**

Einen gehäuften Teelöffel Mistel weicht man 12 Stunden in einer Tasse kaltem Wasser ein. Danach wird der Kaltansatz angewärmt, abgeseiht und schluckweise bis zu drei Tassen Tee am Tag getrunken. Praktischerweise füllt man die Tagesration in eine angewärmte Thermosflasche.

## Menstruationsbeschwerden

### Frauenmantel

Menstruationsstörungen kann der Frauenmantel beheben. Einen gehäuften Teelöffel Frauenmantel pro Tasse mit heißem Wasser abbrühen, eine halbe Minute ziehen lassen, abseihen und schluckweise zwei bis drei Tassen täglich trinken.

Treten Störungen der Periode in der Pubertät auf, empfiehlt sich ein Misch-Tee aus gleichen Teilen Frauenmantel und Schafgarbe. Einen gehäuften Teelöffel Kräuter pro Tasse abbrühen, eine halbe Minute ziehen lassen, abseihen und schluckweise zwei bis drei Tassen pro Tag trinken.

### Hirtentäschel

Hirtentäschel-Tee ist ein wirksames Heilmittel bei starken Menstruationsblutungen. Man beginnt mit der Teekur 8 bis 10 Tage vor Eintritt der Periode und trinkt bis zu ihrem Einsetzen täglich zwei Tassen.

Einen gehäuften Teelöffel Hirtentäschel pro Tasse mit heißem Wasser abbrühen, eine halbe Minute ziehen lassen, abseihen und schluckweise trinken.

Mit diesem Tee normalisiert man auch Unregelmäßigkeiten der Periode in der Pubertätszeit.

### Kamille

Die vielseitige Kamille hilft bei Menstruationsstörungen und Unregelmäßigkeiten wie dem Ausbleiben der monatlichen Regel.

Einen gehäuften Teelöffel Kamille pro Tasse abbrühen, eine halbe Minute ziehen lassen, abseihen und schluckweise bis zu drei Tassen pro Tag trinken.

**Mistel**

Bei Menstruationsstörungen verspricht die Mistel als bewährtes Heilmittel bei Herz- und Kreislaufbeschwerden Abhilfe. 12 Stunden weicht man einen gehäuften Teelöffel Mistel in einer Tasse kaltem Wasser ein. Anschließend wird der Kaltansatz angewärmt, abgeseiht und schluckweise getrunken. Je nach Stärke der Beschwerden trinkt man bis zu drei Tassen am Tag. Praktischerweise füllt man seine Tagesration in eine heiß ausgespülte Thermoskanne.

**Schafgarbe**

Beim Ausbleiben der Periode und Unregelmäßigkeiten in der Pubertät hilft eine Tasse Schafgarben-Tee pro Tag, morgens auf nüchternen Magen.

Einen gehäuften Teelöffel Schafgarbe pro Tasse mit heißem Wasser abbrühen, eine halbe Minute ziehen lassen, abseihen und schluckweise trinken.

**Taubnessel**

Einen gehäuften Teelöffel Taubnessel pro Tasse abbrühen, eine halbe Minute ziehen lassen, abseihen und schluckweise zwei Tassen pro Tag trinken.

**Thymian**

Unregelmäßigkeiten bei der Periode reguliert der Thymian-Tee. Einen gehäuften Teelöffel Thymian pro Tasse mit heißem Wasser abbrühen, eine halbe Minute ziehen lassen, abseihen und schluckweise zwei Tassen pro Tag trinken.

**Thymian-Kissen**

Mit der Menstruation einhergehende Krämpfe lindert man mit einem Thymian-Kräuterkissen. Ein geeignet großer Kissenbezug wird mit getrockneten Blüten und Stengeln des Thymians gefüllt und vor dem Schlafengehen auf den Unterleib gelegt.

**Vogelknöterich**

Ein gehäufter Teelöffel Vogelknöterich pro Tasse, mit heißem Wasser abbrühen, eine halbe Minute ziehen lassen, abseihen und schluckweise über den Tag verteilt zwei Tassen Tee trinken.

**Wegwarte**

Ein gehäufter Teelöffel Wegwarte pro Tasse, mit heißem Wasser abbrühen, eine halbe Minute ziehen lassen, abseihen und schluckweise eine Tasse am Morgen trinken.

**Misch-Tee**

Bei sehr starken Menstruationsblutungen hat sich folgender Misch-Tee bewährt:

25 g Arnikablüten, 50 g Baldrianwurzeln, 25 g Isländisches Moos, 25 g Melisse, 25 g Salbei, 25 g Schafgarbe.

Die Kräuter werden gründlich miteinander vermischt. Einen gehäuften Teelöffel pro Tasse mit heißem Wasser abbrühen, eine halbe Minute ziehen lassen, abseihen und schluckweise eine Tasse vor dem Frühstück trinken. Diesen Tee sollte man über einen längeren Zeitraum trinken, auch wenn sich die monatlichen Blutungen bereits normalisiert haben.

**Kleiner Schwedenbitter**

Bei Ausbleiben der monatlichen Regel oder bei zu starken Blutungen empfiehlt die alte Handschrift den Gebrauch des Kleinen Schwedenbitters, dreimal täglich einen Teelöffel, mit Wasser oder Kräutertee verdünnt. Den

Kleinen Schwedenbitter nimmt man während der Periode drei Tage hintereinander und wiederholt diese Kur Monat für Monat, bis sich eine Normalisierung eingestellt hat.

## Migräne

### Schafgarbe

Bei regelmäßigem Genuß von Schafgarben-Tee kann die Migräne völlig besiegt werden.

Einen gehäuften Teelöffel Schafgarbe pro Tasse abbrühen, eine halbe Minute ziehen lassen, abseihen und schluckweise pro Tag eine Tasse Tee sehr heiß trinken.

### Schlüsselblume

Schlüsselblumen-Tee verspricht rasche Linderung bei starken Migräneanfällen.

Einen gehäuften Teelöffel Schlüsselblumenblüten pro Tasse abbrühen, eine halbe Minute ziehen lassen, abseihen und schluckweise bis zu zwei Tassen sehr warm trinken.

## Milchschorf

### Eichenrinden-Waschung

12 Stunden weicht man 100 g Eichenrinde (in Drogerien und Reformläden erhältlich) in einem 5-Liter-Eimer mit kaltem Wasser ein. Anschließend wird der Kaltansatz erwärmt und abgeseiht. Mit dem Absud nimmt man Waschungen vor.

### Kamille

Ein gehäufter Teelöffel Kamille pro Tasse, mit heißem Wasser abbrühen, abseihen und schluckweise, über den Tag verteilt, drei bis vier Tassen Tee trinken.

Äußerlich verwendet man Kamillen-Absud, Zubereitung wie beim Tee für Waschungen.

### Walnuß-Waschung

Waschungen mit einem Absud aus Walnußblättern bringen rasche Hilfe.

Zwei gehäufte Teelöffel kleingeschnittener Walnußblätter mit ½ Liter heißem Wasser abbrühen, eine halbe Minute ziehen lassen, abseihen und mit dem Absud die betroffenen Stellen waschen.

## Mitesser

### Labkraut-Saft

Der frisch ausgepreßte Saft des Labkrauts, täglich auf die betroffene Hautstelle aufgestrichen, verspricht rasche Besserung. Man wäscht frisches Labkraut, steckt es feucht in den Entsafter, streicht die Hautstelle mit dem gewonnenen Frischsaft ein und läßt ihn eintrocknen.

### Labkraut-Waschung

Zwei gehäufte Teelöffel Labkrautsaft werden mit ½ Liter heißem Wasser abgebrüht. Eine halbe Minute ziehen lassen, abseihen und mit dem warmen Absud täglich das Gesicht waschen.

## Müdigkeit

### Brennessel

Einen gehäuften Teelöffel Brennessel pro Tasse abbrühen, eine halbe Minute ziehen lassen, abseihen und schluckweise bis zu vier Tassen pro Tag trinken.

### Kamillenöl

Kamillenöl vertreibt die Müdigkeit in den Gliedern, wenn man sich vor dem Schlafengehen leicht mit dem Öl einreibt.

Man füllt frische Kamillenblüten in eine Flasche, übergießt sie mit Öl (das Öl muß die Blüten bedecken) und stellt die Flasche drei Wochen in die Wärme.

### Pfefferminze

Ein gehäufter Teelöffel Pfefferminze pro Tasse, mit heißem Wasser abbrühen, eine halbe Minute ziehen lassen, abseihen und schluckweise bis zu drei Tassen Tee am Tag trinken.

## Mundfäule

### Odermennig

Ein gehäufter Teelöffel Odermennig pro Tasse, mit heißem Wasser abbrühen, eine halbe Minute ziehen lassen, abseihen und mit dem Absud mehrmals täglich gurgeln.

### Walnuß

Bei Mundfäule empfehlen sich Spülungen mit Walnußblätter-Tee. Einen gehäuften Teelöffel kleingeschnittene Walnußblätter pro Tasse mit heißem Wasser abbrühen, eine halbe Minute ziehen lassen, abseihen und mit dem Absud mehrmals täglich den Mund spülen.

### Zinnkraut

Einen gehäuften Teelöffel Zinnkraut pro Tasse mit heißem Wasser abbrühen, eine halbe Minute ziehen lassen und mehrmals täglich damit gurgeln.

## Mundgeruch

Die Ursachen für Mundgeruch sind vielfältig und müssen von einem Arzt festgestellt werden. Es kann sich dabei um Absonderungen der Nasenschleimhäute, eine Mandelentzündung, einen schlechten Magen, zu wenig Magensäure oder um Geschwüre in der Mundhöhle handeln.

Bei Mandelentzündungen gurgelt man mit Salbei-Tee, bei Geschwüren in der Mundhöhle mit warmem Labkraut-Tee oder mit 30 bis 40 Tropfen Myrrhen-Tinktur, verdünnt mit lauwarmem Wasser. Nasenschleimhaut-Absonderungen heilt man mit Aufziehen von lauwarmem Salbei-Tee aus.

Ein paar Tropfen Wacholderöl, mit lauwarmem Wasser verdünnt, schluckweise getrunken, beseitigen oftmals übelriechenden Mundgeruch. Ein anderes Hausmittel ist das Kauen von Dillsamen. Ist eine stark belegte Zunge die Ursache für den Mundgeruch, so verspricht eine Tasse Wasser mit einem halben Teelöffel Wermut Besserung.

## Muskelzerrung

### Ringelblumen-Essenz

Umschläge mit Ringelblumen-Essenz versprechen rasche Besserung bei Muskelzerrungen. Man füllt eine Handvoll Ringelblumenblüten in eine Flasche, übergießt sie mit 1 Liter 38- bis 40%igem Kornbranntwein und läßt die Flasche mindestens zwei Wochen in der Wärme stehen. Die so gewonnene Essenz verdünnt man mit abgekochtem Wasser, tränkt ein sauberes Tuch damit und legt den Umschlag auf die betroffene Muskelpartie.

## Muttermal

### Hauswurz-Saft

Man schneidet die Blätter der Hauswurz der Länge nach auseinander und bestreicht das Muttermal mit dem austretenden Saft.

### Labkraut-Salbe

Labkraut-Salbe ist ebenfalls ein hervorragendes Mittel gegen Muttermale.

In einer Pfanne erhitzt man 500 g reines Schweinefett und schüttet vier gehäufte Handvoll Labkraut in das Fett. Das Ganze kurz aufschäumen lassen, gut umrühren und von der Herdplatte nehmen. Zugedeckt läßt man die Pfanne über Nacht auskühlen. Am nächsten Tag wird die Pfanne erneut erwärmt, bis das Fett flüssig genug ist, um durch ein sauberes Leinentuch passiert zu werden. Die im Tuch zurückbleibenden Kräuter kräftig auspressen und die so gewonnene Salbe in verschließbare Gläser abfüllen. Die Salbe soll im Kühlschrank aufbewahrt werden.

### Labkraut-Waschung

Mit Labkraut-Absud nimmt man Waschungen vor. Zwei gehäufte Teelöffel Labkraut werden mit ½ Liter heißem Wasser abgebrüht, eine halbe Minute ziehen lassen, abseihen und mit dem Absud die betroffene Hautpartie täglich waschen.

### Ringelblumen-Saft

In einem Entsafter gewinnt man aus den frischen Stengeln der Ringelblume einen Saft, mit dem das Muttermal mehrmals täglich eingestrichen wird.

### Zedern-Essenz

Man füllt die gewaschenen und kleingeschnittenen Blätter der Zeder (auch Lebensbaum genannt) in eine Flasche, übergießt sie mit 38- bis 40%igem Kornbranntwein (der Branntwein muß die Blätter bedecken) und läßt die Flasche mindestens zwei Wochen in der Wärme stehen. Mit dieser Essenz wird das Muttermal mehrmals am Tag betupft.

### Kleiner Schwedenbitter

Mehrmals täglich betupft man das Muttermal mit unverdünntem Kleinen Schwedenbitter.

## Nachtschweiß

### Salbei

Einen gehäuften Teelöffel Salbei pro Tasse abbrühen, eine halbe Minute ziehen lassen, abseihen und schluckweise pro Tag zwei Tassen Tee trinken, eine morgens auf nüchternen Magen, eine vor dem Schlafengehen.

### Misch-Tee

Man mischt 20 g Frauenmantel, 20 g Lavendel, 20 g Salbei und 20 g Zinnkraut. Einen gehäuften Teelöffel dieser Kräutermischung pro Tasse mit heißem Wasser abbrühen, eine halbe Minute ziehen lassen, abseihen und schluckweise eine Tasse vor dem Frühstück trinken.

## Nachtwandeln

### Johanniskraut

Einen gehäuften Teelöffel Johanniskraut pro Tasse abbrühen, eine halbe Minute ziehen lassen, abseihen und schluckweise pro Tag zwei Tassen trinken.

### Johanniskraut-Sitzbad

Neben der innerlichen Anwendung als Tee empfehle ich pro Woche ein Sitzbad mit sechs aufeinanderfolgenden Fußbädern. Ein 5-Liter-Eimer mit frischem Johanniskraut (Stengel, Blätter und Blüten) oder 100 g getrocknetes Johanniskraut wird 12 Stunden in kaltem Wasser eingeweicht. Anschließend wird der Kaltansatz erwärmt und dem Badewasser zugegossen. Man benötigt so viel Wasser, daß die Nieren des Badenden bedeckt sind. Die Badedauer beträgt 20 Minuten. Nach dem Bad nicht abtrocknen, sondern in einen Bademantel gehüllt im Bett eine Stunde nachschwitzen.

Für das tägliche Fußbad genügt die halbe Menge Johanniskraut. Die Zubereitung des Fußbades ist gleich mit dem des Sitzbades.

## Nackenschmerzen

### Beinwurz-Umschlag

Warme Breiumschläge mit Beinwurzmehl schaffen bei Nackenschmerzen schnelle Erleichterung.

Ein Eßlöffel Beinwurzmehl wird mit einer Tasse heißem Wasser und einigen Tropfen Speiseöl zu einem Brei verrührt, den man auf ein Leinentuch streicht und warm auf die kranke, schmerzende Nackenpartie legt.

## Nagelbettentzündung

### Arnika-Essenz

Den erkrankten Nagel streicht man mehrmals täglich mit Arnika-Essenz ein.

Die Blütenblätter der Arnika werden aus den grünen Hüllkelchen herausgedreht und in eine Flasche gefüllt. Ist diese bis zu zwei Drittel angefüllt, gießt man 38- bis 40%igen Kornbranntwein darüber und läßt die Flasche mindestens zwei Wochen in der Wärme stehen. Einen Teil der fertigen Essenz seiht man ab, den anderen Teil läßt man weiter auf den Blütenblättern stehen. Nach der ersten Abfüllung in kleinere Fläschchen kann man die große Flasche noch einmal mit Alkohol auffüllen.

Der Arnika-Ansatz mit 75%igem Weingeist aus der Apotheke muß zur Hälfte mit abgekochtem, ausgekühltem Wasser verdünnt werden, um Hautentzündungen und -verletzungen vorzubeugen. Unverdünnt kann diese Arnika-Essenz zu Hautverätzungen führen.

### Käsepappel-Waschung

12 Stunden weicht man 50 g Käsepappel in kaltem Wasser ein. Vor dem Schlafengehen badet man in dem erwärmten Kaltansatz 20 Minuten lang die betroffene Hand oder den erkrankten Fuß. Über Nacht streicht man das entzündete Nagelbett mit Ringelblumen-Salbe ein und legt einen mit Kleinem Schwedenbitter beträufelten Wattebausch darüber.

### Ringelblumen-Salbe

In einer Pfanne erhitzt man 250 g reines Schweinefett und schüttet zwei gehäufte Handvoll Ringelblumen (Blätter, Blüten und Stengel) in das heiße Fett. Man läßt das Ganze noch einmal aufschäumen, rührt kräftig um und nimmt die Pfanne vom Herd. Zugedeckt über Nacht auskühlen lassen. Am nächsten Tag wird die Pfanne noch einmal leicht erwärmt, ihr Inhalt wird durch ein sauberes Leinentuch passiert, die Blätter, Blüten und Stengel werden ausgepreßt und die so gewonnene Salbe in verschließbare Gefäße abgefüllt.

### Zinnkraut-Waschung

Nagelbettentzündungen behandelt man mit Zinnkraut-Waschungen und -Bädern.

Zwei gehäufte Teelöffel Zinnkraut mit ½ Liter heißem Wasser abbrühen, eine halbe Minute ziehen lassen, abseihen und mit dem Absud das entzündete Nagelbett waschen.

12 Stunden weicht man 100 g Zinnkraut in einem Eimer mit kaltem Wasser ein. Anschließend wird der Kaltansatz erwärmt, abgeseiht und der ganze Fuß 20 Minuten in diesem Aufguß gebadet.

Anschließend an eine Waschung oder ein Fußbad kann man die abgebrühten Kräuter in ein Tuch einschlagen und als warmen Umschlag auf die Wunde legen.

## Nagelpilz

### Brennessel

Die Brennessel hilft auch gegen diese langwierige, schwer auszuheilende Infektion.

Innerlich wird sie als Tee angewendet. Ein gehäufter Teelöffel Brennessel pro Tasse, mit heißem Wasser abbrühen, eine halbe Minute ziehen lassen, abseihen und schluckweise bis zu vier Tassen pro Tag trinken.

### Brennessel-Fußbad

Für die äußerliche Anwendung setzt man Brennessel-Fußbäder an. 12 Stunden weicht man frische Brennessel, verwendet werden Stengel und Blätter, in 5 Liter kaltem Wasser ein. Danach wird dieser Kaltansatz angewärmt, die Kräuter bleiben im Badewasser, und der Fuß wird 20 Minuten lang darin gebadet.

### Brennessel-Essenz

Erfolgversprechend ist auch das Einstreichen mit einer Brennessel-Essenz. Man füllt eine Flasche mit den im Frühjahr oder Herbst gegrabenen Wurzeln der Brennessel, die gewaschen und klein geschnitten werden, übergießt sie mit 38- bis 40%igem Kornbranntwein und läßt die Flasche mindestens zwei Wochen in der Wärme stehen. Mit dieser Brennessel-Essenz streicht man den vom Pilz befallenen Nagel mehrmals täglich ein.

## Nagelverletzung

Brüchige, eingerissene oder verletzte Nägel behandelt man mit dem frischen Saft des Hahnenfußes oder mit Zwiebelsaft. Die frischen, dicklichen Stengel des Hahnenfußes werden aufgeschlitzt, und mit dem austretenden Saft streicht man die Nägel täglich ein.

Man halbiert eine Zwiebel und reibt die Nägel öfter mit der Zwiebelfläche ein.

### Walnuß

Bei eitrigen Finger- oder Zehennägeln empfehle ich Waschungen mit Walnußblätter-Absud. Einen gehäuften Teelöffel kleingeschnittene Walnußblätter pro Tasse mit heißem Wasser abbrühen, eine halbe Minute ziehen lassen, abseihen und den erkrankten Nagel mehrmals täglich darin baden.

## Narben

### Ringelblumen-Salbe

Operationsnarben heilen mit Hilfe der Ringelblumen-Salbe schneller und schöner.

In einer Pfanne erhitzt man 250 g reines Schweinefett und schüttet zwei gehäufte Handvoll Ringelblumen (Blätter, Blüten und Stengel) in das heiße Fett. Man läßt das Ganze noch einmal aufschäumen, rührt kräftig um und nimmt die Pfanne vom Herd. Zugedeckt über Nacht auskühlen lassen. Am nächsten Tag wird die Pfanne noch einmal leicht erwärmt, ihr Inhalt wird durch ein sauberes Leinentuch passiert, die Blätter, Blüten und Stengel werden ausgepreßt und die so gewonnene Salbe in verschließbare Gefäße abgefüllt.

Die Ringelblumen-Salbe trägt man dick auf ein Leinentuch auf, das um die Narbe gebunden wird und täglich erneuert werden muß. Aus den Rückständen der Ringelblumen-Salbe, gemeint sind die ausgepreßten warmen Kräuter, kann man einen Umschlag machen.

### Kleiner Schwedenbitter

In der alten Handschrift des Dr. Samst ist nachzulesen, daß alle Narben, Wundmale und Schnitte schwinden, selbst wenn sie schon sehr alt sind, wenn sie bis zu 40mal mit Schwedenbitter angefeuchtet werden.

## Nasenbluten

### Hirtentäschel

Immer wieder auftretendes Nasenbluten heilt man mit einem Tee des Hirtentäschelkrauts. Ein gehäufter Teelöffel pro Tasse, mit heißem Wasser abbrühen, eine halbe Minute ziehen lassen, abseihen und tagsüber zwei bis drei Tassen trinken.

### Mistel

12 Stunden weicht man einen gehäuften Teelöffel Mistel in einer Tasse kaltem Wasser ein. Anschließend wird der Kaltansatz angewärmt und abgeseiht. Der ausgekühlte Mistel-Tee wird in die Nase aufgezogen und wirkt blutstillend.

### Schafgarbe

Ein gehäufter Teelöffel Schafgarbe pro Tasse, mit heißem Wasser abbrühen, eine halbe Minute ziehen lassen, abseihen und schluckweise eine Tasse trinken.

### Zinnkraut-Umschlag

Bei starkem, andauerndem Nasenbluten hilft ein kalter Umschlag mit Zinnkraut-Absud.

Ein gehäufter Teelöffel Zinnkraut pro Tasse, mit heißem Wasser abbrühen, eine halbe Minute ziehen lassen, abseihen und auskühlen lassen. Mit dem kalten Absud wird ein geeignetes Tuch getränkt und um die Nase gelegt.

### *Hausmittel*

Als Sofortmaßnahme empfiehlt es sich, ein mit kaltem Wasser angefeuchtetes Tuch auf den Nacken aufzulegen.

Ein anderes Hausmittel besagt, in heißes Wasser getauchte Wattepfropfen in die Nasenlöcher stecken.

## Nervosität

### Ehrenpreis

Streß in Beruf und Familie ist oft die Ursache erhöhter Nervosität. Die beruhigende Heilkraft des Ehrenpreis schafft schnell Abhilfe.

Ein gehäufter Teelöffel Ehrenpreis pro Tasse, mit heißem Wasser abbrühen, eine halbe Minute ziehen lassen, abseihen und schluckweise abends vor dem Schlafengehen eine Tasse trinken.

### Johanniskraut

Ein gehäufter Teelöffel Johanniskraut pro Tasse, mit heißem Wasser abbrühen, eine halbe Minute ziehen lassen, abseihen oder schluckweise zwei bis drei Tassen Tee trinken.

### *Hausmittel*

Man versüßt ein Glas lauwarmes Wasser mit zwei Teelöffel Honig und trinkt es schluckweise über den Tag verteilt.

## Offene Wunden

### Bärlapp

Die offenen Stellen bestreut man ganz vorsichtig und sparsam mit Bärlappmehl. Dieses feine Mehl, es fühlt sich an wie Seide, wird aus den getrockneten Sporen des Bärlapps gewonnen.

### Spitzwegerich

Die Auflage von frischen Spitz- oder Breitwegerichblättern führt zu rascher Heilung von offenen Stellen.

Die frischen Blätter werden gewaschen, mit einem Nudelholz auf einem Brett zerquetscht, und der so gewonnene Blätterbrei wird direkt auf die Wunde aufgetragen.

### Wiesenbärenklau

Frisch gepflückte Blätter des Wiesenbärenklaus werden gewaschen und mit einem Nudelholz auf einem Holzbrett zerquetscht. Der frische Blätterbrei wird auf die erkrankte Stelle aufgelegt und mit einem warmen Tuch abgebunden.

Man kann selbstverständlich auch Auflagen aus ganzen, gewaschenen Blättern machen.

## Ohrensausen

### Mistel

Ohrensausen ist eine Nebenerscheinung von erhöhtem Blutdruck oder starkem Blutandrang im Kopf. Hier hilft die als Herz- und Kreislaufmittel bewährte Mistel.

12 Stunden weicht man einen gehäuften Teelöffel Mistel pro Tasse in kaltem Wasser ein. Anschließend wird der Kaltansatz erwärmt, abgeseiht und schluckweise getrunken. Pro Tag trinkt man zwei bis drei Tassen Tee, am besten vor und nach den Mahlzeiten. Praktischerweise füllt man die Tagesration in eine angewärmte Thermoskanne.

### Ringelblumen-Salbe

Die vor dem Kleinen Schwedenbitter einzustreichende Ringelblumen-Salbe stellt man folgendermaßen her:

In einer Pfanne erhitzt man 250 g reines Schweinefett und schüttet zwei gehäufte Handvoll Ringelblumen (Blätter, Blüten und Stengel) in das heiße Fett. Man läßt das Ganze noch einmal aufschäumen, rührt kräftig um und nimmt die Pfanne vom Herd. Zugedeckt über Nacht auskühlen lassen. Am nächsten Tag wird die Pfanne noch einmal leicht erwärmt, ihr Inhalt wird durch ein sauberes Leinentuch passiert, die Blätter, Blüten und Stengel werden ausgepreßt und die so gewonnene Salbe in verschließbare Gefäße abgefüllt.

**Schöllkraut**

Einen gestrichenen Teelöffel Schöllkraut pro Tasse, mit heißem Wasser abbrühen, eine halbe Minute ziehen lassen, abseihen und schluckweise eine Tasse Tee am Tag trinken.

**Schöllkraut-Saft**

In einem Entsafter preßt man frisch gepflückte Blätter, Stengel und Blüten des Schöllkrauts aus. Pro Tag trinkt man einen Teelöffel frisch gepreßten Schöllkraut-Saft mit einer Tasse Wasser verdünnt, nicht mehr.

**Storchenschnabel-Essenz**

Man füllt frischgewaschene und kleingeschnittene Blüten, Blätter und Stengel des Storchenschnabels in eine Flasche, übergießt sie mit 38- bis 40%igem Kornbranntwein und stellt die verschlossene Flasche mindestens zwei Wochen in die Wärme. Mit der Essenz mehrmals täglich das Innere des Ohrs einstreichen.

**Weißdorn**

Ein gehäufter Teelöffel Weißdorn (verwendet werden Blätter und Blüten) pro Tasse, mit heißem Wasser abbrühen, eine halbe Minute ziehen lassen, abseihen und schluckweise über den Tag verteilt zwei Tassen Tee trinken.

**Weißdorn-Essenz**

Man füllt frisch gepflückte Blüten und Beeren, von beidem die gleiche Menge, in eine Flasche und übergießt sie mit 38- bis 40%igem Kornbranntwein. Die Flasche muß mindestens zwei Wochen in der Wärme stehenbleiben. Von der so gewonnenen Essenz nimmt man täglich 4 bis 10 Tropfen ein.

**Kleiner Schwedenbitter**

Ein mit Kleinem Schwedenbitter getränkter Wattebausch, den man sich ins Ohr steckt, vertreibt rasch das lästige Ohrensausen. Vorher sollte man das Ohr mit warmem Öl oder Ringelblumen-Salbe einstreichen.

***Hausmittel***

Man tränkt ein kleines, handliches Frotteetuch mit kaltem Wasser (es sollte feucht sein, aber nicht triefen) und legt es sich über Nacht auf das Herz. Darüber kommt eine Plastikfolie und ein trockenes Handtuch als Wärmeschutz.

## Ohrenschmerzen

**Huflattich-Saft**

Frische, gewaschene Blätter des Huflattichs werden entsaftet und der frisch gepreßte Saft ins Ohr geträufelt.

**Kleiner Schwedenbitter**

Ein mit Kleinem Schwedenbitter beträufelter Wattebausch wird in das schmerzende Ohr gesteckt. Vorher sollte man das Ohr mit warmem Öl oder mit Ringelblumen-Salbe einfetten, damit der Alkohol des Kleinen Schwedenbitters der Haut nicht das Fett entzieht und ein möglicherweise entstehender Juckreiz verhindert wird.

## Operationsnarbe

### Ringelblumen-Salbe

Die Ausheilung einer Operationsnarbe begünstigt die Ringelblumen-Salbe, mit der man die Narbe täglich einstreicht. In einer Pfanne erhitzt man 250 g reines Schweinefett und schüttet zwei gehäufte Handvoll Ringelblumen (Blätter, Blüten und Stengel) in das heiße Fett. Man läßt das Ganze noch einmal aufschäumen, rührt kräftig um und nimmt die Pfanne vom Herd. Zugedeckt über Nacht auskühlen lassen. Am nächsten Tag wird die Pfanne noch einmal leicht erwärmt, ihr Inhalt wird durch ein sauberes Leinentuch passiert, die Blätter, Blüten und Stengel werden ausgepreßt und die so gewonnene Salbe in verschließbare Gefäße abgefüllt

## Periode (unregelmäßig)

### Hirtentäschel

Hirtentäschel-Tee ist ein wirksames Heilmittel zur Regulierung der Periode in der Pubertätszeit.

Man trinkt eine Woche vor dem errechneten Eintritt der Periode täglich zwei Tassen Tee. Ein gehäufter Teelöffel pro Tasse, mit heißem Wasser abbrühen, eine halbe Minute ziehen lassen, abseihen und schluckweise trinken.

### Johanniskraut

Unregelmäßigkeiten der monatlichen Periode, ein häufig auftretendes Problem während der Pubertät, behebt man mit Johanniskraut.

Ein gehäufter Teelöffel pro Tasse, mit heißem Wasser abbrühen, eine halbe Minute ziehen lassen, abseihen und schluckweise über einen längeren Zeitraum täglich zwei Tassen trinken.

### Misch-Tee

Gegen Unregelmäßigkeiten der monatlichen Periode, beim Ausbleiben der monatlichen Regel in der Pubertätszeit hilft ein Tee aus der gleichen Menge Frauenmantel und Schafgarbe gemischt.

Ein gehäufter Teelöffel der Kräutermischung pro Tasse, mit heißem Wasser abbrühen, eine halbe Minute ziehen lassen, abseihen und schluckweise über einen längeren Zeitraum täglich zwei Tassen Tee trinken.

## Pigmentflecken

### Hauswurz-Saft

Man schneidet die Blätter der Hauswurz der Länge nach auseinander und bestreicht die Pigmentflecken mit dem austretenden Saft.

### Labkraut-Salbe

Labkraut-Salbe ist ebenfalls ein hervorragendes Mittel gegen Pigmentflecken.

In einer Pfanne erhitzt man 500 g reines Schweinefett und schüttet vier gehäufte Handvoll Labkraut in das Fett. Das Ganze kurz aufschäumen lassen, gut umrühren und von der Herdplatte nehmen. Zugedeckt läßt man die

Pfanne über Nacht auskühlen. Am nächsten Tag wird die Pfanne erneut erwärmt, bis das Fett flüssig genug ist, um durch ein sauberes Leinentuch passiert zu werden. Die im Tuch zurückbleibenden Kräuter kräftig auspressen und die so gewonnene Salbe in verschließbare Gläser abfüllen. Die Salbe soll im Kühlschrank aufbewahrt werden.

**Labkraut-Waschung**

Mit Labkraut-Absud nimmt man Waschungen vor. Zwei gehäufte Teelöffel Labkraut mit ½ Liter heißem Wasser abbrühen, eine halbe Minute ziehen lassen, abseihen und mit dem Absud die betroffene Hautpartie täglich waschen.

**Ringelblumen-Saft**

In einem Entsafter gewinnt man aus den frischen Stengeln der Ringelblume einen Saft, mit dem die Pigmentflecken mehrmals täglich eingestrichen werden.

**Zedern-Essenz**

Man füllt die gewaschenen und kleingeschnittenen Blätter der Zeder (auch Lebensbaum genannt) in eine Flasche, übergießt sie mit 38- bis 40%igem Kornbranntwein (der Branntwein muß die Blätter bedecken) und läßt die Flasche mindestens zwei Wochen in der Wärme stehen. Mit dieser Essenz werden die Pigmentflecken mehrmals am Tag betupft.

**Kleiner Schwedenbitter**

Mehrmals täglich betupft man die Pigmentflecken mit unverdünntem Kleinem Schwedenbitter.

**Hirtentäschel**

*Capsella bursa pastoris*

**Wiesenbärenklau**
*Heracleum sphondylium*

## Prellung

### Arnika-Essenz

Die Blütenblätter der Arnika werden aus den grünen Hüllkelchen herausgedreht und in eine Flasche gefüllt. Ist diese bis zu zwei Drittel angefüllt, gießt man 38- bis 40%igen Kornbranntwein darüber und läßt die Flasche mindestens zwei Wochen in der Wärme stehen. Einen Teil der fertigen Essenz seiht man ab, den anderen Teil läßt man weiter auf den Blütenblättern stehen. Nach einer ersten Abfüllung in kleinere Fläschchen kann man die große Flasche noch einmal mit Alkohol auffüllen.

Mit der Arnika-Essenz streicht man die Prellung ein.

### Beinwurz-Essenz

Prellungen behandelt man auch mit Umschlägen der Beinwurz-Essenz.

Für die Herstellung benötigt man die Wurzeln der Beinwurz, die mit einer Bürste gewaschen und anschließend klein geschnitten werden müssen. Die Wurzeln werden in eine Flasche gefüllt, mit 38- bis 40%igem Kornbranntwein übergossen und mindestens zwei Wochen in die Wärme gestellt. Der Alkohol muß dabei die Wurzeln völlig bedecken. Die betroffene Körperstelle wird zunächst mit Ringelblumen-Salbe eingestrichen, damit der Alkohol der Essenz der Haut nicht das Fett entzieht. Auf einen Wattebausch träufelt man die Beinwurz-Essenz und legt ihn auf die Prellung. Der Umschlag wird mit einem Tuch oder einer Binde fixiert.

### Ringelblumen-Salbe

Die vor der Beinwurz-Essenz-Auflage aufzutragende Ringelblumen-Salbe stellt man folgendermaßen her:

In einer Pfanne erhitzt man 250 g reines Schweinefett

und schüttet zwei gehäufte Handvoll Ringelblumen (Blätter, Blüten und Stengel) in das heiße Fett. Man läßt das Ganze noch einmal aufschäumen, rührt kräftig um und nimmt die Pfanne vom Herd. Zugedeckt über Nacht auskühlen lassen. Am nächsten Tag wird die Pfanne noch einmal leicht erwärmt, ihr Inhalt wird durch ein sauberes Leinentuch passiert, die Blätter, Blüten und Stengel werden ausgepreßt und die so gewonnene Salbe in verschließbare Gefäße abgefüllt.

### Wiesenbärenklau

Frisch gepflückte Blätter des Wiesenbärenklaus werden gewaschen und mit einem Nudelholz auf einem Holzbrett zerquetscht. Der frische Blätterbrei wird auf die Prellung aufgelegt und mit einem warmen Tuch abgebunden. Man kann selbstverständlich auch Auflagen aus ganzen, gewaschenen Blättern machen.

## Quetschung

### Arnika-Essenz

Quetschungen streicht man mehrmals täglich mit Arnika-Essenz ein.

Die Blütenblätter der Arnika werden aus den grünen Hüllkelchen herausgedreht und in eine Flasche gefüllt. Ist diese bis zu zwei Dritteln angefüllt, gießt man 38- bis 40%igen Kornbranntwein darüber und läßt die Flasche mindestens zwei Wochen in der Wärme stehen. Einen Teil der fertigen Essenz seiht man ab, den anderen Teil läßt man weiter auf den Blütenblättern stehen. Nach der ersten Abfüllung in kleinere Fläschchen kann man die große Flasche noch einmal mit Alkohol auffüllen.

Der Arnika-Ansatz mit 75%igem Weingeist aus der

Apotheke muß zur Hälfte mit abgekochtem, ausgekühltem Wasser verdünnt werden, um Hautentzündungen und -verletzungen vorzubeugen. Unverdünnt kann diese Arnika-Essenz zu Hautverätzungen führen.

**Beinwurz-Essenz**

Quetschungen behandelt man mit Umschlägen der Beinwurz-Essenz.

Für die Herstellung benötigt man die Wurzeln der Beinwurz, die mit einer Bürste gewaschen und anschließend klein geschnitten werden müssen. Die Wurzeln werden in eine Flasche gefüllt, mit 38- bis 40%igem Kornbranntwein übergossen und mindestens zwei Wochen in die Wärme gestellt. Der Alkohol muß dabei die Wurzeln völlig bedecken. Die betroffene Körperstelle wird zunächst mit Ringelblumen-Salbe eingestrichen, damit der Alkohol der Essenz der Haut nicht das Fett entzieht. Auf einen Wattebausch oder ein geeignet großes Stück Zellstoff träufelt man die Beinwurz-Essenz und legt ihn auf die betreffende Stelle. Der Umschlag wird mit einem Tuch oder einer Binde fixiert.

**Ringelblumen-Essenz**

Die Ringelblumen-Essenz ist ebenfalls ein wirksames Heilmittel bei Quetschungen.

Man füllt Ringelblumenblüten in eine Flasche und gießt 38- bis 40%igen Kornbranntwein dazu, bis die Kräuter völlig bedeckt sind. Die Flasche läßt man mindestens zwei Wochen in der Wärme stehen. Die Ringelblumen-Essenz wird mit abgekochtem Wasser verdünnt, bevor man darin ein sauberes Tuch anfeuchtet, das auf die betroffene Stelle gelegt wird. Vor der Auflage muß die Körperpartie mit Ringelblumen-Salbe eingestrichen werden, damit der Alkohol der Essenz der Haut nicht das Fett entzieht.

### Ringelblumen-Salbe

Die vor den Essenz-Auflagen aufzutragende Ringelblumen-Salbe stellt man folgendermaßen her:

In einer Pfanne erhitzt man 250 g reines Schweinefett und schüttet zwei gehäufte Handvoll Ringelblumen (Blätter, Blüten und Stengel) in das heiße Fett. Man läßt das Ganze noch einmal aufschäumen, rührt kräftig um und nimmt die Pfanne vom Herd. Zugedeckt über Nacht auskühlen lassen. Am nächsten Tag wird die Pfanne noch einmal leicht erwärmt, ihr Inhalt wird durch ein sauberes Leinentuch passiert, die Blätter, Blüten und Stengel werden ausgepreßt und die so gewonnene Salbe in verschließbare Gefäße abgefüllt.

### Thymian-Kissen

Zur äußeren Anwendung eignet sich auch ein Thymian-Kräuterkissen. Man füllt eine entsprechende Menge getrocknete Kräuter in einen Kissenbezug, näht ihn zu und legt ihn auf die Verletzung.

## Rachenentzündung

### Odermennig

Einen gehäuften Teelöffel Odermennig pro Tasse mit heißem Wasser abbrühen, eine halbe Minute ziehen lassen, abseihen und täglich zweimal, morgens und abends, mit dem Tee gurgeln.

### Salbei

Ein gehäufter Teelöffel Salbei pro Tasse, mit heißem Wasser abbrühen, eine halbe Minute ziehen lassen, abseihen und morgens und abends mit dem Tee gurgeln. Daneben kann man einen entsprechend großen Wattebausch mit dem Tee tränken, ausdrücken und auf die schmerzende Stelle am Hals legen.

## Rachenkatarrh

### Huflattich

Ein gehäufter Teelöffel Huflattich (Blätter und Blüten) pro Tasse, mit heißem Wasser abbrühen, eine halbe Minute ziehen lassen, abseihen und mit etwas Honig vermischt pro Tag zwei bis drei Tassen sehr heiß trinken.

## Raucherbein

### Brennessel-Fußbad

Die durch das Nikotin bedingten Gefäßverengungen in den Beinen, auch Raucherbein genannt, behebt man durch Fußbäder mit der Brennessel.

Ein 5-Liter-Eimer frischer Stengel und Blätter der Brennessel wird 12 Stunden in kaltem Wasser eingeweicht. Danach wird der Kaltansatz angewärmt und dem Wasser des Fußbades zugegossen. Die Kräuter werden nicht abgeseiht, die Badedauer beträgt 20 Minuten.

## Raucherbeschwerden

### Huflattich-Saft

Bei hohem Zigarettenkonsum macht sich der Körper bemerkbar mit Kurzatmigkeit und chronischem starken Husten. Als Frühjahrs-Kur empfehle ich täglich zwei bis drei Teelöffel frisch ausgepreßten Saft der Huflattichblätter in einer Tasse Fleischbrühe oder in heißer Milch.

## Rauchersucht

### Kalmus

Wer es nicht schafft, das Rauchen aus eigener Kraft aufzugeben, sollte es mit Hilfe der Kalmuswurzel versuchen. Die getrocknete, kleingeschnittene Wurzel wird langsam zerkaut, die Reste der Wurzel nicht hinunterschlucken, sondern ausspucken. Anstatt zur Zigarette greift man zur Kalmuswurzel, deren würzig bitterer Geschmack die Entzugserscheinungen mindert und eine angesteckte Zigarette scheußlich schmecken läßt.

## Rheuma

### Bärlapp

Ein gestrichener Teelöffel Bärlapp pro Tasse mit heißem Wasser abbrühen, eine halbe Minute ziehen lassen, abseihen und täglich morgens auf nüchternen Magen eine Tasse Tee schluckweise trinken, nicht mehr.

### Beinwurz-Essenz

Tägliche Einreibungen mit der Beinwurz-Essenz bringen rasche Hilfe.

Die Wurzeln der Beinwurz werden mit einer Bürste gründlich gewaschen, klein geschnitten und bis zum Hals in eine Flasche gefüllt. 38- bis 40%iger Kornbranntwein wird dazugegossen, bis alle Wurzeln vom Alkohol bedeckt sind. Die Flasche stellt man mindestens zwei Wochen in die Wärme. Mit der Beinwurz-Essenz reibt man täglich die vom Rheuma geplagten Gelenke ein.

### Beinwurz-Vollbad

Die Blätter der Beinwurz eignen sich als Badezusatz für Vollbäder. 500 g getrocknete Beinwurzblätter oder ein

5-Liter-Eimer mit frischen Kräutern werden 12 Stunden in kaltem Wasser eingeweicht. Danach wird der Kaltansatz erwärmt, abgeseiht und dem Badewasser zugegossen. Das Herz des Badenden muß dabei außerhalb des Wassers sein. Die Badedauer beträgt 20 Minuten, anschließend nicht abtrocknen, sondern in einen Bademantel gehüllt im Bett eine Stunde nachschwitzen.

**Brennessel-Vollbad**

Brennessel-Vollbäder sind ebenfalls hilfreich bei Gicht und Rheuma.

200 g Brennessel weicht man 12 Stunden in 5 Liter kaltem Wasser ein. Danach wird der Kaltansatz erwärmt, abgeseiht und dem Badewasser zugegossen. Das Herz des Badenden muß dabei außerhalb des Wassers sein. Die Badedauer beträgt 20 Minuten, anschließend nicht abtrocknen, sondern in einen Bademantel gehüllt im Bett eine Stunde nachschwitzen.

**Ehrenpreis-Essenz**

Zur äußerlichen Anwendung bei Rheuma empfiehlt sich auch eine Ehrenpreis-Essenz.

Man füllt zwei gehäufte Handvoll blühendes, kleingeschnittenes Kraut in eine Flasche und übergießt es mit 1 Liter 38- bis 40%igem Kornbranntwein. Die Flasche stellt man mindestens zwei Wochen in die Wärme. Mit der Essenz reibt man sich täglich ein.

Zusätzlich kann man auch dreimal pro Tag je 15 Tropfen dieser Essenz, mit Wasser oder Kräutertee verdünnt, einnehmen.

**Johannisöl**

Für die äußerliche Anwendung bei Rheuma hat sich auch das Johannisöl bewährt.

Man füllt die goldgelben Blüten des Johanniskrauts

locker in eine Flasche und übergießt sie mit Öl, das die Blüten bedecken muß. Die Flasche wird mindestens drei Wochen in die Wärme gestellt, bis das Öl sich rötlich verfärbt hat. Nun filtert man den Flascheninhalt durch ein sauberes Leinentuch, preßt die ausgefilterten Blüten aus und füllt das Johannisöl in kleinere, dunkle Flaschen.

**Löwenzahn**

Solange der Löwenzahn in Blüte steht, sammelt man täglich bis zu 10 frische Stengel, die man mit den Blüten wäscht, dann die Köpfe entfernt und roh ißt.

**Mais**

Ein gehäufter Teelöffel Maisbart pro Tasse, mit heißem Wasser abbrühen, eine halbe Minute ziehen lassen, abseihen und schluckweise pro Tag ein bis zwei Tassen Tee trinken.

**Odermennig**

Ein gehäufter Teelöffel Odermennig pro Tasse, mit heißem Wasser abbrühen, eine halbe Minute ziehen lassen, abseihen und schluckweise täglich zwei Tassen trinken.

**Ringelblumen-Salbe**

Die vor dem Schwedenbitter-Umschlag aufzutragende Ringelblumen-Salbe stellt man folgendermaßen her:

In einer Pfanne erhitzt man 250 g reines Schweinefett und schüttet zwei gehäufte Handvoll Ringelblumen (Blätter, Blüten und Stengel) in das heiße Fett. Man läßt das Ganze noch einmal aufschäumen, rührt kräftig um und nimmt die Pfanne vom Herd. Zugedeckt über Nacht auskühlen lassen. Am nächsten Tag wird die Pfanne noch einmal leicht erwärmt, ihr Inhalt wird durch ein sauberes Leinentuch passiert, die Blätter, Blüten und Stengel werden ausgepreßt und die so gewonnene Salbe in verschließbare Gefäße abgefüllt.

**Schafgarbe**

Ein gehäufter Teelöffel Schafgarbe pro Tasse, mit heißem Wasser abbrühen, eine halbe Minute ziehen lassen, abseihen und so heiß wie möglich bis zu vier Tassen pro Tag trinken.

**Schlüsselblume**

Ein gehäufter Teelöffel Schlüsselblumenblüten pro Tasse, mit heißem Wasser abbrühen, eine halbe Minute ziehen lassen, abseihen und schluckweise ein bis zwei Tassen pro Tag trinken.

**Thymianöl**

Thymianöl ist ebenfalls ein wirksames Heilmittel gegen Rheumatismus.

Frisch gepflückte Thymianblüten füllt man in eine Flasche und übergießt sie mit Öl, bis die Kräuter bedeckt sind. Die Flasche stellt man drei Wochen in die Wärme. Mit dem so gewonnenen Thymianöl streicht man die vom Rheuma geplagten Gelenke ein.

**Wiesengeißbart**

Ein gehäufter Teelöffel kleingeschnittene Wiesengeißbartblüten pro Tasse, mit heißem Wasser abbrühen, eine halbe Minute ziehen lassen, abseihen und schluckweise zwei bis drei Tassen am Tag trinken.

**Zinnkraut**

Ein gehäufter Teelöffel Zinnkraut pro Tasse, mit heißem Wasser abbrühen, eine halbe Minute ziehen lassen, abseihen und schluckweise täglich eine Tasse Tee trinken.

Wer rechtzeitig mit der täglichen Tasse Zinnkraut-Tee beginnt, schützt sich auf diese Weise wirksam vor Gicht, Rheuma und Nervenschmerzen.

**Kleiner Schwedenbitter**

Dreimal täglich sollte man einen Teelöffel Kleinen Schwedenbitter mit Brennessel- und Zinnkraut-Tee vermischt trinken. Zusätzlich kann man den Kleinen Schwedenbitter auch äußerlich anwenden. Ein mit Kleinem Schwedenbitter befeuchteter Wattebausch wird auf die schmerzende Stelle gelegt. Vorher streicht man die Haut mit Ringelblumen-Salbe ein, damit der Alkohol das Kleinen Schwedenbitters ihr nicht das Fett entzieht.

**Roßkastanien-Essenz**

Man füllt fünf bis sechs in Scheiben geschnittene Roßkastanien, samt der braunen Schale in eine Flasche und übergießt sie mit einem Liter 38- bis 40%igem Kornbranntwein. Die verschlossene Flasche läßt man mindestens zwei Wochen in der Wärme stehen. Mit der Essenz reibt man die von rheumatischen Beschwerden befallenen Körperstellen ein.

**Roßkastanien-Vollbad**

Man weicht eine gehäufte Doppelhand Roßkastanien — in Scheiben geschnitten — 12 Stunden in kaltem Wasser ein. Anschließend läßt man den Kaltansatz einige Male gut aufkochen und gießt ihn abgeseiht dem Badewasser zu. Das Herz des Badenden muß dabei außerhalb des Wassers sein. Die Badedauer beträgt 20 Minuten, anschließend nicht abtrocknen, sondern in einen Bademantel gehüllt im Bett eine Stunde nachschwitzen.

## Rückenschmerzen

### Johannisöl

Bei Rückenschmerzen empfehle ich als Einreibmittel Johannisöl.

Man füllt die goldgelben Blüten des Johanniskrauts locker in eine Flasche und übergießt sie mit Öl, das die Blüten bedecken muß. Die Flasche wird mindestens drei Wochen in die Wärme gestellt, bis das Öl sich rötlich verfärbt hat. Nun filtert man den Flascheninhalt durch ein sauberes Leinentuch, preßt die ausgefilterten Blüten aus und füllt das Johanniskraut in kleinere, dunkle Flaschen.

### Kastanien-Kissen

Frische Kastanien werden geschält, das heißt, die braune Schale wird entfernt und der weiße Kern wird klein gemahlen. Mit diesem Kastaniengrieß füllt man einen Kissenbezug und legt ihn auf die schmerzende Stelle.

### Schafgarbe

Ein gehäufter Teelöffel Schafgarbe pro Tasse, mit heißem Wasser abbrühen, eine halbe Minute ziehen lassen, abseihen und schluckweise pro Tag drei bis vier Tassen Tee so heiß wie möglich trinken.

### *Hausmittel*

Ein Katzenfell kann durch seine intensive Wärme wesentlich dazu beitragen, die Schmerzen im Kreuz zu beruhigen. Man kann das Fell auch tagsüber tragen, wenn beiderseits etwas längere Bänder angenäht werden, die man in der Taille zusammenknüpft.

Aber auch Farnkraut leistet hier gute Hilfe. Die Blätter der Farnwedel werden bereits im Wald von den Stengeln gestreift, an einem luftigen, schattigen Platz getrocknet

— am besten auf einem Dachboden — und in Polster gefüllt. Die Farnwedel dürfen nicht frisch und mit den Stengeln eingefüllt werden. Bei längerer Benützung teilt sich nämlich die Feuchtigkeit den Matratzen mit, es stellen sich Flecken und Schimmelgeruch ein, und mitunter verursachen grobe Stengel Druckstellen am Körper.

## Schlafstörungen

### Bärlauch

Der Bärlauch beeinflußt unser Magen- und Darmsystem positiv. Und da Schlafstörungen in manchen Fällen auf eine Magenstörung zurückzuführen sind, hilft Bärlauch auch bei Schlaflosigkeit.

Bärlauch kann nur frisch verwendet werden, da er getrocknet seine Heilkraft verliert. Im Frühjahr sammelt man frische Bärlauchblätter, die gewaschen und kleingeschnitten roh gegessen werden. Man kann sie auch wie Petersilie verwenden, als Garnierung auf allen möglichen Speisen, oder Bärlauch als Salat anmachen.

### Bärlauch-Essenz

Um sich die Heilkraft des Bärlauchs das ganze Jahr über zu sichern, setzt man Bärlauch-Essenz an. Die im Frühjahr gesammelten Blätter werden kleingeschnitten — im Herbst kann man auch die Zwiebeln sammeln und genauso verwenden wie die Blätter — und in eine Flasche gefüllt, die man mit 38- bis 40%igem Kornbranntwein übergießt, bis die Kräuter bedeckt sind. Die Flasche muß mindestens zwei Wochen in der Wärme stehenbleiben. Die Bärlauch-Essenz wird viermal täglich mit 10 bis 15 Tropfen in etwas Wasser verdünnt eingenommen.

**Frauenmantel**

In höheren Lagen, über 1000 m, wächst eine Art des Frauenmantels, die im Volksmund wegen ihrer silbrig glänzenden Blattunterseite auch Silbermantel genannt wird. Aus seinen Blättern brüht man einen Tee, der bei schlechtem Schlaf rasche Hilfe verspricht. Ein gehäufter Teelöffel Silbermantel pro Tasse, mit heißem Wasser abbrühen, eine halbe Minute ziehen lassen, abseihen und schluckweise zwei bis drei Tassen pro Tag trinken.

**Johanniskraut**

Ein gehäufter Teelöffel Johanniskraut pro Tasse, mit heißem Wasser abbrühen, eine halbe Minute ziehen lassen, abseihen und schluckweise zwei bis drei Tassen am Tag trinken.

**Johanniskraut-Essenz**

Zwei gehäufte Handvoll frisch gepflückte Johanniskrautblüten und -knospen füllt man in eine Flasche, die man mit 1 Liter 38- bis 40%igem Kornbranntwein übergießt, bis die Kräuter bedeckt sind. Die Flasche muß mindestens zwei Wochen in der Wärme stehen. Von der so gewonnenen Johanniskraut-Essenz nimmt man täglich 10 bis 15 Tropfen mit einem Eßlöffel warmem Wasser verdünnt ein.

**Johanniskraut-Sitzbad**

12 Stunden wird ein Eimer frisches — oder 100 g getrocknetes — Johanniskraut, verwendbar sind Blätter, Blüten und Stengel, in kaltem Wasser eingeweicht.

Zum Bad wird der Kaltansatz erwärmt und in das Badewasser gegossen. Die Badewanne sollte so viel Wasser fassen, daß die Nieren bedeckt sind. Die Badedauer beträgt 20 Minuten. Nach dem Bad nicht abtrocknen, sondern in einen Bademantel gehüllt im Bett eine Stunde nachschwitzen.

Es empfiehlt sich, bei Schlafstörungen wöchentlich ein Sitzbad zu nehmen und an allen dazwischenliegenden Tagen ein Johanniskraut-Fußbad.

**Kamille**

Ein gehäufter Teelöffel Kamille pro Tasse, mit heißem Wasser abbrühen, eine halbe Minute ziehen lassen, abseihen und schluckweise eine Tasse vor dem Schlafengehen trinken.

**Lindenblüten-Vollbad**

Wenn Kinder unruhig schlafen, hilft ein Lindenblüten-Bad sehr schnell.

Man füllt einen 5-Liter-Eimer halb voll mit frisch gepflückten Lindenblüten und weicht sie 12 Stunden in kaltem Wasser ein. Anschließend wird der Kaltansatz erwärmt und abgeseiht und dem Badewasser zugegossen. Das Herz des Badenden muß dabei außerhalb des Wassers sein. Die Badedauer beträgt 20 Minuten. Anschließend nicht abtrocknen, sondern in einen Bademantel gehüllt im Bett eine Stunde nachschwitzen.

**Ringelblumen-Salbe**

Die vor dem Schwedenbitter-Umschlag aufzutragende Ringelblumen-Salbe stellt man folgendermaßen her:

In einer Pfanne erhitzt man 250 g reines Schweinefett und schüttet zwei gehäufte Handvoll Ringelblumen (Blätter, Blüten und Stengel) in das heiße Fett. Man läßt das Ganze noch einmal aufschäumen, rührt kräftig um und nimmt die Pfanne vom Herd. Zugedeckt über Nacht auskühlen lassen. Am nächsten Tag wird die Pfanne noch einmal leicht erwärmt, ihr Inhalt wird durch ein sauberes

Leinentuch passiert, die Blätter, Blüten und Stengel werden ausgepreßt und die so gewonnene Salbe in verschließbare Gefäße abgefüllt.

**Taubnessel**

Nervlich bedingte Schlaflosigkeit beheben täglich zwei Tassen Tee, gebrüht aus der Taubnessel.

Ein gehäufter Teelöffel Taubnessel pro Tasse, mit heißem Wasser abbrühen, eine halbe Minute ziehen lassen, abseihen und schluckweise trinken.

**Weißdorn**

Ein gehäufter Teelöffel Weißdorn (verwendet werden Blätter und Blüten) pro Tasse, mit heißem Wasser abbrühen, eine halbe Minute ziehen lassen, abseihen und schluckweise über den Tag verteilt zwei Tassen Tee trinken.

**Weißdorn-Essenz**

Man füllt frisch gepflückte Blätter und Beeren, von beidem die gleiche Menge, in eine Flasche und übergießt sie mit 38- bis 40%igem Kornbranntwein. Die Flasche muß mindestens zwei Wochen in der Wärme stehenbleiben. Von der so gewonnenen Essenz nimmt man täglich 4 bis 10 Tropfen ein.

**Wiesengeißbart**

Ein gehäufter Teelöffel kleingeschnittene Wiesengeißbartblüten pro Tasse, mit heißem Wasser abbrühen, eine halbe Minute ziehen lassen, abseihen und schluckweise zwei bis drei Tassen am Tag trinken.

**Misch-Tee**

Man mischt 5 g Baldrianwurzeln, 15 g Fruchtzapfen vom Hopfen, 10 g Johanniskraut, 25 g Lavendelblüten, 50 g

Schlüsselblumen und brüht sich daraus einen Tee, der sehr warm schluckweise vor dem Schlafengehen getrunken wird.

Ein gehäufter Teelöffel dieser Mischung pro Tasse, mit heißem Wasser abbrühen, eine halbe Minute ziehen lassen und abseihen. Empfindliche Gaumen können den Tee mit etwas Honig süßen.

**Kleiner Schwedenbitter**

Mit einem der obengenannten Tees nimmt man vor dem Schlafengehen einen Teelöffel Kleinen Schwedenbitter ein. Ist die Schlaflosigkeit nervlich bedingt, legt man sich vor dem Schlafengehen ein mit verdünnten Tropfen befeuchtetes Tuch auf das Herz. Vor dem Auflegen sollte man die Haut mit Ringelblumen-Salbe einstreichen, damit der Alkohol der Auflage der Haut nicht das Fett entzieht.

### *Hausmittel*

Man tränkt ein kleines, handliches Frotteetuch mit kaltem Wasser, windet es aus und legt es sich über Nacht auf das Herz. Darüber kommen eine Plastikfolie und ein trockenes Handtuch als Wärmeschutz. Ein weiteres Hausmittel besagt, man soll die Arme bis zu den Schultern in eiskaltes Wasser tauchen und so lange im Wasser lassen, bis man von 20 bis 30 gezählt hat. Anschließend nicht abtrocknen, sondern mit den nassen Armen in den Schlafanzug schlüpfen.

Herz- und Kreislaufpatienten müssen vor Anwendung unbedingt ihren Arzt konsultieren.

Man tränkt Baumwollstrümpfe in Essigwasser (auf einen Liter Wasser ein Viertelliter Apfelessig), wringt sie aus und zieht sie kurz vor dem Schlafengehen an. Die Strümpfe sollten bis zum Knie reichen. Darüber ein weiterer, trockener Strumpf und gut im Bett einpacken.

**Schlüsselblume**

*Primula officinalis*

**Spitzwegerich**
*Plantago lanceolata*

### Wassertreten

Wassertreten ist ein probates Mittel bei Schlafstörungen. Man spaziert wie ein Storch in kaltem Wasser, das bis halb über die Waden reicht. Es darf dabei immer nur ein Bein im Wasser stehen. Das Wassertreten sollte nicht länger als eine Minute dauern. Anschließend die Beine nicht abtrocknen, sondern die Wassertropfen nur abschütteln und mit den feuchten Füßen unter die wärmende Bettdecke kriechen.

## Schlangenbiß

### Spitzwegerich

Als Sofortmaßnahme bei einem Schlangenbiß, falls man nicht schnell genug einen Arzt aufsuchen kann, helfen frische Blätter des Spitzwegerichs, die man zur Not einfach mit den Händen zerreiben kann und auf die Bißwunde legt. Wirkungsvoller ist es natürlich, die Blätter zu waschen und mit einem Nudelholz auf einem Holzbrett zu zerquetschen. Der Blätterbrei wird direkt auf die Wunde gelegt. Anschließend muß man selbstverständlich so schnell wie möglich einen Arzt aufsuchen.

## Schluckauf

### Dillsamen

Ein schnellwirkendes Mittel gegen Schluckauf ist ein Tee aus Dillsamen. Ein gehäufter Teelöffel pro Tasse, mit heißem Wasser abbrühen, eine halbe Minute ziehen lassen, abseihen und ungesüßt schluckweise trinken.

## Schluckbeschwerden

### Käsepappel

12 Stunden weicht man einen gehäuften Teelöffel Käsepappel in einer Tasse kaltem Wasser ein. Anschließend wird der Kaltansatz erwärmt, abgeseiht und über den Tag verteilt sehr langsam zwei Tassen Tee getrunken. Praktischerweise füllt man seine Tagesration in eine angewärmte Thermoskanne.

### Kleiner Schwedenbitter

Bei Schluckbeschwerden nimmt man dreimal täglich einen Teelöffel Kleinen Schwedenbitter, mit etwas warmem Wasser oder Kräutertee verdünnt.

### *Hausmittel*

### Halswickel

Ein in kaltes Wasser getränktes Leinentuch wird ausgewrungen und um den Hals gewickelt. Darüber kommt eine genauso große Plastikfolie, die mit einem warmen Handtuch abgebunden wird. Der Patient kann den Halswickel im Bett über Nacht tragen.

## Schmerzen

### Ringelblumen-Salbe

Die vor dem Schwedenbitter-Umschlag aufzutragende Ringelblumen-Salbe stellt man folgendermaßen her:

In einer Pfanne erhitzt man 250 g reines Schweinefett und schüttet zwei gehäufte Handvoll Ringelblumen (Blätter, Blüten und Stengel) in das heiße Fett. Man läßt das Ganze noch einmal aufschäumen, rührt kräftig um und nimmt die Pfanne vom Herd. Zugedeckt über Nacht auskühlen lassen. Am nächsten Tag wird die Pfanne noch einmal leicht erwärmt, ihr Inhalt wird durch ein sauberes Leinentuch passiert, die Blätter, Blüten und Stengel werden ausgepreßt und die so gewonnene Salbe in verschließbare Gefäße abgefüllt.

### Kleiner Schwedenbitter

Bei Schmerzen, ganz gleich wo auch immer sie auftreten, hilft der Kleine Schwedenbitter.

Innerlich nimmt man, je nach Stärke der Schmerzen, dreimal täglich einen Tee- oder Eßlöffel Kleinen Schwedenbitter mit etwas Wasser oder Tee verdünnt.

Äußerlich wird der Kleine Schwedenbitter zum Einreiben und als Umschlag benutzt. Die betroffene Hautpartie streicht man dick mit Schweinefett oder Ringelblumen-Salbe ein, damit der Alkohol der Haut nicht das Fett entzieht. Die schmerzende Stelle wird dann mit verdünntem Kleinen Schwedenbitter eingerieben oder ein damit beträufelter Wattebausch aufgelegt.

## *Hausmittel*

### Heublumensack

Einen 60 mal 80 cm großen Leinensack füllt man zur Hälfte mit getrockneten Heublumen. Man schlägt die andere Hälfte um und legt den Sack in eine Schüssel. Man übergießt ihn mit kochendem Wasser und läßt ihn ca. 15 Minuten einweichen. Anschließend wird der Sack kräftig ausgedrückt, in ein Tuch eingeschlagen und mit breiter Fläche auf den schmerzenden Körperteil aufgelegt. Der Heublumensack wird mit einem wärmenden Tuch umwickelt und sollte ein- bis eineinhalb Stunden einwirken. Der Patient soll dabei in guter Wärme ruhen. Der Heublumensack muß unbedingt im Bett aufgelegt werden und darf keinesfalls zu heiß sein.

## Schnittwunde

### Frauenmantel

Frischer Frauenmantel wird gewaschen, mit einem Nudelholz auf einem Holzbrett zerquetscht und der Blätterbrei auf die Schnittwunde gelegt.

### Spitzwegerich

Frische, gewaschene Spitz- oder Breitwegerichblätter werden mit einem Nudelholz auf einem Brett zerquetscht, und der Blätterbrei wird direkt auf die Wunde gelegt.

### Kleiner Schwedenbitter

Wenn man Schnittwunden bis zu 40mal mit Kleinem Schwedenbitter angefeuchtet hat, so verschwinden sie, ohne Narben zu hinterlassen, wie in der alten Handschrift des Dr. Samst nachzulesen ist.

## Schnupfen

### Kamille

Man brüht einen gehäuften Eßlöffel Kamille mit 1 Liter kochendem Wasser ab und atmet die Dämpfe unter einem Handtuch ein. Erfolgreich ist diese Behandlung allerdings nur, wenn man nachher im Warmen bleibt.

### Kleiner Schwedenbitter

Bei den ersten Anzeichen eines Schnupfens befeuchtet man einen Wattebausch mit Kleinem Schwedenbitter, hält ihn sich unter die Nase und atmet dabei tief durch. Die Dämpfe bringen rasch Erleichterung. In Grippezeiten sollte man vorsorglich täglich einen Teelöffel Kleinen

Schwedenbitter, mit etwas lauwarmem Wasser verdünnt, einnehmen.

### *Hausmittel*

Man macht 10- bis 15minütige Fußbäder mit heißem Wasser. Das Wasser muß so heiß, wie es gerade verträglich ist, sein und immer wieder nachgegossen werden.

Man löst zwei Teelöffel Salz in einer Tasse mit lauwarmem Wasser auf. Man gießt einen Schluck Salzwasser in die hohle Hand und schnupft ihn mit zurückgelegtem Kopf durch die Nase hoch und spuckt die durch den Rachen zurückfließende Lösung aus.

Bei starkem Schnupfen mit rinnender Nase und tränenden Augen ist ein Butterbrot mit frischem geriebenen Meerrettich hilfreich.

#### Brustwickel

Man legt ein großes Badetuch ins Bett, darüber eine genauso große Plastikfolie und darauf ein in kaltem Wasser getränktes und ausgewrungenes Leinentuch. Der Patient wird auf das Leinentuch gelegt und eingewickelt. Der Wickel soll eine Stunde getragen werden. Anschließend den Körper trocken abfrottieren, frische Nachtwäsche anziehen und im Bett mindestens eine halbe Stunde nachdunsten.

#### Gesichts-Dampfbad

Bei Schnupfen mit Geruchs- und Geschmacksinn-Störung, verstopften Ohren und verstopfter Nase, sollte man mehrmals täglich ein Gesichts-Dampfbad nehmen. Abgekochtes, heißes Wasser in eine Schüssel gießen, das Gesicht in gewisser Entfernung darüber halten, den Kopf mit einem größeren Handtuch abdecken. Die Erhitzung der Gesichtshaut trägt zur Durchblutung des Gesichtes bei und damit auch zur Durchblutung der Schleimhäute. Das Gesichtsbad soll ca. 3 bis 5 Minuten dauern.

## Schweißfüße

### Walnuß

Auf 1 Liter Wasser vier gehäufte Teelöffel kleingeschnittene Walnußblätter, abbrühen, eine halbe Minute ziehen lassen und abgeseiht dem Badewasser zugießen. Die Dauer des Fußbades beträgt 20 Minuten.

### Zinnkraut

Man trinkt täglich morgens auf nüchternen Magen eine Tasse Zinnkraut-Tee.

Ein gehäufter Teelöffel Zinnkraut pro Tasse, mit heißem Wasser abbrühen, eine halbe Minute ziehen lassen, abseihen und schluckweise trinken.

### Zinnkraut-Essenz

Zinnkraut-Essenz ist ein probates Mittel gegen Schweißfüße. Man füllt eine Flasche mit frischem Zinnkraut und übergießt die Kräuter mit 38- bis 40%igem Kornbranntwein. Die Flasche muß mindestens zwei Wochen in der Wärme stehenbleiben. Nach einer gründlichen Waschung und gewissenhaftem Abtrocknen werden die Füße mit dieser Essenz eingestrichen.

### Zinnkraut-Fußbad

Das Einstreichen mit der Zinnkraut-Essenz kann man auch durch ein tägliches Zinnkraut-Fußbad ersetzen. 100 g Zinnkraut werden 12 Stunden in kaltem Wasser eingeweicht. Danach wird der Kaltansatz erwärmt und abgeseiht dem Badewasser zugegossen. Die Badedauer beträgt 20 Minuten.

## Schwerhörigkeit

### Kamillenöl

Eine Meerzwiebel wird geschält, kleingeschnitten und in Kamillenöl leicht erwärmt. Das warme Öl träufelt man vor der Verwendung des Schwedenbitters ins Ohr.

Kamillenöl stellt man folgendermaßen her:

Man füllt eine Flasche mit frisch gepflückten Kamillenblüten und übergießt sie mit Öl, bis alle Blüten bedeckt sind. Die Flasche läßt man drei Wochen in der Wärme stehen. Das so gewonnene Kamillenöl muß im Kühlschrank aufbewahrt werden.

### Storchenschnabel-Essenz

Man füllt kleingeschnittene und gewaschene Blüten, Blätter und Stengel des Storchenschnabels in eine Flasche, übergießt sie mit 38- bis 40%igem Kornbranntwein und läßt die verschlossene Flasche mindestens zwei Wochen in der Wärme stehen. Mit der Essenz wird das Innere des Ohrs mehrmals täglich eingestrichen.

### Kleiner Schwedenbitter

Man träufelt zunächst etwas Kamillenöl in das Ohr oder streicht es mit etwas Ringelblumen-Salbe ein, um einen möglichen Juckreiz zu vermeiden, den der Alkohol des Kleinen Schwedenbitters bewirken könnte. Danach träufelt man einige Tropfen Kleinen Schwedenbitter auf einen Wattebausch und steckt ihn sich in die Ohren. Hilfreich ist es auch, wenn man die Haut rings um die Ohrmuschel mit etwas Kleinen Schwedenbitter befeuchtet.

## Schwermut

### Misch-Tee

Ehrenpreis, mit der gleichen Menge Selleriewurzeln gemischt, behebt als Tee depressive Stimmungen und Schwermut.

Ein gehäufter Teelöffel pro Tasse, mit heißem Wasser abbrühen, eine halbe Minute ziehen lassen, abseihen und schluckweise abends eine Tasse vor dem Schlafengehen trinken.

## Schwindelgefühl

### Bärlauch

Schwindelgefühl oder Druck im Kopfbereich ist oft auf zu hohen Blutdruck oder Arterienverkalkung zurückzuführen. Dagegen ist der Bärlauch ein wirksames Heilkraut.

Im Frühjahr sammelt man die frischen Bärlauchblätter, die gewaschen und kleingeschnitten roh verzehrt werden. So wie Petersilie streut man Bärlauch auf alle Speisen, die üblicherweise mit Petersilie oder Schnittlauch verfeinert und dekoriert werden. Mit Bärlauchblättern kann man auch einen Salat zubereiten oder Spinat kochen.

### Bärlauch-Essenz

Um sich die Heilkraft des Bärlauchs das ganze Jahr über zu sichern — getrocknet verlieren die Blätter ihre Heilkraft —, setzt man Bärlauch-Essenz an.

Man füllt eine Flasche bis zum Hals mit kleingeschnittenen Bärlauchblättern oder Bärlauchzwiebeln, übergießt die Kräuter mit 38- bis 40%igem Kornbranntwein und läßt die geschlossene Flasche mindestens zwei Wochen in der Wärme stehen. Von dieser Bärlauch-Essenz nimmt man täglich viermal 10 bis 15 Tropfen, mit etwas Wasser verdünnt.

**Ehrenpreis**

Ein gehäufter Teelöffel Ehrenpreis pro Tasse, mit heißem Wasser abbrühen, eine halbe Minute ziehen lassen, abseihen und schluckweise eine Tasse Tee vor dem Schlafengehen trinken.

**Mistel**

Ein gehäufter Teelöffel Mistel pro Tasse, 12 Stunden in kaltem Wasser einweichen. Danach wird der Kaltansatz erwärmt, abgeseiht und schluckweise — täglich drei Tassen — getrunken. Praktischerweise füllt man seine Tagesration Tee in eine angewärmte Thermoskanne.

**Schafgarbe**

Ein gehäufter Teelöffel Schafgarbe pro Tasse, mit heißem Wasser abbrühen, eine halbe Minute ziehen lassen, abseihen und schluckweise, so heiß wie möglich, ein bis zwei Tassen pro Tag trinken.

**Weißdorn**

Ein gehäufter Teelöffel Weißdorn (verwendet werden Blätter und Blüten) pro Tasse, mit heißem Wasser abbrühen, eine halbe Minute ziehen lassen, abseihen und schluckweise über den Tag verteilt zwei Tassen Tee trinken.

**Weißdorn-Essenz**

Man füllt frisch gepflückte Blüten und Beeren, von beidem die gleiche Menge, in eine Flasche und übergießt sie mit 38- bis 40%igem Kornbranntwein. Die Flasche muß mindestens zwei Wochen in der Wärme stehenbleiben. Von der so gewonnenen Essenz nimmt man täglich 4 bis 10 Tropfen ein.

### Kleiner Schwedenbitter

Bei Schwindelgefühl hilft der Kleine Schwedenbitter, innerlich und äußerlich angewendet.

Man nimmt pro Tag drei Teelöffel Kleinen Schwedenbitter mit etwas Wasser oder Tee verdünnt ein.

Äußerlich angewendet, kann es schon genügen, öfter an der geöffneten Flasche zu riechen. Man kann den Kleinen Schwedenbitter auch auf einen Teelöffel gießen und die Tropfen langsam durch die Nase hochziehen.

Man befeuchtet ein Tuch mit Kleinem Schwedenbitter, der mit etwas Wasser verdünnt ist, und legt es sich auf die Stirn. Ebenfalls hilfreich ist es, mit einem feuchten Tuch den Kopfwirbel zu befeuchten.

### *Hausmittel*

Man tränkt ein kleines, handliches Frotteetuch mit kaltem Wasser — es sollte feucht sein, aber nicht triefen — und legt es sich über Nacht auf das Herz. Darüber kommt eine Plastikfolie und ein trockenes Handtuch als Wärmeschutz.

## Sehschwäche

### Arnika-Essenz

Zur Stärkung der Sehkraft streicht man täglich mehrmals Augenlider und Augenwinkel mit Arnika-Essenz ein.

Die Blütenblätter der Arnika werden aus den grünen Hüllkelchen herausgedreht und in eine Flasche gefüllt. Ist diese bis zu zwei Drittel angefüllt, gießt man 38- bis 40%igen Kornbranntwein darüber und läßt die Flasche mindestens zwei Wochen in der Wärme stehen. Einen Teil der fertigen Essenz seiht man ab, den anderen Teil läßt man weiter auf den Blütenblättern stehen. Nach der ersten Abfüllung in kleinere Flaschen kann man die große Flasche noch einmal mit Alkohol füllen. Beim Einstreichen der Augenlider muß man darauf achten, daß die Arnika-Essenz nicht zu dick aufgetragen wird und dabei kein Tropfen auf die Pupille gerät.

Der Arnika-Ansatz mit 75%igem Weingeist aus der Apotheke muß zur Hälfte mit abgekochtem, ausgekühltem Wasser verdünnt werden, um Hautentzündungen und -verletzungen vorzubeugen. Unverdünnt kann diese Arnika-Essenz zu Hautverätzungen führen.

**Ringelblume**

Ein gehäufter Teelöffel Ringelblumen pro Tasse, mit heißem Wasser abbrühen, eine halbe Minute ziehen lassen, abseihen und in ein Augenglas füllen, das in jeder Apotheke erhältlich ist. Mit dem Ringelblumen-Absud das Auge spülen.

**Schöllkraut**

Ein frisches Schöllkrautblatt wird gewaschen und sein Stengel zwischen Daumen und Zeigefinger zerrieben. Die so gewonnene Feuchtigkeit reibt man mit dem Finger über das geschlossene Augenlid zu den Augenwinkeln. Der dickflüssige Saft aus den Blütenstengeln darf für die Behandlung des Auges nicht verwendet werden.

Empfehlenswert ist bei Sehschwäche, frische, gewaschene Schöllkrautblätter über Nacht auf die geschlossenen Augen zu legen und mit einem Tuch abzubinden.

**Kleiner Schwedenbitter**

Zur Stärkung der Sehkraft legt man sich täglich eine Stunde lang ein in verdünntem Kleinen Schwedenbitter eingeweichtes Tuch als Umschlag auf die geschlossenen Augen.

In Ergänzung dazu streicht man sich morgens und abends die Augenlider mit Kleinem Schwedenbitter ein. Dabei streicht man mit den Fingern von der Nasenwurzel zu den Augenwinkeln.

## Sehstörungen

### Mistel

Sehstörungen sind oft ein Resultat von anormalem Blutdruck, den die Mistel reguliert.

12 Stunden weicht man einen gehäuften Teelöffel Mistel in einer Tasse kaltem Wasser ein. Danach wird der Kaltansatz angewärmt, abgeseiht und schluckweise — pro Tag drei Tassen Tee — getrunken. Praktischerweise füllt man die Tagesration in eine angewärmte Thermoskanne.

### Zinnkraut-Sitzbad

Bei jungen Müttern treten bisweilen Sehstörungen kurz nach einer schweren Geburt auf. Ursache dafür dürfte eine Überbeanspruchung der Nieren während der Geburt sein. Hier helfen Zinnkraut-Sitzbäder, die für eine bessere Durchblutung der Nieren sorgen und so den Druck von den Augen abziehen. Nach einigen Sitzbädern verlieren sich die Sehstörungen. 12 Stunden weicht man 100 g Zinnkraut in kaltem Wasser ein. Verwendung findet hier das hohe Zinnkraut von sumpfigen Wiesen und Almböden. Anschließend wird der Kaltansatz erwärmt und dem Badewasser zugegossen. Es muß so viel Wasser eingelassen werden, daß die Nieren des Badenden bedeckt sind. Die Badedauer beträgt 20 Minuten. Anschließend nicht abtrocknen, sondern in einen Bademantel gehüllt im Bett eine Stunde nachschwitzen.

### *Hausmittel*

Augenbäder kann man nur bei guter Wasserqualität anwenden. Auf keinen Fall darf beispielsweise Chlorwasser verwendet werden. Man taucht das Gesicht bis zur Haargrenze ins Wasser. Beim Atemanhalten unter Wasser werden die Augen mehrmals geöffnet und geschlossen. Das anfängliche Schmerzgefühl verliert sich bei Gewöhnung. Empfehlenswert sind Augenbäder mit Kamille.

Einen gehäuften Eßlöffel Kamille mit ¼ Liter kochendem Wasser aufbrühen, kurz ziehen lassen und dem Wasser für das Augenbad zugießen.

Vorsicht: Das Wasser für das Augenbad darf nicht zu warm sein.

## Seitenstechen

### Labkraut

Labkraut-Tee verspricht rasche Hilfe bei Seitenstechen. Ein gehäufter Teelöffel Labkraut pro Tasse, mit heißem Wasser abbrühen, eine halbe Minute ziehen lassen, abseihen und schluckweise zwei bis drei Tassen pro Tag trinken.

## Sodbrennen

### Ringelblume

Ein gehäufter Teelöffel Ringelblume pro Tasse, mit heißem Wasser abbrühen, eine halbe Minute ziehen lassen, abseihen und schluckweise am Tag zwei bis drei Tassen Tee trinken.

**Sauerklee**

Ein Eßlöffel frische Sauerkleeblätter mit $\frac{1}{2}$ Liter heißem Wasser abbrühen, eine halbe Minute ziehen lassen, abseihen, auskühlen lassen und zwei Tassen am Tag trinken.

**Schafgarbe**

Ein gehäufter Teelöffel Schafgarbe pro Tasse, mit heißem Wasser abbrühen, kurz ziehen lassen, abseihen und schluckweise zwei bis drei Tassen pro Tag trinken.

### *Hausmittel*

Bei ganz hartnäckigem Sodbrennen, das durch nichts weichen will, zerkaut man vor dem Essen langsam zwei bis drei süße Mandeln.

## Sonnenbrand

**Bärlapp**

Bei einem Sonnenbrand bestreut man die verbrannte Haut ganz leicht und vorsichtig mit dem feinen, weichen Bärlappmehl, das der Verletzung Hitze und Feuchtigkeit entzieht.

**Johannisöl**

Im Gegensatz zu allen anderen Anwendungsbereichen setzt man Johannisöl als Heilmittel bei Brandverletzungen, Verbrühungen und Sonnenbrand mit *Leinöl* an.

Frisch gepflückte Blüten und Knospen des Johanniskrauts werden in eine Flasche gefüllt und mit Leinöl übergossen, bis die Blüten bedeckt sind. Die Flasche stellt man drei Wochen in die Wärme. Nach einiger Zeit verfärbt sich das Öl und erhält eine rote Farbe. Mit dem Johannisöl streicht man die durch den Sonnenbrand verletzte Haut vorsichtig mehrmals täglich ein.

## Stichwunde

### Arnika-Essenz

Bei Stichwunden oder Insektenstichen reibt man die betroffene Stelle mit Arnika-Essenz ein. Um Hautreizungen vorzubeugen, bestreicht man die Stelle vorher mit Ringelblumen-Salbe.

Die Blütenblätter der Arnika werden aus den grünen Hüllkelchen herausgedreht und in eine Flasche gefüllt. Ist diese bis zu zwei Drittel angefüllt, gießt man 38- bis 40%igen Kornbranntwein darüber und läßt die Flasche mindestens zwei Wochen in der Wärme stehen. Einen Teil der fertigen Essenz seiht man ab, den anderen Teil läßt man weiter auf den Blütenblättern stehen. Nach der ersten Abfüllung in kleinere Fläschchen kann man die große Flasche noch einmal mit Alkohol auffüllen.

Der Arnika-Ansatz mit 75%igem Weingeist aus der Apotheke muß zur Hälfte mit abgekochtem, ausgekühltem Wasser verdünnt werden, um Hautentzündungen und -verletzungen vorzubeugen. Unverdünnt kann diese Arnika-Essenz zu Hautverätzungen führen.

### Frauenmantel

Ein gehäufter Teelöffel Frauenmantel pro Tasse, mit heißem Wasser abbrühen, eine halbe Minute ziehen lassen, abseihen und schluckweise zwei Tassen pro Tag trinken.

Neben der innerlichen Anwendung kann man den Tee auch für Waschungen der Wunde benutzen.

### Ringelblumen-Salbe

Die vor der Arnika-Auflage aufzutragende Ringelblumen-Salbe stellt man folgendermaßen her:

In einer Pfanne erhitzt man 250 g reines Schweinefett und schüttet zwei gehäufte Handvoll Ringelblumen (Blätter, Blüten und Stengel) in das heiße Fett. Man läßt das Ganze noch einmal aufschäumen, rührt kräftig um und nimmt die Pfanne vom Herd. Zugedeckt über Nacht auskühlen lassen. Am nächsten Tag wird die Pfanne noch einmal leicht erwärmt, ihr Inhalt wird durch ein sauberes Leinentuch passiert, die Blätter, Blüten und Stengel werden ausgepreßt und die so gewonnene Salbe in verschließbare Gefäße abgefüllt.

## Stoßverletzung

### Arnika-Essenz

Bei Stoßverletzungen reibt man die betroffene Stelle mit Arnika-Essenz ein. Um Hautreizungen vorzubeugen, bestreicht man die Stelle vorher mit Ringelblumen-Salbe.

Die Blütenblätter der Arnika werden aus den grünen Hüllkelchen herausgedreht und in eine Flasche gefüllt. Ist diese bis zu zwei Dritteln angefüllt, gießt man 38- bis 40%igen Kornbranntwein darüber und läßt die Flasche mindestens zwei Wochen in der Wärme stehen. Einen Teil der fertigen Essenz seiht man ab, den anderen Teil läßt man weiter auf den Blütenblättern stehen. Nach der ersten Abfüllung in kleinere Fläschchen kann man die große Flasche noch einmal mit Alkohol auffüllen.

Der Arnika-Ansatz mit 75%igem Weingeist aus der Apotheke muß zur Hälfte mit abgekochtem, ausgekühltem Wasser verdünnt werden, um Hautentzündungen und -verletzungen vorzubeugen. Unverdünnt kann diese Arnika-Essenz zu Hautverätzungen führen.

**Bärlapp**

*Lycopodium clavatum*

**Wegwarte**

*Cichorium intybus*

### Johanniskraut

Ein gehäufter Teelöffel pro Tasse, mit heißem Wasser abbrühen, eine halbe Minute ziehen lassen, abseihen und schluckweise täglich zwei Tassen Tee trinken.

### Ringelblumen-Salbe

Die vor der Arnika-Auflage aufzutragende Ringelblumen-Salbe stellt man folgendermaßen her:

In einer Pfanne erhitzt man 250 g reines Schweinefett und schüttet zwei gehäufte Handvoll Ringelblumen (Blätter, Blüten und Stengel) in das heiße Fett. Man läßt das Ganze noch einmal aufschäumen, rührt kräftig um und nimmt die Pfanne vom Herd. Zugedeckt über Nacht auskühlen lassen. Am nächsten Tag wird die Pfanne noch einmal leicht erwärmt, ihr Inhalt wird durch ein sauberes Leinentuch passiert, die Blätter, Blüten und Stengel werden ausgepreßt und die so gewonnene Salbe in verschließbare Gefäße abgefüllt.

## Stuhlverstopfung

### Bärlapp

Bei Stuhlverstopfung trinkt man täglich eine Tasse heißen Bärlapp-Tee morgens auf nüchternen Magen.

Ein gestrichener Teelöffel Bärlapp wird mit einer Tasse heißem Wasser abgebrüht, eine halbe Minute ziehen lassen, abseihen und schluckweise trinken. Mehr als eine Tasse Bärlapp-Tee pro Tag darf nicht getrunken werden!

### Bärlauch

Der Bärlauch regt die Verdauung an und ist ein probates Mittel bei Stuhlverstopfung.

Im Frühjahr sammelt man die frischen Bärlauchblätter,

die gewaschen und kleingeschnitten roh verzehrt werden. So wie Petersilie streut man Bärlauch auf alle Speisen, die üblicherweise mit frischem Grün verfeinert und dekoriert werden. Mit Bärlauchblättern kann man auch einen Salat zubereiten oder Spinat kochen.

**Bärlauch-Essenz**

Um sich die Heilkraft des Bärlauchs das ganze Jahr über zu sichern, setzt man Bärlauch-Essenz an.

Man füllt eine Flasche bis zum Hals mit kleingeschnittenen Bärlauchblättern oder Bärlauchzwiebeln, übergießt die Kräuter mit 38- bis 40%igem Kornbranntwein und läßt die geschlossene Flasche mindestens zwei Wochen in der Wärme stehen. Von dieser Bärlauch-Essenz nimmt man täglich viermal 10 bis 15 Tropfen, mit etwas Wasser verdünnt.

**Brennessel**

Brennessel-Tee fördert den Stuhlgang. Man sollte morgen eine halbe Stunde vor dem Frühstück eine Tasse trinken und über den restlichen Tag verteilt weitere zwei bis drei Tassen, die man sehr warm und schluckweise trinkt.

Pro Tasse ein gehäufter Teelöffel Brennessel, mit heißem Wasser abbrühen, eine halbe Minute ziehen lassen, abseihen und schluckweise ungesüßt trinken.

**Schafgarbe**

Ein gehäufter Teelöffel Schafgarbe pro Tasse, mit heißem Wasser abbrühen, eine halbe Minute ziehen lassen, abseihen und schluckweise, so heiß wie möglich, zwei bis drei Tassen Tee pro Tag trinken.

**Walnuß**

Walnußblätter-Tee ist ebenfalls ein probates Mittel bei Stuhlverstopfung.

Ein gehäufter Teelöffel kleingeschnittene Walnußblätter pro Tasse, mit heißem Wasser abbrühen, eine halbe Minute ziehen lassen, abseihen und schluckweise eine Tasse pro Tag auf nüchternen Magen trinken.

**Wegwarte**

Ein gehäufter Teelöffel kleingeschnittene Wegwartenblüten pro Tasse, mit heißem Wasser abbrühen, eine halbe Minute ziehen lassen, abseihen und auf nüchternen Magen morgens eine halbe oder ganze Tasse schluckweise trinken.

**Wiesenbärenklau**

Ein gehäufter Teelöffel kleingeschnittene Wiesenbärenklaublätter pro Tasse, mit heißem Wasser abbrühen, eine halbe Minute ziehen lassen, abseihen und schluckweise über den Tag verteilt zwei bis drei Tassen trinken.

**Kleiner Schwedenbitter**

Mit einem der obengenannten Tees nimmt man täglich drei Teelöffel Kleinen Schwedenbitter ein.

**Feigen und Pflaumen**

Feigen und Backpflaumen werden über Nacht in kaltem Wasser eingeweicht, morgens erwärmt und vor dem Frühstück gegessen.

**Leinsamenkörner**

Mit jeder Mahlzeit nimmt man drei Eßlöffel Leinsamenkörner mit etwas Flüssigkeit zu sich, bis sich die Verdauung normalisiert hat.

**Frisches Wasser**

Ein Glas frisches Brunnen- oder Quellwasser vor dem Frühstück auf nüchternen Magen getrunken, wirkt förderlich für den Stuhlgang. Bei dauernder Stuhlverstopfung sollte man auch seine Ernährung umstellen. Fleisch und Mehlprodukte wie Nudeln, Kuchen, Gebäck, Konservenkost, geräuchertes Fleisch, Wurstwaren, in Fett Gebackenes, erhitzte Öle, Pommes frites, Schweinefleisch oder homogenisierte Milchprodukte reduzieren und dafür die Anteile an Obst, Gemüse und Ballaststoffen erhöhen.

## *Hausmittel*

### Bauchwickel

Man legt ein Handtuch ins Bett, darüber eine genauso große Plastikfolie und darauf ein in kaltem Wasser getränktes und ausgewrungenes Leinentuch. Der Patient wird auf das Leinentuch gelegt und eingewickelt. Der Wickel sollte eine Stunde lang getragen werden. Anschließend den Körper trocken abfrottieren, frische Nachtwäsche anziehen und im Bett mindestens eine halbe Stunde nachdunsten.

### Taulaufen

Bei einer chronischen Stuhlverstopfung empfiehlt sich tägliches Taulaufen. Früh morgens aufstehen, sich der jeweiligen Witterung angepaßt anziehen und barfuß durch das taunasse Gras laufen. Ganz wichtig ist dabei das Laufen, damit der Körper warm bleibt. Anfangs läuft man nicht länger als eine Minute, bei entsprechender Abhärtung maximal fünf Minuten. Durch das Taulaufen wird die Durchblutung der Beine und des Unterleibs gefördert.

## Tränenfluß

### Käsepappel-Waschung

Wenn die Tränen versiegen, die Augen zuwenig oder gar keine Flüssigkeit mehr besitzen, haben sich nach meinen Erfahrungen Waschungen und Auflagen mit Käsepappel-Tee bewährt.

Ein gehäufter Teelöffel Käsepappel wird 12 Stunden in einer Tasse mit kaltem Wasser eingeweicht. Danach wird der Kaltansatz erwärmt und abgeseiht. Mit dem lauwarmen Käsepappel-Tee wäscht man die Augen mit einem Augenglas (in jeder Apotheke erhältlich) oder tränkt darin ein sauberes Tuch und legt es über die geschlossenen Augen.

### Schafgarbe

Wenn die Tränen nicht versiegen wollen, empfehle ich Schafgarben-Tee.

Ein gehäufter Teelöffel Schafgarbe pro Tasse, mit heißem Wasser abbrühen, eine halbe Minute ziehen lassen, abseihen und schluckweise zwei bis drei Tassen am Tag trinken.

### Misch-Tee

Ich empfehle folgenden Misch-Tee, wenn der Tränenfluß nicht aufhören will zu fließen:

Man nimmt 10 g Augentrost, 10 g Baldrian, 15 g Benediktenwurzel, 10 g Fliederblüten, 15 g Frauenmantel, 20 g Kamille und 10 g Raute.

12 Stunden weicht man 15 g dieser Kräutermischung in ½ Liter kaltem Wasser ein. Danach wird der Kaltansatz erwärmt und abgeseiht. In diesem Misch-Tee wird ein sauberes Tuch getränkt und warm auf die geschlossenen Augen gelegt. Der Umschlag sollte nach 30 Minuten erneuert werden. Anschließend sollte der Patient mit einem

trockenen, warmen Tuch über den Augen einige Zeit ruhen.

## Trockenheit der Schleimhäute

### Käsepappel

Trockenheit in Mund, Rachen und Nase heilt die Käsepappel. 12 Stunden wird ein gehäufter Teelöffel Käsepappel pro Tasse in kaltem Wasser eingeweicht. Danach wird der Kaltansatz erwärmt und abgeseiht. Mit dem Absud gurgelt und spült man mehrmals täglich Mund und Rachen. Der ausgekühlte Absud wird in die Nase aufgezogen.

## Trunksucht

### Thymian

Thymian gilt als probates Mittel gegen die Trunksucht. Eine gehäufte Handvoll Thymian wird mit 1 Liter kochendem Wasser abgebrüht. Der Aufguß wird abgedeckt, zwei Minuten ziehen gelassen und dann in eine Thermosflasche abgeseiht. Von diesem Tee muß der Alkoholiker alle 15 Minuten einen Eßlöffel trinken. Die Reaktionen des Körpers auf diese Thymian-Kur sind drastisch. Übelkeit, Erbrechen, starker Stuhlgang und starkes Urinieren, Schweißausbrüche beuteln den Patienten, führen dabei aber zu großem Appetit und einem sehr starken Durstgefühl. Die Kur muß so oft wiederholt werden, bis die unvermeidlichen Rückfälle des Patienten auskuriert sind.

# Übelkeit

## Schafgarbe

Einen gehäuften Teelöffel Schafgarbe pro Tasse mit heißem Wasser abbrühen, eine halbe Minute ziehen lassen, abseihen und schluckweise ein bis zwei Tassen Tee am Tag trinken.

## Weißdorn

Ein gehäufter Teelöffel Weißdorn (verwendet werden Blätter und Blüten) pro Tasse, mit heißem Wasser abbrühen, eine halbe Minute ziehen lassen, abseihen und schluckweise über den Tag verteilt zwei Tassen Tee trinken.

## Weißdorn-Essenz

Man füllt frisch gepflückte Blüten und Beeren, von beidem die gleiche Menge, in eine Flasche und übergießt sie mit 38- bis 40%igem Kornbranntwein. Die Flasche muß mindestens zwei Wochen in der Wärme stehenbleiben. Von der Essenz nimmt man täglich 4 bis 10 Tropfen ein.

## Kleiner Schwedenbitter

Mit dem Tee nimmt man am Tag bis zu drei Teelöffel Kleinen Schwedenbitter zu sich, der nach alter Überlieferung Schwindel und Übelkeit vertreibt.

# Überanstrengung

## Beinwurz

Bei körperlicher Überanstrengung legt man auf die überbeanspruchten Glieder einen warmen Brei aus Beinwurzmehl.

Ein Eßlöffel Beinwurzmehl wird in einer Tasse heißem Wasser mit einigen Tropfen Speiseöl zu einem Brei verrührt, den man, auf ein Leinentuch gestrichen, warm auf die betroffene Stelle legt und mit einem zweiten Tuch warm abbindet.

### Ehrenpreis

Bei geistiger Überanstrengung, die oft zu großer Nervosität führt, hilft Ehrenpreis-Tee. Einen gehäuften Teelöffel Ehrenpreis pro Tasse, mit heißem Wasser abbrühen, eine halbe Minute ziehen lassen, abseihen und schluckweise eine Tasse abends vor dem Schlafengehen trinken.

### Johanniskraut

Bei körperlicher Überanstrengung trinkt man täglich zwei bis drei Tassen Johanniskraut-Tee.

Ein gehäufter Teelöffel Johanniskraut pro Tasse, mit heißem Wasser abbrühen, eine halbe Minute ziehen lassen, abseihen und schluckweise trinken.

## Übergewicht

### Mais

Als unschädliches Abmagerungs- und Entfettungsmittel verspricht der Tee aus Maisbart rasche und natürliche Hilfe bei Übergewicht. Ein gehäufter Teelöffel Maisbart pro Tasse, mit heißem Wasser abbrühen, eine halbe Minute ziehen lassen, abseihen und ungesüßt schluckweise bis zu vier Tassen pro Tag trinken.

### Wegwarte

Ein gehäufter Teelöffel Wegwarte pro Tasse, mit heißem Wasser abbrühen, eine halbe Minute ziehen lassen, abseihen und täglich morgens auf nüchternen Magen schluckweise eine Tasse trinken.

## Überreizung

### Thymian-Vollbad

Nervöse, überreizte Menschen sollten regelmäßig ein- bis zweimal pro Woche ein Thymian-Vollbad nehmen.

Ein Eimer (Fassungsvermögen 6 bis 8 Liter) frische oder 200 g getrocknete Kräuter werden 12 Stunden in kaltem Wasser eingeweicht. Danach wird der Kaltansatz erwärmt und dem Badewasser zugegossen. Das Herz des Badenden muß dabei außerhalb des Wassers sein. Die Badedauer beträgt 20 Minuten, anschließend nicht abtrocknen, sondern in einen Bademantel gehüllt im Bett eine Stunde nachschwitzen.

## Unruhe

### Schafgarbe

Die beruhigende Wirkung der Schafgarbe beseitigt quälende innere Unruhe.

Pro Tag sollte man zwei bis drei Tassen Schafgarben-Tee schluckweise trinken. Dabei kommt ein gehäufter Teelöffel Schafgarbe auf eine Tasse, mit heißem Wasser abbrühen, eine halbe Minute ziehen lassen und abseihen.

### Schafgarben-Sitzbad

Sitzbäder mit Schafgarbe, neben dem Tee genommen, beschleunigen die Beruhigung.

12 Stunden weicht man 100 g Schafgarbe (verwendet wird das ganze Kraut) in kaltem Wasser ein. Anschließend wird der Kaltansatz erwärmt und dem Badewasser

zugegossen. Beim Baden müssen die Nieren des Badenden bedeckt sein. Die Badedauer beträgt 20 Minuten. Danach nicht abtrocknen, sondern in einen Bademantel gehüllt im Bett eine Stunde nachschwitzen.

## Verbrühungen

### Johannisöl

Beim Einsatz des Johannisöls bei Verbrühungen ist es ganz wichtig, daß der Ansatz mit *Leinöl* hergestellt wurde. Mit diesem Öl wird die verletzte Haut leicht eingestrichen. Es versteht sich von selbst, daß man nach Anwendung dieses Hausmittels sofort einen Arzt aufsuchen muß.

Für die Herstellung des Johannisöls füllt man Blüten und Knospen des Johanniskrauts in eine Flasche und übergießt sie mit Leinöl, das die Blüten bedecken muß. Die Flasche wird verschlossen und drei Wochen in die Wärme gestellt, bis sich das Öl rötlich verfärbt hat.

### *Hausmittel*

Als Sofortmaßnahme trennt man das Eiweiß (Eiklar) vom Dotter, streicht das Eiweiß auf ein Leinentuch und legt es auf die verbrühte Stelle. Anschließend sofort einen Arzt aufsuchen!

## Eiklar

Wie ich zu dem Hausmittel kam, will ich kurz erzählen. Während des Krieges meldete ich mich ehrenamtlich beim Roten Kreuz zum Lazarett-Dienst. In unserer kleinen Bezirksstadt wurde eine Schule als Lazarett für verwundete Soldaten eingerichtet. Da wollte ich, wie so viele andere, mithelfen. Wir wurden in einem Kurs von einem Arzt als Helferinnen geschult. Er wies darauf hin, daß bei Verbrühungen oder leichteren Verbrennungen Eiklar als gutes Hausmittel eingesetzt werden kann. Eiklar kühle und nähme augenblicklich den Schmerz. Einmal verbrühte ich mich beim Windelkochen, strich ein Eiklar (Eiweiß) aufs Taschentuch und legte es auf die verbrühte Handfläche. Tatsächlich, augenblicklich beruhigten sich die Schmerzen. Etwas später erlebten wir die Aussiedlung aus der sudetendeutschen Heimat. Ende 1947 fanden wir eine Bleibe in einem kleinen Mühlviertler Dorf Österreichs, in dem genau sieben verstreute Bauerngehöfte lagen. Eines Tages kamen aus dem über uns gelegenen Bauernhof entsetzliche Schreie, als ob jemand abgestochen würde. Der neunjährige Sohn war kurz vorher vom einstündigen Schulweg völlig durchnäßt nach Hause gekommen. Wie üblich legte er seine nassen Kleider oben auf den breiten Kachelofen. Beim Herunterspringen verfing sich das Ende eines Schöpflöffels, der in einer heißen Schlachtbrühe lag, an seiner Unterwäsche. Die heiße Brühe entleerte sich über Kopf und Gesicht. Zum Teil hing die Haut in Fetzen herunter. Man rannte mich holen, die Bäuerin war völlig kopflos, kein Telefon, kein Auto, der Arzt Stunden vom Dorf entfernt und der Bauer nicht zu Hause. Ich erinnerte mich an Eiklar, ließ acht Eier aufschlagen, strich das Eiklar auf ein Leinenhandtuch und stülpte es dem Jungen samt und sonders über den Kopf. Im gleichen Augenblick hörte das furchtbare Scheien auf, es ging in ein leichtes Wimmern über. Ich drängte darauf, den Arzt zu holen. Als er nach zwei Stunden kam, hatte sich das Kind beruhigt, die Haut lag glatt an ihrer früheren Stelle. Der Arzt war im nachhinein mit dem Hausmittel einverstanden und versorgte das Kind. Sollte Fieber auftreten, müßte man ihn nochmals holen. Das war 1948 nicht einfach, denn der Arzt war fast ständig mit seinem Moped unterwegs. Es trat jedoch kein Fieber auf, in ein paar Tagen war alles in Ordnung, und man sah auch keine Narben.

Eiklar sollte heute nur bei harmlosen Verbrühungen oder Verbrennungen am Bügeleisen oder im Backrohr aufgelegt werden. In der Not der damaligen Kriegs- und Nachkriegsjahre griff man öfters zu diesem Hausmittel.

Es war knapp nach dem Krieg, als mein Neffe aus der amerikanischen Kriegsgefangenschaft kam. Er hatte sich bei der Arbeit mit einer Lötlampe den Daumen verbrannt. Von den Amerikanern hatte er Brandsalbe mitgebracht und aufgelegt, außerdem zeigte er unserem Arzt die Verletzung, der einen fachmännischen Verband anlegte. Die Schmerzen ließen aber nicht nach. Ein paar Tage später griff er zum Eiklar, das sofort die starken Schmerzen nahm.

## Verdauungsbeschwerden

### Odermennig

Ein gehäufter Teelöffel Odermennig pro Tasse, mit heißem Wasser abbrühen, eine halbe Minute ziehen lassen, abseihen und schluckweise täglich bis zu zwei Tassen trinken.

### Sauerklee

Ein gehäufter Eßlöffel frische Sauerkleeblätter pro Tasse, mit heißem Wasser abbrühen, eine halbe Minute ziehen lassen, abseihen und schluckweise zwei Tassen am Tag trinken.

### Taubnessel

Ein gehäufter Teelöffel Taubnesselblüten pro Tasse, mit heißem Wasser abbrühen, eine halbe Minute ziehen lassen, abseihen und schluckweise eine Tasse am Vormittag trinken.

### Walnuß

Ein gehäufter Teelöffel kleingeschnittene Walnußblätter pro Tasse, mit heißem Wasser abbrühen, eine halbe Minute ziehen lassen, abseihen und schluckweise ein bis zwei Tassen Tee am Tag trinken.

### Wegwarte

Ein gehäufter Teelöffel Wegwarte pro Tasse, mit heißem Wasser abbrühen, eine halbe Minute ziehen lassen, abseihen und schluckweise eine Tasse am Morgen trinken.

### Wiesenbärenklau

Ein gehäufter Teelöffel kleingeschnittene Wiesenbärenklaublätter pro Tasse, mit heißem Wasser abbrühen, eine halbe Minute ziehen lassen, abseihen und schluckweise über den Tag verteilt zwei bis drei Tassen Tee trinken.

### *Hausmittel*

**Bauchwickel**

Man legt ein Handtuch ins Bett, darüber eine genauso große Plastikfolie und darauf ein in kaltem Wasser getränktes und ausgewrungenes Leinentuch. Der Patient wird auf das Leinentuch gelegt und eingewickelt. Der Wickel sollte eine Stunde lang getragen werden. Anschließend den Körper trocken abfrottieren, frische Nachtwäsche anziehen und im Bett mindestens eine halbe Stunde nachdunsten.

## Verkalkung

**Brennessel**

Man brüht frische Brennesselblätter mit heißem Wasser ab und legt die Blätter auf Stirn und Kopfwirbel.

**Ehrenpreis**

Ein gehäufter Teelöffel Ehrenpreis pro Tasse, mit heißem Wasser abbrühen, eine halbe Minute ziehen lassen, abseihen und schluckweise zwei Tassen pro Tag trinken.

**Zinnkraut**

Zusätzlich zum Ehrenpreis-Tee trinkt man täglich eine Tasse Zinnkraut-Tee. Ein gehäufter Teelöffel Zinnkraut pro Tasse, mit heißem Wasser abbrühen, eine halbe Minute ziehen lassen, abseihen und schluckweise trinken.

### Kleiner Schwedenbitter

Man beträufelt einen geeignet großen Wattebausch mit Kleinem Schwedenbitter und legt sich den Umschlag auf Hinterkopf, Halswirbel und Stirn.

## Verkrampfung

### Bärlapp-Kissen

Man füllt einen Kissenbezug mit 100 bis 200 g Bärlapp und legt das Kräuterkissen auf die verkrampfte Stelle.

### Thymian

Bei Verkrampfungen, speziell bei Magenkrämpfen, Menstruationskrämpfen oder Unterleibskrämpfen wendet man Thymian innerlich und äußerlich an. Tagsüber trinkt man zwei Tassen Thymian-Tee. Dabei kommt ein gehäufter Teelöffel Thymian auf eine Tasse, mit heißem Wasser abbrühen, eine halbe Minute ziehen lassen, abseihen und schluckweise trinken.

### Thymian-Kissen

Für die äußerliche Anwendung füllt man einen Kissenbezug mit getrockneten Thymianblüten und -stengeln und legt ihn sich auf die von den Krämpfen befallene Körperstelle. Vor dem Zubettgehen wärmt man das Kräuterkissen bei kleiner Temperatur im Backofen an und legt es sich über Nacht auf die schmerzende Körperstelle.

### Kleiner Schwedenbitter

Bei starken Verkrampfungen von Händen und Füßen, die nicht selten bis zur Verkrüppelung führen, hilft der vielseitige Kleine Schwedenbitter. Pro Tag nimmt man drei Eßlöffel davon, mit etwas lauwarmem Wasser oder Tee verdünnt, vor und nach den drei Mahlzeiten ein.

## Verletzung
*(s. auch Wundbehandlung)*

### Arnika-Essenz

Bei Verletzungen jeglicher Art empfehlen sich Auflagen aus den alkoholgetränkten Blütenblättern der Arnika-Essenz. Man füllt die Blütenblätter in ein Tuch und legt sie auf die verletzte Stelle auf, nachdem man vorher etwas Ringelblumen-Salbe aufgetragen hat, damit die Haut durch die Essenz nicht austrocknet.

Die Blütenblätter der Arnika werden aus den grünen Hüllkelchen herausgedreht und in eine Flasche gefüllt. Ist diese bis zu zwei Dritteln angefüllt, gießt man 38- bis 40%igen Kornbranntwein darüber und läßt die Flasche mindestens zwei Wochen in der Wärme stehen. Einen Teil der fertigen Essenz seiht man ab, den anderen Teil läßt man weiter auf den Blütenblättern stehen. Nach der ersten Abfüllung in kleinere Fläschchen kann man die große Flasche noch einmal mit Alkohol auffüllen.

Der Arnika-Ansatz mit 75%igem Weingeist aus der Apotheke muß zur Hälfte mit abgekochtem, ausgekühltem Wasser verdünnt werden, um Hautentzündungen und -verletzungen vorzubeugen. Unverdünnt kann diese Arnika-Essenz zu Hautverätzungen führen.

### Beinwurz-Essenz

Ebenso universell wie die Arnika-Essenz ist auch die Beinwurz-Essenz bei allen äußeren und inneren Wunden und Verletzungen äußerlich zu verwenden.

Die Wurzeln der Beinwurz werden mit einer Bürste gewaschen, kleingeschnitten und in eine Flasche gefüllt. Die Wurzeln werden mit 38- bis 40%igem Kornbranntwein übergossen, und die Flasche wird mindestens zwei Wochen in die Wärme gestellt.

**Odermennig**

*Agrimonia eupatoria*

**Thymian**

*Thymus serpyllum*

**Johannisöl**

Aus den Blüten des Johanniskrauts stellt man Johannisöl her, das man ganz leicht über die Verletzungen streicht.

Man füllt Blüten und Knospen des Johanniskrauts in eine Flasche und übergießt sie mit Öl, das die Blüten bedecken muß. Die Flasche wird drei Wochen in die Wärme gestellt, bis sich das Öl rötlich verfärbt hat.

**Ringelblumen-Salbe**

Die vor der Arnika-Auflage aufzutragende Ringelblumen-Salbe stellt man folgendermaßen her:

In einer Pfanne erhitzt man 250 g reines Schweinefett und schüttet zwei gehäufte Handvoll Ringelblumen (Blätter, Blüten und Stengel) in das heiße Fett. Man läßt das Ganze noch einmal aufschäumen, rührt kräftig um und nimmt die Pfanne vom Herd. Zugedeckt über Nacht auskühlen lassen. Am nächsten Tag wird die Pfanne noch einmal leicht erwärmt, ihr Inhalt wird durch ein sauberes Leinentuch passiert, die Blätter, Blüten und Stengel werden ausgepreßt und die so gewonnene Salbe in verschließbare Gefäße abgefüllt.

## *Hausmittel*

Bei Verletzungen jeglicher Art hilft eine Haussalbe aus Urgroßmutters Haus-Apotheke. Man nimmt 20 g Hirschtalg, 20 g Bienenwachs, 20 g Butter und 40 g Baumöl. Man läßt alles der Reihe nach zergehen, als letztes das Öl und vermischt es gut. Eine Verwandte von mir hat bis heute diese gute Haussalbe in Verwendung. Ihr Mann war als Kriegsversehrter beinamputiert. Er hat sich die Wunde an seinem Beinstumpf regelmäßig damit behandelt. Als Kinder wurden unsere aufgeschlagenen Knie damit geheilt.

## Verrenkung

Hier empfehle ich die gleichen Heilkräuter-Rezepte wie unter dem Stichwort Verstauchung.

## Verschleimung

**Brennessel**

Verschleimung der Atmungsorgane und des Magens löst eine Kur mit Brennessel-Tee über einige Wochen.

Ein gehäufter Teelöffel pro Tasse, mit heißem Wasser abbrühen, eine halbe Minute ziehen lassen, abseihen und schluckweise am Tag eine Tasse Tee trinken.

**Salbei**

Auch der Salbei hat eine schleimlösende Wirkung auf Atmungsorgane und Magen.

Ein gehäufter Teelöffel Salbei pro Tasse, mit heißem Wasser abbrühen, eine halbe Minute ziehen lassen, abseihen und schluckweise zwei Tassen Tee pro Tag trinken.

**Spitzwegerich**

Bei sehr starker Verschleimung der Atmungsorgane bringt ein Tee aus Spitz- oder Breitwegerichblättern rasche Hilfe.

Ein gehäufter Teelöffel Wegerich pro Tasse, mit heißem Wasser abbrühen, eine halbe Minute ziehen lassen, abseihen und schluckweise pro Tag zwei Tassen Tee trinken.

## Verstauchung

### Arnika-Essenz

Bei einer Verstauchung reibt man die betroffene Stelle mit Arnika-Essenz ein oder legt die alkoholgetränkten Blütenblätter der Essenz als Auflage auf die schmerzende Stelle. Bevor man eine Auflage mit Arnika-Essenz macht, reibt man die Haut mit Ringelblumen-Salbe ein, damit die Haut durch die Essenz nicht austrocknet.

Die Blütenblätter der Arnika werden aus den grünen Hüllkelchen herausgedreht und in eine Flasche gefüllt. Ist diese bis zu zwei Dritteln angefüllt, gießt man 38- bis 40%igen Kornbranntwein darüber und läßt die Flasche mindestens zwei Wochen in der Wärme stehen. Einen Teil der fertigen Essenz seiht man ab, den anderen Teil läßt man weiter auf den Blütenblättern stehen. Nach der ersten Abfüllung in kleinere Fläschchen kann man die große Flasche noch einmal mit Alkohol auffüllen.

Der Arnika-Ansatz mit 75%igem Weingeist aus der Apotheke muß zur Hälfte mit abgekochtem, ausgekühltem Wasser verdünnt werden, um Hautentzündungen und -verletzungen vorzubeugen. Unverdünnt kann diese Arnika-Essenz zu Hautverätzungen führen.

### Pestwurz

Frisch gepflückte Blätter der Pestwurz werden gewaschen, mit einem Nudelholz auf einem Holzbrett zerquetscht und als Blätterbrei auf die Verstauchung gelegt.

### Thymianöl

Verstauchungen reibt man äußerlich mit Thymianöl ein.

Man füllt eine Flasche mit frisch gepflückten Thymianblättern und übergießt sie mit Öl, bis alle Blüten bedeckt sind. Die Flasche stellt man drei Wochen in die Wärme.

Mit dem Thymianöl streicht man die Verstauchung mehrmals täglich ein.

### Ringelblumen-Salbe

Die vor der Arnika-Auflage aufzutragende Ringelblumen-Salbe stellt man folgendermaßen her:

In einer Pfanne erhitzt man 250 g reines Schweinefett und schüttet zwei gehäufte Handvoll Ringelblumen (Blätter, Blüten und Stengel) in das heiße Fett. Man läßt das Ganze noch einmal aufschäumen, rührt kräftig um und nimmt die Pfanne vom Herd. Zugedeckt über Nacht auskühlen lassen. Am nächsten Tag wird die Pfanne noch einmal leicht erwärmt, ihr Inhalt wird durch ein sauberes Leinentuch passiert, die Blätter, Blüten und Stengel werden ausgepreßt und die so gewonnene Salbe in verschließbare Gefäße abgefüllt.

## Wadenkrampf

### Bärlapp-Kissen

Mit getrocknetem Bärlapp, je nach Größe der verkrampften Stelle 100 bis 300 g Kräuter, füllt man einen Kissenbezug, den man über Nacht auf die schmerzende Stelle legt.

## Warzen

### Arnika-Essenz

Die Blütenblätter der Arnika werden aus den grünen Hüllkelchen herausgedreht und in eine Flasche gefüllt. Ist diese bis zu zwei Dritteln angefüllt, gießt man 38- bis 40%igen Kornbranntwein darüber und läßt die Flasche mindestens zwei Wochen in der Wärme stehen. Einen

Teil der fertigen Essenz seiht man ab, den anderen Teil läßt man weiter auf den Blütenblättern stehen. Nach der ersten Abfüllung in kleinere Fläschchen kann man die große Flasche noch einmal mit Alkohol auffüllen.

Diese Arnika-Essenz drückt man mit Hilfe eines getränkten Wattebausches kräftig auf die Warze.

### Ringelblumen-Saft

Der frische Saft der Ringelblumen entfernt Warzen und Krätze. Frische Blätter, Blüten und Stengel werden gewaschen und feucht in einem Entsafter ausgepreßt. Den gewonnenen frischen Saft streicht man auf die Warze.

### Schöllkraut-Saft

Ebenso heilsam ist der frische Schöllkraut-Saft.

Blätter, Blüten und Stengel werden frisch gepflückt, gewaschen und feucht in einem Entsafter ausgepreßt. Mit dem Frischsaft streicht man die Warze ein.

### Kleiner Schwedenbitter

Mit auf einen Wattebausch geträufeltem Kleinen Schwedenbitter feuchtet man die Warze mehrmals täglich ein, bis sie sich verliert.

## Wechseljahre

Die Wechseljahre sind ein tiefer Einschnitt im Leben einer Frau und mit allerlei Beschwerden verbunden. Die nachfolgenden Heilkräuter aus dem Garten Gottes erleichtern diese schwierige Umstellungsphase.

### Frauenmantel

Ein gehäufter Teelöffel Frauenmantel pro Tasse, mit heißem Wasser abbrühen, eine halbe Minute ziehen lassen, abseihen und schluckweise bis zu drei Tassen am Tag trinken.

### Hirtentäschel

Während der Wechseljahre empfiehlt sich eine regelrechte Hirtentäschel-Teekur. Vier Wochen lang sollte die Frau zwei Tassen Hirtentäschel-Tee pro Tag trinken. Dabei kommt ein gehäufter Teelöffel Hirtentäschel auf eine Tasse, mit heißem Wasser abbrühen, eine halbe Minute ziehen lassen, abseihen und schluckweise über den Tag verteilt trinken. Anschließend setzt man drei Wochen aus und beginnt die vierwöchige Kur von neuem.

### Mistel

Ein gehäufter Teelöffel Mistel wird 12 Stunden in einer Tasse mit kaltem Wasser eingeweicht. Danach wird der Kaltansatz erwärmt und abgeseiht. Über den Tag verteilt kann man bis zu drei Tassen Mistel-Tee trinken. Am besten füllt man seine Tagesration in eine angewärmte Thermoskanne.

### Schafgarbe

Ein gehäufter Teelöffel Schafgarbe pro Tasse, mit heißem Wasser abbrühen, eine halbe Minute ziehen lassen, abseihen und schluckweise zwei bis drei Tassen Tee am Tag trinken.

### Schafgarben-Sitzbad

Einmal wöchentlich sollte man dazu ein Schafgarben-Sitzbad nehmen.

12 Stunden lang wird 100 g Schafgarbe, verwendet wird das ganze Kraut, in kaltem Wasser eingeweicht. Für das Bad wird der Kaltansatz erwärmt und in das Badewasser gegossen. Die Badewanne sollte so viel Wasser

fassen, daß die Nieren bedeckt sind. Die Badedauer beträgt 20 Minuten. Nach dem Bad nicht abtrocknen, sondern in einen Bademantel gehüllt im Bett eine Stunde nachschwitzen.

### Misch-Tee

Man mischt 25 g Arnikablüten, 50 g Baldrianwurzeln, 25 g Isländisches Moos, 25 g Melisse, 25 g Schafgarbe und 25 g Salbei. Einen gehäuften Teelöffel dieser Kräutermischung mit einer Tasse heißem Wasser abbrühen, eine halbe Minute ziehen lassen, abseihen und schluckweise morgens auf nüchternen Magen eine Tasse Tee trinken.

## Weißfluß

### Frauenmantel

Ein gehäufter Teelöffel Frauenmantel pro Tasse, mit heißem Wasser abbrühen, eine halbe Minute ziehen lassen, abseihen und schluckweise über den Tag verteilt bis zu drei Tassen Tee trinken.

### Schafgarben-Sitzbad

Ein- bis zweimal wöchentlich sollte man bei Ausfluß ein Schafgarben-Sitzbad nehmen.

12 Stunden lang wird 100 g Schafgarbe, verwendet wird das ganze Kraut, in kaltem Wasser eingeweicht. Für das Bad wird der Kaltansatz erwärmt und in das Badewasser gegossen. Die Badewanne sollte so viel Wasser fassen, daß die Nieren bedeckt sind. Die Badedauer beträgt 20 Minuten. Nach dem Bad nicht abtrocknen, sondern in einen Bademantel gehüllt im Bett eine Stunde nachschwitzen.

### Vogelknöterich

Ein gehäufter Teelöffel Vogelknöterich pro Tasse, mit heißem Wasser abbrühen, eine halbe Minute ziehen lassen, abseihen und schluckweise über den Tag verteilt zwei Tassen Tee trinken.

### Walnuß

12 Stunden weicht man zwei gehäufte Teelöffel Walnußblätter in $\frac{1}{2}$ Liter kaltem Wasser ein. Danach wird der Kaltansatz erwärmt und abgeseiht. Mit dem starken Aufguß wäscht man die Scheide äußerlich.

### Zinnkraut-Sitzbad

Im Wechsel mit dem Schafgarben-Sitzbad sollte man auch Zinnkraut-Sitzbäder nehmen. Die Zubereitung des Bades ist gleich wie beim Schafgarben-Sitzbad.

### Kleiner Schwedenbitter

Mit einem der obengenannten Tees nimmt man täglich drei Teelöffel Kleinen Schwedenbitter ein.

Dabei kommt ein Teelöffel auf eine halbe Tasse Tee, die je zur Hälfte vor und nach jeder Mahlzeit getrunken wird.

## Wespenstich

Hier empfehle ich die gleichen Heilkräuter-Rezepte wie unter dem Stichwort Insektenstich.

## Wundbehandlung

### Arnika-Essenz

Frische Wunden behandelt man äußerlich mit Arnika-Essenz. Die Wunde wird mehrmals täglich mit Arnika-Umschlägen behandelt. Um Hautreizungen zu vermeiden, wird die Haut vorher mit Kamillen- oder Johannisöl eingestrichen.

Die Blütenblätter der Arnika werden aus den grünen Hüllkelchen herausgedreht und in eine Flasche gefüllt. Ist diese bis zu zwei Dritteln angefüllt, gießt man 38- bis 40%igen Kornbranntwein darüber und läßt die Flasche mindestens zwei Wochen in der Wärme stehen. Einen Teil der fertigen Essenz seiht man ab, den anderen Teil läßt man weiter auf den Blütenblättern stehen. Nach der ersten Abfüllung in kleinere Fläschchen kann man die große Flasche noch einmal mit Alkohol auffüllen.

Der Arnika-Ansatz mit 75%igem Weingeist aus der Apotheke muß zur Hälfte mit abgekochtem, ausgekühltem Wasser verdünnt werden, um Hautentzündungen und -verletzungen vorzubeugen. Unverdünnt kann diese Arnika-Essenz zu Hautverätzungen führen.

### Bärlapp

Schwerkranke Menschen, die über einen längeren Zeitraum an das Bett gefesselt sind, ziehen sich oft durch das lange Liegen Wunden zu. Dank des heilsamen Bärlappmehls, das ganz fein verteilt vorsichtig auf die offenen Stellen gestreut wird, können sich die Wunden in kurzer Zeit schließen.

### Bärlauch-Saft

Der frische Saft der Bärlauchblätter, vorsichtig auf die betroffene Stelle gestrichen, schließt selbst schlechtheilende Wunden.

**Beinwurz-Essenz**

Umschläge mit Beinwurz-Essenz heilen alle Wunden, gleich ob äußerlich oder innerlich.

Die Wurzeln der Beinwurz werden mit einer Bürste gründlich gewaschen, kleingeschnitten und bis zum Hals in eine Flasche gefüllt. 38- bis 40%iger Kornbranntwein wird dazugegossen, bis alle Wurzeln vom Alkohol bedeckt sind. Die Flasche stellt man mindestens zwei Wochen in die Wärme. Ein sauberes Tuch wird mit der Beinwurz-Essenz getränkt und auf die Wundstelle gelegt. Vor dem Auflegen muß die Haut mit Ringelblumen-Salbe oder mit Kamillen- oder Johannisöl eingestrichen werden, damit der Alkohol der Essenz ihr nicht Fett entzieht.

**Ehrenpreis-Waschung**

Schwerheilende, entzündete Wunden, vor allem im Bereich des Schienbeins, behandelt man mit Ehrenpreis-Absud.

Zwei gehäufte Teelöffel Ehrenpreis mit ½ Liter heißem Wasser abbrühen, eine halbe Minute ziehen lassen, abseihen und mit diesem Absud die Wunde baden.

**Ehrenpreis-Umschlag**

Über Nacht legt man warme Umschläge auf die Wunde. Es wird erneut ein Ehrenpreis-Absud, wie oben beschrieben, angesetzt, mit dem ein sauberes Tuch getränkt und als warmer Umschlag auf die Wunde gelegt wird. Der Umschlag muß mit weiteren Tüchern warmgehalten werden.

**Frauenmantel**

Frauenmantel-Tee trinkt man wegen seiner wassertreibenden und herzstärkenden Heilkräfte bei eitrigen Wunden, Wundfieber und Geschwüren.

Ein gehäufter Teelöffel Frauenmantel pro Tasse, mit heißem Wasser abbrühen, eine halbe Minute ziehen lassen, abseihen und schluckweise zwei bis drei Tassen pro Tag trinken.

**Frauenmantel-Auflage**

Äußerlich wendet man Frauenmantel als Blätterbrei-Auflage an. Frisch gepflückter Frauenmantel wird gewaschen und mit einem Nudelholz auf einem Holzbrett zerquetscht. Der Blätterbrei wird vorsichtig auf die Wunde gelegt. Muß die Breiauflage gewechselt werden, die Wunde nur mit ausgekühltem, abgekochtem Wasser ausspülen.

**Hirtentäschel**

Stark blutende Wunden, die sich scheinbar durch nichts stillen lassen, versiegen nach dem Genuß von Hirtentäschel-Tee. Ein gehäufter Teelöffel Hirtentäschel pro Tasse, mit heißem Wasser abbrühen, eine halbe Minute ziehen lassen, abseihen und schluckweise zwei bis drei Tassen am Tag trinken.

**Johannisöl**

Johannisöl sollte in keiner Hausapotheke fehlen. Es ist ein vielgerühmtes Heilmittel bei offenen Wunden, frischen Verletzungen, Blutergüssen, bis hin zu Brandverletzungen und Verbrühungen. Mit dem Johannisöl wird die Wunde oder Verletzung mehrmals täglich eingestrichen.

Man füllt die goldgelben Blüten des Johanniskrauts locker in eine Flasche und übergießt sie mit Öl (bei Brandverletzungen erfolgt der Ansatz des Johannisöls mit Leinöl), das die Blüten bedecken muß. Die Flasche wird mindestens drei Wochen in die Wärme gestellt, bis das Öl sich rötlich verfärbt hat. Nun filtert man den Flascheninhalt durch ein sauberes Leinentuch, preßt die ausgefilterten Blüten aus und füllt das Johannisöl in kleinere, dunkle Flaschen.

**Kamille**

Innerlich wird die Kamille bei allen Wundschmerzen eingesetzt.

Einen gehäuften Teelöffel Kamille mit heißem Wasser abbrühen, eine halbe Minute ziehen lassen, abseihen und schluckweise drei bis vier Tassen pro Tag trinken.

Äußerlich benutzt man Kamillen-Absud für Waschungen der Wunden. Die Dosierung ist identisch mit der des Kamillen-Tees.

**Käsepappel**

Wunden an Händen und Füßen heilt man mit Bädern der Käsepappel aus.

Zwei gehäufte Handvoll Käsepappel werden 12 Stunden in einem 5-Liter-Eimer mit kaltem Wasser eingeweicht. Danach wird der Kaltansatz erwärmt und abgeseiht. In diesem Absud badet man Hände und Füße 20 Minuten lang. Nach dem Bad legt man frische Spitzwegerichblätter auf. Die frisch gepflückten Blätter werden gewaschen und mit einem Nudelholz auf einem Holzbrett zerquetscht. Der Blätterbrei wird auf die offene Wunde gestrichen und mit einem Tuch fixiert. Den Umschlag läßt man über Nacht einwirken.

**Labkraut-Umschlag**

Warme Umschläge mit Labkraut-Absud heilen Wunden.

Zwei gehäufte Teelöffel Labkraut mit ½ Liter heißem Wasser abbrühen, eine halbe Minute ziehen lassen, abseihen und damit ein Leinentuch tränken. Der Umschlag wird auf die Wunde gelegt und mit einem wärmenden Tuch umwickelt.

**Pestwurz**

Brennende Wunden, bösartige Geschwüre und jede Art von Brand heilt man durch Auflagen mit frischen Blättern der Pestwurz. Die frisch gepflückten Blätter werden gewaschen, zerquetscht und als Blätterbrei auf die Wunde gelegt. Diese Auflage muß mehrmals täglich wiederholt werden. Dabei wird die Wunde nur mit ausgekochtem Wasser ausgespült, bis alle Rückstände des Blätterbreis entfernt sind, bevor eine neue Auflage gemacht wird.

**Ringelblume**

Ringelblumen-Tee fördert die Heilung von Wunden.

Ein gehäufter Teelöffel Ringelblumen pro Tasse, mit heißem Wasser abbrühen, eine halbe Minute ziehen lassen, abseihen und schluckweise ein bis zwei Tassen pro Tag trinken.

**Ringelblumen-Salbe**

Wundschmerzen heilt man mit Ringelblumen-Salbe.

In einer Pfanne erhitzt man 250 g reines Schweinefett und schüttet zwei gehäufte Handvoll Ringelblumen (Blätter, Blüten und Stengel) in das heiße Fett. Man läßt das Ganze noch einmal aufschäumen, rührt kräftig um und nimmt die Pfanne vom Herd. Zugedeckt über Nacht auskühlen lassen. Am nächsten Tag wird die Pfanne noch einmal leicht erwärmt, ihr Inhalt wird durch ein sauberes Leinentuch passiert, die Blätter, Blüten und Stengel werden ausgepreßt und die so gewonnene Salbe in verschließbare Gefäße abgefüllt.

**Ringelblumen-Essenz**

Ringelblumen-Essenz, mit abgekochtem Wasser verdünnt, eignet sich für Umschläge, besonders bei Wunden, offenen Stellen durch Wundliegen und bei eitrigen Geschwüren.

Eine Handvoll Blüten füllt man in eine Flasche und übergießt sie mit 1 Liter 38- bis 40%igem Kornbranntwein. Die Flasche stellt man mindestens zwei Wochen in die Wärme. Mit der so gewonnenen Essenz, die man zur Hälfte mit abgekochtem Wasser verdünnt, befeuchtet man ein Tuch und legt es auf die Wunde. Vorher, um ein Austrocknen der Haut zu vermeiden, Ringelblumen-Salbe auftragen. Der Umschlag wird mit einem wärmenden Tuch umwickelt.

**Spitzwegerich**

Frische Spitz- oder Breitwegerichblätter heilen selbst älteste Wunden.

Die frisch gepflückten Blätter werden gewaschen, mit einem Nudelholz auf einem Holzbrett zerquetscht und der Blätterbrei direkt auf die Wunde gestrichen.

**Vogelknöterich-Saft**

Frisch gepflückter Vogelknöterich wird gewaschen und feucht in einem Entsafter ausgepreßt. Den frischen Vogelknöterich-Saft streicht man mehrmals täglich auf die Wunden.

**Zinnkraut-Umschlag**

Zinnkraut-Dunstumschläge heilen selbst faulende Wunden.

Zwei gehäufte Handvoll Zinnkraut hängt man in einem Sieb über einen Topf mit kochendem Wasser. Durch den aufsteigenden Wasserdampf wird das Zinnkraut heiß. Man kippt den Siebinhalt in ein sauberes Leinentuch und legt ihn als warmen Umschlag auf die Wunde. Der Zinnkraut-Dunstumschlag sollte mehrere Stunden oder die ganze Nacht über einwirken.

**Zinnkraut-Waschung**

Eine weitere Anwendungsmöglichkeit für das Zinnkraut sind Waschungen und Bäder. Für Waschungen mit Zinnkraut-Absud überbrüht man zwei gehäufte Teelöffel Zinnkraut mit ½ Liter Wasser, eine halbe Minute ziehen lassen, abseihen und mit dem Absud die Wunde mehrmals waschen.

**Zinnkraut-Sitzbad**

Bei größeren Wunden im Bereich der Beine empfiehlt sich ein Zinnkraut-Sitzbad. 100 g getrocknetes Zinnkraut — am besten eignet sich für die äußerliche Anwendung das hohe Zinnkraut — werden 12 Stunden in kaltem Wasser eingeweicht. Danach wird der Kaltansatz bis zum Kochen erwärmt und dem Badewasser zugegossen. Man benötigt nur so viel Badewasser, daß die Nieren bedeckt sind. Die Badedauer beträgt 20 Minuten. Nach dem Bad nicht abtrocknen, sondern in einen Bademantel gehüllt im Bett eine Stunde nachschwitzen.

**Misch-Tee**

Eiternde, schwerheilende Wunden wäscht man mit einem Aufguß aus der gleichen Menge Ringelblumen und Zinnkraut gemischt.

Ein gehäufter Eßlöffel der Kräutermischung mit ½ Liter heißem Wasser abbrühen, eine halbe Minute ziehen lassen, abseihen und mit dem Absud die Wunde mehrmals auswaschen.

**Kleiner Schwedenbitter**

Wundmale und Narben verheilen spurlos, wenn sie täglich vor dem Schlafengehen mit Kleinem Schwedenbitter angefeuchtet werden. Man träufelt Kleinen Schwedenbitter auf einen Wattebausch und betupft die Narbe damit.

### *Hausmittel*

Von einer alten Bäuerin aus dem oberösterreichischen Mühlviertel ist folgende Heil- und Wundsalbe überliefert:

Fichtenpech von der Größe einer Semmel
Bienenwachs in der Menge einer halben Semmel
2 Eßlöffel Schweineschmalz
eine gehäufte Handvoll kleingeschnittene Käsepappel

Alles zusammen kochen und tüchtig brodeln lassen. Über Nacht zugedeckt stehenlassen. Am nächsten Tag leicht erwärmen. Durch ein Sieb oder Tuch passieren und in Salbentiegel oder Gläser füllen. Mit der Salbe streicht man die Wunde leicht ein.

Auch Zucker kann man für die Wundbehandlung benutzen. Bei übergewichtigen Menschen zeigt sich oftmals eine schlechte Hautdurchblutung an den Unterschenkeln. Die Haut wird dünn, ist deshalb kleinen Verletzungen und Wunden öfters ausgesetzt, die schwer zuheilen. Hier kann man das alte, früher sehr geschätzte Hausmittel anwenden, die Wunden mit Zucker zu bestreuen. Über die Wunde oder Verletzung wird leicht der feine Haushalts-Kristallzucker gestreut und dann ein Verband angelegt. Der Verband wird täglich gewechselt. In einigen Tagen heilt die Wunde ab und trocknet.

## Würmer

### Bärlauch

Dank seiner heilenden Eigenschaften auf unser Magen- und Darmsystem kuriert der Bärlauch den von Würmern befallenen Darm aus.

Im Frühjahr sammelt man die frischen Bärlauchblätter, die gewaschen und kleingeschnitten roh verzehrt werden. So wie Petersilie streut man Bärlauch auf alle Spei-

**Gänsefingerkraut**
*Potentilla anserina*

**Lungenkraut, Echtes**

*Pulmonaria officinalis*

sen, die mit frischem Grün verfeinert oder dekoriert werden. Mit Bärlauchblättern kann man auch einen Salat zubereiten oder Spinat kochen.

**Bärlauch-Essenz**

Um sich die Heilkraft des Bärlauchs das ganze Jahr über zu sichern, setzt man Bärlauch-Essenz an.

Kleingeschnittene Bärlauchblätter und -zwiebeln werden in eine dunkle Glasflasche gefüllt, mit 38- bis 40%igem Kornbranntwein übergossen und mindestens zwei Wochen in die Wärme gestellt. Von dieser Essenz nimmt man täglich bis zu viermal jeweils 10 bis 15 Tropfen, mit etwas Wasser verdünnt oder dem Kräutertee beigemengt.

**Kürbiskerne**

Kürbiskerne sind ein altbekanntes Hausmittel gegen Madenwürmer. Kinder essen täglich 10 bis 15 geschälte Kürbiskerne, Erwachsene 20 bis 30. Beim Schälen ist darauf zu achten, daß die feine innere Schale erhalten bleibt und mitgegessen wird. Die Kerne müssen sehr gut gekaut werden. Eine Stunde danach nimmt man einen halben Teelöffel Rizinusöl.

Für eine Bandwurm-Kur muß die Menge der Kürbiskerne erhöht werden. Unter Einhaltung einer strengen Diät werden 80 bis 100 geschälte Kürbiskerne, auf vier Portionen verteilt, gut gekaut. Eine Stunde nach jeder Portion schluckt man einen halben Löffel Rizinusöl. Diese Kur kann beliebig oft, ohne nachteilige Nebeneffekte, wiederholt werden.

Spulwürmer bekämpft man mit rohen Möhren und roten Rüben. Dazu trinkt man rohen Sauerkrautsaft. Für einen raschen Abgang der Spulwürmer sorgen außerdem Knoblauch, Meerrettich und Zwiebeln, die man in Milch kocht; diese dann schluckweise so warm wie möglich trinken.

### Ringelblume

Einen gehäuften Eßlöffel Ringelblumenblüten, mit einer Tasse heißem Wasser abbrühen, eine halbe Minute ziehen lassen, abseihen und schluckweise eine Tasse pro Tag trinken.

### Sauerklee

Ein gehäufter Teelöffel frische Sauerkleeblätter pro Tasse, mit heißem Wasser abbrühen, eine halbe Minute ziehen lassen, abseihen und schluckweise zwei Tassen am Tag trinken.

### Kleiner Schwedenbitter

Mit einem der obengenannten Tees nimmt man täglich drei Teelöffel Kleinen Schwedenbitter vor und nach den Mahlzeiten ein.

Man streicht den Nabel mit Ringelblumen-Salbe ein und legt darauf einen mit Kleinem Schwedenbitter befeuchteten Lappen.

## Zahnfleischbluten

### Salbei

Einen Teelöffel Salbei pro Tasse mit heißem Wasser abbrühen, kurz ziehen lassen, abseihen und mit dem Absud mehrmals täglich gurgeln.

Man kann auch einen Wattebausch mit dem Salbei-Absud tränken und um den blutenden Zahn legen.

*Hausmittel*

Man taucht eine nasse Zahnbürste in frischen Zitronensaft und massiert mit der Bürste den blutenden Zahn.

## Zahnextraktion

**Frauenmantel**

Nach dem Zahnziehen empfiehlt es sich, den Mundraum mehrmals täglich mit Frauenmantel-Tee zu spülen.

Ein gehäufter Teelöffel Frauenmantel pro Tasse, mit heißem Wasser abbrühen, eine halbe Minute ziehen lassen, abseihen und mit dem etwas abgekühlten Tee mehrmals täglich gurgeln.

## Zahnfleischentzündung

**Walnuß**

Ein gehäufter Teelöffel kleingeschnittene Walnußblätter pro Tasse, mit heißem Wasser abbrühen, eine halbe Minute ziehen lassen, abseihen und damit mehrmals pro Tag gurgeln.

**Zinnkraut**

Man mischt die gleiche Menge Zinnkraut und Johanniskraut und brüht daraus einen Tee, mit dem man täglich mehrmals gurgelt. Ein gehäufter Teelöffel der Mischung pro Tasse, mit heißem Wasser abbrühen, eine halbe Minute ziehen lassen, abseihen, etwas abkühlen lassen und damit gurgeln.

## Zahnfleischgeschwür

### Labkraut

Ein gehäufter Teelöffel Labkraut pro Tasse, mit heißem Wasser abbrühen, eine halbe Minute ziehen lassen, abseihen und damit mehrmals am Tag gurgeln.

Ab und zu sollte man die kranke Stelle mit Labkraut-Absud waschen.

### Salbei

Ein gehäufter Teelöffel Salbei pro Tasse, mit heißem Wasser abbrühen, eine halbe Minute ziehen lassen, abseihen und damit mehrmals am Tag gurgeln.

Man kann auch einen Wattebausch mit dem Salbei-Absud tränken und auf das entzündete Zahnfleisch legen.

## Zahnschmerzen

### Kamille

Ein gehäufter Teelöffel Kamille pro Tasse, mit heißem Wasser abbrühen, eine halbe Minute ziehen lassen, abseihen und schluckweise über den Tag verteilt bis zu drei Tassen Tee trinken. Man kann auch mit dem etwas abgekühlten Tee den Mundraum mehrmals täglich spülen.

### Kleiner Schwedenbitter

Bei Zahnschmerzen nimmt man einen Eßlöffel Kleinen Schwedenbitter mit etwas Wasser oder Tee vermischt und behält diesen Schluck über eine gewisse Zeit im Mund, bevor man ihn hinunterschluckt.

Man kann auch einen Wattebausch mit dem Kleinen Schwedenbitter tränken und auf den schmerzenden Zahn legen.

## Zahnwackeln

### Salbei

Einen Teelöffel Salbei pro Tasse, mit heißem Wasser abbrühen, eine halbe Minute ziehen lassen, abseihen und mehrmals täglich gurgeln.

Man kann auch einen Wattebausch damit tränken und um den lockeren Zahn legen.

### Misch-Tee

Man mischt die gleiche Menge Eichenrinde, Frauenmantel, Salbei und Vogelknöterich und weicht für 12 Stunden zwei gehäufte Teelöffel Kräuter in ½ Liter kaltem Wasser ein. Anschließend wird der Kaltansatz erwärmt und abgeseiht. Mit diesem Tee spült man mehrmals täglich den Mundraum aus. Praktischerweise füllt man die Tagesration in eine angewärmte Thermoskanne. Neben den Spülungen empfiehlt es sich, den Tee mit einer weichen Zahnbürste in das Zahnfleisch zu massieren.

## Zungenbelag

### Wermut-Tee

Wermut-Tee ist ein altes Hausmittel gegen eine belegte Zunge. Die weitverbreitete Ansicht, Wermut sei gesund und unschädlich, stimmt leider nicht. Man muß mit Wermut sehr vorsichtig umgehen. Auf eine Tasse heißes Wasser kommt deshalb nur ein halber Teelöffel Wermut. Man kann diesen Teelöffel auch mit einem Kräutertee einnehmen.

## Zungenbläschen

### Kleiner Schwedenbitter

Bläschen auf der Zunge, oft eine Folgeerscheinung von zu heißem Essen, behandelt man am besten mit Kleinem Schwedenbitter.

Man nimmt bis zu dreimal täglich einen Eßlöffel davon mit etwas Wasser oder Kräutertee verdünnt, behält diese Flüssigkeit eine Zeitlang im Mund, bevor man sie hinunterschluckt.

## Zungenerkrankung

### Labkraut

Schwellungen, Schmerzen, mit zu heißem Essen verbrannte Stellen der Zunge kuriert man mit frischem Labkraut. Pro Tag benötigt man sechs bis acht Tassen Tee aus frisch gepflücktem, kleingeschnittenem Labkraut.

Ein gehäufter Teelöffel Labkraut pro Tasse, mit heißem Wasser abbrühen, eine halbe Minute ziehen lassen, abseihen und die Tagesration in eine Thermoskanne füllen.

Mit dem Tee spült man mehrmals den Mund, gurgelt und nimmt ab und zu einen kräftigen Schluck. Diese Behandlung wird mehrere Tage hintereinander fortgesetzt, bis die Beschwerden behoben sind.

X.

# Mein Vortrag in St. Gallen

***Im April 1986 konnte ich in sieben Vorträgen in der Schweiz mein neues Buch »Heilkräuter aus dem Garten Gottes« vorstellen. Es fand reißenden Absatz. So stand ich in der Schweiz in kürzester Zeit an erster Stelle auf der Bestsellerliste.***

***Unter anderem sprach ich in St. Gallen. Diesen Vortrag möchte ich hier auszugsweise wiedergeben.***

Ich möchte Sie ganz, ganz herzlich begrüßen und Ihnen vor allem danken, daß Sie mich mit so viel Sympathie empfangen haben. Ich habe unlängst einmal nach einem Vortrag mit einer jungen Dame gesprochen, daß die Schweizer mich so offensichtlich mit offenen Armen empfingen. Da sagte sie: »Aber Frau Treben, Sie gehören doch zu uns. Bei uns in der Schweiz heißt es immer nur ›die Treben‹.« Und dafür möchte ich Ihnen nochmals herzlich danken.

*(Applaus)*

Es ist so viel, was ich Ihnen zu erzählen hätte. Aber diese eineinhalb Stunden sind zu kurz; deshalb möchte ich Ihnen mein neues Buch »Heilkräuter aus dem Garten Gottes« ans Herz legen. Dort finden Sie alles Wissenswerte.

Es hat mich vorhin jemand wegen eines Hustens gefragt, der nicht weggeht: Eine Scheibe Zitrone, einen gehäuften Teelöffel braunen Kandiszucker zusammen mit einer Tasse kaltem Wasser zwei- bis dreimal aufkochen lassen, wegziehen; ein gehäufter Teelöffel voll zu gleichen Teilen Thymian und Spitzwegerich hinein. Kurz ziehen, ich lasse meine Tees nicht einmal eine halbe Minute ziehen. Wenn Sie irgendwo lesen, 10 bis 15 Minuten, dann haben Sie in dem Tee fast keine Heilstoffe mehr. Erstens wird die Farbe dunkel, man will einen schönen hellen Tee trinken, außerdem sind die Heilkräfte bei 15 Minuten ziehen lassen schon zerstört. Der andere Tee ist so herrlich, und man soll ihn — wenn es ein ganz schlimmer Husten ist — jede Stunde frisch zubereiten. Meine Schwiegermutter ist mit 96 Jahren gestorben. Damals, da war sie vielleicht 92, da hatte sie so einen sehr schlimmen Husten; der Arzt sagte, sie müsse sofort ins Krankenhaus, sonst könnte sie eine Lungenentzündung bekommen. Unsere Oma gebe ich nicht ins Krankenhaus, sagte ich, die wird schon hier gesund. Im Krankenhaus kriegt sie die Lungenentzündung. So habe ich ihr den ganzen Tag nichts anderes gegeben, nichts zu essen, nichts, als jede Stunde nach der Uhr den Thymian-Spitzwegerich-Tee. Da hat sie jedesmal dem Tee entgegengefiebert und gesagt: »Wie mir das guttut.« Nach drei Tagen saß sie schon beim Essen am Familientisch. Der Tee ist herrlich.

Da schreibt eine Frau eine Karte aus Oberbayern: »Herzlichen Dank für Ihr Kräuterbuch. Dadurch hat mich der Herr von vielen Krankheiten geheilt. Meine Füße sollten amputiert werden, mit den Nerven war ich am Ende, ich unternahm zahlreiche Selbstmordversuche. Zungenkrebs, Krampfadern und Herzleiden. Alles geht weg. Aus einem traurigen und verzweifelten Menschen ist ein neuer Mensch geworden. Froh und glücklich. Dafür möge Gott Sie segnen.« Rosina Maibert.

Hier ein zweiter Brief: »Ich stand am Abgrund des Lebens. Am 11. Jänner 1982 wollte ich mich vergiften. Es war für mich eine beschlossene Sache. Ich weiß, daß dies eine schwere Sünde ist. Aber ich sah keinen anderen Ausweg mehr. Seit 17½ Jahren leide ich an einer chronisch-rezidierten Pyelonephritis. Ich habe alle Antibiotika und Sulfonamide durch, und es ist alles resistent geworden. Das war eine schlimme Erkenntnis für mich. Ich habe qualvolle Jahre hinter mir. Das Leben war mir, gepeinigt von Schmerzen und tiefen Depressionen, zur Hölle geworden.

Vor ca. eineinhalb Jahren gab es einen Lichtblick. Eine Bekannte riet mir, reines Terpentinöl einzunehmen. Schlagartig besserte sich mein Zustand. Aber im Laufe der Zeit mußte ich zu einer immer größeren Dosis greifen, wenn ich schmerzfreie Perioden haben wollte. Das war keine Endlösung für mich, zumal ich dauernd furchtbar erbrach und schwere Durchfälle hatte. Ich nahm zum Schluß fünf bis sechs Eßlöffel pro Tag und weiß nicht, wie sehr dies meinem Körper geschadet hat. Das war mir völlig egal, da ich es vor Schmerzen nicht mehr aushielt. Am 8. Jänner erwachte ich nachts um drei Uhr mit schlimmsten Schmerzen. Obwohl ich vortags fünf Eßlöffel von dem Terpentin genommen hatte. Da wurde mir schlagartig klar, daß auch dieses Mittel nichts mehr half. Die Panik, in die ich geriet, war so groß, daß ich beschloß, endgültig Schluß zu machen. Das war kein Leben mehr. Am nächsten Vormittag, als meine Verzweiflung immer größer wurde, erhielt ich, bevor ich mit meinem Mann das Haus verlassen wollte, einen Brief aus der DDR von meiner Kusine, der die entscheidende Wende in meinem Leben bringen sollte. Sie schrieb ganz aufgeregt, sie habe zufällig das Buch ›Gesundheit aus der Apotheke Gottes‹ gelesen und bat mich so flehend und eindringlich, sofort dieses Buch zu kaufen. Am Vorabend hatte mir eine Verkäuferin, mit der ich ins Gespräch gekommen war, denselben Buchtitel auf einen Zettel geschrieben, den ich nun aus meiner Jackentasche zog. Auch mein Mann staunte. Plötzlich wußte ich, dies war kein Zufall, dies war die Hand Gottes, die mir den richtigen Weg wies. Mein Mann kaufte das Buch, am Nachmittag las ich es und war völlig fasziniert. Am späten Abend besorgte mein Mann mir noch den Tee, ich trank zwei bis drei Tassen am selben Abend und verlor daraufhin fast vier Liter Gewebsflüssigkeit. Das war schon einmal eine enorme Erleichterung. Zwei Tage später fühlte ich plötzlich ein behagliches Gefühl der Besserung. Es war, als ob ein Druck wich. Plötzlich war ich voller Freude. Alle Depressionen waren fort und ich dankte Gott. Heute vor 20 Tagen begann ich mit dem Teetrinken und fühle mich sehr gut, auch die Kopfschmerzen, die mich ständig quälten, waren nach einer Woche weg, weil ich täglich vier Tassen Brennesseltee trinke. Es ist ein Wunder. Mein Urin weist keine Bakterien mehr auf.«

Sie sehen also, ein Brief, der mich erreichte. Diese Frau war so verzweifelt, und in diesen kurzen Tagen hat sie eigentlich die hauptsächlichen Schmerzen und diesen Druck der Depressionen verloren. Jeder sollte zu den Kräutern greifen. Und die hauptsächlichsten Kräuter, die wichtigsten Kräuter sind kurz gesagt: die Brennessel als blutreinigende und blutbildende Pflanze; die Schafgarbe — blutbildend im Knochenmark. Ich hatte z.B. im Oktober '84 einen Vortrag in Amerika, Chicago, und habe darauf hingewiesen, daß die Schafgarbe blutbildend im Knochenmark ist. Ich weiß nicht, ob Sie das erkennen, was das bedeutet. Ein Knochenaufbau, der auch dem ganzen Körper zugute kommt. Und nach dem Vortrag kam ein Arzt auf mich zu und sagte. »Was ich heute durch Sie erfahren habe, ist phänomenal. Ich als Arzt erkenne, was das heißt, Schafgarbe blutbildend im Knochenmark.« Da ist die Brennessel, die Schafgarbe, das Zinnkraut und die Ringelblume. Wenn Sie diese vier Kräuter immer wieder trinken, eine Woche die Pflanze, eine Woche jene Pflanze, dann werden Sie auf einmal sehen, daß alles von Ihnen abfällt. Die Kopfschmerzen, unter denen Sie leiden, die schlechte Verdauung ist weg. Nicht vergessen das kleine Rezept der Schwedenkräuter. Das ist wichtig, täglich morgens einen Teelöffel in den Tee.

Hier noch ein dritter Brief von einer Herzkranzgefäßverengung. »Ich habe eine Herzkranzgefäßverengung.

Der Arzt sagte, ich solle mich mit dem Gedanken einer Bypass-Operation vertraut machen. Ich bekam Nitroglyzerin-Tabletten und mußte oft sprühen. Als wir in Südtirol in 1500 m Höhe waren, brauchte ich keine Tabletten und fühlte mich wohl. Als wir wieder zu Hause waren, wurde es wieder so schlimm, daß ich schon das Schlimmste befürchtete. Ich nahm wieder ein, dazu die furchtbaren Kopfschmerzen, bis zur Gewöhnung der Präparate. Und die viele Arbeit. Ich wußte nicht mehr ein noch aus. Dann gab mir meine Schwester Ihre Schwedenkräuter. Ich nahm sie dreimal täglich, einen Teelöffel voll. Und zusätzlich mischte ich mir für eine Tasse Tee Brennessel, Ehrenpreis und Hirtentäschel. Jetzt trinke ich nur noch morgens eine Tasse mit einem Teelöffel Schwedenbitter. Bekomme ich mal einen Anfall, der vielleicht höchstens einmal im Vierteljahr auftritt, befeuchte ich mir das Herz und die Atemwege und nehme einen Eßlöffel voll Schwedenkräuter, und sofort entkrampft sich alles.« Ich habe immer wieder das Empfinden, daß die Menschen zuwenig in meinen Büchern lesen. Diese Leute schreiben mir deshalb diese Erfolge, weil sie nach meinen Büchern leben.

Hier aus meiner Erfahrung:

Im Oktober, vielleicht vor vier oder fünf Jahren, kam ein Ehepaar aus Norddeutschland nach Grieskirchen. Nachdem ich keine Besuche annehme, hat man meinem Mann unten bei der Haustüre gesagt, sie wollen nichts von mir, sie wollen sich lediglich bedanken und diesen Fall erzählen, der sich in ihrer Familie zugetragen hat. Er, ein stattlicher Mann, sie eine ebenso stattliche und hübsche Frau von ca. 48 Jahren. Sie sagte, wenn Sie nicht wären, Frau Treben, wäre ich schon lange unter der Erde. Ich darauf, das sei eine falsche Auffassung, denn die Kräuter kommen nicht von mir, die Kräuter kommen vom Herrgott, ich kann sie nur empfehlen und in den Büchern weitergeben. — Frau E., damals 45 Jahre, stürzt in einem Bürohaus auf der Treppe und hält sich am Geländer fest. Da spürt sie linksseitig einen Riß. Nachdem die Schmerzen nicht nachlassen, geht sie zu einem Frauenarzt. Der stellt ein Myom fest. Herr E. erzählte dann weiter, daß seine Frau bis dahin überhaupt noch nie krank war. Der Frauenarzt schlägt ihr eine Operation vor, die in einer Hamburger Klinik gemacht wurde. Sie bleibt dort sieben Wochen. Bei der Operation erkennt man, daß das Myom nicht entfernt werden kann, da es an krebsbefallenen Darmwänden angewachsen ist. Aber die Kranke glaubt, man habe ihr das Myom genommen und fühlt sich gesünder. Die Schmerzen haben nachgelassen, sie macht nur den einen Fehler, sie entschließt sich zu einer Kur. Später kommt sie ein zweites Mal in die gleiche Klinik, wo sie wieder sieben Wochen bleibt. Das erste Mal wurde die linke Seite aufgemacht, das zweite Mal die rechte, immer von oben nach unten. Der Krebs hat sich überall im ganzen Bauchbereich, über Leber, Galle und Milz ausgebreitet. Sie wird entlassen und kommt etwas später ein drittes Mal in die Klinik. Jetzt wird ihr von der Bauchspeicheldrüse an ein Schnitt nach rechts gemacht. Sie bleibt nochmals sieben Wochen im Krankenhaus, wird künstlich ernährt, hat in diesen Wochen nicht ein einziges Mal ihr Bett verlassen, hatte keine Verdauung und war nicht ein einziges Mal auf der Toilette. 14 Tage vor Ostern sagt der Oberarzt der Klinik zu Herrn E., Ostern wird Ihre Frau nicht mehr erleben. Wir haben alles getan, aber wir stehen am Ende. Herr E. erzählte mir später bei seinem Besuch in Grieskirchen, daß er aber die ganze Zeit, in der seine Frau in der Klinik lag, die Gewißheit hatte, sie nicht zu verlieren.

Er kommt an diesem Tage nach dem Gespräch mit dem Oberarzt heim, unter seiner Post liegt, aus Österreich von einer Verwandten gesendet, die »Apotheke

Gottes«. Er liest die Nacht durch und kommt auch zu der Stelle, was bei Darmkrebs angewendet wird.

Morgens telefoniert er nach Österreich — das war damals am Anfang meines Buches, und es gab in Deutschland eigentlich kaum Schwedenkräuter — man sagte in Österreich, unmöglich, wir kommen nicht mehr nach mit den Bestellungen. Darauf Herr E.: Sie müssen mir das schicken, hier geht es um Stunden, und ich hoffe, daß Sie es tun. Dann kauft er in einer Hamburger Apotheke Kalmus, Ringelblume, Schafgarbe, geht mit diesen Kräutern zum Chefarzt, zeigt ihm das Buch und sagt, ich habe einen Strohhalm, an den ich mich klammere. Der Arzt sagt: Aber Herr E., ein intelligenter Mensch wie Sie, Heilkräuter; Humbug, Firlefanz. Sie werden doch nicht glauben, daß diese Heilkräuter Ihrer Frau, die eventuell höchstens noch 10 Tage lebt, helfen. Herr E. sagt: »Sie haben meine Frau dreimal sieben Wochen in der Klinik gehabt. Und Sie können verstehen, daß ich ein Vermögen bei Ihnen gelassen habe. So will ich auch, daß Sie das von der Klinik aus machen. Die Schwedenkräuter kommen noch nach. Die sind noch nicht da.« So hat dann die Klinik die Kräuter verabreicht. Die Schwedenkräuter kamen genau einen Tag nach Ostern, es war Dienstag: Er geht mit seinem Schwager, der wegen seiner todkranken Schwester in die Klinik kam, sofort damit zum Chefarzt. Die Krankenschwester macht den Umschlag — wie man ihn macht, steht genau im Buch. So wird Frau E. versorgt, sie bekommt den Schwedenkräuterumschlag auf den Leib aufgelegt. Herr E. geht mit seinem Schwager in den Aufenthaltsraum, um zu rauchen. Sie hatten noch nicht die Zigarette angezündet, hören sie einen furchtbaren Schrei. Sie stürzen zur Tür. Da steht seine Frau vor ihrem Krankenzimmer, das Röhrchen für die künstliche Ernährung hängt ihr herunter, sie hält sich den Leib und schreit: Ich muß sofort auf die Toilette. Sieben Wochen nicht auf die

Toilette — und zwei Minuten Schwedenkräuter und sie hat auf die Toilette müssen. Er sagt, das kann man nicht beschreiben, was da aus dem Leib herauskam. Sie waren alle sichtlich überrascht, der Chefarzt war natürlich auch dabei. Dann hat man ihr wieder den Umschlag gemacht und sie ins Bett gelegt. Der Mann nahm sie nach einer Woche heim, weil er meinte, das kann ich alles selber machen, da brauche ich nicht die Klinik, wo ich täglich so und soviel D-Mark zahle. Das war also Ostern, und im Oktober des gleichen Jahres kam das Ehepaar zu mir, die Frau gesund und glücklich.

Sie sehen, daß es Hilfe bei Krebs gibt. Und die ganzen Jahre, da ich in meinem Buch darauf hingewiesen habe, in einer Zeit, wo die Krebserkrankungen steigen, hat man mich nur angegriffen und in den Schmutz gezogen, von einem Kräuterweib wird gesprochen, das in Österreich lebt und sich lächerlich macht. In deutschen Zeitungen werde ich ausgelacht, und sie schreiben, daß ich mit Bohnenkraut Zuckerkranke heile. Es ist ein Rezept von eurem Naturarzt Pfarrer Künzle. Und weil mir dieses Rezept gegen Zucker großartig gefallen hat, habe ich es weiterempfohlen. Alles in meinem Buch ist selbst erlebt und selbst erkannt. Meine innere Kraft und mein Herrgott haben mir geholfen, diese Angriffe zu verarbeiten. Mein Mann hatte wiederholt vier Nervenzusammenbrüche. Er war als leitender Ingenieur 36 Jahre lang tätig, auf einmal kommen Leute, die seine Frau nur heruntersetzen. Das hat er nicht verkraftet.

Da lebt Frau Gisela Friebel in Münster, sie hat einen Knoten in der Brust, geht zum Arzt, am nächsten Tag ist die Brust amputiert. Dann kommen Behandlungen und Chemotherapien. Sie schreibt in ihrem Buch, wenn sie nicht immer die Angst in den Augen ihres Jungen gesehen hätte, der einmal aus dieser und einmal aus jener Ecke sie angeschaut hat, vor lauter Angst, daß er seine

Mutter verliert, dann wäre sie vielleicht so weit gewesen, zu sagen, ich will nicht mehr, ich mache Schluß. Denn was ein Mensch bei Chemotherapie erlebt, ist grauenhaft. Sie hat dann nach meinem Buch gegriffen und ist heute gesund. Mit einem Arzt hält sie Vorträge, um anderen Krebskranken Hoffnung zu geben. Sie hat das Buch geschrieben: »Ich habe Krebs! Na und?« Ein unglaublich interessantes Buch, erschienen im Hebel Verlag, Rastatt.

Später hatten wir einen Presseempfang in München. Nun liegt auf der Hand, daß es tatsächlich Kräuter gibt, die Krebs heilen. Als ich vor Jahren mein erstes Buch schreiben sollte, habe ich mich ein halbes Jahr dagegen gewehrt. Wer wird das Buch einer Unbekannten lesen, wo so viele Kräuterbücher auf dem Markt liegen? Ich habe dann darin betont, daß es Kräuter gibt, die bei Krebs Hilfe bringen.

Dr. Dr. Seeger, mehr als 40 Jahre Krebsforscher in Berlin, schreibt mir: »Wie können Sie sich diesen Schmutz gefallen lassen, der pausenlos auf Sie zukommt, wo ich als Krebsforscher bestätigen kann, daß die bei Ihnen angeführten Kräuter alle Krebs entgegenwirken?« Dr. Dr. Seeger, Berlin, hat ein Büchlein »Die Wunderheilung der Maria Treben — Irrglauben oder Wahrheit?« im Verlag »Mehr Wissen«, Düsseldorf, herausgegeben.

In Wuppertal habe ich drei Fragen beantwortet, und zwar über abgegrenzte weiße Gesichtsflecken, Durchfall und niederen Blutdruck, allesamt in meinem Buch besprochen. Die Anzeige der Staatsanwaltschaft, »Ausübung unerlaubter Heilpraxis«, zog sich jahrelang hin und gipfelte in einer Buße von 10000 DM. Man darf nicht helfen, auch wenn man es gerne täte. Ich habe zwei Jahre lang jeden Vortrag in Deutschland abgelehnt, ich halte hier in der Schweiz das erste Mal wieder Vorträge. Überall, wo ich hinkomme, Journalisten, Fernsehen, Rundfunk, Zeitungen, Sie selbst als Publikum, kommen mir so

**Käsepappel**

*Malva neglecta*

**Weidenröschen, Kleinblütiges**

*Epilobium parviflorum*

herzlich entgegen, daß ich manchmal vor lauter Freude weinen könnte.

*(Applaus)*

Meine Pflanzenkenntnisse gehen zurück bis in mein zweites Lebensjahr. Ein Oberförster, ein Freund meines Vaters, hat mich als kleines Kind in die Natur eingeführt.

Später lernte ich den großen österreichischen Biologen Richard Willfort bei einem Vortrag in Grieskirchen kennen.

Durch seine Besuche in unserem Haus, seine interessanten Gespräche über Heilkräuter und ihre Hilfe bei schwerster Erkrankung, erschlossen sich für mich neue Perspektiven. Heilkräuter spielten in unserer naturverbundenen Familie immer eine große Rolle, Medikamente waren von Haus aus verpönt. Erstaunt über meine Pflanzenkenntnisse und Naturverbundenheit, führte Willfort mich in die Welt der großen Naturärzte ein, Paracelsus, Tabernämontanus, Bock, Hufeland, Heinrich Hahn bis hin zu Pfarrer Kneipp und dem großen Schweizer Naturarzt Pfarrer Künzle. Die Pflanzen meiner Kindertage sind plötzlich erfahrene Helfer der Menschheit geworden. Von da an begann ich über Heilpflanzen und Krankheiten logisch nachzudenken und tiefere Einblicke zu nehmen. Ich habe mir gesagt, da gibt es doch Kräuter, die bei Krebs helfen. So weist Pfarrer Kneipp in seinem 1886 erschienenen Buch »Meine Wasserkur« auf folgende Stelle hin: »Jeder gut- oder bösartige Tumor wird mit Zinnkraut zum Stillstand gebracht und allmählich aufgelöst.« Kein weiteres Wort darüber. Als 1889 die 2. Auflage herauskam, mußten diese Stellen auf ärztlichen Druck herausgenommen werden. Weiter in Pfarrer Kneipps Buch: »Jede krebsartige, offene, jede faulende Wunde wird mit Zinnkraut weggebracht.« Durch Richard Willfort erfahre ich, daß zwei Drittel aller Nervenkrankheiten — bitte stellen Sie sich das einmal vor — nicht in Heilanstalten müßten, wenn die Niere gesund wäre. Das steht in den Schriften des österreichischen Nervenarztes Dr. Wagner-Jauregg. Wenn der Druck der kranken Niere nach oben geht, sich rechts und links auf offenliegende Nerven setzt, dann kommen Versteifungen im Schulter- und Nakkenbereich mit einhergehenden großen Schmerzanfällen, die leider auf Rheuma behandelt werden. Tabletten und Spritzen, Bestrahlungen und Einreibungen, aber das Rheuma geht nicht weg, weil eine verkühlte oder ernährungsmäßig schlecht behandelte Niere die Ursache ist. Man muß also die Niere behandeln, und zwar ganz einfach, man bereitet ein Zinnkraut-Sitzbad von 100 Gramm, über Nacht kalt wässern, nächsten Tag anwärmen, jedoch nicht kochen, 20 Minuten Badedauer. Darüber hat man in den unfairen Zeitungsberichten lauthals gelacht. Das Zinnkraut löst nämlich eine äußere Durchblutung der Niere aus. In dem Moment, wo die Niere durchblutet wird, zieht sie ihren Druck nach oben ab. Oder man legt Schwedenkräuterumschläge auf die Niere. Wenn jedoch der Druck der Niere stärker wird, bis in die Gehirnzellen geht, dann kommen die bedrückenden Depressionen. Deshalb Zinnkraut-Sitzbäder oder Schwedenkräuter-Umschläge. Es ist eine ungeheure Befreiung, auch wenn nur Versteifungen in Schulter- und Nackenbereich weggenommen werden. Auf gleiche Weise reagiert die Leber. Ihr Druck nach oben kann entweder auf der Schilddrüse, der Lunge oder dem Herzen liegen. Er löst nicht nur scheinbare Schilddrüsenerkrankungen, sondern auch Lungenemphysem oder Herzasthma aus. 80 Prozent aller Schilddrüsenerkrankungen kommen nicht von der Schilddrüse, sondern von der Leber. Bei einer schweren Atemnot versuchen Sie einmal eine Schwedenkräuter-Auflage auf die Leber. Sie werden sehen, wie rasch Sie von der Atemnot befreit sind. Ist die Schilddrüse tatsächlich erkrankt, hilft Labkraut-Tee, Umschläge oder Gurgeln mit Labkraut. Hilft auch bei einem Kropf, auch wenn er nach innen geht. Sollte sich aber der Druck der Leber auf die Lunge legen, kann es dadurch zu einem Lungenemphysem kommen. Auch hier sind Schwedenbitter-Umschläge auf die Leber zu empfehlen. Der Druck wird abgezogen, die geblähte Lunge verkleinert sich. Die Leber kann aber auch ihren Druck nach links aufs Herz geben. Da beginnt das Herz zu schwellen, es wird größer, und eine furchtbare Atemnot beginnt: Herzasthma. Vor Jahren fragte mich bei einem Vortrag eine Frau, was man bei Herzasthma machen kann? Den Tee aus Hederich und Herzgespann verträgt der Schwerkranke nicht. Der Mann war 52 Jahre alt, hatte seit 10 Jahren Herzasthma und mußte die ganzen Jahre nachts sitzend schlafen. »Wir wohnen mitten in einer Wiese, haben das Häuserl in der Wiese stehen, und mein Mann kann seit 10 Jahren nicht mehr das Haus verlassen. Kann sich nicht mal vor die Haustür stellen, weil er nach Luft ringen muß, die Hände über dem Kopf zusammenschlagen, daß er überhaupt Luft bekommt.« Das interessiert mich. Bringen Sie mal Ihren Mann zu mir. 52 Jahre, zehn Jahre diese furchtbare Atemnot! Wie er zu unserem Haus fährt, vier Schritte vor der Garage zur Haustür, mußten die Frau und der Sohn ihn tragen. Alleine gehen konnte er nicht. Trotzdem er getragen wurde, mußte er beide Hände über dem Kopf zusammenschlagen, immer wieder, ich kann Ihnen das furchtbare Stöhnen des Kranken nicht beschreiben. Angenommen, ich hätte diese Atemnot, die in der heutigen Zeit so viele junge Menschen befällt, soviel Leid und Kummer über sie bringt, würde ich vor allem einmal den Schwedenbitter-Umschlag über Nacht auf die Leber legen und täglich 4 Tassen Brennessel, zu gleichen Teilen mit Zinnkraut und Schafgarbe gemischt, trinken. Ich bin überzeugt, daß die Beschwerden allmählich weggehen und ich wieder langsam ein gesunder Mensch würde. Ich hatte frischen Bärlapp im Haus, habe ihm davon eine Tasse gebrüht und gesagt: »Sie können diesen Tee eine halbe Stunde lang langsam schluckweise trinken. Ich nehme mir für Sie Zeit. Wenn Sie jetzt nach Hause kommen, lassen Sie sich von Ihrer Frau einen Schwedenbitter-Umschlag auf die Leber legen und lassen Sie ihn heute darauf und anschließend die ganze Nacht.« Um acht Uhr früh bekomme ich von seiner Frau den Anruf: »Mein Mann hat heute das erste Mal seit zehn Jahren liegend schlafen können!« Ich bin mit der Frau und dem Sohn nach 14 Tagen in den Wald gefahren, um den Kranken weiter mit frischem Bärlapp einzudecken. Ich habe mir gesagt, ich nehme mir trotz Zeitnot auch noch die Zeit für diesen Armen. Zehn Jahre falsch behandelt, jetzt möchte ich ihn gesund sehen. Die Frau sagte mir, wie können wir Ihnen das je bezahlen? Mein Mann geht, seit er bei Ihnen war, also 14 Tage, jeden Vormittag und Nachmittag um den Hausgarten und täglich ein Stückchen weiter. *Das ist doch wohl eine Freude, diesem Menschen geholfen zu haben!* Er hat dann noch 10 Jahre gelebt!

Hier für meine Zuhörer noch ein herrlicher Brief, der reiht sich an zu dieser Sache. Herr Gerhard B. aus einem Seniorenheim in Westfalen: »Mich läßt seit einigen Monaten ein Gefühl nicht los, Ihnen Dank zu sagen. Schicksal oder Zufall hat mir ihre ›Apotheke Gottes‹ in die Hände gespielt. Seit Ende 1978 war ich sehr krank. Ich hatte ein schweres Lungenemphysem mit Bronchiallähmung. Ich war bis Juni 1981 in fünf Krankenhäusern. Auch etwa 25 Ärzte haben mich mit allen möglichen Medikamenten behandelt. Auch mit Cortison. Wegen akuten Erstickungsanfällen ging es mit Blaulicht in das nächstgelegene Krankenhaus. Das ging so im Wechsel von Wochen. Zweimal war ich vollkommen weggetreten. Meine Kinder wurden benachrichtigt. Ihr Vater hat die Atmung eingestellt. Der Puls ruht auch. Wir machen Wiederbelebungsversuche. Man hat mir keine lange Lebensdauer mehr gegeben. Auch ich hatte nur noch einen Wunsch, zu sterben. Das alles war eine grausame Tierquälerei. Ich konnte ohne stützende Begleitung keine 200 bis 300 Meter gehen, mich nicht bücken und keine Treppen steigen. Mengen von allen möglichen Tabletten, Spritzen, ein Tropf- und Sauerstoffgerät waren meine ständigen Begleiter. Täglich drei- bis viermal Inhalationen. Mit den Wiederbelebungsbemühungen hatten die Ärzte jedesmal Erfolg. Dabei hat man mir einmal vier und einmal fünf Rippen gebrochen. (Da muß man gratulieren zu diesem Erfolg.) Das war zur Zeit mein Leben. Jetzt kommt das Schicksal. (Ich finde, daß das eine Fügung ist.) Hier im Haus im Seniorenwohnsitz hatte ich den üblichen Erstikkungsanfall. Meine Notspritzen habe ich stets bei mir. Der Pfleger des Hauses verabreichte sie mir. Meine Betreuungsdame fragte mich dann fürsorglich: Soll ich Sie gesund machen? Machen Sie, was Sie wollen. Ich möchte nur sterben. Man legte mir eine Packung in Wasserdampf erhitzten Schachtelhalm (Zinnkraut) auf die Brust. Danach wurde die Brust mit Schwedenbitter eingerieben. Sechs Wochen habe ich täglich warmen Schachtelhalm auf die Brust gepackt, und noch heute reibe ich den ganzen Brustkorb mit dem wunderbaren Schwedenbitter ein. Ein Wunder ist geschehen. Seit Juni 1981, dem Beginn der Behandlung mit Schachtelhalm und den Schwedentropfen, habe ich keinen Erstickungsanfall mehr gehabt, war nicht mehr im Krankenhaus, kann tief durchatmen, kann wieder marschieren, vier, fünf, sechs Kilometer. Werde nicht müde, fünf Stockwerke ohne Schwierigkeiten zu steigen. Mein Arzt sagt, Sie sind ein Wunder. Sie müßten längst tot sein. Er hatte recht. Meine vier Mitkranken, mit denen ich im Krankenhaus lag, sind tot. Sie haben kein Schwedenbitter angewendet, mein Arzt kennt das Wunder nicht. Ich werde ihm meine Heimlichkeit nicht verraten. Er hat sich sehr um mich bemüht. Ihnen, Frau Treben, sei Dank. Ich, ein fast alter Mann, kann wieder lachen, fröhlich aus tiefstem Herzen sein, kann mich meiner neuen Enkelkinder erfreuen und ohne große Alterswehwehchen die herrliche Natur bewundern. Sehen und beobachten, spätabends ins tiefblaue Himmelsgewölbe träumen. Sterne und Mond bewundern.« Wenn das nur der einzige Fall wäre, der durch mein Buch gesund wurde, ist das schon etwas ganz Wunderbares! Jetzt möchte ich Ihnen anschließend noch etwas erzählen:

Aus Bonn bekomme ich einen Brief von Herrn Siegfried B.; der schreibt, seine Frau, 38 Jahre alt, hat seit ihrem 14. Lebensjahr einen Klumpfuß. Dieser Klumpfuß wurde 24 Jahre lang ärztlich betreut, dränagiert, geschnitten, operiert, alles Mögliche und Unmögliche hat man mit dem Fuß gemacht. Zum Schluß war er ein riesiger Klumpen bis zum Knie. Am 15. August (Maria Himmelfahrt) bekommt er mein Buch, beginnt den kleinen Schwedenbitter anzusetzen. Das dauert genau 14 Tage. Anfangs September beginnt er, jede Nacht seiner Frau Umschläge zu machen. Brennessel, Zinnkraut, Ringelblume und Schafgarbe mischt sie zu gleichen Teilen. Von dem Tee trinkt seine Frau täglich 2 Liter schluckweise verteilt. Der Klumpfuß, der 24 Jahre dränagiert, geschnitten und operiert wurde, war in vier Wochen weg. Die Frau hatte plötzlich zwei normale Füße, was sogar in Bonn auf der Straße aufgefallen ist, darunter einem Arzt, der sie fragt: »Wieso kommen Sie plötzlich zu zwei normalen Füßen?« Zwei Kräuter sind es, die jede Muskulatur stärken, selbst bei Muskelschwund helfen. Das ist das Hirtentäschel, äußerlich als Tinktur zu verwenden. Die Einreibung hilft, die Muskulatur zu beleben. Das kleingeschnittene Hirtentäschel wird in einer Flasche mit 38%igem Alkohol angesetzt. Ein stärkerer Alkohol schädigt beim Einreiben die Haut. Es gibt Arnika-Tinkturen aus Apotheken, die mit Weingeist angesetzt sind, bei äußerer Einreibung giftrote Hautschäden auslösen. Die mit Weingeist angesetzte Arnika muß zu 50% mit abgekochtem, ausgekühltem Wasser vermischt werden, dann erst kann sie als äußere Einreibung Verwendung finden. Wie schon gesagt, bei Muskelsachen, Muskelerkrankungen äußerlich Hirtentäschel anwenden. Eine Frau, die Arthrose hatte, bekam 10 Jahre Cortison. Auf einmal sind Ihre Augenlider schlaff heruntergehangen, sie weinte und sagte, ich gehe mit Krücken, nun kann ich nicht mehr auf die Straße gehen, weil die Augenlider herunterhängen und ich nicht mehr sehe. Weinen Sie nicht, meinte ich. Streichen Sie die Augenlider mit Hirtentäscheltinktur ein, innerlich trinken Sie täglich vier Tassen Frauenmantel. Diese beiden Kräuter gehören zusammen, sie bilden eine Symbiose. Frauenmantel belebt jede Muskulatur von innen, Hirtentäschel von außen. Die Lider dieser armen Frau haben sich gestrafft und wieder gehoben.

Sie können z.B. auf einmal Ihre Hände nicht mehr bewegen. Durch Hirtentäschel und Frauenmantel bekommen Sie Hilfe. Die Brennessel ist nicht nur blutreinigend, sondern auch blutbildend. Sollten Sie oft jahrelang Bakterien im Darm haben, durch nichts wegbringen, befolgen Sie meinen Rat und trinken Sie eine Zeitlang Brennesseln. Die Untersuchung ergibt, daß Sie ganz frei von Bakterien sind. Bei Viruserkrankungen werden Sie das gleiche erleben. Die Brennessel schafft das in kurzen Tagen.

Ich spreche in einer großen deutschen Stadt. Es kommt am Vortag ein Herr an meinen Tisch, erzählt mir, er wäre im Februar über die Kellertreppe gestürzt, mit der Schulter wuchtig gegen die Mauer gestoßen. (Wir hatten Oktober.) Er konnte niemandem mehr die Hand geben, nicht einmal einen Teelöffel halten und vor Schmerzen keine

Nacht schlafen. Nach fünf Monaten täglich Spritze beim Arzt und zwei Monaten jeden zweiten Tag ist es September geworden. Da sagt ihm der Arzt: Durch den Sturz an die Kellermauer hat sich eine Kalkablagerung in ein fremdes Gewebe geschoben, so haben Sie deshalb dauernd diese furchtbaren Schmerzen. Sie müssen sich entschließen, operativ die Kalkablagerung entfernen zu lassen. Ich bin Sportler, sagte der Patient, was wird, wenn mir ein gelähmter Arm bleibt? Zu der Operation kann ich mich nicht entschließen. Als er nach Hause kommt, erzählt er die Sache seiner Frau. Mach es nach Maria Trebens Buch, sagt sie, trinke Brennessel. Er lacht und sagt: »Was soll die Brennessel, dieses Unkraut, wenn ich sie trinke, hier an meiner Schulter helfen?« Sie aber: Mach's trotzdem. Da begann er täglich 4 Tassen Brennessel zu trinken. Am 4. Tag wacht er auf: »Das ist doch nicht möglich, ich kann meinen Arm normal heben! — Das war vor 4 Wochen. Und heute kann ich wieder einen Zentner stemmen!« — »Wenn Sie das dem Publikum selbst erzählen wollten?« sagte ich. Es waren 2200 Menschen anwesend. Nachher fragte ich das Publikum, was ihm diese Erzählung logischerweise aussagt. Mir z.B. sagt es, was ich laufend in meinen Büchern betone, daß die Brennessel in kürzester Zeit alles aus dem Körper nimmt, was nicht hineingehört. Deswegen wäre es für jeden Menschen gut, prophylaktisch Brennessel zu trinken. Ich trinke sie seit 1968. Da hatte ich im Rundfunk gehört: »Wenn die Menschheit wüßte, wie heilkräftig die Brennessel ist, würde sie nichts als Brennessel anbauen.« Wir haben gerade unser Haus gebaut und daraufhin begonnen, Brennnessel zu trinken. Und die viele Arbeit machte uns gar nicht müde, sie ist uns glatt von den Händen gegangen. Seit dieser Zeit trinken wir täglich unsere Tasse Brennessel-Tee. Brennessel kann man bis ans Lebensende 1 Tasse am Tag trinken. Pfarrer Künzle schreibt in seinen Büchern, daß man ab einem gewissen Alter bis ans Lebensende täglich eine Tasse Zinnkraut trinken soll. Dann würde man alles Rheumatische verlieren. Arthrose, Gicht, Hexenschüsse, all das, was mit rheumatischen Beschwerden zusammenhängt. Die Niere bleibt durch Zinnkraut gesund, sie kann ihre Gifte nirgends absetzen und damit Schmerzen auslösen. Die Menschen hätten alle einen schmerzlosen Lebensabend. Dazu dann noch eine Tasse Brennessel; diese beiden Kräuter ergänzen sich. Die Menschen würden oder blieben gesünder bis ins höchste Alter.

Aus dem Allgäu ruft mich einmal weinend eine Frau an. Sie erzählt mir, ihr Mann sei im Krankenhaus. Man hätte eine verstopfte Herzvene festgestellt, die Ärzte wollen operieren. Durch die Untersuchung ist mein Mann so geschwächt, wahrscheinlich wird er die Operation nicht überleben. Da brauchen Sie doch jetzt nicht schon weinen, sagte ich, er lebt ja noch. Nehmen Sie Ihren Mann auf 10 Tage nach Hause, und machen Sie folgendes: Brühen Sie Brennessel, eine halbe Minute ziehen und ein bißchen abkühlen lassen. Nun beugt Ihr Mann den Oberkörper über die Wanne, wäscht täglich die Herzgegend kreisrund mit dem lauwarmen Brennesselabsud. Nach zehn Tagen ruft sie an: Sie haben recht gehabt, ich habe zu früh geweint. Nun ist mein Mann wieder gesund. Wir waren jetzt im Krankenhaus, die Herzvene ist nicht mehr verstopft. Mein Mann ist schmerzfrei. Er hat sogar noch die Kraftprobe mit dem Fahrrad gemacht.

Nochmals ein Brief: »Ich litt jahrelang an einer Arthrose. Ich war 80 Prozent gehbehindert. Jahrelang war ich bei verschiedenen Ärzten. Spritzen, Bestrahlungen und Tabletten, alles half nichts. Ich konnte nicht mehr laufen. Ich bin jetzt 72 Jahre. Nun las ich Ihr Buch. Ich besorgte mir die Beinwurz-Tinktur, und tatsächlich, dank dieser Tinktur, mit der ich fünfmal täglich Einreibungen machte, konnte ich innerhalb von sechs Monaten wieder laufen. Meine Arthrose, wie der Arzt sagte, würde nie wieder besser, sie ist geheilt und ich kann wieder laufen.«

Ein besonders schöner Brief: »Sehr verehrte, liebe Frau Treben. Wie dankbar und glücklich bin ich täglich für viele kranke Menschen, denen durch Sie die umseitig ausgesprochene Wahrheit (Gott kann das dunkle Gestern in ein helles Morgen verwandeln) greifbar in die Hand gelegt wurde. Als ich vor ein paar Wochen von Bekannten Ihre Kräutermappe geschenkt bekam und das erste Mal darin blätterte, mußte ich immer wieder denken, seine Barmherzigkeit hat noch kein Ende, und seine Güte währet für und für. Was für ein Gnadengeschenk an unsere kranke, verseuchte, entstellte Welt sind Menschen wie Sie. Ich danke Ihnen für den vorbehaltlosen Einsatz aller Ihrer Kräfte, Ihres Wissens, Ihrer Erfahrung, Ihrer Güte, Ihrer Zeit für uns alle. Und ich danke Ihnen, daß er Ihr Leben zum Heil für so viele Menschen gemacht hat. Der Herr wolle Sie stützen und stärken und segnen immerdar.«

Schöllkraut, im Volksmund Warzenkraut genannt, mit dem orangegelben Saft. Ich möchte Ihnen jetzt vorführen, wie großartig er für die Augen wirkt. Ich habe leider nur ein kleines Pflänzchen, das habe ich für Sie aus dem Zürcher Seebad gestohlen. Je mehr man Pflanzen stiehlt, desto besser helfen sie. (Gelächter) Für die Augen nimmt man vom Schöllkraut immer nur das Blatt, nicht den Stengel, an dem sich gelbe Blütchen ansetzen, denn aus diesem Stengel fließt ein zu dicker orangegelber Saft. Man nimmt ein Schöllkraut-Blatt mit seinem mürben Stengel. Das Blatt wird gut gewaschen, ebenso die Finger der rechten Hand. Zwischen feuchtem Daumen und Zeigefinger wird der Saft des nassen, mürben Blattstengels mit dem Zeigefinger in den Augenwinkeln und über das Augenlid beiderseits gestrichen. Der Saft ist durch das feuchte Blatt und den feuchten Finger zweimal gewässert. Wenn Sie abends müde sind und es mit dem Schöllkrautblatt versuchen, dann haben Sie das Gefühl, als ob ein Schleier von Ihren Augen gezogen würde. Sie haben das Auge wieder frisch, in diesem Moment wird Ihr müdes Gesicht aufgehellt, also fit zum Ausgehen. Ich habe mir eine vierte Brille für meine vier Arbeitsplätze angeschafft. Der Optiker, der mich und mein Alter kennt, sagt, jetzt müssen Sie mir einmal verraten, wieso Sie noch so klare schleier- und fleckenlose Augen haben? Das macht der Schöllkrautsaft aus dem Schöllkrautblatt!

Bärlapp hatte ich mir schon vor 14 Tagen aus den Bergen geholt. Er nimmt alle Krämpfe. Besorgen Sie sich 100 bis 150 g Bärlapp in der Apotheke, ca. 1 cm kleingeschnitten, machen Sie sich ein kleines Polster in der Größe einer Zeitung. Dieses Polster legen Sie abends unter die Füße ins Bett. Falls Sie Fußkrämpfe haben, auch bei anderen Krämpfen hilft Bärlapp. Bei einem Vortrag in Wien kommt ein Herr, ca. 54 Jahre alt, zu meinem Tisch und erzählt mir, daß er mit 17 Jahren im Weltkrieg am Rücken schwer verwundet wurde. Er hat heute noch am Rücken eine Art Schüssel, in die man zwei Männerhände hineinlegen kann. Um diese Schüssel läuft ein harter Narbenstrang, fest und hart gleich einem Strick. Da bekommt dieser arme Mensch seit seinem 18. Lebensjahr fast täglich einen Krampf, der sich über seinen ganzen Körper erstreckt. In diesem Moment, da der Krampf einsetzt, beginnt ein Schweißausbruch, der über Gesicht und Körper wie eine Wasserleitung rinnt. Da mischt sich seine Frau ein, die daneben steht: Man kann sich solches überhaupt nicht vorstellen, wenn man es nicht selbst erlebt. Ganz furchtbar, wie mein Mann darunter leidet. Meine erste Frage auf seine Erzählung: Da sind Sie nicht in ärztlichen Händen? Und er: Ich bin ein Fall für alle Kliniken. Jetzt aber hat ein junger Arzt erkannt, daß diese Krampfzustände aus dem Narbenstrang kommen. Ich bekomme Injektionen, die aber leider nur betäuben. Läßt die Betäubung nach, sind die Krämpfe und die Schweißausbrüche neuerlich da. Wenn man weiß, woher das alles kommt, sage ich, kann man auch helfen. Könnten Sie sich frischen Bärlapp aus dem Wald beschaffen? Ja, sagte er, das kann ich. Bei Wien, im Raxgebiet. Ich schlage ihm vor, sich ein großes Polster aus Inlett anfertigen zu lassen. Ein Inlett mit Bärlapp gefüllt, das vom Halswirbel an unter dem Rücken bis ins Kreuz polsterartig in seinem Bett liegen muß. Man nimmt vom Bärlapp nur die feinen weichen Büschelchen, die aus den Ranken wachsen. Man muß sie mit der Schere abschneiden. Diese weichen Büschelchen kommen verteilt ins Polster, um keine Druckstellen zu verursachen. Ich kenne Herrn O. K. heute noch. Der Bärlapp hat alles gutgemacht, Anfälle gab es überhaupt keine mehr.

*Die Käsepappel:* Die Käsepappel beherbergt einen Schleimstoff, der bei Dick- und Dünndarm-, bei Magenschleimhautentzündung, bei trockenem Mund hilft. Bei letzterem sind auch Nase und Augen in Mitleidenschaft gezogen, Nase trocken, Augen tränenlos. Diese Zustände kommen sehr oft von unkontrolliertem Schlafmittel-Genuß. Man setzt die Käsepappel über Nacht kalt an, morgens nur ganz leicht anwärmen, man behält sie eine Zeitlang im Mund, spuckt aus, gurgelt, man kann auch immer wieder einen Schluck trinken. Teebereitung vier Tassen. In eine heiß ausgespülte Thermosflasche füllen, damit der Tee bis abends warm bleibt.

Ringelblume für Krampfadern. Die Salbe ist in jeder Apotheke zu haben. Man streicht sie messerrückendick auf ein Leinentuch und fascht ein (bindet ein).

Raucherbein. Da raucht einer oder eine das ganze Leben. Der Raucher weiß genau, daß sich alle Venen verengen, nicht nur im Bein. Dann kommen die großen

Schmerzen. Ich las neulich einen Artikel von einem Arzt, daß jeder Raucher gar nicht weiß, was er sich da antut. Die Leute können verblöden, da auch die Venen im Gehirn verengen. Bei einem Raucherbein können eventuell Brennesselbäder Hilfe bringen. Wenn es zu spät ist, muß das Bein amputiert werden.

Bei Vergeßlichkeit trinkt man 2—3 Tassen Ehrenpreis, er nimmt Gedächtnislücken.

Bei Netzhautablösung sind Schwedenkräuterumschläge, täglich eine Stunde nach dem Mittagessen, entspannt im Lehnstuhl sitzend, wichtig. Man steht vor der Erblindung, aber die Schwedenbitter-Umschläge helfen.

Mein Schwiegervater starb 1944 durch eine Prostata an Urämie. Es war ein ganz schrecklicher Tod. Ein paar Tage nach seinem Begräbnis spricht mich ein Nachbar an: Wenn er das geahnt hätte, daß mein Schwiegervater an dieser furchtbaren Krankheit leide, wäre er vielleicht mit kleinblütigem Weidenröschen gesund geworden. Er zeigte mir eine rosa blühende Pflanze am Gartenzaun und sagte: Sie sind eine junge Frau, wenn Sie sich die Pflanze merken, könnten Sie vielen Menschen bei Nieren- und Blasenerkrankungen, Prostata, Krebs und Blasenkrebs helfen. Ich war damals sehr gesund, nie krank. Es hat mich gar nicht interessiert, mein Schwiegervater, dachte ich, wird durch das Weidenröschen nicht mehr lebendig. Aber meiner Mutter habe ich es erzählt. Meine Mutter hat die Pflanze gesammelt und bald erkannt, daß sie unglaubliche Kräfte in sich vereint. Ein alter Bauer im Bekanntenkreis konnte nur noch tröpferlweise bei großen Schmerzen urinieren. Gleich bei der ersten Tasse Weidenröschen ging es wieder normal. Natürlich hat er noch eine Zeit weiter den Tee getrunken. Nun hat sich meine Mutter zur Gewohnheit gemacht, immer wieder das Weidenröschen zu sammeln. Sie erzählte mir von einem akademischen Maler, der dreimal an Blasenkrebs operiert wurde. Über eine Bekannte schickte sie das Weidenröschen an ihn. Eine Nachuntersuchung auf der Wiener Klinik war ohne Befund. Dann ein ähnlicher Fall, später ein dritter und vierter. Ich aber hatte taube Ohren, aber Mama, du weißt doch ganz genau, daß Krebs unheilbar ist, da wird ausgerechnet *dein* Weidenröschen helfen! Am 2. Februar stirbt meine Mutter, im gleichen Jahr komme ich Ende Oktober zu einem befreundeten Arzt in die Ordination. Er spricht von einem guten Bekannten, der an diesem Tag mit Blasenkrebs aus dem Krankenhaus entlassen wurde. Unheilbar, alles schon im Blut, er wollte daheim sterben. Ich hole letzte vergilbte Blätter und Stengel vom kleinblütigen Weidenröschen aus der Natur, wie man sie Ende Oktober eben noch findet, schneide sie klein und sende sie über eine Bekannte in das Haus des Schwerkranken. Täglich eine Tasse davon morgens nüchtern, schreibe ich auf einen Zettel. Nach 14 Tagen ruft mich der bekannte Arzt an, der sich inzwischen bei seinem Kollegen über den Zustand des Schwerkranken erkundigt hat. Ich erfuhr, daß es dem Kranken bestens geht, er arbeitet bereits wieder fleißig in seiner Rosenzucht. Alle stehen vor einem Rätsel. Es sind fast 20 Jahre. Unlängst traf ich den seinerzeit Schwerkranken auf der Straße, immer noch gutaussehend und rüstig. Bei einem Vortrag in Freiburg/Breisgau erlebte ich ähnliches. Nach der Pause kam ein gutgekleideter Universitätsprofessor der Universität Freiburg (Namen bekannt) zu meinem Tisch und legte mir klinische Befunde über ein Blasen-Carcinom vor. Dann besorgte er sich nach meinem Buch das kleinblütige Weidenröschen und zeigte klinische Befunde, in denen das Blasen-Carcinom nicht mehr aufscheint. Sein Sohn in der ersten Reihe, ein Arzt, könne mir das auch bestätigen, meinte er.

In einer Nachbargemeinde lebte ein Pfarrer, der hatte ebenfalls Blasenkrebs. Durch das Weidenröschen ist er ebenfalls ein gesunder Mensch geworden. Er zeigte mir den Befund des Arztes aus dem Krankenhaus. Da schreibt der Oberarzt: Es klingt wie ein medizinisches Märchen, wenn ein Patient mit unheilbarem Blasenkrebs aus dem Krankenhaus entlassen wird und nach 10 Tagen bei der Nachuntersuchung ohne Befund ist.

Vor einigen Tagen lese ich in einer Zeitung, daß 600 Neugeborene im Jahr mit organischen Gehirnschäden zur Welt kommen. Da könnte man weinen. Es ist aber leider so, daß viele Mütter dran schuld sind, wenn sie während der Schwangerschaft Alkohol trinken oder Zigaretten rauchen. Sie wissen sicherlich, daß durch das Rauchen blinde Kinder zur Welt kommen. Und wenn man liest, daß jeder zehnte Jugendliche zum Psychiater gehört, da stellen sich einem wirklich die Haare zu Berge. Ein deutscher Naturarzt sagte einmal, daß vom ersten Tag der Schwangerschaft an bis zur Geburt eine Mutter weder Medikamente noch Alkohol, Zigaretten oder Bohnenkaffee nehmen dürfte. Leider wirkt sich das nicht nur bei der Geburt, sondern oft erst in der Pubertät aus.

Die unheilbare Schuppenflechte, Neurodermitis habe ich ausführlich in meinen Büchern beschrieben. Einen Brief aus München über Neurodermitis: Eine Mutter schreibt von ihrem damals 13jährigen Sohn Martin. »13 Jahre lang sind wir mit ihm von Kinderarzt zu Kinderarzt, dermatologischen Kliniken und Heilpraktikern gezogen, ohne Erfolg. Mit 7 Jahren war er zwei Monate in Davos. Der dortige Arzt erklärte uns, die Krankheit sei dem Kind in die Wiege gelegt. Es gäbe keine Heilung, man müßte jeden Schub mit Cortison beantworten. Fieberanfälle am laufenden Band. Eiterherde an den Fußsohlen bis zu den Knöcheln, die Handflächen eitrig. Kniekehlen, Ohrläppchen, Hals und Gesicht offen. Das schlimmste dabei, das ewige Jucken. Taubeneigroße Drüsen in der Leiste, so daß er keinen Schritt ohne Schmerzen gehen konnte. Es wurde so schlimm, daß wir ihn ins Kinderkrankenhaus bringen mußten. Die Ärzte sprachen von einer Hautsepsis. Nach einer intensiven Cortisonbehandlung kam es zu einer eitrigen Blinddarmentzündung, ein Arzt meinte, sind Sie froh, daß es der Blinddarm war, andere Kinder bekommen nach einer solchen Behandlung Magengeschwüre. Nun begann er dann, den Tee aus Ihrem Buch zu trinken, er trank ihn sehr widerwillig, was uns nicht wunderte, denn er hatte ja schon so vieles ganz vergebens probiert. Er hatte einfach keine Hoffnung mehr. Seine erste Feststellung war: ›Mutti, es geht furchtbar viel Wasser weg.‹ Nach 14 Tagen kam ich morgens ins Kinderzimmer, um ihn zu wecken, da sagte er: ›Mutti, ich war noch nicht richtig im Bett und bin eingeschlafen.‹ Ins Bett gehen war für Martin, man kann es sagen, vom Säuglingsalter an ein Alptraum, Jucken und Kratzen, er konnte nicht einschlafen, lag stundenlang, ja halbe Nächte wach. Und von diesem ersten Einschlafen an war Martin überzeugt, daß der Tee eine gute Wirkung auf ihn hat. Er bemühte sich täglich, seine Flasche leerzubekommen. Die Haut hat sich wohl auch wesentlich gebessert. Hie und da wird noch gekratzt, aber es kam, seitdem er diesen Tee trinkt, zu keiner einzigen Infektion mehr. Er geht jetzt in ein neusprachliches Gymnasium. Sie können sich vorstellen, was das Kind schon alles in der Schule versäumt hat, und er darf jetzt sogar mitturnen, was ihn natürlich unwahrscheinlich freut.« Ein zweiter Fall aus Köln. Da hat mich die Mutter angerufen: Ich habe auf meine Bücher verwiesen. Als der behandelnde Dermatologe plötzlich eine gute Besserung bei den furchtbaren Hautausschlägen ausgerechnet im Gesicht sehen konnte, ließ er sich das Rezept geben. Das Kind hatte sich schon nicht mehr in die Schule getraut, es wurde von seinen Mitschülern wie ein Aussätziger gemieden. Seelisch hat das Kind ganz schlimm darunter gelitten.

**Melisse**

*Melissa officinalis*

**Huflattich**

*Tussilago farfara*

In meinem Buch »Heilerfolge« sind noch einige großartige, an Wunder grenzende Hinweise aus Briefen über geheilte Schuppenflechten und Neurodermitis-Fälle.

Bei einem Seminar in Oberösterreich mit 50 deutschen Teilnehmern wird mir am letzten Tag ein Brief überreicht, der mich tief erschüttert. Ich will Ihnen diesen Brief nicht vorenthalten: »Ihr Buch hat an mir ein Wunder geschehen lassen. Ich hatte 57 Jahre Neurodermitis. Als Kleinkind bin ich mit dem sogenannten Milchschorf auf die Welt gekommen. Mir wurden die Ärmchen am Bett festgebunden oder Manschetten über die Handgelenke gezogen, weil ich mich immer blutig kratzte. Meine Eltern haben mit mir viele Ärzte aufgesucht. Es wurde vieles ausprobiert. Mein Vater sagte einmal zu mir, du kostest mich ein Vermögen. Niemand konnte helfen. Es blieb der qualvolle Juckreiz und der häßliche Ausschlag am ganzen Körper.« Man hat natürlich dem Kind nur Cortison gegeben. Sie können sich vorstellen, was da geschehen ist. Ich will Ihnen nicht den ganzen Brief vorlesen, ich will Ihnen nur sagen, daß Cortison 1980 einen totalen Zusammenbruch ausgelöst hat — mit Einweisung ins Krankenhaus, geschlossene Abteilung. Da kann man sich ja vorstellen, das sind ja schon über 50 Jahre, die sie nur Cortison bekommen hat. »Trotz meines schweren Leidens war ich ein fröhlicher Mensch. Aber Cortison und die schweren Medikamente der Psychopharmaka haben mein Naturell völlig verändert. Ich wurde im Denken schwerfällig, fing beim Erzählen zu stottern an. Konnte mich schwer verständlich machen und war sehr vergeßlich. Eines Tages, im Jahre 1980, lernte meine Schwester durch einen Arbeitskollegen Ihr Buch, die Apotheke Gottes, kennen und bringt sie mir. Alles, was in diesem Buch gegen Schuppenflechte und Neurodermitis empfohlen wird, habe ich befolgt und eingehalten. Heute habe ich am ganzen Körper eine geschmeidige klare und schöne

Haut. Der furchtbare Juckreiz quält mich nicht mehr. Der Erfolg wiederum ist, daß ich nicht mehr stottere und daß ich in der Lage bin, Ihnen diesen Brief zu schreiben, weil ich wieder klar denken kann. In der Nervenklinik in Norderney und Minden fand die Ärztin diesen Tee für richtig und hat ihn auch für andere Patienten brühen lassen. Und jeden Tag danke ich Gott, daß ich auf Ihr Buch aufmerksam gemacht wurde, daß er alles so gefügt hat. Nach langen Jahren qualvollen Leidens bin ich ein gesunder Mensch geworden. Ich fange jetzt, mit 57 Jahren, zu leben an.«

Während eines Besuches bei einem Landwirt-Ehepaar erzählte man mir von der 38jährigen Nachbarin, die wegen einer Brille zum Augenarzt gegangen ist. Dem Arzt fiel ein dunkelrotes hartes Geschwür am linken unteren Augenlid auf, das die Frau bereits sieben Jahre beschwerdefrei hatte. Die eingeschickte Probe stellte sich dann als Hautkrebs heraus. So wurde sie zur Bestrahlung in das Landeskrankenhaus eingewiesen. Als wir sie auf Drängen unserer Bekannten aufsuchten, fanden wir einen am Boden zerstörten Menschen vor. Sie erzählte weinend, sie wäre deshalb nervlich so fertig, weil sie bei den Bestrahlungen auf der Hautstation ganz schlimme Dinge sehen muß: bis auf die Knochen zerfressene Gesichter. Ich tröstete sie. Es war ein schneefreier Februar, ein frisches gut entwickeltes Schöllkraut stand rings ums Haus. Sie möge es doch einmal mit dem frischen Schöllkraut-Saft versuchen, täglich so oft wie möglich die harte Stelle am unteren Augenlid dabei eintupfen. Anfang Dezember des gleichen Jahres stand eine glückliche Frau ohne dunkelrotes hartes Geschwür am linken unteren Augenlid vor mir. Der Augenarzt, bei dem sie knapp vorher zur Nachuntersuchung war, meinte, wenn das Geschwür von den Bestrahlungen weggegangen ist, wäre dies ein Wunder. *(Langanhaltender Applaus)*

Die nachfolgenden Szenen wiederholen sich mit einer Regelmäßigkeit nach jedem Vortrag, ob dieser nun in Deutschland, Österreich oder der Schweiz abgehalten wird. Der Veranstalter kommt zum Tisch, um zu danken, ich bedanke mich ebenfalls mit herzlichen Worten. Aber schon stürmt das Publikum zum Vortragstisch, um die ausgebreiteten Kräuter zu plündern. Man ist machtlos, der Masse Einhalt zu gebieten, es bleibt für die später Kommenden aus den rückwärtigen Reihen nichts mehr übrig. Ich selbst, in der Masse eingekeilt, kann nicht einmal meine persönlichen Bücher, Schriften und Briefe in meine Vortragstasche räumen. Die mitgebrachten frischen Kräuter, die eigentlich allen gehören, können leider nicht mehr gezeigt werden, weil die zuerst Eintreffenden den Tisch bereits geplündert haben. Da kann das Podium noch so hoch stehen, die zum Vortragstisch führende Treppen noch so eng und steil sein, ich stehe eingekeilt und machtlos daneben. Ich erkläre jedesmal den Veranstaltern vor dem Vortrag, sie sollten mir nach dem Vortrag helfen, Schützenhilfe leisten, aber sie glauben es nicht, bis sie selbst die Bescherung erleben. Dann kann niemand mehr zu meinem Tisch. Sie stehen im Foyer beim Buch- oder Kräuterverkauf, es sind jeweils Einheimische aus der Branche. Bevor sie mir zu Hilfe kommen, sind alle Wege zu mir durch das wißbegierige Publikum abgeschnitten. Auf der anderen Seite glaubt mir das Publikum aber auch nicht, daß ich von meinem zweistündigen Vortrag erschöpft bin, stellt nachher Hunderte Fragen, die schon deshalb nicht beantwortet werden können, weil sie in dem Wirrwarr untergehen.

Können Sie den Menschen gram sein, die für Heilkräuter ein so großes Interesse zeigen?

XI.

# Kleines Heilpflanzenlexikon

## zu den Abbildungen im Textteil

## **Arnika** *Arnica montana*
(Abbildung gegenüber S. 240)

Im Volksmund wird die Arnika auch Bergwohlsein genannt. Aus einer Rosette von kurzen, am Boden sitzenden, leicht behaarten Blättern entwickelt sich ein 30 bis 50 cm hoher Blütenstengel, aus dessen Blattansätzen weitere zwei Blütenstengel mit etwas kleineren Blüten kommen. Die orangegelben Blüten, strahlenförmig angeordnet, seidenweich behaart, mit aromatischem Duft, findet man noch in heilen Gebirgsgegenden, auf Wald- und Bergwiesen, auch in Torfmooren und auf feuchten, moorigen Wiesen. Beim Heumähen läßt der Landwirt diese Stellen stehen, von den Weidetieren wird die Pflanze gemieden. In Gegenden, wo die Wiesen mit Kunstdünger behandelt werden, sterben die Pflanzen. Ein Bauer erzählte mir, daß es in seiner Gegend überall Arnika gegeben hätte, heute aber auf Grund der Kunstdüngung nirgends mehr eine Blüte zu finden sei.

Oberflächliche Pflanzenkenner verwechseln sie wegen der ähnlichen, dunkelgelben Blüten mit dem Wiesenbocksbart. Die Blüten der Arnika sind tiefer im Gelb, die äußere Hülle der Kelchblätter ist weich behaart, ihr Duft unvergleichlich aromatisch. Die Blüten enthalten den Bitterstoff Arnicin, ätherisches Öl, daneben Harz und Gerbstoff. Sie blüht von Ende Juni bis Juli, in hohen Gebirgslagen bis August. Man findet sie auf den der Sonne zugewandten Wiesen und Waldrändern. Im Blütenkelch befinden sich häufig schwarze Eier der sogenannten Kirschfliege. Ein Landwirt in meiner sudetendeutschen Heimat erzählte mir, diese Fliege bewahre das Getreide vor Ungeziefer und Mutterkorn. Vor dem Ansetzen der Blütenblätter in Alkohol müssen diese schwarzen Eier entfernt werden.

## **Bärlapp** *Lycopodium clavatum*
(Abbildung gegenüber S. 400)

Im Volksmund auch Bärenklaue, Blitzmoos, Erdmoos, Harnkraut, Hexenkraut, Keulenbärlapp, Krampfkraut, Lauskraut,

Moosfarn, Schlangenmoos, Streupulvermoos, Trudenfußmoos und Wolfsklaue genannt. Als blätterlose Pflanze ähnelt er einer Moosart, hat 100 bis 150 cm lange, auf dem Boden kriechende Ranken mit weichen, nadelartigen Trieben. Diese Triebe tragen von August an einen etwa 10 bis 15 cm hohen Kolbenstiel, der den gelben Blütenstaub, auch Bärlappmehl, Hexenmehl oder Bärlappsporen genannt, enthält. Bärlapp wird von April an den ganzen Sommer bis Oktober gesammelt, das Bärlappmehl im September. Der Bärlapp ist ab 700 m Seehöhe in hohen, trockenen Nadelwäldern zu finden, er breitet sich jedoch zumeist auf kalkarmen, vorwiegend sandigen Böden, nördlichen Berghängen, Waldhängen oder -rändern aus.

## **Bärlauch** *Allium ursinum*

(Abbildung gegenüber S. 112)

Im Volksmund auch Waldknoblauch genannt. Bärlauch ist schattenliebend, wächst in feuchten Auen, an schattigen Bachufern und im Unterholz. Als erstes Frühlingsgrün breitet er sich wie ein hellgrüner Blätterteppich aus. Die Blätter ähneln dem giftigen Maiglöckchen und der giftigen Herbstzeitlose. Letztere bringt im Frühjahr ihre Blätter und ihre Blüten erst im Herbst hervor. Aber durch seinen feinen Knoblauchgeruch ist der Bärlauch nicht zu verwechseln. Erst Ende April, Anfang Mai sprießt aus der knoblauchähnlichen Wurzelknolle eine hübsche, hochstengelige, weiße Dolde, ähnlich einer runden Blütenquaste, hervor.

Man sieht es dem Bärlauch an, daß gewaltige Kräfte in ihm schlummern. Es geht die Mär, daß sich die Bären nach ihrem Winterschlaf ihr Blut und den Stoffwechsel mit Bärlauch reinigen. Der Knoblauch hat im wesentlichen die gleichen blutreinigenden Eigenschaften, jedoch ist Bärlauch milder und noch heilkräftiger.

**Beinwurz** *Symphytum officinale*
(Abbildung gegenüber S. 272)

Im Volksmund auch Beinwell, Beinwurzel, Heilwurzel, Schmalwurzel, Schmerzwurz und Schwarzwurzel genannt. Die Beinwurz wächst auf feuchten Äckern, nassen Wiesen, in Gräben, auf feuchtem Brachland, an Bächen, Wassergräben, Teichen und Waldrändern. Sie wird bis zu 60 cm hoch, der fingerdicke, behaarte, rauhe Stengel kommt aus einer Blattrosette, deren lanzenartige, hellgrüne Blätter, bis zu 15 cm lang, ebenfalls rauh und behaart sind und spitz enden. Die Wurzel, die bis 30 cm tief in die Erde geht, ist mitunter doppeldaumendick, sehr schleimig und greift sich fett und schmierig an. Sie ist spröde und läßt sich unwahrscheinlich leicht brechen. Die Wurzel wird im Frühjahr oder Herbst gegraben. Die glöckchenartigen Blüten, die sich leicht der Erde zuneigen, sind rosa bis zartblau oder auch gelblich bis weiß, Blütezeit Mai bis Juni/August. Die Pflanze wurde bereits im Mittelalter sehr geschätzt. Das »Bein« im Namen der Pflanze bezieht sich auf die Heilanwendung bei allen erkrankten oder verletzten Knochen. Beinwurz steht auch heute, von den Blättern angefangen, in höchster Wertschätzung.

**Brennessel** *Urtica urens*
(Abbildung gegenüber S. 113)

Die Brennessel wächst an Mauern, Hecken, Zäunen, im dichten Gebüsch, auf Ödland, Schutthalden, Wegrändern, sie blüht von Juli bis September. Wo Brennesseln besonders üppig wachsen, liegen geballte Strahlungsverhältnisse des Bodens vor. Sie gehört zu den Nesselgewächsen. Es gibt Große Brennnessel und die Kleine Gartennessel. Beide sind heilkräftig, die kleine Pflanze brennt stärker. Ein vielverzweigter, stark verästelter, gelbfarbener Wurzelstock treibt hohe, vierkantige Stengel und länglich gesägte Blätter mit Borsten bzw. Brennhaaren. Zerreißt man den Stengel, zeigen sich lange bastähnliche Fasern, aus denen man in früherer Zeit einen leinwandähnlichen Stoff, das sogenannte Nesseltuch, hergestellt hat. Heilkräftig sind Blätter, Stengel, Blüten und Wurzeln, letztere müssen vor der Blüte ausgegraben werden. Die Große Brennessel wird 100 bis 150 cm, die Kleine Gartennessel bis 40 cm hoch, beide sind einjährig. Die großen Pflanzen tragen entweder männliche oder weibliche Blüten, die vom Wind bestäubt werden. Die Kleine Gartennessel (*urtica urens*) hat männliche und weibliche Blüten an einer Pflanze. Bei der kleinen Nessel fehlt der Wurzelstock.

Die Brennessel gehört zu jenen Pflanzen, die jeder vom Kindesalter an durch ihre brennenden Eigenschaften kennt. Sie hat sich über die ganze Erde verbreitet, sie fehlt jedoch im südlichen Afrika und in den Polargebieten.

## **Ehrenpreis** *Veronica officinalis*

(Abbildung gegenüber S. 64)

Im Volksmund Ehrenkranz, Grundheil, Heil aller Welt, Köhlerkraut, Männertreu, Viehkraut, Waldehrenpreis, Wundkraut genannt. Er liebt trockenen Boden, wächst auf Wiesen, Hängen, Weg- und Waldrändern, Triften und Kahlschlägen.

Der Stengel ist ca. 30 cm hoch, die Blätter sind etwas silberweiß angehaucht, die Blütenähre ist lichtblau, ähnlich dem Vergißmeinnicht. Im Wuchs hat der Ehrenpreis etwas Kriechendes, an die Erde sich Anschmiegendes. Man sammelt von Mai bis August das ganze blühende Kraut: Stengel, Blätter, Blüten. Am kräftigsten ist der Waldehrenpreis, besonders wenn er unter Eichen wächst. Der Echte Ehrenpreis überwintert in grünem Zustand.

## **Frauenmantel** *Alchemilla vulgaris*

(Abbildung gegenüber S. 65)

Im Volksmund auch Frauenhilf, Herrgottsmäntelein, Mantelkraut, Marienkraut, Muttergottesmänteli, Taumantelkraut, Taurosenkraut, Taubecher, Tränenschön genannt. Die Pflanze wird auf feuchten Wiesen und Weiden, besonders in Gebirgsgegenden gefunden. In ca. 700 m Seehöhe stehen die Wiesen voller Frauenmantel. Die Blätter sind nierenförmig, fünf- bis neunlappig, die Blüten sind unansehnlich, sie ähneln grünlichgelben Rispen. In der Morgensonne funkeln die Tautropfen in den Blättern wie in einer schüsselähnlichen Schale. Die Pflanze überwintert in grünem Zustand und ist im zeitigen Frühjahr wieder zu finden. Zur Verwendung kommt das ganze blühende Kraut. In der Antike galt der Frauenmantel als heilige Pflanze, der man heute radioaktive Kräfte zuschreibt.

Wer sich rote Wangen wünscht, der probiere es einmal mit Frauenmantel-Tee. Besonders der Schweizer Kräuterpfarrer Künzle setzt sich für diese Pflanze sehr ein. »Jede Kindbetterin«, sagt er, »sollte 8 bis 10 Tage vor der Geburt fleißig von diesem Kraut trinken, manche Kinder hätten dann noch ihre Mutter und mancher geschlagene Witwer seine Frau, wenn diese Gottesgabe den Frauen besser bekannt gewesen wäre.«

## **Gänsefingerkraut** *Potentilla anserina*

(Abbildung gegenüber S. 432)

Auch Anserine, Gänserich, Saukraut und Kampfkraut genannt. Früher gab es davon häufig große Bestände auf Gänseangern, wo andere Pflanzen kaum noch gedeihen konnten. An den Küsten kann es auch Salz ertragen. Es wächst häufig in der Nähe menschlicher Behausungen, auf Schuttplätzen, Wegen, Ödland, am Bahndamm ... Es ist eine niedrig wachsende Pflanze mit wurzelschlagenden, oft rötlich überlaufenen Stengeln und vereinzelten hellgelben Blüten an langen Stielen. Die Blätter sind lang und gefiedert, oben grün, unterseits weiß-seidenhaarig. Als Heilmittel sammelt man die gesamten Grünteile oberhalb der Wurzel, sie dürfen aber nicht verstaubt oder von Krankheiten befallen sein. Pfarrer Kneipp ließ Gänsefingerkraut auch bei Bauchkrämpfen des Säuglings in Milch gekocht geben. Auch bei Gebärmutterkrämpfen sowie Magen- und Darmkatarrhen galt Gänsefingerkraut in der Volksheilkunde als probates Mittel.

**Goldrute** *Solidago virgo aurea*
(Abbildung gegenüber S. 480)

Im Volksmund auch Allermacht-Heilkraut, Goldraute, Gülden-Wundkraut, Heilwundkraut, St. Peter-Stab genannt. Die Goldrute kommt zumeist in gebirgigen Gegenden an Waldrändern, abgeholzten Waldplätzen und Wiesenhängen vor. Der buschige Stengel erreicht eine Höhe von ungefähr 80 cm, mit goldgelben Blütenähren besetzt. Blüten und Blätter sind kühlend, und es geht eine sichtbare Beruhigung von dieser Pflanze aus. Allein der Anblick der Goldrute in der Landschaft wirkt beruhigend. Im Volksglauben meint man, daß ein Beruhigungsengel unmittelbar neben der Pflanze steht. Ihr Geruch ist von einer balsamischen Milde und unterscheidet sich wesentlich von der verwilderten Kanadischen Goldrute (*solidago canadiensis*), die weitaus höher wächst, Waldränder, Seeufer und freie Plätze weithin überwuchert. Während unsere Goldrute in gewisser Hinsicht der Kleinen Königskerze ähnelt, ist die Kanadische Goldrute mit fächerartigen, spitz zulaufenden gelben Blütenrispen ausgestattet.

**Hauswurz** *Sempervivum tectorum*
(Abbildung gegenüber S. 288)

Im Volksmund auch Dornkraut, Wetterwurz und Wilder Rhabarber genannt, wächst auf felsigem, verwittertem Boden, im Garten, an sonnigen Hängen der Mittelgebirge und in den Alpen. Im Mittelalter wurden die Pflanzen auf Dächern und Mauern kultiviert, anfangs wohl, um die lehmbedeckten Dachfirste vor dem Auswaschen durch Regen zu schützen. Dann entstand der Aberglaube, die Pflanze könne die Häuser vor Blitzschlag bewahren. Hauswurz blüht rosafarben im Juli/August. Für Heilzwecke gesammelt werden die dicken fleischigen Blätter und getrocknet oder frisch verwendet. Sie wirken harntreibend, krampfstillend, entzündungswidrig, zusammenziehend und kühlend. In der Volksheilkunde wurde Hauswurz gern bei starken Durchfällen eingesetzt, auch als wurmtreibendes Mittel. Äußerlich behandelte man Brandwunden, Geschwüre, Hautentzündungen und Insektenschwellungen mit dem Saft oder durch Auflage eines Breis aus frischen zerquetschten Blättern.

## **Hirtentäschel** *Capsella bursa pastoris*

(Abbildung gegenüber S. 368)

Im Volksmund auch Blutkraut, Gänsekresse, Muttergottesbrot und Täschelkraut genannt. Wir finden das Hirtentäschel als Kreuzblütengewächs in Kraut- und Kartoffeläckern, an Wegrändern, auf Brachböden, frischen Aufschüttungen und zwischen Steinen. Aus dem Wurzelstock der tiefgehenden Pfahlwurzel entwickelt sich eine dem Löwenzahn ähnliche Blattrosette, die sich dem Erdboden flach angleicht. Den 20 bis 40 cm hohen Stengel bedecken herzförmige Täschchen, ährenförmig angeordnet, bis zur kleinen, weißen, unscheinbaren Blüte. Die Täschel sind Leckerbissen für das Hühnervolk. Das ganze Kraut wird im Frühjahr geerntet, es ist von gleichmäßiger hellgrüner Farbe. In der sommerlichen Hitze vergeht die Pflanze und ist erst im Herbst wieder zu finden. In dieser Zeit wird sie gern von einer Pilzkrankheit befallen; es wird abgeraten, die kranke Pflanze für den Wintervorrat zu sammeln. Beim Trocknen darf sie sich nicht verändern, sie muß gleichmäßig grün bleiben, sonst ist sie unbrauchbar.

Die Pflanze überwintert, sie ruht nur bei längerer Frostperiode. Sie ist auf der ganzen Erde verbreitet und war bereits im Altertum als blutstillende Pflanze bekannt, sie gehört auch heute noch zu den besten blutstillenden Heilpflanzen, sie wird als unübertrefflich bei allen Blutungen gelobt. Bei zu großen Teegaben und zu oft benützt, beeinflußt sie das Gedächtnis nachteilig. Deshalb ist die äußere Anwendung als Essenz von größerem Nutzen.

**Huflattich** *Tussilago farfara*
(Abbildung gegenüber S. 465)

Im Volksmund auch Ackerlattich, Brandlattich, Brustlattich, Eselshuf, Märzenblume, Roßhuf genannt. Die hufähnliche Blattform gab der Pflanze den Namen. Wir finden den Huflattich, ein Korbblütengewächs, als eine der ersten goldgelben Blüten auf lehmigem Boden, in Sand- und Kiesgruben, an Wegen und Rändern. Sie öffnen ihre Kelche bei Sonneneinwirkung, schließen sie jedoch sofort bei bewölktem Himmel. Die Blätter, an der Unterseite silbrig, kommen um drei, vier Wochen später als die Blüte. Aus einem ergiebigen Wurzelstock, der sich immer wieder durch Ausläufer fortsetzt, steigt mit der ersten Frühlingssonne die goldgelbe Blüte mit dem schuppigen Stengel ans Licht. Sie ähnelt den Löwenzahnblüten, ist jedoch bedeutend kleiner. Beim Sammeln der Blätter ist darauf zu achten, daß sie nicht mit den Blättern der Pestwurz (Großer Huflattich) verwechselt werden. Die Ärzte der Antike erkannten die große Heilkraft gegen Husten und Krankheiten der Lunge. In dieser Zeit wurden getrocknete Huflattichblätter zu Heilzwecken als Tabak in der Pfeife geraucht.

**Johanniskraut** *Hypericum perforatum*
(Abbildung gegenüber S. 128)

Im Volksmund auch Christi Wundenkraut, Gottesgnadenkraut, Herrgottsblut, Johannisblut, Liebfrauengras und Wundkraut genannt. Man findet es auf trockenen Böschungen, verwildertem Boden, an Waldrändern und -blößen, in aufgelassenen Kiesgruben und auf Brachland. Eine 60 bis 70 cm hohe aufrechte Pflanze mit kleinen stengellosen Blättchen und verästelten Trieben, an deren Spitzen goldgelbe Blütendolden stehen. Sie entfalten sich zur Zeit der stärksten Lichtstrahlung, der Sonnenwende. Die Pflanze scheint förmlich von Licht durchtränkt. Hält man Blätter und Blüten gegen das Licht, erkennt man eine Menge durchsichtige Punkte, so als ob sie durchstochen wären. Diese Punkte rühren von durchscheinenden Öldrüsen her.

Die Pflanze wird auch deshalb Johannisblut genannt, weil man den Eindruck hat, als ob Blüten und Knospen Blutstropfen enthalten. Bei Zerreibung der Blüten zwischen den Fingern zeigt sich ein roter Farbstoff. Gesammelt wird das ganze Kraut, Blüten, Stengel und Blätter, zur Ölbereitung nimmt man Blüten und Knospen.

Die Beliebtheit der Pflanze reicht bis in die Antike zurück. Auch Paracelsus hat Johanniskraut und seine Heilkraft sehr geschätzt. Er spricht mit Verehrung von ihm, man solle es, meinte er, in der Blütezeit nicht nur unter dem Barettlein, sondern am Busen, in den Händen tragen, solle es zur Nacht unter die Kissen tun, da Gott ein großes Geheimnis in das Kraut gelegt hat.

## **Kalmus** *Acorus calamus*

(Abbildung gegenüber S. 289)

Im Volksmund auch Ackerwurzel, Gewürzkalmus, Magenwurzel, Mutterkraut, Teichlilie, Deutscher Zitwer genannt. Kalmus ist eine schilfartige Wasserpflanze, wächst an Teichen, stillen Gewässern, Seen und an sumpfigen Stellen, die immer feucht bleiben. Die Wurzeln fußen direkt im Gewässer, sie sind weiß, im frischen Zustand daumendick, oft bis zu 100 cm lang. Sie haben einen aromatischen Geruch, der auf nervenbelebende Wirkung hindeutet. Am Wurzelstock stehen schwertförmige Blätter, die bis 120 cm lang werden. An dem grünen Schaft setzen sich im Juli und August gekrümmte, bräunlichgelbe Kolben an. Die Blätter ähneln Schilf, Iris-Pflanzen und Schwertlilien. Es wird nur die Wurzel genommen, die im zeitigen Frühjahr oder im Herbst ausgegraben, gewaschen und geputzt, von Nebenwurzeln befreit, zerkleinert und getrocknet wird. Kalmus gehört zu den aromatischen Bitter- und Magenmitteln, er ist auch als Deutscher Ingwer bekannt. Früher wurde er, ähnlich dem echten Ingwer, überzuckert genossen. Man nimmt Kalmuspulver, aus der Wurzel gewonnen, auch als Badezusatz. Kalmus ist winterhart.

### **Kamille** *Matricaria chamomille*

(Abbildung gegenüber S. 80)

Im Volksmund Feldkamille und Mutterkraut genannt. Die Kamille, aus der Familie der Korbblütler, wächst auf Äckern, hier besonders in Getreide-, Kartoffel- und Rübenäckern, an Wegrändern, auf Schuttplätzen und Brachböden, wo sie vor allem lehmigen Boden vorzieht. Die Pflanze mit ihren verästelten Stengeln wird bis zu 50 cm hoch und trägt schmale, gefiederte Blätter. Blütezeit von Juli bis September. Die Blütenköpfe besitzen einen Hohlraum, damit unterscheidet sich die Echte Kamille von den anderen Kamillen-Arten. Gesammelt werden die Blüten ohne Stengel bei Mittagssonne, da sich dann die Heilkraft des ätherischen Öles verdoppelt. Der aromatische Geruch der Blütenköpfe fördert eine beruhigende Wirkung. Eine Abart ist die Gartenkamille, die bei uns überall gezüchtet wird.

### **Käsepappel** *Malva neglecta*

(Abbildung gegenüber S. 448)

Auch Malve, Feldmalve, Gänsepappel, Hasenpappel, Käslikraut, Käskraut, Roßpappel, Schwellkraut genannt. Sie wächst in Stallnähe, bei Komposthaufen, Gebäuden und an unbebauten Plätzen. Die faserige Wurzel ist etwas süßlich und treibt einen 30 bis 60 cm langen, sich niederbiegenden Stengel, mit langgestielten, rundlichen Blättern. An den Stengeln sitzen kleine, tütenähnliche weißrosa Blütchen, aus denen runde, käseartige grünliche Früchte werden. Die Wilde Malve (*Malva sylvestris*), auch Hanfpappel genannt, wird bis zu 150 cm hoch, die grasgrünen Laubblätter sind drei- bis siebenlappig, die Blüten sitzen büschelförmig in hellem Rosa in den Blattachseln. Sie sind ebenfalls heilkräftig, können jedoch der Käsepappel nicht gleichgesetzt werden; diese überragt an Heilkraft die verschiedenen anderen Malven-Arten, zu den auch Eibisch und Stockrose gehören. In der lateinischen Bezeichnung *Malva neglecta* kündet sich ihre Heilkraft: weich, erweichend, an. Geerntet werden Stengel, Blätter und Blüten von Mai bis Oktober. Die Wurzel verwendet man gegen Keuchhusten.

## **Labkraut** *Galium verum*

(Abbildung gegenüber S. 129)

Im Volksmund auch Unser-Frauen-Bettstroh, Waldstroh, Wegstroh genannt. Labkraut wächst an Hecken, Zäunen, Waldrändern, auf Wiesen, Hängen und Rainen. Das Klettenlabkraut (*Galium aparine*) blüht den ganzen Sommer und wächst in Äkkern, Waldungen und an Zäunen, das Wahre Labkraut (*Galium verum*) mit den goldgelben duftenden Blütenstengeln und das Weiße Labkraut (*Galium mollugo*) mit gelblichweißen, zarten Blüten, ähnlich dem Schleierkraut, nur kompakter in der Art, mit honigartigem herben Duft. Das Goldgelbe Labkraut ist heilkräftiger als das Weiße, jedoch auch das Weiße in seiner Heilkraft ist unübertroffen. Man kann beide, sowohl das Goldgelbe als auch das Weiße Labkraut als zuverlässigstes Heilmittel ansehen. Der Wurzelstock treibt aufrechte, zart beblätterte Blütenstengel und Schößlinge, die das ganze Jahr über, also auch im schneelosen Winter, zu finden sind. Die Blätter sind eirund, treiben rund um den Stengel, ähnlich nach Waldmeisterart, nur sind sie weitaus kleiner. Das frische Kraut wurde den Frauen in schwerer Stunde ins Bett gelegt, um die Geburt zu erleichtern. Im rheinischen Volksgut geht die Sage, täglich vom Labkraut getrunken, kann die Sterbestunde weit hinausgezogen werden.

Da im Volksmund seit jeher die Ansicht verbreitet war, daß Labkraut eine beträchtliche, krebsbekämpfende Wirkung hätte, ist es verwunderlich, daß es trotz dieser hohen Eigenschaften in unserer heutigen Zeit fast völlig in Vergessenheit geraten ist.

**Goldrute**

*Solidago virgo aurea*

**Löwenzahn**

*Taraxacum officinale*

## **Lavendel** *Lavandula angustifolia*

(Abbildung gegenüber S. 208)

Lavendel ist ein winterharter, aber wärmebedürftiger, stark aromatisch duftender Halbstrauch. Er wächst wild an trockenen, sonnigen, steinigen Hängen, gedeiht aber auch im Garten und wird bis zu 1 m hoch. Lavendel blüht im Hochsommer, Juli und August. In der Heilkunde verwendet man die Blüten und die Blätter. Die Blüten werden vor dem Aufblühen im Juli bis August gesammelt, das Kraut mit den Blättern im September gepflückt. Die Pflanze enthält ein ätherisches Öl, das äußerlich und innerlich verwendet wird, in der Heilkunde, aber auch in der Kosmetik. Lavendeltee gilt als leicht nervenberuhigend, krampflösend und als gutes Mittel gegen Blähungen. Äußerlich verwendet man Lavendel gern als Zusatz bei Bädern und bei Umschlägen. Auch in einigen antirheumatischen Heilmitteln findet das ätherische Öl Verwendung. Die getrockneten Lavendelblüten sind, in Duftkissen und Säckchen genäht und in Wäsche- und Kleiderschränke gehängt, ein altbewährtes Hausmittel gegen Motten. Zusammen mit Thymian, Hopfen, Baldrian u.a. wurde Lavendel auch gern in Kräuterkissen getan, die man bei Schlaflosigkeit unter das Kopfkissen legte.

## **Löwenzahn** *Taraxacum officinale*

(Abbildung gegenüber S. 481)

Im Volksmund auch Augenwurz, Bitterblume, Butterblume, Eierblume, Klettenährlein-Kraut, Laternenblume, Maiblume, Pusteblume und Saublume genannt. Der Löwenzahn, der Familie der Korbblütler zugehörig, gedeiht auf allen Wiesen und Wegen. Er besteht aus einer gezackten und gezahnten Blattrosette, aus der ein ca. 20 cm hoher, milchhaltiger, röhrenförmiger Stengel treibt, auf dem ein leuchtend gelber Blütenkopf sitzt. Aus den Blüten bildet sich eine weißliche, runde Federnkrone. Die Frühlingswurzel ist heilkräftiger als die im Herbst.

Welch ein Anblick, eine blühende Löwenzahnwiese, auf der millionenfach Löwenzahnknospen ihre Blüten öffnen! Nicht nur fürs Auge, auch für die Seele ein Lichtblick! Der Saft der ganzen Pflanze gehört zu den blutreinigenden Frühlingskuren. Der berühmte Tabernämontanus (1731) nennt den Saft der Wurzel und des Stengels für die Augen wundertätig, er macht sie hell und nimmt die unangenehmen Augenflecken, wäre also »eine gebenedeyte Artzney«.

## **Lungenkraut, Echtes** *Pulmonaria officinalis*

(Abbildung gegenüber S. 433)

Wird im Volksmund auch Hänsel und Gretel genannt. Früher war die Pflanze, wie der Name schon sagt, als Volksheilmittel bei Lungenerkrankungen gebräuchlich. Echtes Lungenkraut wächst im Frühling an schattigen Plätzen und im lichten Laubwald, blüht anfangs rötlich, später blau und wird bis zu 30 cm hoch. Für Heilzwecke sammelt man vor allem die rauhen, borstig behaarten Blätter, die eine auswurffördernde, zusammenziehende und reizmildernde Wirkung haben. Die Stengelblätter sind ei- bis lanzettförmig. In der Blüte- und Fruchtzeit entwickeln sich darüber hinaus Rosettenblätter, auch Sommerblätter genannt, die bisweilen deutlich weiß gefleckt sind (je nachdem, um welche »Rasse« Lungenkraut es sich handelt; bei einer Rasse sind die Rosettenblätter gefleckt, bei einer anderen nicht); solange diese Blätter jung sind, kann man sie auch an Suppen, Gemüse oder gemischte Salate geben.

## **Mais** *Zea Mays*

(Abbildung gegenüber S. 304)

Die Maisgriffel, die an der Spitze des reifen Kolbens sitzen, werden im Volksmund Maisbart genannt. Solange die Körner noch milchig sind, wird die Maisgriffel oder der Maisbart gepflückt.

## **Melisse** *Melissa officinalis*

(Abbildung gegenüber S. 464)

Im Volksmund auch Zitronenmelisse und Zitronenkraut genannt, da sie stark nach Zitrone duftet. Die Melisse wächst im Garten, aber man findet sie auch wildwachsend oder verwildert draußen in der Natur. Sie wird bis zu 80 cm hoch. Die Blüten sind von hellgelb über weiß bis zu zart blau. Für Heilzwekke sammelt man vor allem die Blätter kurz vor oder nach der Blüte, von Juni bis August. In der Volksheilkunde war Melisse beliebt und bewährt als Mittel gegen Magen- und Darmbeschwerden, auch bei fiebrigen Erkrankungen. Meistens wird Melisse in Form von Tee verwendet. Bekannt für seine wohltuende Wirkung ist auch der von Karmeliterinnen erfundene Melissen-Geist.

## **Mistel** *Viscum album*

(Abbildung gegenüber S. 209)

Im Volksmund auch Albrute, Donarbesen, Drudenbusch, Heiligholz, Hexenbesen, Kreuzholz und Vogelleimholz genannt. Dieser kugelförmige Schmarotzer wächst auf Eichen, Pappeln, Tannen und Apfelbäumen, mitunter auch auf Linden und Weiden. Die Pflanze ist stark verästelt, trägt im Winter sattgrüne, lederartige, im Sommer gelbliche Blätter. Die Beeren sitzen unmittelbar wie Perlen in den Blattspitzen, sind weiß, beim Zerdrücken klebrig und ziehen dabei lange Fäden. Ihre Verbreitung geschieht durch Vögel, die die klebrigen, giftigen und ungenießbaren Beeren an den Ästen abstreifen. Die Mistel kann man mit keiner anderen Pflanze verwechseln. Die Mistel ist von Anfang Oktober bis Anfang Dezember und in den Monaten März, April heilkräftig. Verspätet sich im März das Frühjahr durch Kälte und Frost, ist die Mistel erst im April und Anfang Mai heilkräftig. Die Mistel wurde in früherer Zeit als Zauberpflanze angesehen. Sie galt den Priestern in vorchristlicher Zeit als heilige Pflanze mit großer Heilkraft, die jedes Übel beseitigen konnte. In geheimnisvoller Lebensweise, nicht von der Erde ernährt und ohne Samen entstanden, grünt sie in Frost und Kälte fort. Nach altem Volksglauben schlägt niemals ein Blitz in den Baum, der die Mistel beherbergt. Im Herbst entwickeln sich die Blüten, aus denen sich allmählich die Beeren entwickeln. Sie werden besonders gern von Amseln und Drosseln aufgepickt, jedoch auch die Zugvögel sind im Winter bei klirrender Kälte keine Kostverächter.

Die Medizin setzt in den letzten Jahren die Mistel als geschwulsthemmendes Präparat vorbeugend gegen Krebs ein.

## **Odermennig** *Agrimonia eupatoria*

(Abbildung gegenüber S. 416)

Der Volksmund gab der beliebten Pflanze, die zur Familie der Rosengewächse gehört, auch die Namen Ackermennig, Heil aller Welt, Klettenkraut, König aller Kräuter, Königskraut, Steinwurzel. Odermennig wächst an sonnigen, mageren, meist lehmigen Stellen auf Böschungen, Waldrändern, bei Ruinen, auf Triften, in lichten Gehölzen, auf Weiden und Magerwiesen. Die Pflanze wird bis 90 cm hoch, die kleinen, gelben Blüten mit dem roten Farbfleck darin sind ährenförmig um den Stengel angeordnet, die Blätter sind grob gezähnt, dunkelgrün, unterseits heller grün und rauhhaarig. Blütezeit Juli bis September. Man verwendet die ganze Pflanze, die von Juli bis August gesammelt wird. Man schneidet sie über dem Erdboden ab, sie wird klein geschnitten und in dünner Schicht getrocknet. Sie hat einen würzigherben Geruch und einen etwas bitteren Geschmack. Beim Trocknen sollte sie die Farbe der Blüten und Blätter bewahren.

## **Pestwurz** *Petasites officinalis*

(Abbildung gegenüber S. 305)

Im Volksmund auch Großer Huflattich, Hutplagen, Pestilenzwurz, Schweißlattich genannt, wächst an Waldrändern und Flußufern, Bächen und feuchten Wiesenrändern. Die Pestwurz ist eine Frühlingspflanze, die rötlichgelben Blütenkolben kommen vor den Blättern, die auf der Unterseite filzig sind. Die Blätter werden hutbreit und als Abschirmung gegen heiße Sonnenstrahlen benutzt. Sie sind großartig bei Verstauchungen und Verrenkungen und werden hier als Auflage verwendet. Die Wurzel muß vor der Blüte gesammelt werden.

## **Ringelblume** *Calendula officinalis*

(Abbildung gegenüber S. 145)

Im Volksmund auch Goldblume, Regenblume, Ringelrose, Studentenblume, Totenblume und Warzenblume genannt. Die Ringelblume, die zur Familie der Korbblütler gehört, wird im Garten angebaut, man findet sie auch auf Friedhöfen und verwildert auf Schutthalden. Die Pflanze wird bis zu 60 cm hoch, mit dicken, fleischigen und saftigen Stengeln und länglichen, unzerteilten, leicht behaarten Blättern. Die hellgelben bis dunkelorangen Blütenköpfe verbreiten in der Sonne einen herben, ganz eigenartigen Duft. Die Pflanze ist leicht klebrig und fühlt sich ölig an. Den Namen trägt die Blume von ihrem geschlossenen Samenring. Im Volksglauben gilt die Ringelblume als sicherstes Barometer. Öffnen sich morgens die Blütenköpfe nicht, kommt mit Sicherheit Regen. Sind sie jedoch vor sieben Uhr früh geöffnet, steht unweigerlich ein schöner Tag in Aussicht. Der Kneipp-Arzt Dr. Bohn vertritt den Standpunkt, daß es durch die Ringelblume Hilfe bei Krebs gäbe.

## **Salbei** *Salvia officinalis*

(Abbildung gegenüber S. 81)

Im Volksmund auch Gartensalbei, Geschmackblatt, Königssalbei, Muskatenkraut genannt. Bei uns wächst diese Heilpflanze nur in Gärten. Sie kommt von den steinigen Böden in Dalmatien und Herzegowina. Der Salbei kann bis zu einem hohen Strauch heranwachsen, ist verästelt, mit ovalen, filzigen, etwas gezähnten Blättern bewachsen, die silbrig angehaucht scheinen. Die Pflanze hat einen starken, sehr angenehmen herben Geruch, der beruhigend auf den Menschen wirkt. Rachenförmige, hell- bis dunkelviolette Blütenrispen zieren im Juni und Juli den Strauch. Man verwendet den ganzen Sommer über bis in den Herbst die Blätter, die man auch in der Küche als Würze öfters verwenden sollte. Im Altertum galt Salbei als geheiligtes Kraut. Man rühmte die Pflanze, sie brächte jedermann, der sie fleißig benütze, ein patriarchalisches Alter.

In unseren Gegenden leuchten im Sommer auf Hängen und Böschungen wunderbar blaue Blütenrispen, die Herz und Seele erfreuen. Hier haben wir es mit dem **Wiesensalbei** zu tun, der wenig Heilkräfte in sich trägt, den auch nichts Gemeinsames mit dem Gartensalbei verbindet. Lediglich an die Herstellung von Salbei-Essig sei hier erinnert, mit dem man über längere Zeit hindurch Bettlägerige wohltuend massiert und ein Aufliegen verhindert.

## **Schafgarbe** *Achillea millefolium*

(Abbildung gegenüber S. 241)

Im Volksmund auch Allheilkraut, Herrgottrückenkraut, Katzenschwanz, Rippenkraut und Tausendblatt genannt. Schafgarbe wächst an Wegen und Rainen, auf Wiesen, Hügeln und Hängen, auf Böschungen und Bergabhängen. Sie wird 30 bis 40 cm hoch, blüht weiß und rötlich, vom Juni bis in den September. Der Volksname »Heil aller Schäden« deutet auf eine Pflanze, die bei den meisten Krankheiten mit Erfolg eingesetzt wird. Sie gehört zu den ältesten Heilkräutern und wurde zu jeder Zeit auch von den Ärzten sehr hoch geschätzt. Es heißt, daß sie alle Säfte reguliert. Wie sehr die Schafgarbe das Prädikat »Heil aller Schäden« verdient, erkennt man allein aus der Tatsache, daß sie blutbildend auf das Knochenmark einwirkt. Der Österreicher nennt sie auch »Bauchwehkräutl«, denn sie heilt Durchfall und Ruhr. Man sammelt Blüten und Blätter, letztere im zeitigen Frühjahr, die man feingehackt als Küchen- und Salatwürze einsetzt.

## **Schlüsselblume** *Primula officinalis*

(Abbildung gegenüber S. 384)

Im Volksmund auch Echte Himmelschlüssel, Echte Primel, Geschwulstkraut, Gichtblume, Herzkraut, Krätzenkraut, Osterblume genannt. Die Ähnlichkeit der Blütenkrone mit einem mittelalterlichen Hohlschlüssel oder auch mit einem Schlüsselbund trug der Pflanze den Namen Schlüsselblume ein. Die Schlüsselblume mit ihren gelben Blüten gehört neben Huflattich und Veilchen zu den ersten Frühlingsboten, die wir Menschen mit Freude wahrnehmen, denn sie kündet das Erwachen der Natur an und verspricht Sonne und schöne Tage. Früher waren die Wiesen übersät mit lichtgelben Schlüsselblumen, heute jedoch hat der Kunstdünger sie von dort weggeräumt. Die Schlüsselblume wächst auch gern in lichten Auwäldern, Gräben, an Bachufern und unter Obstbäumen. Mit kräftigem Wurzelstock überwintert die grüne Blattrosette. Geerntet wird die ganze Blütendolde. Der Schweizer Pfarrer Künzle liebte gar sehr seine Schlüsseli und meinte, »sie seien alle heilsam, sei es auf Wiesen und in Wäldern, in den Bergen, ob blaß oder gelb, doch die dunkelgelben, stark wohlriechenden sind am heilkräftigsten«. Die Schlüsselblume gehört mit zu den ersten Helfern der erwachenden Natur.

## **Schöllkraut** *Chelidonium majus*

(Abbildung gegenüber S. 49)

Im Volksmund auch Augenkraut, Geschwulstkraut, Goldwurz, Gottesgabe, Herrgottsblatt, Krätzenkraut, Marienkraut, Schwalbenwurz, Warzenkraut genannt.

Das Schöllkraut wächst an sonnigen Waldrändern, Hecken, Mauern und Zäunen. Aus einem orangegelben Wurzelstock kommen bis zu 80 cm hohe, verästelte Stengel, die orangegelben Saft enthalten. Die Blätter gleichen der Form nach Eichenblättern. Die Pflanze blüht ab Mai. Schneidet man dem im Garten heimisch gewordenen Schöllkraut beim Verblühen die Samenschoten ab, hat man den ganzen Sommer blühendes

Kraut. Die Blüte ist hell- bis orangegelb und besteht aus vier Blättchen. Man sammelt die Wurzel im Frühjahr und Herbst, das Kraut während der Blütezeit, den ganzen Sommer lang. In alten Kräuterbüchern, vor allem bei Tabernämontanus (1731), findet man den Hinweis, daß Schwalben zum Schöllkraut fliegen, kleine Blattstückchen für ihre Schwalbenkinder mitnehmen und damit ihre blinden Augen bestreichen. Deshalb die Volksnamen Augen- und Schwalbenwurz.

## **Spitzwegerich** *Plantago lanceolata*

(Abbildung gegenüber S. 385)

Im Volksmund auch Wegblätter sowie Wegetritt genannt. Der Spitz- sowie Breitwegerich, die der gleichen Familie angehören, sind auf Wegen, Wiesen, Rändern und Weiden anzutreffen. Es gibt kaum einen Feld- oder Wiesenweg, den sie nicht einsäumen. Man verwendet von beiden Pflanzen die Blätter, die während der Blütezeit gesammelt werden. Der Blütenstiel überragt die Blätter, trägt eine ährenförmige Blüte bzw. einen runden Blütenkopf. Die Blätter vom Breitwegerich sind breit, die vom Spitzwegerich länglich-lanzettartig. Beide Arten sind winterhart und bleiben auch im Winter grün.

## **Taubnessel** *Lamium album*

(Abbildung gegenüber S. 321)

Im Volksmund auch Bienensaug, Goldnessel, Nessel, Zauberkraut genannt. Die Weiße Taubnessel, die in die Familie der Lippenblütengewächse gehört, findet man dort, wo auch die Brennessel vorkommt. Sie ähnelt ihr in Wuchs und Blatt, nur hat die Taubnessel weichere Formen. Sie wird 20 bis 30 cm hoch, zeigt weiße Rachenblüten, die quirlartig mit den Blättern um den Stengel wachsen. Die Blüten haben einen schwach honigartigen Geruch. Sie blüht auf Abhängen, Bahndämmen, an Wiesenrändern, Hecken, Rainen, Zäunen und Wegen.

Die Gelbe Taubnessel (*Lamium galeobdolon*) unterscheidet

sich nur durch die gelbe Blüte, hat den gleichen quirlartigen Blatt- und Blütenansatz. Die gelbe Nessel findet man mehr in lichten Auwäldern, Bodensenkungen und Böschungen. Während die weiße Nessel die Sonne sucht, liebt die gelbe Taubnessel schattige Stellen.

Gesammelt werden von beiden Arten die quirlartigen Blüten und Blätter. Die Heilwirkung hält sich bei beiden Pflanzen die Waage. Im Mittelalter wurden die weißen Blüten zum Gelbfärben der Haare verwendet.

## **Thymian** *Thymus serpyllum*

(Abbildung gegenüber S. 417)

Im Volksmund auch Feldthymian, Feldkümmel, Immenkraut, Marienbettstroh, Kranzelkraut, Quendel, Wilder Thymian genannt. Thymian gehört zur Familie der Lippenblütengewächse. Man findet ihn auf Feldrainen, auf sonnigen Wiesen und Hängen, an Waldrändern, zwischen Steinen und über Ameisenhaufen. Thymian braucht Sonne und Wärme, er holt sich durch seinen niedrigen Wuchs und die enge Bodenberührung die ausstrahlende Bodenwärme. Aus den am Boden liegenden holzigen Stengeln wachsen aufrechte, bis zu 30 cm hohe Triebe. An den Stengeln sitzen kleine ovale Blättchen, die in noch kleinere, duftende hell- bis dunkelviolette Blüten übergehen. Die Pflanze ist von Juni bis August blühfreudig, mit würzigem Aroma. Thymian blüht in polsterähnlichem Wuchs, sehr besucht von Bienen, Hummeln und anderen Insekten, so daß er dem Auge sehr ansprechend erscheint. Man sammelt das ganze blühende Kraut. Als begeisterte Freundin dieser herrlichen, duftenden Pflanze, die in verschiedenen Gegenden der Muttergottes geweiht ist und deren geflochtene Kränzlein in vielen Gegenden Österreichs zu Fronleichnam gesegnet werden, kenne und liebe ich den vielseitig verwendbaren Thymian sowohl als Küchengewürzkräutlein als auch als Heilpflanze; als solche wird sie seit dem Mittelalter eingesetzt.

**Vogelknöterich** *Polygonum aviculare*
(Abbildung gegenüber S. 97)

Auch Tausendknotenkraut, Blutkraut, Wegetritt, Vogelgras und Hansel am Weg genannt. Es wächst zwischen Pflastersteinen, an Wegrändern, auf Ödland und Friedhöfen und wo sonst unfruchtbarer Boden zu finden ist. Der Vogelknöterich ist eine zumeist am Boden kriechende Pflanze mit verästelten, dünnen Stengelchen, an denen bis zur Spitze winzige, stengellose Blätter und an den Blattansätzen winzige weißrote Blütchen sitzen.

**Wegwarte** *Cichorium intybus*
(Abbildung gegenüber S. 401)

Auch Wegleuchte, Blaue Sonnenwende, Sonnenkraut, Wilde Zichorie und Armersünderblume genannt, wächst an Wegränden, Feldrainen, in Hecken und auf Brachäckern, wo immer es lehmigen Boden gibt. Aus einer Rosette grobgezähnter Blätter wächst ein hoher, ziemlich harter und kahler, ästig verzweigter Stengel mit kleinen, rauhhaarigen Blättchen und leuchtend großen, blauen Blütchen, die wie Sterne den kahlen Stengel zieren. Die blaublühende Pflanze ist mir aus meinen Kindertagen her vertraut. Sie verknüpft mich mit den schönsten Kindheits- und Jugenderinnerungen. Es zog mich magnetisch zu den blauen Blütensternen hin, ich streichelte sie und hatte das überaus warme Gefühl, es müsse eine Schar dem Menschen wohlgesinnter Engel in ihr leben, die vor allem spielenden Kindern Liebe entgegenbringen. Auch glaubensmäßig wäre sie zu rühmen. Unser Herr, als er in Gestalt eines geringen Mannes auf Erden ging, hat ein unbarmherziges Mägdlein um eine Erquickung gebeten. Wie eine schlesische Sage berichtet, hat das Mägdlein, das nach seinem Liebsten Ausschau hielt, ihn unfreundlich abgewiesen. Als später der Liebste des Weges kam, fand er statt des schönen Mädchens eine hohe, hartstengelige Pflanze, die den Liebsten jedoch mit ihren großen blauen Augen gar traurig ansah. Das stolze Mädchen muß lebenslang am Wegrand warten, bis der Herr der Welt einst wiederkommt. Der Volksglauben sah in der Wegwarte noch mehr verwandelte harte Menschen, deshalb auch der Volksname Armersünderblume. Die Blüten der Wegwarte öffnen sich nur bei Sonnenschein, andernfalls bleiben sie geschlossen, deshalb der Name Sonnenkraut.

## **Weidenröschen, Kleinblütiges** *Epilobium parviflorum*

(Abbildung gegenüber S. 449)

Das Kleinblütige Weidenröschen zählt neunerlei heilkräftige Arten. Es unterscheidet sich vom Großblütigen mit seinen zart spitz zulaufenden Blättern und kleinen, unscheinbaren weißen, zartrosa und rosaroten Blüten. Sie sitzen an einem länglichen Fruchtknoten, der bereit ist, sich in Mengen auszusamen. In einem solchen Falle wird der Samen mit einer Art Baumwolle umgeben. Bei den Kleinblütigen Weidenröschen handelt es sich um das rosarote, das dunkelgrüne, das lanzettblättrige, das Bach-, das Hügel-, das Sumpf-, das Kies-, das Berg- und das Alpenweidenröschen. Obwohl es sich hier durchwegs um Kleinblütige Weidenröschen handelt, kann die verästelte Pflanze mitunter bis zu 80 cm hoch werden. Man sammelt vom Frühjahr an Blätter und Blüten, auch die Stengel, soweit sie noch nicht verholzt sind.

Das zottige oder rauhhaarige Weidenröschen, das eine strauchähnliche Größe erreicht, fast zehnmal so große Blüten wie das Kleinblütige Weidenröschen hervorbringt, ist nicht heilkräftig. Ebenso ohne Heilkraft ist das Waldweidenröschen, fast 160 bis 170 cm hoch, das an Waldrändern und Schlägen seine schimmernden rotvioletten Blüten entfaltet und sie weithin leuchten läßt. Die Blätter kann man in den ersten Frühlingstagen zu einem Mischsalat nehmen.

**Weißdorn** *Crataegus monogyna*
(Abbildung gegenüber S. 273)

Im Volksmund auch Eingriffiger Weißdorn, Hagedorn, Mehlbeere, Mehlfaßl oder Mehlbeerbaum genannt. Ein dorniger, mittelgroßer Strauch oder als Baum bis 7 m hoch. Die Blätter, drei- bis fünflappig, beiderseitig glänzend, die weißen Blüten stehen in doldenförmigen Trauben und riechen eigenartig, die Früchte sind rot und mehlig. Weißdorn wächst in Gebüschen, Laub- und Nadelwäldern, an Hecken und Zäunen. Eine Legende erzählt, daß aus dem Wanderstab des heiligen Josef der Weißdornstrauch entstanden ist. Im Frühjahr erfreuen uns die weithin leuchtenden roten Früchte, kleinen Fäßchen ähnlich, im Volksmund daher auch Mehlfäßchen genannt.

**Wiesenbärenklau** *Heracleum sphondylium*
(Abbildung gegenüber S. 369)

Im Volksmund auch Scharling oder Bärentatze genannt. Die 60 bis 120 cm hohe Doldenpflanze hat kantig gefurchte, hohle Stengel, gelappte, sehr rauhhaarige Blätter, die einer Klaue oder Tatze ähneln. Man findet sie überall, auf Wiesen, Weiden, Rainen und Böschungen, an Waldrändern und Ufern, in lichten Laub-, Misch- und Auwäldern. Die Pflanze trägt große flache, mitunter leicht abgerundete gelblichweiße oder grünlichgelbe, oft leicht hellrosa überzogene Dolden. Sie sticht auf Wiesen und Rainen durch ihren kräftigen, überragenden Wuchs hervor. Die hohlen Stengel, die den Geruch und Geschmack einer Möhre haben, werden klein geschnitten und mit den jungen Blättern und Sprossen im Frühjahr zu Mischsalaten gegeben.

**Wiesengeißbart** *Filipendula ulmaria*
(Abbildung gegenüber S. 320)

Im Volksmund auch Mädisüß, Bienenkraut, Bockskraut, Krampfkraut, Wiesenkönigin und Ziegenbartkraut genannt. Er wächst auf feuchten, sumpfigen Wiesen und Waldrändern, an Bachufern in feuchten Gräben, auf Ried- oder Moorböden, siedelt sich jedoch sehr gern zwischen Himbeeren an, wenn sie an feuchten Plätzen wachsen. Die Pflanze wird bis 200 cm hoch, sie blüht von Juli bis August, oft bis in den September hinein. Die Blüten sind von gelblichweißer Farbe und haben einen süßlichen, fast betörenden, bittermandelartigen Geruch, den man von weitem wahrnimmt. Da die Heilkraft der Blüten und Wurzeln sich gleichermaßen die Waage hält, werden hauptsächlich die wohlriechenden Blüten als Teeaufguß benützt. Sie wirken harntreibend und gelten als fieberwidrig und schweißtreibend.

## **Zinnkraut** *Equisetum arvense*

(Abbildung gegenüber S. 96)

Im Volksmund auch Ackerschachtelhalm, Katzenschwanz, Pferdeschwanz und Tannkraut genannt. Zinnkraut wächst auf feuchten Sandböden, Äckern, Waldecken, Bachufern, Wiesenböschungen und Bahndämmen, am liebsten auf lehmigen Böden. Der bei uns neun Arten zählende Ackerschachtelhalm gehört zu den blütenlosen Pflanzen. Sie vermehren sich mit unscheinbaren Sporen. Im zeitigen Frühjahr zeigen sich die bleistiftähnlichen, gelbbraunen, ca. 15 bis 20 cm hohen, schuppigen Fruchtstengel, die einem kleinen, braunen Hütchen ähneln, aus dem sich die Sporen bilden. Der Wind verstreut diese Sporen, der Stengel verschwindet wiederum. Jetzt erst zeigen sich die grünen Halme des Zinnkrauts. Ende April, Anfang Mai erscheint ein unfruchtbarer Stengel, der zwischen 40 und 60 cm hoch wird, mit regelmäßigen Astquirlen, kleinen, grünen Tannenbäumchen ähnlich oder einem Pferdeschwanz gleich, blätterlos, der mit seinen tiefreichenden Wurzeln den Ackerboden aussaugt. Deshalb ist das Zinnkraut dem Landwirt ein lästiges Unkraut. Heilkräftig sind die unfruchtbaren Sommerwedel. Interessanterweise bekommen Pferde und Rinder vom Zinnkraut krankhafte Störungen. Der hohe Schachtelhalm mit finderdicken Stengeln aus sumpfigen Auen, Wiesen und Almböden ist giftig, darf innerlich als Tee nicht verwendet werden, sondern nur äußerlich als Badezusatz. In früheren Jahren hat man das Zinngeschirr mit dem Kraut geputzt, deshalb der Name Zinnkraut. In der Heilkunde nimmt das Zinnkraut eine bedeutende Rolle ein. Auch die wissenschaftliche Medizin spendet der Pflanze höchstes Lob. Man sammelt nur zwei Drittel der Pflanze, ein Drittel läßt man über dem Boden stehen.

XII.

# Stichwortverzeichnisse

## Stichwortverzeichnis aller aufgeführten Krankheiten

*Kursiv* gedruckte Bezeichnungen beziehen sich auf Krankheiten, die nur ein Arzt diagnostizieren kann; alle anderen Krankheiten können mit Mitteln aus der Hausapotheke oder mit rezeptfreien Medikamenten behandelt werden.

# Stichwortverzeichnis aller Heilkräuter und Pflanzen

# Stichwortverzeichnis aller anzuwendenden Rezepturen und Hausmittel

Angaben in Klammern nach der jeweiligen Rezeptur beziehen sich auf die Krankheit, bei der diese Rezeptur anzuwenden ist.

## Kochrezepte aus Maria Trebens Küche